一汽-大众系列故事

出发吧，逐梦人
生产与物流管理的故事

主　编　张建成

副主编　胡　波　孙　磊　沙印松　张　克

机械工业出版社
CHINA MACHINE PRESS

《一汽-大众系列故事》共有三册，分别聚焦一汽-大众汽车有限公司的生产与物流管理领域、营销领域和人力领域。本书是一汽-大众生产与物流管理领域员工的故事，以员工的亲身经历为基础，讲述了很多鲜为人知的企业内部故事。这些故事，有的发人深省，有的催人奋进，揭示了一汽-大众的成功要素和个人的成功经验，也展现了一汽-大众这家中德合资企业独一无二的企业合作精神和发展奋斗理念。

本书适合汽车行业生产与物流管理领域、汽车行业其他领域从业人员、各行各业职场人员以及对一汽-大众感兴趣的读者阅读。

图书在版编目（CIP）数据

一汽-大众系列故事. 1, 生产与物流管理的故事：出发吧，逐梦人 / 张建成主编. — 北京：机械工业出版社, 2021.8
ISBN 978-7-111-68482-4

Ⅰ. ①一… Ⅱ. ①张… Ⅲ. ①汽车企业 – 工业企业管理 – 生产管理 – 经验 – 长春②汽车企业 – 工业企业管理 – 物流管理 – 经验 – 长春 Ⅳ. ① F426.471

中国版本图书馆 CIP 数据核字（2021）第 113323 号

机械工业出版社（北京市百万庄大街 22 号　邮政编码 100037）
策划编辑：母云红　　　　　　　责任编辑：母云红　孟　阳
责任校对：丁峰　　　　　　　　责任印制：常天培
北京宝隆世纪印刷有限公司印刷
2021 年 8 月第 1 版第 1 次印刷
155mm×230mm・14.75 印张・1 插页・181 千字
标准书号：ISBN 978-7-111-68482-4
定价：189 元（全三册）

电话服务　　　　　　　　　　网络服务
客服电话：010-88361066　　　机 工 官 网：www.cmpbook.com
　　　　　010-88379833　　　机 工 官 博：weibo.com/cmp1952
　　　　　010-68326294　　　金 书 网：www.golden-book.com
封底无防伪标均为盗版　　　　机工教育服务网：www.cmpedu.com

居高声自远，非是藉秋风。——《蝉》·虞世南（唐）

【序一】

我们的征途是星辰大海

窦恒言

作为公司成立以来第二批入职的大学生，我的职业生涯没有离开过一汽-大众。我做过现场工程师，也做过生产计划员，我在筹措科干过，也接触过预批量和生产业务，最终来到这里，与生产管理部的小伙伴们一同见证了公司的飞速发展。

数字化是近年来的热词之一，用软件赋能硬件，让数据连接工作流程中的每一个节点，还原事件本来面貌，并挖掘海量数据背后的价值，最终提升生产品质和效率，这就是生产管理数字化的目标。伴随着这样的目标，生产管理部也诞生了一批诸如E-Lane、OTD（直接面向客户的数字化订单交付体系）等深刻影响一汽-大众，甚至整个行业的数字化项目，未来还会诞生"数字三胞胎"这样在行业内非常超前的理念和体系。

然而，成功和失败实际上就像刀的两面，一面是成功，另一面是失败，中间状态只有细细的一条线，且锋利无比——在成功和失败之间是无法存活的。那么，我们为什么能获得成功？

这不是偶然。因为团队中的每一个成员都抱着一个信念——

要改变,要谋划未来。我们时刻要求自己去学习,去思考,去改变,去创造。我们可能做不到最好,但我们绝不停顿;我们可能失败,但绝不犹豫要不要做;我们尊重对手并虚心学习,但绝不被教条所束缚。

每个人在职场的时间都很短暂,与其患得患失,让很多宝贵的时间在徒劳无功中逝去,还不如在这个年产二百万辆整车的平台上有所作为。在大规模生产体系中,没有谁是专家,更没有谁是英雄,每个人都是几万人中的一个,犹如沙漠中的一粒沙。当然,没有这一粒粒沙,也不会有沙漠,每个人在这个体系中都是不可或缺的。

如今,我们来到E-Lane现场,看到如时钟一般,车身流开动,物料流随动,车身流停顿,物料流马上静止,整个体系运行如同钟表的指针,置身其中,仿佛能听到有节奏的嘀嗒声。

每一位在现场的同事,他们的表情是那么自信,那么从容,那么冷静,使你发自内心地敬佩与感动。他们的描述和汇报没有自我吹嘘的大话,没有上纲上线的套话,没有阿谀奉承的空话,在其中,你能体会到的是真诚和专业。一瞬间,我突然有一个感觉,驱动这个庞大体系的不仅是系统,不仅是流程,不仅是数字化,更多的是来自我们一线的每一位同事,他们已经化身成这个体系内的一个个"驱动轮",无限的动力,无限的张力,无限的自我修复力,相互之间完美啮合……他们充分诠释了"事在人为,休言万般皆是命",我们是不负时代,不负公司的生产人,我们应该自豪,应该自信!

未来,我们在现阶段的基础上,要进一步成长为供应链的主导者,促成容纳物流、采购、质保职能的供应链管理平台的建立,减少内部沟通环节,使全过程成本最优,敏捷应对市场变化和客户意愿，一切以客户为中心，洞察客户需求，吸引客户，黏住客户，发展客户，服务客户，将所有注意力聚焦于客户。

这些设想发生在生产物流领域并非痴人说梦，也并非夸夸其谈。黑格尔说过："只有那些永远躺在坑里从不仰望高空的人，才不会掉进坑里。"安于现状，苟且偷生，终生碌碌无为，不是因为没有能力仰望高空，而是因为从来就没有仰望高空的追求和理想。

也许有人会问，如果我们仰望高空却掉入坑中该怎么办？答案很简单：没有一定的成功，也没有注定的失败，最可贵的是继续前进的勇气。那些心中有梦的人，无论籍籍无名，还是名满天下，都会抛却眼前的一切，矢志不渝，命运相赌，为梦想而改变自己，改变企业，甚至改变世界。对生产管理部的每一位同事而言，这并不复杂，我们只要在自己所处的位置，用自己所有的资源，做我们力所能及的事，就无愧梦想。

也许在别人看来，我们的梦想遥不可及，我们的努力是担雪塞井，但我们绝不放弃，而是昂起头，用一段段奋斗的故事，自信地告诉大家：尽管有眼前的苟且、前进路上的深坑，但我们生产人的征途永远是星辰大海！

"一件事无论太晚，还是太早，

都不会阻拦你成为你想成为的人，

这个过程没有期限，只要你想，随时开始。

要改变或者保留原状都无所谓，做事本不应有所束缚，

我们可以办好这件事，也可以搞砸，

但我希望，最终你能成为你想成为的人。

我希望你有时能驻足于这个令你感到惊叹的世界，

体会你从未有过的感觉，

我希望你能见到其他与你观点不同的人们,

我希望你能有一个值得自豪的一生。

如果和你想象的生活不一样,

我希望你能有勇气,

重新启程!"

——选自电影《本杰明·巴顿奇事》(又译:返老还童)

(窦恒言:原一汽-大众生产管理部总监)

【序二】

我为是他们中的一员而感到荣幸

约根·韦尔斯（Jürgen Wels）

公元前200年，年轻的迦太基人汉尼拔成为世界上第一位以新思维方式和后勤运作解决方案战胜敌人的将领。他曾用短短33天翻越阿尔卑斯山，犹如神兵天降般出现在罗马境内，让罗马人惊慌失措；他还曾连续四天三夜在齐腰深的水里行军，绕过罗马人重兵设防的阵地，踏上通往罗马城的大道。

汉尼拔的成功经验很快传开，世界各地的征服者由此获得启示：一个计划的成功只有通过一个复杂而强大的后勤组织才能实现。这也验证了中国的一句古语：兵马未动，粮草先行。

当代，尽管社会环境与2000多年前相比发生了翻天覆地的变化，但物流在生产、贸易、服务等行业的发展中依然发挥着至关重要的战略性作用。

因此，我带着我在德国大众积累的物流经验来到了中国，来到了一汽-大众。

其实，在踏上这个神秘国度的土地之前，我的内心是忐忑不安的。我需要面对的不只是一个陌生的环境、一种全新的文化、一种完全不能互通的语言,还有在这里成长的、未来将与我并肩作战的同事们。

来到一汽-大众生产管理部后,正赶上窦恒言总监带领全部门做业务的数字化转型,利用智能化和数字化构建全新的物流体系,加速业务的快速增长,并提升企业在市场中的竞争力。

在来中国之前,我对中国的互联网、数字化发展早有耳闻,不仅知道阿里巴巴、腾讯等互联网企业,还对京东的智能物流体系有所研究。这些都是在互联网、数字化土壤里成长起来的成功案例,但在一汽-大众这样一个身处传统制造业,还有着国资背景的企业里搞智能化、数字化,至少在当时,我觉得并不是一件容易的事情。

然而,当我看到一个个想法出现,伴随着我的同事们无数次研讨、论证,以及无数个日日夜夜的努力,最终一个接一个落地,使整个供应链提升了效率、降低了成本的时候,我为他们的智慧和毅力所折服。尤其是 E-Lane 项目在成都生产基地实施并取得成功后,一汽-大众的物流管理体系已经跻身世界先进行列。值得一提的是,E-Lane 和后续优化升级的 E-Lane^3 这两个项目不仅吸引了同行的注意,还使他们纷纷慕名而来,学习我们先进的经验,甚至德国大众也有意将这套先进的体系在集团内部推广。

不止 E-Lane 和 E-Lane^3,集新物流、新生产、新营销于一体的奥迪 OTD 个性化定制项目在上线后也收获了良好的效果,为新生代中国汽车消费者开辟了一个全新的购车模式。

截至2020年底,一汽-大众生产管理部同时在进行的数字化项目有十余个之多,涉及生产管理的方方面面,有的尚在研发,有的已经落地并不断迭代升级。未来,在这些项目全部完成后,一汽-大众的物流管理将全面实现智能化和数字化。

除数字化外,我们生产管理部更注重经典物流领域,推出(或跨部门、跨行业合作推出)了很多新的物流设备、物流方式、控制方法、运输和装卸解决方案及优秀的仓储概念，致力于提高物流效率、降低物流成本，支持整个公司的可持续发展。

不过，在这些通往成功的道路上并非一帆风顺，我的同事们同样困苦过、纠结过，也因为分歧争执过，甚至曾经在一道"无解"问题面前萌生过放弃的念头。庆幸的是，他们从未在任何困难面前低头，坚持就是他们的信仰，奋斗就是他们的座右铭。

本书为您呈现的就是我这些平凡的同事们，在自己平凡的岗位上"书写"一个个平凡的故事。然而，正是这些看似平凡的事情，促进了我们的物流业务和一汽-大众整体的发展，也正是这些看似平凡的事情，让包括我在内的所有人深深地感受到了一汽-大众人的精神和一汽-大众的企业文化。

当然，在我和他们共同经历了这些之后，除了当初的忐忑不安早已烟消云散之外，我也为我是他们中的一员而感到荣幸。

（约根·韦尔斯：原一汽-大众生产管理部高级经理）

【前言】

筹划本套丛书之时，一汽-大众也即将迎来成立30周年，作为我国第一家按经济规模起步建设的现代化乘用车企业，一汽-大众30年的发展史也是中国乘用车工业的进步史。

20世纪90年代初，我国汽车产销量还不足100万辆，乘着改革开放的春风，一汽-大众以15万辆合资项目起步，首开行业先河，开启了中德合作的历史重要篇章，同时也按下了我国汽车产业发展的"加速键"。

30年来，一汽-大众不断发展壮大，从一个品牌、一款产品，发展为三大品牌、三十余款产品；从年产不足万辆，到目前最高日产破万辆，而且成为我国乘用车领域实现年产销量突破200万辆用时最短的企业，目前已拥有超过2200万用户。

作为中国汽车行业的领军者，同时也作为中德合作的杰出典范，一汽-大众能够不断取得成功，正是由于其拥有与众不同的自发奋斗基因和卓尔不凡的自造体系能力。这不仅为中国其他合资车企的发展提供了有价值的经验借鉴，也实实在在地带动了国内汽车工业装备制造水平不断得到发展和提升，更是极大地带动了中国汽车产业的健康、快速发展。

本套丛书讲述的是来自一汽-大众生产与物流管理领域、营销领域及人力领域等一线岗位员工亲身经历的奋斗故事，为什么我们要将这些来自企业内部很多不为人知的故事展现出来呢？因为一汽-大众的成功不仅是由于其自身有着优秀而又全面的体系能力，

而且也源于其拥有一支非常出色的员工队伍，从他们身上能真实体现出一汽-大众的企业文化和品牌精神，体现出那种奋斗拼搏、开拓创新的精神，不怕困难、敢于挑战的精神，以及勤于思考、学习进取的精神。

筹划本套丛书的初衷，是希望通过每位写作者讲述的自己的故事，从看似平凡的工作和不同的心情中体会出不平凡，从一汽-大众这台高速运转的巨大"机器"中的每颗"螺丝钉"的努力和付出中，体会出"螺丝钉"如何在实现个人价值的同时为企业创造价值。

作为国内最早成立的合资车企之一，一汽-大众的成长与时代的发展同步，其所获得的成就，也是向中国汽车时代的进步交出的最好答卷。希望这套丛书能揭开一汽-大众员工圈层的神秘面纱，通过一个个真实的故事，让更多读者认识和了解中国最优秀合资车企的员工文化、发展艰辛和内生动力。

丛书编写团队

目录

【序一】
V　我们的征途是星辰大海
　　窦恒言

【序二】
IX　我为是他们中的一员而感到荣幸
　　约根·韦尔斯（Jürgen Wels）

XIII　【前言】

在精益中更精益

003　找准支点就能撬动地球
　　作者：齐懿冰

008　笨办法是个好办法
　　作者：张守龙

016　"1+1＜2"中的奥妙

　　作者：方一翔

022　毫不犹豫，第一个"吃螃蟹"

　　作者：王鑫

028　剥茧抽丝，生产平顺

　　作者：隋鑫

033　"抠细节"竟然抠到极致

　　作者：靳奎

041　把平衡作为一门必修课

　　作者：宋义河、李蕾

048　啃下"硬骨头"要用新办法

　　作者：方敏

053　给"阀门"标上科学的刻度

　　作者：郑义

058　小包装里的大学问

　　作者：康全利

063　峥嵘"税"月

　　作者：栾为

071　"新人"也能变"牛人"
　　　作者：郭宁

076　敢与天公争分秒
　　　作者：刘洪雷

082　物流人的青山绿水梦
　　　作者：张守龙

088　奔涌吧，后浪
　　　作者：苏扬

开拓创新无止境

097　58天的"中国速度"
　　　作者：侯海波

104　兴趣是最好的老师
　　　作者：刘长亮

111　马力全开驯服"新物种"
　　　作者：师富民

117 尝得行中苦，方知苦中甜
作者：朱国印

124 涓涓细流，汇聚成海
作者：李实

130 青春的幸福，成功的筹码
作者：张玉华

136 小团队带来了大变革
作者：单梦蕊

141 创新无止境
作者：朱海

147 "预测女团"长成记
作者：代晶

152 有一种需求叫责任
作者：魏兰

157 壮而好学，如日中之光
作者：余森楠

162 拿什么服务你，我的客户——OTD
作者：隋鑫

不打无准备之仗

173 把丢失的时间抢回来
作者：黄聪

180 没有"暂停键"
作者：段宁华

187 用心编织的温暖故事
作者：丁蓉

193 当突破"瓶颈"已成常态
作者：都扬

198 在逆行中无畏坚守
作者：邱泓臻

203 只为风雨过后的彩虹
作者：李强

207 道阻且长，行则将至
作者：曹延星

213 【后记】

在精益中更精益

精益是对生产体系的根本要求,而对于生产管理来说,要在精益中追求更加精益,方能有效提升生产体系的精益程度,而团队不断进取的精神也是如此。

找准支点就能撬动地球

作者：齐懿冰

我们把整个供应链比作一个舞蹈演员，供应链的参与方就像舞蹈演员的四肢，要想控制他们的精准动作，就需要舞蹈演员的大脑提前计算好，输出准确的指令。相应地，要把供应链的动作计算好，就需要设计一个能覆盖全流程，且各环节相互衔接、贯通一体的全新供应链计划。

到2016年，我在生产管理部已经工作了5年，先后负责过青岛工厂、天津工厂及动力总成新工厂的众多新车型物流系统的规划和实施，在筹措系统中引入了个性化要货方式，在仓储系统中实现了移动终端设备支撑现场物流关键节点的操作，在运输系统中设计了时间窗管理逻辑。多年来的工作经历，使我对供应链的每个环节都很熟悉，但面对行业的未来发展趋势，传统的供应链模式有必要进行改变。

要让沉默的物流不再沉默

2017年的一天，生产管理部窦恒言总监找到我，想深入探讨一

精秩物流模式与信息流规划团队（作者居中）

下供应链规划管理问题，包括如何解决物流整体资源投入最优、如何降低供应链多级库存，以及如何解决粗放的要货方式等，正在讨论得热火朝天时，窦总监冷不丁抛出一句："齐博士，你能不能从供应链的整体模式出发来考虑考虑呢？"

窦总监的一句话点醒了我，我忽然发现过去的很多想法都只是针对优化供应链的各个业务环节而提出的，并没有站在整个供应链的角度去考虑问题，我们其实应当从供应链整体绩效导向的高度，对一汽-大众的供应链进行变革式的规划和设计。

作为物流系统的产品设计师，我过去只需要了解业务流程，考虑如何用系统功能满足用户需求就可以了，但现在我必须做一个供应链的规划设计师，从根源上设计一种供应链的新模式，去发现和解决当前物流运作过程中存在的问题。

如果要对整个供应链做出改变，全面掌握当前的物流状况是第一步。于是，我来到了物流运作的各个地点，与物流环节中的每个角色进行沟通。2017年冬天，我在瑟瑟寒风中走访了13种不同运输路径的供应商，跟随取货司机去不同的供应商取货再送到工厂，连续一周12个小时站在物流入口记录卸货货车到货的时间和数量。

　　我在仓库里清点不同零件在不同时段的库存数量，观察物流操作工的每一次备货、出库和上线操作，了解各个环节的实际情况，这些工作让我掌握了非常全面的信息。供应商说，生产计划会变，他们需要准备过量库存去应对企业的不同需求。取货司机说，他们要尽量把车装满，而且行驶路线凭经验选择，不确定因素太多。卸货工人说，他们每天最忙的时候货物根本卸不过来，但闲的时候却一个小时都见不到一辆车。仓库管理员说，以往的补货策略是补到高储，但会形成很多滞留库存，到了量产结束的时候都消耗不完。上线工人说，只要有空箱就拉动上线，不能停产是最重要的。

　　经过实地调研，在供应链的各个环节，我看到了沉默的物流：每一个物流人都有着近乎本能的执着，默默地服务于生产节拍的正常运行，无论如何都要保证零件提前送到生产线旁，任何时候都要做到百分之百。

　　但是，我也发现了从粗放到精益的可能性，心里不由得激动起来，我一定要用精益作为支点来撬动供应链升级，打开使物流成为供应链运作领导者的大门。

使完美成为可能

　　通过一段时间现地现物的考察，我获取了第一手的准确、真实、细致的数据，通过深入挖掘数据的价值，与同行业的水平进行对比，我将主要问题定位在库存水平高、零件订单管控难这两点上，作为需要解决的核心问题。根据这个思路，我与杨海经理进行了深入沟通，他听完我的汇报后非常支持，并且建议我将降低全链物流成本10%，以及实现订单全过程100%精准管控确定为供应链模式设计的目标，整个团队也将共同研讨供应链模式的升级方案。

　　对于供应链的模式可以这样理解：我们把整个供应链比作一个舞蹈演员，供应链的参与方就像舞蹈演员的四肢，要想控制他们的精准动作，就需要舞蹈演员的大脑提前计算好，输出准确的指令。要把供应链的动作计算好，就需要设计一个能覆盖全流程，且各环节相互衔接、贯通一体的全新供应链计划。这个计划能够指导多级供应商的原材料准备、零件生产，能够指导运输商的零件合捆、货车积载和路线选择，能够指导货车司机有序入厂、均衡卸货，能够使到达工厂仓库的零件成为即时所需、没有滞留，而上线工人则能够根据计划上线，零件的消耗和补充在工位上实现完美平衡。

　　这听起来是个非常完美的解决方案，但筹备和规划起来真的是一件不容易的事情。在随后半年多的日子里，我们团队每天几乎都要讨论到晚上八九点钟，窦总监也经常参与到我们的研讨中，办公室里永远是写得密密麻麻的两张白板。无数个问题，等待我们追根溯源，无数个夜晚，我们一起伴着路灯走出公司。在规划方案的思路方面，大家早已达成共识，就是拒绝对传统供应链模式进行修修补补，而是要进行彻底变革。大家不是供应链专业出身，没关系，把专业教材拿过来"啃"；不懂前沿技术，没关系，借助外脑和行业巨头展开研讨。就这样，先后有无数个方案形成，推倒，重来，优化，终于，以生产计划冻结两周为前提的新物流方案出炉了。

　　全新的物流方案覆盖了生产计划、物料筹措、入厂物流和工厂物流四大领域。它通过智能大脑的运算，实现了从整车生产计划、零件需求计划、运输计划、卸货计划、仓储计划到上线计划的全流程精准；通过零件包装单元化和取消转换标签，实现了整个供应链的贯通；通过GPS、电子围栏、频射识别（RFID）、UWB等技术的应用，实现了全链透明；通过各个节点的管控与预警，实现了供应链秩序高效执行和资源合理利用。

我们根据数据测算，如果一汽-大众的五地六厂能够实施全新的物流模式，就可以使全供应链降低12亿元库存，进而每年节约成本约2500万元。可以说，这个方案是汽车行业供应链生态打造的最佳实践，引领了汽车企业供应链业务的深刻变革。记得在2018年年末，当最后一个方案细节确定的时候，大家热泪盈眶，我们做到了！我们开启了全行业供应链的新时代！

当方案的设计全部完成时，我们要给这个全新的物流供应链模式起一个名字，窦恒言总监说，就叫"精秩物流"吧，物流人"精于思"，设计了这个"秩于行"的物流供应链模式。杨海经理给它起了一个英文名叫"AUTO Logistics"，AUTO一词整体代表汽车行业，同时每一个字母又有特殊的含义，A代表Accurate——精准，U代表Unit——单元化，T代表Transparent——透明，O代表Orderly——秩序，这四个词恰好代表了"精秩物流"供应链模式所具备的独一无二的特质。

回想起2017年窦总监和我说的那一席话，整个团队历时一年多时间的潜心钻研和探索，在生产管理部会议室度过的一个个日夜，直到划时代的"精秩物流 AUTO Logistics"概念诞生，我为这个团队感到无比自豪。面对未来的挑战，我们也已经做好了准备，信心满满。

笨办法是个好办法

作者：张守龙

有时候我们遇到一个困难，在寻找解决办法时一筹莫展，其实并非真的没有解决办法，只是我们为了找"捷径"或者"更好的"解决办法，而忽略了最基本、最原始，甚至是"最笨"的解决办法，导致困难无法得到解决，事情无法如期进行。

陆路运输成本的增加，最终导致的结果是产品价格的上涨，这无论对消费者，还是一汽-大众来说，都是难以接受的。因此，寻求新的运输途径就成了迫在眉睫的任务。不过，这对于一汽-大众，乃至整个汽车行业都是一个新的课题，因此困难重重。

经验也不可靠

大家都说，工作时间越长，积累的宝贵经验就会越多。经验确实宝贵，但有时候经验也是靠不住的，甚至会造成迷惑和误导。

这里要说的是北方到佛山工厂的动力总成陆海联运项目。佛山工厂没有自己的动力总成车间，所有动力总成几乎全部由北方供货，

作者正在检查危险品运输车辆及人员资质

而我正好负责公司动力总成的长途运输业务。佛山工厂处于沿海地区，而发动机和变速器的出货地也都集中在北方沿海城市（大连、天津、长春），如果这些货物能走海运的话，会比公路运输节省相当可观的成本。同时，轮船的废气排放水平也远远低于货车，可谓降本增效、绿色环保两不误。由于我们没有任何内贸海运经验，一切都要从零开始，包括始发港、目的港等多个港口的调研，不同海运公司航线（航班）的调研，以及从单个集装箱发货到每天多个集装箱发货的海运实验等。

随着实验货量的增加，我最担心的问题还是发生了。发动机运到工厂后出现了损坏问题，而且相当严重：由于运输过程中受到过大冲击，发动机限位锁把发动机缸体固定点压断了。众所周知，发动机缸体损坏要是返厂维修的话，不但需要调整生产计划、预留维修工位，而且发动机拆解的人工和材料等成本要比生产一台全新发动机还高，因此所有受损的发动机不得不整体报废。心疼！那可都是真金白银啊，一台发动机的成本远超我一个月工资。如果我把这个问题解决了，每个月拿工资的时候是不是也有底气了？抱着这样的想法，我下定决心要把问题解决掉。

我的脑海里开始模拟发动机从下线包装、短驳运输、仓储、公路运输、港口作业到海上运输等每一个环节，不放过每一个可能造成发动机损坏的因素。与此同时，我还请教了海运公司的专家和海关科国际海运的前辈，并邀请负责发动机包装方案的同事一起研讨，分析问题根源。可一套组合拳打下来，仍然没有找到症结所在。海运专家和海关科前辈说："船在大海里航行就像树叶在水面漂浮一样，虽然会有风浪，但绝对不会有这么强烈的冲击，更何况遇到大风天气轮船会就近靠港避风。"包装同事说："包装方案肯定没问题，这个方案用了十几年了，各条运输线路都经受住了考验，几年前到成都没有高速公路，走山路运发动机，这个包装也没出过问题。"

困惑、不安、焦虑，可以说我咨询的都是相关领域的专家，都有着相当丰富的经验，可实际情况是，发动机就是损坏了，难道经验靠不住？我强大的内心几乎瞬间崩溃了。

"豪车"自驾游

时间又过去一个多月，发动机缸体固定点断裂的原因仍然没有找到，这愈发让我苦恼。长春发动机厂才开始投产，产能紧张，每一台发动机都是工人兄弟们不分昼夜、加班加点干出来的。我的内心充满了愧疚，但更多的是不甘。于是，我决定实地检查一下整个运输过程的每一个作业环节。

记得那是国庆节后的第一个工作日，上午11点装车完毕后，我们准备朝目的地（营口港）出发。提货车是一辆红色解放牌货车，司机师傅是个30岁左右的小伙子。我俩打了招呼，又很正式地握了握手，然后货车就缓缓地出发了。

市区道路还算不错，行进中没有太大问题，但上了高速公路就不行了，长春到沈阳方向的高速公路正在拓宽施工，单向双车道不说，路面还坑坑洼洼，坐在货车里忽忽悠悠，有种坐轿子的感觉，最开始两个小时还可以忍受，可时间久了真是受不了。去沈阳的那五个多小时，现在我都不知道是怎么熬过来的。

过了沈阳，路况就好多了，双向八车道，而且是刚铺装完工的路面。道路宽阔显得车流不那么紧凑，也不会出现"急刹车"的状况。下午五点多，一路的颠簸已经让我饥饿难耐。于是，我打开一碗泡面，浇上热水放在两个座椅中间。傍晚的阳光温暖、和煦，透过路边稀疏泛黄的杨树叶，洒落在平坦整洁的路面上，形成了不断舞动的光斑。望着窗外掠过的池塘和远山，闻着泡面散发的香味儿，悠然心生一丝惬意。此情此景，让我联想到奥迪Q5的那则广告：秋高气爽的季节里，郭晓冬开着几十万元的豪车来了一场草原自驾游，偶遇美女赵子琪拦路搭车，心中窃喜，还要假装高冷，中央扶手上一杯热腾腾的咖啡散发着浓浓的香气，一段唯美的爱情故事就此开始……

"哥们儿，你的面好了吧！"司机师傅的一句话硬生生地把我拉回到现实中。我看了看他，话不多，但人还是不错的。低头瞧了瞧冒着热气的泡面，比起广告里浓香的咖啡也差不到哪儿去，这不就是"豪车"自驾游嘛！想到这儿，一路上的劳累一下子就消退了一大半。

晚上八点多，我们的货车才到达营口港。远远望着"营口港"三个大字，我顿生感慨，长途司机师傅们真的太辛苦了，我这才跟车一天就累成这样，他们得天天跑，还面临着各种交通事故的风险，生活真不易啊！

"靠一下"使问题水落石出

我看了一下表，办完手续进港时间是晚上九点半，由于坐在货车里，我顺理成章地"混"进了港口。港内作业还算迅速，货车穿梭在成片的集装箱堆场之间，很快就来到了预先指定的箱位。借助港口的灯光，我注视着龙门吊的作业过程，学习的同时也是排查风险。堆场内的箱子一个紧挨着一个，这样有大风时互相之间能有个依靠。就在吊车对我们的前车卸车时，我发现吊起的集装箱需要与堆场内的集装箱"靠一下"才能落到位。我由此悟出了一点端倪，是不是这一"靠"带来了比较大的横向冲击力，造成了发动机缸体固定点的断裂？我觉得可能性极大。

没多久，我们的集装箱也卸完了，堆码过程中同样发生了"靠一下"的现象。出了港口，我们在门口找了个宾馆休息。睡前，我仔细回忆从长春装车到港口卸货的每一个过程，尽管路况不好、存在颠簸，但这些都远不如港内"靠一下"的横向冲击力对发动机的伤害大，既然其他地方没问题，那问题一定出在这里。一个月前，各种会议研讨没能解决的问题，在这儿找到了答案，越想越兴奋，我竟然失眠了。

回到长春后，我又组织了专家会议，大家讨论了"靠一下"的危害，又制定了集装箱尾部增加木板填充物的措施。最终，发动机缸体固定点断裂的问题得以解决。

腹背受敌

时间到了2018年，发动机和变速器海运业务已经实现平稳运行，公司内贸海运业务又有了新需求——青岛工厂生产的BEV电池需要海运到佛山工厂。因为有了前面的经验，这个任务自然又落在我们团队头上。

锂电池属于九类危险品之一，运输方面有很多特殊要求。接到任务后，我们广泛查询危险品运输的法律法规，积极开展内部学习，并两次南下宁德时代新能源科技有限公司，向电池模组供应商学习锂电池运输知识。同时，我们还咨询了海运公司，了解到锂电池海运理论上是可行的，但内贸海运从未有过相关经验，只能参考国际海运相关要求来处理锂电池内贸海运业务。作为发货方，我们需要提供电池产品的UN38.3认证（国际航空协会指定认证）、电池产品海运鉴定书、锂电池安全数据说明书（MSDS）、危险品包装性能认证书及危险品包装使用结果认定书等一系列证明。搜集这些证明的过程虽然烦琐，需要我们内部多个部门之间沟通合作，但关键问题还在于青岛电池工厂库房面积很小，只能容纳一天的下线产品，而青岛南下的航班密度为六天一班，这意味着我们必须联系青岛港为我们在港内设定六天的库存，或者在工厂附近租库存储。

4月，我们团队出差青岛。在海运公司的引荐下，我们开始与青岛港内贸码头交流谈判。大港口真是太强势了，要求我们的电池产品只能在开船前48小时入港，且开船前24小时必须全部到港。港口的说法是，2015年天津港危险品堆场爆炸后，国内各大港口管理非常严格，坚决不做危险品存储业务。港口存储是行不通了，于是我们团队开始搜索工厂周边具备九类危险品存储资质的丙类库房。结果是一样的，受天津港爆炸事件的影响，周边库房已不再承接危险品存储业务。

工厂要求每天发货，港口要求限时进港，周边又没有仓库，腹背受敌，问题解决不了，回到长春我怎么交差啊……

峰回路转

考虑到海运一块电池要比陆运便宜500多元，我们团队没有放弃这么大的降本潜力。晚上回到酒店，团队紧急组织会议给出两个解决方案。方案一，电池产品下线后立即提走，在青岛港装船北上。由于青岛港北上的航班每天都有，可以保证每天下线的电池产品都能有船可装。这个方案相当于把电池产品的库存建立在船上，但由于北上的船再次南下的时间和节奏不固定，出于产前物流时效性的考量，这个方案我是无法接受的。方案二，寻找就近的港口，并争取港内存储的可行性。这个方案没有硬伤，只是会增加工厂到港口的陆运成本，经济性可能会受到一定程度的影响，但我认为是可以考虑的。

有了新的目标，就立刻开始行动。经过筛选，只有烟台港离工厂比较近，且航班情况符合要求。于是，我们立即驱车赶往烟台港。烟台港是个小港口，谈判还算顺利，至少没有被俯视的感觉。我们单刀直入介绍了业务需求，港方的回应是比较困难，但可以想想办法，让我们回去听信儿。

能做的都做了，也只有回去等消息了，彼时的我们就像等待高考成绩发布一样焦虑和紧张。上帝给你关上一扇门的同时，往往会为你打开一扇窗。回到长春一周后，我们得到烟台港反馈的好消息，港口内贸码头与外贸码头多次研讨后，决定借助外贸码头堆场来解决电池产品无处存放的问题，而且承诺七天之内堆存免费。尽管陆

新能源电池海陆联运试运留影纪念（左六为作者）

运距离增加，但由于存储免费，最终评估下来比走青岛港还要省钱。真是峰回路转啊！

一汽-大众陆海联运业务蓬勃发展，目前已开通长春—营口—佛山、大连—佛山、天津—佛山及青岛—烟台—佛山四条集装箱海运线路，以及大连—烟台滚装船海运线路，在节省运输成本的同时，每年还可减少柴油消耗约3500吨，减少二氧化碳排放约1.5万吨，实现了降本和环保的双赢。

我们经常能听到这样一句话：办法总比困难多。当通往成功的道路上没有捷径可走时，再远的弯路也比原地踏步离成功的距离近。

"1+1＜2"中的奥妙

作者：方一翔

在数学中，1+1=2是客观定理，在合作中，大家寻求1+1＞2的共赢。而在工作中，我们通过不断摸索做到了1+1＜2，让原本因突发情况而改变的物流模式，有了比原来更低的经济成本。

2017年4月的一天，我们迎来开春以来的第一场雨。由于供暖期已经结束，办公室里格外阴冷，大家的心情也不免受到影响。这时，办公室的门被猛地推开，主管郭朋来一脸愁容，一声不吭地径直走到自己的座位上。我正在敲打着键盘，听到郭哥喊我："方，约个会议室，咱们研讨一下各工厂现有的运输方案。"

突如其来的挑战

一进会议室，郭哥便将一沓厚厚的文件摊在桌面上让大家传阅——《汽车、挂车及汽车列车外廓尺寸、轴荷及质量限值》（GB 1589—2016），我一看，这是相关机构和多部委共同参与制定的国家强制性标准，将于2018年7月开始正式实施。按照这个标

作者在讲解物流方案

准,一汽-大众目前使用的国产化零部件长途运输货车没有一辆符合要求——原来郭哥是在担心这件事。不过,既然有明确规定,那我们就按运输标准来调整好了,这也不是什么难事。正在大家七嘴八舌、议论纷纷之时,郭哥又公布了一个更"重磅"的消息,原来,他在拿到文件后第一时间就已经研究过了,如果使用上述合规车辆继续采用陆运,那么一汽-大众的物流成本将增加70%左右,每年需多支出数千万元!

这下我们也跟着郭哥陷入了沉思之中。物流成本的增加,最终将直接体现在产品价格上,在市场竞争日趋激烈的今天,价格的上升势必影响一汽-大众产品的竞争力。正所谓"养兵千日,用兵一时",关键时刻必须有人迎难而上,我们责无旁贷。

虽然时间还算充裕，但面对未知的情况我们依旧不敢掉以轻心。于是，我们以最快的速度投入到对新方案的研讨中。在一场场密集的"头脑风暴"中，大家随时随地开动脑筋、献计献策。有人说，直接使用新标准货车，但能否与承运商沟通共同承担增加的成本还不得而知；有人说，投入一些成本，研发定制一种符合我们运输需求的新车型；还有人说，能不能再开发出一种成本更低的新运输方式……经过一次又一次的讨论、优化，大家最后达成共识，将方案锁定为"公铁联运"，原因是铁路运输不仅具备价格较低、运输周期比较稳定等优点，还响应了国家增加铁路运力的号召，可谓一举多得。

从"甲方"到"乙方"

说到国产化零部件的铁路运输，一汽-大众绝对是"第一个吃螃蟹"的，当时行业内没有可以对标的企业，全靠自己摸着石头过河。之前与我们接触的承运商都是争着和一汽-大众合作的，因为他们非常清楚与一汽-大众合作真"香"，不仅能赚到钱，还不拖欠货款。但是这种甲方地位以及优越感在"铁老大"面前就荡然无存了。因为人家觉得我们货量不多，要求还挺高，所以不屑与我们面谈，一般通过电话就回绝了合作意向。郭哥和我在最初的整整三个月里，跑上海—成都线路的铁路货运代理，不知吃了多少闭门羹。后来有一家上海的铁路货运代理老板，是从东北走出来的，看在老乡的面子上和我们推心置腹地聊了起来："兄弟，铁路一般运的都是大宗商品，像煤炭、粮食、原油，人家都是按专列包车。而你们呢，每天就几节车厢的货，还要求我们这、要求我们那，这可不是一汽-大众的专车啊！"

一语惊醒梦中人，这位大哥的话让我们迅速摆正了自己的位置，也认识到了铁路运输和公路运输在市场行情上有较大区别，于是放平了心态，诚恳、耐心地与铁路货运代理进行合作谈判。最终针对上海—成都的线路，我们找到了一家合适的承运商，不仅价格合理，各方面还基本能满足我们的要求。

黎明前的曙光

其实，针对铁路运输，我内心一直有两个问题。第一，铁路运输的时效性怎么保证？万一中间某个站点进行编组作业停顿几天，我们的生产进度就会受影响；第二，当前的零件包装全都是按公路运输标准规划的，能否满足铁路运输要求并保证到货质量？尽管当时承运商口头上给了各种承诺，但我觉得耳听为虚、眼见为实，必须采用现地现物的方式，才能消除我内心的担忧及焦虑。

经过方案研讨以及与承运商持续数月的上门沟通后，2017年年底，我组建了一个团队，以全程跟踪的方式进行了为期半年的时效性及到货质量测试。之所以把试运行的时间跨度拉这么长，就是为了在更长的时间维度里观察铁路运输的稳定性，从而将异常情况发生的概率降到最低。为了不影响白天的货物配送，铁路干线装卸作业一般都在凌晨进行。这就意味着，大家要在凌晨两点从被窝里爬出来，披星戴月地赶往上海闵行站和成都新都站开展工作。经过几十次的凌晨实地考察，在确定该线路的铁路运输能够满足时效性及到货质量要求后，我们启动了正式运行的商务流程。

可出乎意料的是，就当一切已经准备妥当时，又一只"拦路虎"出现了。成都工厂要求，所有零件由原来混载在一辆货车配送入厂，改为供应商管理库存（Lieferanten Lager，LILA）零件、物流操作中心（Logistics Operations Center，LOC）零件单独装车配送入厂。

"这也太过分了！我们历尽艰辛、长途跋涉两千多公里，好不容易把零件按照规定时间完好无损地送到门口，现在还让我们把零件区分开，并分别送到不同的卸货口！"一气之下，冲动占据了情绪的高地，我直接打电话到成都工厂询问，话语中不免有一些强烈的措辞。但平静下来后，我扪心自问："之前一直标榜的用户导向去哪里了？是不是只是要耍嘴皮子，没有落到实处？"于是，我收起一肚子委屈和抱怨回到问题上，努力思考怎么去解决。

要满足成都工厂的要求，最简单的方法是在工厂附近单独建立一个分拨中心，但这样做不仅会增加整个供应链的成本，还多了一个增加零件质量风险的环节。有没有更好的方法？能不能租用火车站的站台来做分拨？于是，我拿起电话拨通了铁路货运代理的号码。起初他们是坚决反对的，因为站台只开放给铁路工人使用，外人不得进入。后来我就厚着脸皮，以每天n通电话"骚扰"的方式，磨了两周嘴皮子，终于"感动"了铁路货运代理。他们答应，在火车站站台租给我300平方米的地方用于货物分拨，负责人对我说："小伙子，虽然最近你一直'骚扰'我，但我很欣赏你，年轻人认准的事情就应该锲而不舍努力地去追求。预祝咱们合作愉快！"一向"宠辱不惊"的我在听到这番话后，心中顿时感觉像点燃了一团火焰。也许这种心情只有真正置身其中，并为之努力奋斗过的人才能感受到，我不禁在心里给自己默默点了个"赞"。

"公铁联运"模式大功告成

由于前期调研和试运行阶段的工作比较扎实，正式运行后的工作就顺利很多。最让人庆幸的是，采购部的同事经过与承运商历时三个月的艰难商务谈判，不仅保证了铁路运输的价格没有比原来公路运输更高，还实现了5%的降幅，可谓是"1+1＜2"。物流方案经过无数次演练，已经能保证各个细节毫无差错地实施，同时商务合同也已经形成，可谓"万事俱备，只欠正式切换"了。

2018年6月，在大家的辛勤努力和付出下，所有参与者共同见证了一汽-大众零部件运输业务的历史性时刻——开创性地采用"公铁联运"方式进行零部件的长途运输。当时，我的内心既激动又踏实：我们做了一件很了不起的、之前没有人做过的事！

上海—成都线路"公铁联运"的成功实施，不仅增加了一汽-大众在铁路运输方面的经验，同时也提升了大家将此方案推广到其他线路的信心。于是，在2019年和2020年，我们又分别对上海—长春、上海—佛山、长春—成都、长春—佛山进行了"公铁联运"切换。目前，在零部件长途运输中，铁路运输量占比约30%，不仅成功解决了国家强制性标准实施所导致的运输成本上升的问题，还为公司节约了可观的运输成本。

不管遇到多大的困难，只要善动脑、肯吃苦、敢创新，哪怕是摸着石头过河，也一定能抵达胜利的彼岸，这是我所坚信的。

毫不犹豫，第一个"吃螃蟹"

作者：王鑫

当在前进的道路上遇到困难与挫折时，我们通常会追寻前人的足迹，但当你是领跑人时，没有前人走过的路，你是否敢第一个迈出前行的脚步？成长之路，从来都不容易，因为有时这条路需要自己去慢慢寻找，并勇敢地成为第一个"吃螃蟹"的人。

运输装备在物流中是绝对主角，作为物流人，自然与运输装备的关系十分紧密，敏锐察觉运输装备的市场动态，是我们的基本素养。通过观察和研究，我们发现，目前物流运输的干线和短驳运输仍然以货车陆运为主，公路货运的平板车还在充当主力。但2017年发布的《机动车运行安全技术条件》（GB 7258—2017），限制了新投入平板车的注册，也就是说，平板车这类运货车即将退出货运行业的历史舞台，有运输需求的公司须及时更换运输装备。

察觉到这样的形势变化后，公司也将部分平板车换成了半挂式飞翼货车。半挂式飞翼货车展开两翼后，便于侧面装卸货物，也符合法规的要求。但经过一段时间的使用，大家发现半挂式飞翼货车虽然使用便捷，但装载量相对较小，直接影响物流运输成本。这关

作者与小轮车

乎公司的竞争力和环保贡献度,因此我们决定再"开发"新的运输工具。

于是,找到一种既符合法规,又能最大限度提高装载量的运输装备,成为我们要解决的主要问题。

没有路,我们就蹚出一条路

"哪里有能满足我们长短途需求,不需要二次切换的车?"

"还要在法规范围内完美匹配咱们的器具体积。"

"我看了一圈了,好像确实没有适合我们的车,你们找到了吗?"

综合分析市场上所有的运输装备和当时的行业技术后,大家发现陷入了"无车可选"的困境中。

一汽-大众五地六厂的长途运输路况比较复杂,对运输装备的要求很严格。而当时市场上的货车,不是不合规,就是成本高,研讨了很长时间,也没能找到完全符合标准的车,怎么办呢?

我们萌生出一个大胆的念头:既然市场上没有合适的,就自己打造一个!

为了更好地实现开发,综合分析内外部资源后,我们规划了一个跨界开发方案:由一汽-大众牵头,从规划者角度出发,与一汽解放、一汽物流跨界合作,三方协同,定向开发一种市场上没有的大容积货车——低鞍小轮车(低鞍座、车轮尺寸小的货车)。新车型能满足我们的运输需求,也能丰富、拓展合作方的产品、运输业务,这样一种新载具的出现,对物流行业的发展也将产生积极影响。带着为多方谋利益的初衷,我们开启了跨界合作开发之旅。

跨界合作,就像两口子过日子

跨界合作意味着多方配合。这次的合作,并不是简单意义上的业务拓展,而是三家公司在组织系统模块上的快捷重组。如何调度工作?哪种沟通模式合适?对方有怎样的工作习惯?由于是首次合作,这些都是需要直面的问题,也是我们必须努力解决的问题。

不同于公司内部三个部门之间的协作,三家公司的跨界联合,在时间安排、信息交流上很可能会出问题。比如,按照工作计划,一汽解放应该在规定时间产出车架,但不现场接触实物,最后产品的高低、长短、轻重以及其他细节问题，通过线上沟通又难以完整传达。有"误差"的沟通就容易导致交付的产品不符合要求，而开发方需要等我们的反馈再调整，最后合规的产出时间就可能延后。为解决这一问题，我们增加了线上会议的频次，每天只要有时间，就进行信息交流，当开发遇到瓶颈或者理解有偏颇时，这样及时的视频会议，让三方都能随时了解情况，共同探讨解决方案。

有时，彼此的习惯不同，也需要互相理解。就像在货物装载设计上，每一辆车装载的货物都不是只有一种，货物的轻重、大小可能都不相同，按照平时的装货习惯，货物都是随机码放，卸载时再分类。但是与一汽解放合作开发的低鞍小轮车，在码放货物时有具体的码放要求。什么零件先放？是从车头开始码放，还是从车尾开始码放？两个重货是聚集码放，还是分散码放？这些繁琐的问题，无疑提高了人力成本和时间成本，增加了工作量。其实，这种跨公司的合作有点像两口子过日子，哪有锅沿不碰马勺的，总得有一方稍微退让一步，否则结果只有散伙。为保证产品开发的顺利推进，在不影响基本开发原则的前提下，我们积极遵守了设计方提出的使用规范。

只有经历过才懂得

这是一个开创性的产品，而且开发标准高，因此从开发时间和开发难度上来说，压力本就不小。不出所料，其间突发了一些情况，导致我们的节奏被打乱。

2019年11月，《营运货车安全技术条件》（JT/T 1178.1—2018）要进行重新修订的消息传来。我们开发这款全新产品的基本准则就是符合法规，但新规会有哪些变动、会不会影响我们正在开发的产品，在新规正式出台前谁都说不清楚。那么，一个非常现实且难以抉择的问题就摆在了我们面前：项目是继续推进，还是暂时停下来，等新规发布后重新启动？停下来相对稳妥，但时间本来就不宽裕，后面的工作会更加紧张；但如果继续干，就不得不冒着白忙活的风险。

最后，经过三方共同商议，还是决定采取相对保守的做法——暂停研发。不过，我们并非"守株待兔"，而是由我负责每隔一两天到相关部门询问进度，只为第一时间了解公告情况，为后续开发工作赢得时间，哪怕只是一天。时间就这样一天天流逝，在苦苦地等待中喜讯终于传来——公告发布，低鞍小轮车符合新规，开发工作又可以推进啦！

如果说新规修订是对项目节奏的第一次考验，那么新冠肺炎疫情暴发，则是对项目进度的又一次挑战。2020年年初，新冠肺炎疫情暴发期，部分行业停摆，周围的节奏一下子慢了下来。疫情对工作人员、工作地点、产品测试都有影响，这对我们来说非常不利。因为一旦低鞍小轮车投入使用，预计每年可为公司节省千万元级的运输成本，早一天投入使用，就可以创造更大价值，而晚一天投入使用，就相当于几万元打了水漂。

在疫情面前，在生命面前，停工停产是再合理不过的选择。但为了弥补疫情造成的时间损失，大家只能最大限度地提高工作效率，白天全力以赴投入到外部沟通与细节调整中，夜晚内部总结熬夜开会也变成了常事。只有忙起来，自己才能安心。就这样，在每天的高压状态下，大家用自己的努力，换来了项目开发的如期完成。

一举多得的买卖

尽管产品开发告一段落，但它能否适应公司长途运输的复杂路况，还需要进一步测试。为此，我们对低鞍小轮车进行上船测试，检查小轮车在波动状态下的稳定性。在成都、佛山进行极限路况测试，检查恶劣路况下小轮车的行驶状态，包括模拟长途运输中司机休息、车内安装热水壶等各种使用场景。虽然过程曲折，但好在结果没令人失望。2020年8月，经过5个月的用户测试，低鞍小轮车完成首批订单交付，为三方的合作画上了圆满的句号。

这次跨界合作前后历经15个月，完成了用户需求分析、概念开发、新法规解读、产品定型、样车生产试制、公告上牌及用户实测等一系列工作。第一批订单交付时，每个人都无比兴奋，低鞍小轮车通过降低鞍座来增加货厢高度，提升了33%的装载率，产品甫一上市就受到物流相关行业的关注。一汽-大众作为项目的组织者和推广实施者，计划在2021年完成全面低鞍小轮车与传统平板车的切换。在每年节省数千万元运输成本的同时，还能减少碳排放10000吨，更可助推中国物流行业的新一轮技术装备升级，加速了全社会物流运输的绿色转型。

低鞍小轮车的创新开发项目，是我们作为物流人敢于挑战自我的集中体现，也是对一汽-大众人突破精神的诠释。有很多时刻，我们眼前的路并不合适，但真正的勇士，绝不会回头，只会勇敢地寻找或开拓一条创新之路，并坚定地走下去。

剥茧抽丝，生产平顺

作者：隋鑫

　　平顺有序的生产可以让汽车制造过程中的每一个环节都保持最高效率和最小偏差。然而，想要让汽车制造的每一个环节都顺起来并不容易，实现百分之百的平顺性生产更是近乎痴人说梦，毕竟大众集团排名第一的保时捷工厂也只有百分之九十多，但我们要做就做最好的！

　　2015年，中国汽车市场的微增态势让敏锐的生产管理人绷紧了神经，如何在真正的危机到来前成功转型，扭转粗放的生产模式，实现精益生产，以正确的姿态迎接市场变化，成为萦绕在生产管理人心头的一大难题。

　　恰逢此时，大众集团开始在全球推广描述整车生产过程中实际生产顺序与计划顺序一致程度的生产平顺性项目，其指数TST（日订单符合率，源于德语词汇Tagesscheibentreue）对提升生产效率、降低生产成本有着积极的指导意义。不管是提升效率，还是降低成本，都对公司在变幻莫测的市场变化中提升竞争力有至关重要的影响。生产管理部生产控制科敏锐地觉察到转型的契机，全体成员主动开始学习项目精髓，着手在一汽-大众推广平顺化生产。

5年从34%到95%

2015年6月，佛山工厂，初夏的骄阳炙烤着刚出厂的一辆辆高尔夫轿车，焊装311会议室里，研讨会的热烈气氛让炎炎夏日也黯然失色。来自大众集团的两位资深专家Meyer和Franz先生为生产管理部的同事们深入浅出地讲解着生产平顺性的基本原理。

部门中的绝大部分同事都是初次接触生产平顺性项目，对新理论的渴望和对企业美好未来的向往激励着我们，让我们如饥似渴地从外方专家的指导中汲取营养。在德方专家的讲解和指导下，生产平顺性项目组在佛山工厂开展了为期三周的研讨。随着对生产平顺化理解的逐步深入，我们心中的疑惑也一层层解开。

我带着取来的"真经"回到长春，并向窦恒言总监进行了汇报。总监对这一项目十分赞许，认为平顺化生产是供应链升级的基石，并提出了5年内实现TST 95%的目标。95%？几乎所有听到这个数字的同事都一脸惊讶。因为彼时，一汽-大众的TST仅有34%，大家都认为直接给出这么高的目标有些不切实际。"求上得中，求中得下，只有敢想才能实现。"窦总监的一句话有如一针兴奋剂，激发了大家敢想、敢拼的斗志。

90%的飞跃

秋去冬来，2015年11月，生产控制科牵头组织各工厂生产管理部、生产厂、质保、规划及管理服务部担起了这一关键任务，从无到有，组建起一汽-大众自己的生产平顺性团队。之后，我们的团队陆续对

生产控制团队合影（右二为作者）

长春、成都、佛山等工厂开展调研，现地现物地分析影响因素、制定提升措施。

2016年7月，项目团队开展长春工厂奥迪 A6L 生产线研讨会，项目得到时任生产总监方永平、Germann先生，以及生产管理部总监窦恒言、Greaff先生的大力支持。两周时间里，团队详细梳理了奥迪 A6L 焊装及涂装的全部工艺过程，发现三检、奥迪特（AUDIT）、并行存储区、返修等六大类23处造成车辆滞留的具体问题点。其中，问题最严重的是返修导致的车辆滞留问题。在生产平顺性概念普及之前，几乎所有人对低平顺性生产带来的损失和严重性都没有足够的认识，返修车数量多，返修时间也没有严格掌控。生产平顺性要求提出之后，每个人都结合实际岗位反思了自己的工作。经过深入分析与反复研讨，我们决定最大化地发挥原有设备及系统的能力，制定了有效减少返修量等17项无须投资的改进措施，使生产平顺性得到了大幅提升。

之后的一年内，随着我们对生产平顺性认识的不断深入，以及行之有效的改进措施，团队陆续开展了长春工厂其他生产线及成都东、西工厂的调研。两三年的时间里，一汽-大众的生产平顺性由34%飞跃至75%。同时，项目团队结合平顺化要求，制定了平顺化生产的管理原则与指导手册，并在青岛和天津工厂建厂之初就跟进和改善生产平顺化。2018年，佛山、青岛和天津工厂部分生产线的TST陆续达到90%。

从95%到100%的质变

在新建工厂逐个取得骄人成绩后，作为"老大哥"的长春工厂，在生产平顺性问题上也必须积极面对。放任自流、等待生产线更新自行提升不是一汽-大众人的风格，凝心聚力深挖潜力实现再突破才最符合"老大哥"应有的气质。

2020年4月，新冠肺炎疫情的阴云刚刚消散，在冰雪消融的北国春城，长春工厂再掀生产平顺性提升高潮。每日开班，生产控制科计算出当日应发往总装的订单清单在团队内共享，焊装、涂装全力保障范围内订单如期发车。通过工艺重塑和人员分配，实现99%的返修工作在线完成，剩余1%的滞留返修车在4小时内修复回线。通过规范检测及奥迪特过程，实现离线检测车当日15:00前回线，保障当日发车不受影响。至此，我们已经实现了当年窦总监提出的"5年内实现TST 95%"的目标。

所有人都在为这样的骄人成绩而自豪，毕竟大众集团排名第一的保时捷工厂也只能维持这一水平。但我们该就此止步吗？显然是不行的！居功自傲、止步不前同样不是一汽-大众人的品质。此时，生产控制科陈悦经理大胆提出了100%的奋斗目标。

从34%到95%可以理解为从无到有，而从95%到100%，就需要把更细微、更复杂的问题点挑出来彻底解决，其难度不亚于5年实现TST 95%。

一汽-大众人的创变精神再一次被激发出来，通过创新的OPTIMO规则编制，创造性地发挥车身库能力，在保障发车能力的同时，保障三款奥迪车型完美发出当日计划订单，我们开展了控制到车、责任到人的全面提升工作。在返修车辆的储备环节，我们对现场做了更为精细的调整，将所有返修车按固定规律摆放。这样，在返回生产线时，就能做到先进先出，进一步提升了平顺性生产的整体水平。

2020年5月11日，在短短一个月的时间里，长春工厂AUDI-Q线TST率先实现100%，并开启了一汽-大众连续4个月蝉联大众集团全球工厂榜首之路。

勤奋终有回报，5年时间，从34%到100%。在创变精神引领下，一汽-大众平顺化生产团队依靠数字化方法和流程，在班次、小时层面继续提升着公司生产平顺性，支撑全供应链实现转型升级，塑造公司运营核心流程竞争力！使我们的企业在中国汽车市场的发展道路上拥有了更加强健的身躯。

"抠细节"竟然抠到极致

作者：靳奎

一个小时内我们能做什么？追两集网剧、烹饪一顿美餐、读几章自己喜欢的书籍……在一汽-大众长春轿车一厂，奥迪总装一小时可以下线100辆左右汽车，而这一数据在2018年还是80多辆。为什么生产速度能够实现快速提升？这离不开技术变革和产业发展，更离不开各个环节的努力与付出。

一提到汽车生产，熟悉的人都会谈到四大工艺，而我们，则是站在四大工艺背后默默开展工作的人。或许在汽车生产环节，车身库看起来并不起眼，但事实上，只有各环节之间衔接顺畅，才能让汽车生产更加高效。

木桶上最短的那一块板

相信大家都听说过木桶效应——决定一个木桶能装多少水的，并不是木桶上最长的那一块木板，而是最短的那一块。自2020年开始，一汽-大众各生产线响应号召，深挖产能潜力，四大工艺的

车身库与管理提升小组（左三为作者）

各个环节不同程度地提高了生产节拍，尤其是涂装和总装的JPH（Jobs Per Hour，指每小时生产的产品数量）更是提升了近5%。生产节奏的加快，对于产品供不应求的汽车生产企业来说，当然是好事。可是，汽车生产线非常长，最终的整车生产量就取决于这条线上最慢的那个环节。很不幸，车身库就拖了生产节奏的"后腿"，成了木桶上最短的那块板。

　　车身库是什么？让我先来简单介绍一下。按照顺序，汽车生产工艺分为冲压、焊接、涂装和总装，车身库就位于涂装和总装之间，主要负责存储涂装完成的车身，并按照一定顺序将车身运输到总装车间。因此，如果涂装和总装的生产节拍都加快了，车身库的运转速度没有跟上，就会出现能力缺口，前后两个环节的节拍加快也就毫无意义了。

事实上，在涂装和总装JPH提高后，一汽-大众长春基地的两个车身库都面临着提高JPH的难题，二厂的车身库达到了负荷极限，而一厂的车身库情况更艰难，JPH能力缺口已经达到20.4。我们简单测算了一下，一厂车身库的JPH需要从当时的175提高到至少190，才能基本满足生产需求。可是，长春二厂车身库是公司建立最早的车身库，设备陈旧且底子薄，而长春一厂车身库又是所有车身库中唯一的悬空式车身库，不能简单地通过加快运输速度来提高生产效率。我们和规划部门的同事在现场经过反复调研和讨论，得出的结论是，如果打算通过设备改造来提升两个车身库的管理能力，就需要拆除一半再重建一半，光是新建一个车身库就需要资金1700万元，周期也将长达22个月，显然不能满足迫在眉睫的需求。

找到两条抛物线的"交集"

俗语说，狭路相逢勇者胜，车身库管理提升小组决定放手一搏，另辟蹊径。通过深入分析，我们终于看到黑暗中的那一丝曙光。

其实，之所以不能简单地通过扩容仓库来提高JPH，除了考虑到要付出大量人力、物力和财力成本外，还有一个非常重要的原因，就是车身库的吞吐效率（即车身的进出效率）和TST（平顺化指标）与车身的存储量之间并不是简单的线性关系。

如果以吞吐效率为纵坐标、以仓库的存储量为横坐标画一条曲线，那么在这段曲线的前端，车身的存储量越多，吞吐效率就越高。但随着车身存储量的继续增加，吞吐效率提升到一定高度就不会再继续增加；如果这时车身存储量继续增加，由于存储量太大，系统运算的时间和抓取时间都大大增加，则吞吐效率反而会下降。总之，这条曲线与开口向下的抛物线有些类似。TST和存储量之间的函数关系也差不多。需要指出的是，平顺性的提升非常有利于物料资源的准备，不必提前准备相关物料的话，生产成本也会因此降低。

基于上述分析，项目组要做的，就是找到这两条曲线的重叠部分，以确定车身库接发车吞吐效率与TST提升与兼顾的最优存储范围，从而制定以车身库为核心的车身流编制机制。

想找到两条曲线的重合部分，首要工作是建模。这部分工作是由我的同事乔江南完成的，他用数据模拟的形式，成功发现了两条曲线的规律，并确定了最优范围。最优数量确定之后，我们又逐层分解到各个车型，找到了每款产品的日常生产最优范围。但这并不是最难的部分，最难的是如何说服车身库的"上游"和"下游"，让他们了解到，由于车身库运营的特性，并非生产的产品数量越多，生产节拍就越快，甚至有时会起到相反作用。只有保持在一定范围之内，整体的生产节拍才会达到最大。例如，有一款产品原本每周生产100辆，但这已经超出了曲线的最优范围，降低到80辆的话，反而能提升生产节拍，增加每周的整车生产总量。

为了更好地让存储数量处于最优范围内，我们和每个车间都进行了仔细沟通，先和车间领导沟通，再和工长深入交流。如果工长不理解，生产不上心，就无法达到提高整体生产节拍的目的。经过层层交流，最终大家都转变了原有的理念，接受了我们提供的最优存储数量，为公司整体生产节拍的提升奠定了良好基础。

来之不易的9个JPH

找到最优生产节拍范围只是第一步，接下来还要找到不更换设备就提高车身库JPH的方法。首要的自然是加快传送速度，但我们很快就在一厂的车身库遇到了"拦路虎"。

一厂的车身库是长春所有车身库中设备运行速度最快且唯一采用悬空形式的车身库。因此我们已经无法再提高车身的传送速度，否则就会因冲量过大而影响房体结构，导致安全事故。在加快电机转速后，电梯都可能频繁发生故障。在这样的情况下，留给我们的改进空间更小了。该怎么办呢？纸上谈兵不行，去现场！

深入到一厂的车身库，我们一台设备一台设备地进行研究和检查，弄清楚设备运行的步骤与规律，一个环节一个环节地进行测试，就连中午吃饭的时候也要抽空去现场看一看，多小的提升空间我们都不能放过。经过对所有环节，包括滚床、滑橇、举升机、转台和升降机的逐一测试和了解后，我们找到了不止一个能提升产品运送速度的细节。

例如举升机，以前只有车身到达举升机所处位置时，举升机才开始慢慢上升，随后把产品带到下一个地点。经过优化后，车身尚未到达时，举升机就已经在相应位置等待，车身一到立即就可以开始运送，大大节约了时间。再比如升降机，为确保车身的安全运送，升降机在装载完货物后需要用锁将产品固定住，我们发现，锁定的过程分为两步，先锁车身的左边，用时8秒，再锁车身的右边，同样用时8秒，一共是16秒。之前，这样的步骤并没有什么问题，因为16秒完全可以满足生产节拍的需要。但现在，为了最大限度地提高车身库JPH，我们修改了升降机的程序，让它将车身左右两边同时锁住，这样一来，每次就只需耗费8秒。

就是在这样以秒为单位的"抠细节"中，我们通过研究现地现物的设备，成功发掘出优化的可能性，最终将车身库JPH提高了9（我们俗称提高了9个JPH）。

项目团队研讨优化细节

不懂德文也要搞定36个JPH

现地现物,通过发掘机械优化空间提升了9个JPH,改善的成果来之不易。接下来就要开始啃另外一根"硬骨头"——库内车身排程规则优化,其实就是通过合理的布局与流程设置,让车身在仓库里的运送效率更高。

在车身库的管理系统里有一个模块专门控制发车顺序,之前大家都只是粗略地了解如何使用,但想让车身库的运转方式和流程更符合实际需求,就要学会编制规则。当然,我们之前对这一模块也有所了解,但并未进行过深入研究,现在必须尝试挖掘这一规则的潜力。可我们万万没想到,第一个难题竟然是语言不通。

为什么呢？由于这一系统是德国企业开发的，其中自定义的字符串都是德文缩写，理解起来非常困难，而且当时没有这个系统的详细操作手册。最后，我们采用了最笨但也最有效的方法——把每一个字符串都单独"拽"出来进行测试。这样的工作枯燥且单调，而且每一次设置完后，都要用一天时间进行观察，了解具体实现了什么功能，就好像做实验一样，不停地重复。负责的同事连上夜班时都一边盯生产，一边做测试。最后，我们用了近两周时间，完成了所有字符串的测试工作，终于能按自己的想法设计发车顺序了。

接下来，就是库内车身排程规则的优化了。这涉及很多方面，其中，巷道均布、适当控制进出车节奏和优化直通功能缺陷是我印象最深刻的三个点。

巷道均布比较好理解，就是合理设计运送通道，让车身均匀分布在4个巷道中。这一部分的主要工作属于功能开发，因此我们要做的工作还是编程。不过，起初我们并不知道系统里还有巷道均布这个功能，最终通过代码的不断测试才发现。

控制进出车的节奏同样需要制定管理规则，为提高车身库JPH，我们创新开发了一个EXCEL格式的警告小程序，它不仅可以进行数据记录，还能每隔几小时更新一次数据。一旦相应数据低于我们设置的阈值，程序就会自动发出警告，使相关人员及时接管并处理。

直通功能也是我们此前并不经常使用的一个功能，它本来是用于处理紧急情况的。我们把缺陷问题解决后，这一功能在常态下也可以正常使用。其好处在于，如果涂装生产完成进库的产品顺序与总装生产所需的产品顺序不一致，则可通过直通功能进行调整。不过，与优化发车规则如出一辙，我们依然对程序的编制不太熟悉，只能再次采用实验方式，一位同事在后台更改规则，另一位同事在现场观察效果，反复测试、不断调整，最终获得了想要的功能。

在克服"语言关"和"编程关"后，我们通过巷道均布减少了等待浪费，适当控制了进出车节拍，同时优化了直通功能缺陷，最终使车身库提升了36个JPH。

回想起这两年的时光里，盛夏调研时滑落的汗水，凛冬测试时颤抖的身躯，夜晚挑灯攻关后冒出的熊猫眼……我们可以骄傲地说，每一个JPH的提升，都是我们在一小时内创造的无限可能！

把平衡作为一门必修课

作者：宋义河、李蕾

"看似平静的海面之下，其实暗流涌动，而我们正是海面下奋力平息暗流的人。"大部分人在生产过程中会关注车辆能否按时下线，殊不知，为满足停产前最后一辆车的装配，有多少人在背后默默努力。正因深知其中的不易，我们在每一款车型顺利下线时都感慨万千。

宁静的夜晚偶尔传来几声虫鸣，奥迪C7（C级车第七代）车型负责人高阳紧盯着屏幕上一行行数字，为确保最后一辆C7下线前零件不短缺，零件上线前的所有环节像过电影似地在她脑海中重现。温热的咖啡不知什么时候已经凉了。在核查完量产结束前最后一批零件到货后，她终于站起身来轻轻捶打几下僵直的后背。在一个个看似寂静的夜晚，奥迪物料筹措科的每一个人都在默默努力着。

挑战不可能

在一款车型EOP（量产结束）前进行零部件筹措，控制好零部

团队与其他科室同事研讨零件处理

件数量,从而确保产量、降低成本,这是我们的主要工作任务。一般情况下,两年左右会有一款大型奥迪车型结束量产。然而,在2018—2020年,一汽-大众相继经历了奥迪Q5、Q3、C7三款主流车型的换代,随后又进行了B9(B级车第九代)车型改脸。这两年对于我们来说注定是不平凡的。

"我觉得这可以说是一项不可能完成的任务!"

"像这种车型更新换代的密度和强度,一汽-大众建厂以来还是头一回。就算放眼整个行业,也是不多见的。"

"通常在EOP前一年着手零部件筹措工作,而半年一次的EOP进度,使工作提速了一倍,这意味着我们每天的工作量基本是翻一番的。"

然而，大家前期关注的工作进度提升，仅仅是难点之一。基于长春奥迪品牌CKD（Completely Knock Down，全散装件组装）比例大、价值高、零件涉及问题多等特点，工作中需要及时应对更多复杂情况，这是我们在项目中面临的另一大难点。为做足准备，我们提前很久就根据不同零件特点制定了个性化方案，并针对如何及时减货、订货，如何更科学地跟踪紧缺件发货与运输等工作，进行了一系列周密的计划。

如今，B9车型改脸项目已经结束半年多了，但回想起那场激烈的攻坚战，大家的心情依旧难以平复，那种紧张感和压力感已经刻骨铭心。要知道，这支团队里多数是二十多岁的年轻人，对于大多数组员来说，挑战这么大的工作难度可谓是职业生涯的头一遭。

由于年轻的小伙伴比较多，平时我们的工作气氛是比较轻松的。但项目集中的那段时间，办公室整日弥漫着紧张的气氛，即使是午休时间，大家都在热烈地探讨工作，办公室里总能听到电脑键盘"噼啪"作响。

我印象比较深的是，高阳在负责C7项目的半年里，整个人像一根绷紧的弦。原本性格非常开朗的她，那段时间连话都变少了。由于生产是24小时不间断的，她时不时会拿起手机看一眼，生怕有信息、电话进来说哪个零部件出了问题。加班是家常便饭，即使下班回家后也要实时监控，一旦听到零部件有问题的消息，她或其他组员就要立即返回车间解决问题。

尽管高阳拥有较为丰富的工作经验，但C7这款车型比较特殊，它量产结束前的零部件筹措工作难度相当大。这款车零部件种类繁多，共1200多种。而且同期进行的除C7燃油车外，还包括C7混动车，两款车型又是在不同车间生产的，这无形中增加了工作量及工作难度。

正常情况下，查件工作需要先从办公室电脑中获取CKD中心的零部件数量，再从办公室出发去一个车间盘点。而C7项目等于要去两个车间，相当于每次查件多走了1公里路程。此外，在从一个车间到另一个车间的路上，CKD中心里的数据很可能会发生变化，导致盘点数据不准确。为此，我们特地成立了一个小分队，一部分同事到车间盘点的同时，另一部分同事在办公室关注数据，有变化随时联系。

最难的是，这个项目的不采用金额十分惊人。记得项目开始前大家都理所当然地认为，C7的零件种类是Q5的两倍，因此C7的不采用金额也应该是Q5的两倍。然而，部长最终在会上宣布的结果让所有人大吃一惊，他要求C7的不采用金额与Q5保持一致。

目标已经设定，为严格控制零部件成本，我们要做的第一件事，就是将所有零件的单价查出，按由低到高的顺序排列成金字塔，便宜的可以多剩点，贵的要尽量少剩，在各种排列组合里优中选优，最终确定了最佳方案。

"配套"二字说易行难

如何才能以最低成本支持车辆完成全生命周期的生产呢？在实际开展工作的过程中，我们主要遵循"配套"两字。也就是说，每一款零部件既要保证数量满足生产需求，又要避免浪费。进多少货？什么时候需要补货？补多少货？都是日常工作中要考虑的问题。

要想掌握好这种平衡，首先要做的，是确定合理的订货数量，而这一直是困扰大家的一大难题。

在我的工作中，经常会接触到从德国奥迪订购的电气件，这种件非常贵，如果订多了，就可能给公司造成损失，而订少了又会面临停产风险。按以往的做法，我们会根据近一两年的投入产出数据计算出未来可能产生的损耗量，从而确定进货量。但在实际工作中，我发现这样计算出来的损耗率容易偏高，也就是说，件容易订得过多。为进一步优化，我们把一两年的检索时间范围缩短到以周为单位的两次盘点之间，更精确地计算出损耗量，从而确定进货量。用这种方法能确保不采用件的数量处于更加合理的范围内。

为实现"配套"，我还经常要到车间去查件，看库存和需求是不是匹配。有人可能会问："这不就是数数吗？"在物流线上的零部件都是流动的，从进口件存储仓库（CKD中心）到零部件超市，再到生产线旁边的架子（线边），在海量零部件中精准数出某种处于运动状态的零部件个数，就需要一个地方一个地方、一遍又一遍地耐心盘点。

我记得，在B9车型EOP前的关键时期，车间开始实施自动化要货，零件取消了固定库位，只在入库小车或上线小车上存储，这给零件盘点带来了更大挑战。这就好比逛超市，每种商品都放在固定的货架上，我们很容易找到所需的商品。但自动化要货运行后，所有商品都是流动的，没有固定位置了。要想找到它们，只能到运转着的小车上找。针对这种情况，我们逐箱对应出库条码，非整包装零件，则逐个盘点出准确数据，并通过多次盘点消除误差。先后累计进行11次的滚动盘点，并协同物料管理科组织静态盘点6次，对零件配套值进行修正，准确掌握了每种EOP零件的缺口。

平息暗流的一群人

2018年10月9日，一汽-大众奥迪Q5正式停产，在最后一辆下线的Q5旁，留下了小组所有小伙伴的身影。"看似平静的海面之下，其实暗流涌动，而我们正是海面下奋力平息暗流的人。"大部分人在生产过程中会关注车辆能否按时下线，殊不知，为满足停产前最后一辆车的装配，有多少人在背后默默努力。正因深知其中的不易，我们在一款车型顺利下线时都会感慨万千。

面对突发状况时应该是我们最紧张的时候了。然而，在保障生产的过程中，及时感知、立即排除风险，也正是我们工作的意义所在。十万火急的情况下，我们需要每天与德国奥迪召开电话会议，跟踪紧缺件状态，并督促紧缺资源第一时间发货。对于已发货零件，还需与运输组保持实时联系，保证零件第一时间到厂。对于瓶颈资源，我们甚至还尝试借取德国备件。

C7临近EOP时，我们查件过程中发现有个塑料件上有一点小划痕，按照质量标准，这样的件是不能用的。于是，我们火速与德国奥迪联系。一直等到晚上七八点钟，德国方面才传来消息，说他们有备件资源，可以当天发货。随后我们紧急订好舱位，飞机第二天从德国起飞，第三天到达北京，第四天就顺利到达长春，由此保障了正常生产。

C8车型切换前两周，某个控制器由于地处墨西哥的供应商原材料出现问题，包括短缺部分与正常发货部分在内的4000多个订单无法从德国奥迪发货。这是一种瓶颈件，一旦发生短缺，极有可能威胁到生产计划。情急之下，我们紧急联系德国奥迪，更换为西班牙供应商。通过一次次电话会议及一封封电子邮件的反复沟通，德国奥迪在两周里接连发出十票空运，使这种瓶颈件以最快的速度抵达长春一汽-大众奥迪生产线。

项目中接踵而来的挑战曾经让团队里的一些年轻人不知所措，但经过一次又一次的锤炼，每个人都愈发成熟。我们积累了丰富的经验，在整体流程及关键节点上能更好地把握，在车型零部件及成本控制上也做得更好，从而更加出色地配合了生产。

高阳曾与我分享过一个经历，我也感同身受，至今记忆犹新："C7最后一辆车下线那天夜里，我辗转反侧无法入眠，眼睛紧盯着工作群里倒计时。凌晨四点多确认最后一辆车顺利下线后，我才如释重负地回到床上补了个觉。"那一天，破晓前的城市，成了迄今为止我们看过的最美风景。

啃下"硬骨头"要用新办法

作者：方敏

有一类从海外进口的零件比较特殊，是因为它们在长途运输到长春基地后，经过检查发现存在一些瑕疵，按照一汽-大众的质量标准，此类零件将不能用于生产装配，而是需要走索赔流程。但过去的索赔流程既繁琐又冗长，大大影响了一汽-大众零件库房的利用率和周转率，并长期占用公司资金。因此，如何高效、快速地完成零件索赔成了我们要攻克的一项重大课题。

我们经常开玩笑说，CKD零件索赔是一汽-大众唯一一个向德国奥迪"要钱"的业务。但长久以来，由于CKD零件索赔工作需要直接与德方沟通交涉，处理周期都特别长。尤其是长春基地生产的奥迪品牌，CKD零件种类多、用量大，零件价值又高，索赔过程更加复杂。曾经有一段时间，德方超过180天都未给出受理结果，滞留的索赔案件已经累积了300余笔，索赔总金额高达1400万元人民币。

滞留库房里的大量索赔零件就像一块块难啃的"硬骨头"，不仅影响库房的利用率和周转率，而且制约了公司资金的快速周转。"滞留索赔件是个大难题，咱们一定要想办法解决。"物料筹措科的中方和外方经理带领大家主动出击，最终攻克了滞留索赔工作的各个难关。

头疼了半年的症结终于解开了

德国奥迪是一汽-大众CKD零件的第一供应商，他们通过全球范围内的供货商集中采购零部件,然后统一包装、组织发运到一汽-大众。

正常来说，我们在收到德国奥迪发来的零件货品后，如果发现有零件存在质量问题，首先会收集索赔零件的数量、批次等基本信息，然后在系统里向德国奥迪发起索赔申请。他们接到索赔申请后会与我们进行沟通，判定问题原因和责任后，会给出认赔或拒赔的结论。这个索赔流程看似没有什么难度，操作起来却困难重重。

曾经有一批到货的车灯，经过检查发现车灯里有灰尘，这样的零件是不符合一汽-大众质量标准的，不能装车使用，因此需要我们向德国奥迪发起索赔申请。由于这批车灯单价很高，又是批量问题，对一汽-大众的生产进度产生了很大影响,而索赔金额也高达近50万欧元。

我们希望德方能对这一批次的零件进行快速认赔，但德方对接的部门却因索赔金额过高而无法尽

作者与德方进行Skype会议

快处理，他们需要提交到更高层级的管理层进行讨论和决策。就这样，经过来来回回无数次的"跨国"沟通，半年多时间过去了，事情没有取得实质性进展。

再这样拖下去肯定是不行的，怎样才能让德方的决策效率高一些呢？等不是办法，还是要主动找问题的症结在哪儿。德方决策慢，其实主要是因为德方的流程是从下级部门往高层汇报和推进，而我们也一直是对接下级部门，德方高层的意见要通过下级部门再和我们沟通，这样就造成了来来回回的沟通，有没有可能让中德双方的高层能直接沟通对话，进而更高效地解决重大索赔问题呢？

于是，我们开始对标德方和我们的组织架构和流程，并初步取得共识，即双方建立一个例会制度，每一笔大额索赔都以案例的形式在双方高级别例会上进行说明并讨论，由双方的高级别决策层面对面交流，直接做出决策，从而形成一条有效提升大额索赔工作效率的途径。

终于，在第一次大额索赔例会上，我们就把拖延了近半年时间的车灯索赔申请提上了会议议程，一汽-大众部长层级的领导根据案例材料对索赔情况进行说明，并对相关责任进行澄清。同时，德国奥迪索赔工作的相关决策人根据这些情况很快进行了责任判定及决策。最终，双方交换意见并达成一致，一汽-大众对这批车灯的质量问题没有责任，德国奥迪认定全额索赔。会后，我们终于长舒了一口气，纠缠半年的症结终于解开了。

教老外学会用"淘宝"

对于专业人员来说，零件出现质量问题的原因并不复杂，但到底是在设计、生产、包装、运输哪个环节出了问题，德国奥迪与供货商之间总是存在分歧，而他们之间的分歧又会影响到我们的索赔工作。

供货商通常认为产品设计、包装是严格按照德国奥迪的方案执行的，而德国奥迪却不这么认为，往往他们之间的问题不解决，一汽-大众就无法获得索赔，这种事情理论上不应该影响到一汽-大众，但事实却是在德方和供货商来回拉锯的过程中，让我们苦等。

我们几个人那段时间每天就像热锅上的蚂蚁，焦躁不安，苦思冥想，到底怎样才能帮助德方加快推进索赔工作呢？有天晚上在家里，我看到爱人上淘宝购物，脑子里突然闪现出一个想法：我们在淘宝上购物时，假如卖家一直不认可我的一个投诉，或是我对商品质量的一个抱怨，他可能短期内不给我赔款；但这时淘宝为了维护用户的利益，不管卖家同不同意，在一定期限内会先把钱赔付给我们，而后面的事情是淘宝和卖家去沟通协调。

同样的逻辑，是不是能用在我们和德方的索赔工作中呢？德方的角色其实就是淘宝的角色，他买了供货商的产品转卖给我们，现在产品出现质量问题，我们发起了申诉，他们既然认可质量问题，就应该先在一定期限内给一汽-大众认赔，之后再去和供货商沟通协商。

第二天到单位后，我马上与组里的同事交流了这个想法，发现大家的想法竟然不谋而合。就这样，一种新的认赔方式诞生了，我们后来把它定义为"淘宝索赔"。

"淘宝索赔"从原始的想法变成一种成熟的形式，经历了我们与德方五轮艰苦、细致的谈判。对于中德双方来说，"淘宝索赔"都算得上一种创新的理赔机制。因此，在沟通中，德国奥迪也提出了许多细致入微的诉求，在每轮谈判的时候都会抛出一大堆新问题。经过多轮的沟通，双方的谈判渐入佳境，在很多方面逐渐达成了一致。

当所有细节工作准备就绪后,"淘宝索赔"机制终于建立起来了。对于重要的高价值零件索赔问题,既然中德双方已经对质量问题明确,但德方还不能认定质量问题的责任方,如果能同时符合四个要素:零件价值很清晰、问题影响很严重、有充分证据证明不是一汽-大众自身原因所致,以及中德已达成一致意见,我们便可以通过"淘宝索赔"机制来进行索赔。

在中德双方的努力和合作下,车灯案例索赔成为第一批受益于这一创新机制并迅速得到解决的案例。这个案例之所以能成功,其实在项目初期我们手把手教德方索赔代表熟悉了解"淘宝"的保障规则,并熟练使用"淘宝"购物是很重要的一个因素,他们亲身体验到了这种保障机制的好处,便很快接受了我们的"淘宝索赔"机制,并且积极支持我们推进项目实施。

2019年,我们成功实现了阶段性降滞留索赔零件目标,收回损失近千万元人民币。满怀收获的喜悦,大家又趁热打铁,立下了2020年更高的目标。为实现这个目标,我们也在进一步探索,不断创新策略、优化流程,加速实现将滞留索赔清零的新目标。

给"阀门"标上科学的刻度

作者:郑义

水库可以在下雨的时候蓄水,在干旱的时候放水灌溉。只要水量合理,水库就能调节天气状况对生产生活的影响,这与汽车生产与在制品储存的关系相似。市场扩张时,有人负责"存水",市场紧缩时,就要有人负责"放水",减少存量,这样才能推动公司生产持续发展。而我们要做的,就是将"水库"的阀门标上刻度,把"水量"维持在一个合理的范围内。

2014年之前,国内汽车市场出现了供不应求的情况,为了最大化释放产能,跟上市场需求的节奏,公司积极储备在制品(未完成装配的车)。当时,大家甚至想把生产线上的空位都填满,以保证生产平稳。依靠庞大的"在制品蓄水池",可以向市场源源不断地输出产品。市场需求旺盛时,这是行业普遍采用的生产模式。 然而,几年之后,汽车市场风云突变,汽车消费需求缺口收窄,饱和的在制品和过多的库存,一下子从市场利器变成公司的负担。

和在线车一样,在资金总额度固定的情况下,在制品过多将占用资金,可用资金份额相应被压缩。存的车越多,成本占用越高,

作者核对数据信息

可用资金空间就越小,进而给公司的资金流动造成阻碍。另外,由于平时储备的在制品过多,即使生产线发生短时间故障,也可以保障生产。但这也掩盖了设备维修速率低、生产不均衡等隐性缺陷,不利于发现生产上的痛点。

当这些问题像洪水一样涌来时,大家意识到,原本引以为傲的"在制品蓄水池"已"水"满为患。面对这样令人无奈的事实,我们不得不寻找更符合市场趋势的生产模式,摒弃卖方市场下的"野蛮"生产方式,减少在制品数量。由此,精益生产——在制品存货优化项目应运而生。

项目规划初期,为了深入了解行业内在制品管理现状,团队对比了丰田系企业的管理体系,在感叹对方在制品精益管理良好成效的同时,也坚定了进行生产管理改革的决心。

寻找"阀门"的刻度

想减少在制品蓄水池的"水量",就要在"阀门"上标好刻度,知道各条生产线到底有多少在制品,减少到多少是合适的。但数据在哪里呢?公司此前的数据报表中罗列的主要是年度数据,可我们需要精确到每条生产线每一天的数据,因此已有数据的"含金量"便大打折扣。为了掌握更精准的数据,在缺乏储备的情况下,我们决定进行人工统计。

公司共有11条生产线,每天会有生产总量,可以按照这个数据,结合各条生产线情况建立测算公式,进而计算出每条生产线每天的数据,再依次推算月数据,最后预估当年的优化目标。

优化出年度数据还不够,计算出每天生产线的优化数据才是重点。各生产线情况不同,具体的优化指标也不同。想知道每条生产线的具体情况,就要协调控制小组,到生产线进行盘点,记录工艺工位(作业工位)和缓存区域(生产线内为储备品提供的存放空间)的数据。最后,根据各条生产线的节拍,算出合理数据。

尽管有控制小组,但每条生产线的数据、储备情况都要查清也不容易。因为生产线动静切换的状态、节拍都会影响数据。此外,除去长春的5条生产线,公司还有6条线分布在成都、佛山、青岛和天津。我们组在长春基地,只能协调当地生产部门的同事帮助推进工作。

异地协调要靠线上会议,因此当时我们的视频通话非常频繁,有时甚至会幻听,不管什么时候,总觉得手机在响,匆匆忙忙拿起来,才发现没消息。另外,远程协调非常考验大家的默契程度,隔着手机屏幕,既要精准传达信息,又要敏感地体察对方的工作状态,还要祈祷彼此信号通畅,因为遇到卡顿,对话就会不同频。尽管小问题不断,但每个人都没有怨言。在大家的共同配合与努力下,数据收集工作进展还算顺利。

除去整理数据，为找到最终的优化标准，我们还成立了在制品管理专项小组。大家参考里特定律（揭示工厂前置时间、在制品数量和吞吐率关系的定律），并结合公司生产线的实际产品合格率、生产节拍等，计算每一条生产线、每一个工段的储备标准。

听上去没什么难度，但要把自己生产线的属性完美地与定律结合却很难。减多少？留多少？不是随意推算的，要制定参数，再利用公式计算。而一次就找到准确参数的可能性不大，需要反复尝试和探索。查生产数据，找参数，再查数据，再找参数，除了日常工作，我们每天都在查和找。

"这个数据好像不太合理呀？""我也觉得这个有问题。"

大家要不断计算，反复推导，有时还要"Battle"一番。近十次测试后，我们为生产线匹配了合适的参数。但找到今年的参数，并不意味着这项任务就此结束。生产线每年都会更新，车型也不断变化，我们要结合生产线实际情况，不断调整参数，借此适配生产线。

"程序员"上线

为了更直观地展示储备状态，反映生产线波动情况，建立数据库，我们还开发了在制品数量模型与监控分析模型。开发模型需要编程技术，但大家都不是IT专业出身，只能从零学起。白天，我们都有其他工作要处理，学习时间只能安排在下班之后。当时，公司尚未组织系统培训，我们只能找资料自学，建立学习群，互相交流。同时，我们还调动其他生产基地和工厂的同事，向他们请教编程技术。

"听说你代码写得好,别谦虚,指导指导吧！""不行,我们就得学,要不真做不了，快教教我们！"

就这样，那些编程技术过硬的同事开始给大家免费授课，手把手教我们可用代码。有时，还要开启"圈层"求学模式——通过朋友、朋友的朋友寻找"代码大佬"，请求指导。那段时间，白天我们是生产计划部门的成员，晚上就要变身"夜校"程序员，通过找资料、"磕"代码充实夜生活。

黑眼圈和咖啡是我们的标配，日渐后退的发际线更是我们的勋章。经过一个多月的"秃头"式自学，大家建立了符合生产线特点的标准在制品数量模型与监控分析模型，这些模型能更清晰地体现生产线的储备情况，也让我们的生产管理和应对生产风险的能力得到提升。

2019年，经过在制品优化后，公司的资金流动情况得到改善。2019年年末，公司整个生产体系在制品储备优化了16%，降低在制品资金占用8000万元以上，有效提升了生产体系管理水平。未来，我们将联动五大生产基地共享人员经验及最佳生产案例，发挥各工厂带头作用，促进整个生产体系全方位、多维度进行生产改善。

为保证生产数据的实时传递，每天早上八点一刻，我们需要对内进行数据汇报，解释上一个工作日的生产情况。汇报人需要提前一小时到公司整理数据。一年365天，只要生产不停，就必须准时完成这项工作。从2015年至今，日复一日，千余场汇报，从未出现过差错。有时，这份报告可能来自节假日的酒店，或景区打卡地，甚至医院。总之，无论汇报人在哪儿，每天八点一刻，这份报告一定会按时出现在大家眼前。

有时，其他部门的同事会开玩笑，早上见到你们，不用看手表也知道几点，你们就像时钟一样精准。公司给予我的不只是一份工作，还有一群真诚的伙伴和炽热的理想。

小包装里的大学问

作者：康全利

用于每个零部件之间防护的防护套成本要考虑进去；一线员工拆包装花费的时间要考虑进去；料箱有重量要求、器具有尺寸限制，运输器具的货车宽度和限高等因素都要考虑进去……我们周密地考虑了各种因素，精确计算出一个器具装"10件"这个最优值。

如果去过生产车间，你可能就不会对包装器具陌生，一个个摆满零件的料箱，一排排摆满小料箱的料架，一台台承载大料箱的托盘车，为零部件量身定制的各式各样的"外衣"，在生产车间里随处可见。但你可能并不知道，为什么这种零部件要用塑料箱而不是纸箱？为什么那种零部件在箱子里要横着摆而不是竖着放？为什么这一箱里要放10件而不是6件？这里其实有很多门道。

一群"不回家"的人

在天津工厂有这样一支团队，利用短短6个月时间，完成了150多种专用器具方案的验证、优化与样件认可，并在3个月内组织所有

天津项目现场照片（左一为作者）

包装器具资源（小）批量准备到位，支持首款车型批量生产。他们就是天津项目包装器具规划团队。

按照新项目的进程，物流规划通常有一年时间对包装器具方案进行验证、优化与认可。而在天津项目中，项目整体进度决定了这些工作必须在半年时间内完成。为了能在规定时间内顺利完成所有工作，支撑物流规划整体方案顺利落地，由我们物流规划部牵头，在物流管理、质保、车间、工厂服务科等专业部门组成的包装器具工作团队的精诚合作下，采取并行工作的方式，利用周六日休息时间争分夺秒，攻坚克难。

天津工厂首款车型投产前的一年是我们最忙碌的时候，因为一些零部件的包装设计方案需要与总装设备匹配。我们经常要到工厂与质保、车间、总装、规划的同事对接，一年有320多天是在天津出差。经常是出差一个月后周五刚回到家，双休日又接到新任务需要马上申请出差，周一就马不停蹄地飞到了天津。

这就是当年的工作节奏，妻子有时会跟我调侃："我真是爱上了一个不回家的人。"我理解她的不易，更打心眼儿里感谢她的支持和付出。孩子那会儿才一岁多，我甚至时常担心，自己经常不在家，他会不会不记得爸爸的样子了。

从"挂姿"到"卧姿"

包装器具作为供应链中零件流通的载体，方案的优劣直接决定了全供应链运行效率与成本。因此在整个项目中，我们不仅要关注工作进度，还要关注工作质量。在天津项目中，我们通过公司内对标、行业对标、跨专业研讨，不断创新，形成了包括保险杠器具在内的很多优秀案例，对整个供应链效率的提升与成本优化意义重大。

大家都知道，保险杠是防护车身前后部的一种安全装置。按照一汽-大众传统的包装方案，保险杠是以悬挂方式置于器具内的。在天津工厂项目中，为了优化成本效率，为终端用户降低成本，我们对保险杠包装方案进行了进一步优化。

"想要增加容量，不妨让保险杠在包装器具里的姿态从挂式变成水平摆放。"

"水平摆放还有一大好处，就是可以进一步确保零部件质量。"

"没错，虽然悬挂包装方案已经在一汽-大众使用了很多年，但我此前在做老款Q3项目时就发现，这种包装方式其实是存在一定问题的。由于保险杠只是通过几个点进行悬挂，运输过程中会发生振动，进而可能导致保险杠蒙皮与隔栅之间的间隙发生变化，按照一汽-大众的质量标准，出现这种问题的零部件是无法用于生产的，无形中也增加了生产成本。"

"平放的话，零部件之间的接触面积比较大，如果能给接触面做好防护，确保不会划伤，就相对容易保证质量。"

凭借丰富的经验，我们很快找到了此次优化的大方向。

为什么是10个？

接下来，大家根据整体思路进一步明确了优化方案：将保险杠在器具内平放两层，每一层放5件，总共放10件。而原方案每个器具只能放6件，新的方案明显提升了容量，降低了运输频次与费用。

不过，为什么是10个，而不是更多？

因为包括包装成本、物流成本在内，要考虑的限制因素有很多。用于每个零部件之间防护的防护套成本要考虑进去；一线员工拆包装花费的时间要考虑进去；料箱有重量要求、器具有尺寸限制，运输器具的货车宽度和限高等因素都要考虑进去……我们周密地考虑了各种因素，精确计算出一个器具装"10件"这个最优值。而这么一改，每年就可为一汽-大众节约上百万元的运输成本。

不"打"不相识

车间是器具的使用方，这个东西到底好不好使？取件过程中有没有问题？一线员工从使用角度给出的意见对我们最终确定方案至关重要。因此，我们每一款设计都要到车间，让一线员工真正体验一下。

于是，问题真的来了。由于零部件定位方式的改变，员工操作时增加了一个走到器具中间取件的步骤，这不仅改变了一线员工原来的操作习惯，还在一定程度上增加了一线员工的工作量。

习惯了立式器具形式的车间同事一时不愿意接受新方式，这完全可以理解。但直接的后果是，器具评审难以进行下去，评审会毫无结果。不过，就像前面提到的，这项优化成果显著，我们还是要坚持推行。

"从一线员工的角度来说，新方案在操作上的确有难度。"

器具评审会上，一位车间班长态度坚决。之后无论我们怎么阐述新方案的优势，他始终坚持原有意见。那场评审会最后不欢而散了。

"班长，咱俩再单独聊聊吧。"过了几天情绪平复后，我又给那位车间班长打了电话，跟他约好第二天在工厂见面，印象中那是个周六。

"操作过程中具体都有哪些困难，咱们一起想办法嘛！"没想到，我们俩一聊就聊了好几个小时。回去之后，我和组内同事又重新梳理了思路，站在车间操作者的角度思考新方案，本着相互尊重的原则，我们对方案进行了调整。之后，我们又多次同车间同事研讨这个问题，通过深入沟通，获得了车间同事的支持，使新方案得以快速实施，我们和车间的同事也通过这件事建立起了更加紧密的良好关系，为后续的合作奠定了坚实基础。

"新方案运行得咋样了？"有一次见到那位班长我问道。

"现在一线员工很适应新操作流程了，而且改良后的方案确实很大程度上避免了质量问题。你们真行啊，哈哈！"从他的脸上，我看到了发自内心的真诚笑容。

项目能够保质保量完成，离不开物流规划团队及各个部门的精诚合作，每个人都在这个过程中实现了成长，相互成就。我们不苛求零件的"外衣"多么华丽，只为精益生产和高效不断努力！

峥嵘"税"月

作者：栾为

每一个与税务密切相关的部门都明白，依法纳税不难，难的是如何在严格遵守相关法律法规的前提下，尽量多享受国家或地方提供的税收优惠政策，以减少企业的税收支出。更难的是，在为自己"谋福利"的同时，为税务部门的管理工作提供一定的帮助和支持。令我们备感自豪的是，这两项难度不小的工作，我们都圆满完成了。

一辆普通乘用车的零件数量有1万多个，对于一汽-大众这样的合资企业来说，其中有不少零部件都要从海外进口，这就涉及关税问题，为了尽量减少企业在这方面的成本支出，我们的工作重点就是节约关税。当然，偷税漏税是要坚决杜绝的，我们的努力方向是通过详细研究法律法规，主动申报避税项目，从而享受国家给予的优惠政策。我们在众多部门中看似"微不足道"，一年却能为企业节约几千万甚至上亿元的成本。我回想起那些年的峥嵘"税"月，很多故事都还历历在目。

"主动"攒钱小妙招

"同志们,辛苦大家到我们科开个会,一起碰一下今年关税的申报工作吧!"2017年春节开工后不久,领导就发出了这样的"召唤",一看时间我们就知道,新一年的关税申报工作要开始了。

这可以算是每年的"规定动作",在3~4月准备好提交明年的关税申报材料,表面看来,这只是简单的资料收集、整理和汇总工作,但汽车产品部件组成繁杂,这些工作真正开展起来并不容易,特别是暂定税率的申报,需要控制部和技术开发部等其他部门同事的共同参与。其中,技术开发部的同事李鑫负责协调部内工程师结合国家政策要求,确定进口零件种类及零件编号。控制部的同事陈付鑫负责协调部内根据技术开发部提供的零件号,测算出下一年计划进口的零件数量和到岸价格。最后,我们负责汇总技术、数量、价格等信息,并填写海关要求的《税则调研报告》和《税则修订调整建议表》。

"栾哥,我们合作这么多年了,这点事情您就放心吧!"像技术开发部这样的大部门,总人数在1200人以上,沟通和传达工作本身就比较耗时费力,而且降低关税也不是他们工作内容中的重点。不过,他们仍然为10项商品对应的调研报告和调查表,提供了翔实的技术信息,全员协同,大大提高了申报效率。通力协作的结果自然是高效,在不到一个月的时间里,我们就向海关提交了10份商品、20份近3万字的申报资料,青岛分公司的同事也同时向当地海关提交了相关申报资料。

除内部协作外,我们的工作还得到了海关相关部门的协助。有一次,青岛海关和长春海关关税处工作人员共同来长春本部调研,针对暂定税率商品申报进行了研讨和交流。青岛海关特别介绍了沿海海关成功的税政工作经验,这让大家受益匪浅。后来,根据长春海关的反馈和指导，我们又对3月申报的资料进行了有针对性的修改，主要是转向器和自动变速器的《税则调研报告》中的一些专业描述。这使小轿车用自动变速器、电动转向机、车辆用空调、插电式混合动力汽车用充电机4项零件，依然能够享受国家规定的暂定税率，节省关税1.76亿元。

"险中求胜"的背后

除贯穿全年的"暂定税率"申报工作外，我们每年也会有一些"自选动作"来应对政策变化。2018年5月22日，税委会发布了关于降低汽车整车及零部件进口关税的公告，从7月1日起将汽车零部件共79个税号的税率由8%~25%税率统一降至6%。这个消息对于有大量进口需求的企业来说无疑是一件好事，但刚好有几批零部件在政策实施前几天要运抵中国关境口岸，可怎么办呢？这批零部件是否也能在不影响正常生产的前提下，享受税率优惠政策呢？答案是，没问题！

凭借多年的工作经验，我们首先打通通关瓶颈，在海关总署取消转关模式及无监管场所落地的情况下，利用多式联运的运输方式将货物成功转关至长春，确保这批货物能够享受7月1日开始实施的税率优惠政策。前期，我们还与物料筹措科细致研究，对上千种零件上线日期逐一核查，针对生产短板零件进行合理调整，全力确保公司生产不受影响。

可惜计划赶不上变化，由于多方面原因，当带着铅封的225个集装箱在长春经开海关场站落地时，已经是6月29日下午5点，比原计划晚了整整3天。这意味着当下报关不能出现一点差错，而且还要在7月1日关税下调首日实施提货，否则工厂生产就会受影响。我们不

通关团队合影（左一为作者）

禁有些担心起来。

于是，7月1日一大早，我们到长春本部办公室申报缴税，到海关查验提货。下午5点，延时申报的4批货物全部放行。通过这次转关操作，我们成功节约了税款1000余万元，同时保证了公司生产的顺利进行。更值得骄傲和自豪的是，在这次关税节约行动中，一汽-大众是长春关区唯一一家在既没有发生任何滞港费，也没有产生滞报金的情况下，成功实现关税节约的企业。尽管这一次任务十分紧迫，但得益于平时对关税政策进行的细致研究，以及妥当的应对举措，我们还是顺利"过关"了。

既是"外婆"又是"姥姥"

在妈妈的妈妈叫什么这件事上,南北方人的答案完全不同,一个叫"外婆",一个叫"姥姥",但如果这样的差异发生在汽车零部件上,就很可能在关税申报时出现问题,甚至可能导致税率的多寡不一,这从长远看是不利于企业合规发展的。近年来,随着一汽-大众产量的不断攀升,CKD件的进口量也逐步增加,在办理通关手续的过程中,我们发现五大基地对某些零部件的分类和编码方法存在差异,进而会影响相应零部件的税率。

举个简单的例子,奥迪A3车型的后门有一个集合"摄像头+行李舱开关"功能的零部件。这个零部件在成都工厂的报关分类为"开关",税率为零,而长春基地的报关分类则为"摄像头",税率高达17.5%。为帮助企业统一零部件的分类和税率,我们向海关有关部门反映了这一问题,最终在2018年12月的海关总署归类分中心会议上,这个零部件被定义为"车身件",税率定为6%。可以说,在一定程度上,我们也帮助海关完成了零部件税率的统一和标准化工作。对于我们来说,尽管佛山和成都基地都分别就此进行了补税,但这一零部件的总体关税缴纳费用还是降低了。

2018年年底,随着公司合规工作开展的日益深入,为提高CKD的归类一致率,规避关务风险,主管王邦洵大胆提出了2019年年底归类一致率达95%的目标,并得到了科内和分公司同事的一致支持。由于涉及五地六厂的整体统一,这并不是一个小工程,而是一个将持续多年的"大任务"。接到这个任务后,科内成立了专门团队进行攻关,我结合领导提供的矩阵式分析工具,采用ACCESS建立了对五大基地CKD归类信息进行分析的数据库。但这个软件我其实在日常工作中接触得并不深入,第一次沉下心来做就花了几个小时,结果第二天发现还是有些逻辑错误,又进行了调整。最终,我克服了种种难点,实现了每月可重复使用,从而避免了后续的重复劳动,提高了效率。

此外,在柴胜经理的倡议下,公司成立了HSC(Harmonized System Committee,协调制度委员会)工作组,建立了五大基地的归类协调机制,着力推进解决本部与分公司归类不一致工作,推动了五大基地关务团队之间的信息共享。每月初,我们部门的同事汇总本部及分公司的数据进行分析,确定归类一致率指标的完成情况。再针对零件技术信息、归类依据、不一致原因进行详细分析。随后,分歧较大的零部件通过电话沟通、邮件联系、视频会议、Skype会议形式进行磋商。而针对分歧较小的商品,基本能达成一致意见,确定最终的商品编码。

我们还多次向长春海关一汽场站办事处、兴隆海关、关税处提交相关申请资料,锲而不舍地与海关关员保持沟通。我们的努力没有白费,最终获得了空气弹簧等CKD件的归类指导意见或归类依据,成功使29个CKD零件号关税率获得下调。到2019年年底,公司归类不一致的CKD零件数量从216个减少到101个,并在2020年5月消除了全部编号不一致的CKD件,取得了全面胜利。

奇迹的创造者

在关税调整这一"突发事件"中,并不完全是下调关税这样的"好结果",也会遇到一些意想不到的"雷"。2019年5月10日起,美国政府基于"301"调查,对自中国进口的2000亿美元商品加征关税,面对美国恶意挑起的贸易摩擦,我国国务院关税税则委员会也发布了多轮公告,对自美进口的多项商品分阶段加征不同税率的关税。

作者在假期中

经过统计,一汽-大众共有近10种美国产的CKD件列入了对美加征关税清单,关税金额超过2000万元。面对突如其来的政策变动,大家全面梳理了税委会的公告内容,协调公司相关部门预测了加征的税额,编写政策影响评估报告,同时通过商务厅、海关等政府部门,向税委会反馈企业意见和建议。

2020年2月18日,税委会发布公告,开展对美加征关税商品市场化采购排除,我们又第一时间对CKD零件进行全面筛查,将涉及加征关税需排除的美国产零件筛选出来,并对公告详细研读,深入研究排除方法,制定了关税排除工作方案,准备了需提交排除申报系统的文件。

3月2日,排除申报系统正式开放。时间就是金钱,效率就是生命,早一天审批通过拿到排除编号,就能多一个批次产品节约关税。经过焦急的等待,当天晚上我们终于收到了税号排除申请通过的信息,任少峰激动地对还在加班的同事说："我们的努力没有白费，我们做到了！"

当然，这并不意味着工作的结束。涉及税号加征排除的申请通过后，还要提供月度采购计划、成交记录反馈及申领最终的排除编号。由于申请网站要求严格，任何数据及信息的不匹配，都可能造成关税加征豁免的失败，长春本部的同事协调五大基地成立了联合工作组，协调大家按月提报采购计划，并由本部统一网上操作，反馈成交记录直至领取到排除编号。通过关务团队的努力，五大基地美国产CKD件都获得了排除加征审批，我们成功将中美贸易战对公司关税成本的影响降到最低，2020年全年通过加征关税排除节约关税1800万元。

作为关务运输团队的一员，我要努力学习并遵守国内外法律法规，增强自身的守法意识，提高业务能力，同时加强团队合作和知识共享，这样才能继续在一汽-大众的发展中写好自己的美好故事。未来，我们还将继续以君子之道，在关税优化、合规的道路上奋勇前行！

"新人"也能变"牛人"

作者：郭宁

1个月，排查8000余辆在线车（尚未完成整车装配的车身）分布；两周，制定长春工厂工艺布局图；30余轮讨论，制定在线车数量标准计算模型……这些数字，是一汽-大众长春基地生产控制科在线车标准化项目组日常工作的缩影。我们项目组的名字有些长，如果你是第一次见这个名字，很可能记不住。如果你愿意，可以看看下面的故事，来认识我们。

在线车优化项目组是做什么的？按字面理解就是负责优化同一时间生产线上在制车数量的。通俗点说，可以算是一群数据分析"发烧友"，经过一系列烧脑分析，做一个精准的数字模型，展现车间里在线车的状态，合理控制在线车数量，籍此降低公司的生产制造成本，提高生产效率。

特殊的"新人组"

2019年年初，为了开源节流，提高生产运行效率，长春生产控

作者在使用CAXA制图

制科规划了在线车标准化管理项目,并从各业务组挑选成员组成项目组,也就是我们这个特殊的"新人"团队。项目组成立后,为有序开展工作,我们迅速对项目进行了4个阶段的任务拆分。从了解在线车现状、分析问题、制定优化措施,到最后实施方案、跟踪效果,组内成员须严格执行各阶段任务,保证最后实现优化。

肩负着实现开源节流的战略目标,我们满怀斗志地开启"作战"计划。然而,"作战"一开始就遇到了问题。"减少在线车数量,要减多少?万一生产线有突发状况,我们储备的在线车不够,出现生产事故怎么办?"一直以来,为应对意外状况,生产线习惯储备一定量的在线车,保障生产。而现在要减少在线车数量,这对生产线的同事来说无疑是一种"颠覆"。

我们完全理解生产线同事的顾虑,减少在线车数量确实对生产线是一种考验。尽管最后优化的数量是通过模型精确计算出来的,但想让生产线的同事马上接受优化方案,就必须拿出令他们信服的证据。如何找到最有说服力的证据呢?看到我们一筹莫展,经理不断给我们打气:"没关系。咱们要有更严谨的数据和理论,让大家看到在线车优化的合理性。"

有了突破方向后，项目组马上采取行动，整理数据报告并开会研讨。为了让"证据"更有说服力，我们还联合控制部，对当时各条生产线上在线车占用的成本进行详细核算。经过大量数据计算，我们确认生产线有巨大成本优化空间。另外，为了让大家对在线车优化有深刻理解，我们同生产线的同事组成小队，共同前往国内各大车企进行考察交流。通过实地考察，大家看到日系车企在精益生产方面取得的成绩，进一步认识到开启在线车优化项目的必要性。

"人力计算器"

考察回来后，我们遇到了新麻烦：要想精准优化，就必须知道现有生产线的每一个工段、每一个工位到底存放多少辆车。但长春工厂建设较早，大小改造不计其数，系统性的资料极为匮乏。另外，生产线的结构十分复杂，现有监控点难以覆盖车间内的所有区域，因此无法通过生产信息和控制系统及历史资料直接获得车辆分布信息。当智能系统和历史经验都帮不上忙时，只能人工统计。浩大的长春基地，有五条生产线在等待我们这群"人力计算器"去盘点。我们心里清楚，无论统计难度多大都不能懈怠。于是，大家兵分五路，深入长春基地各车间现场，进行在线车排查。

排查在线车不是简单的事，不同的车间有不同的排查方法。有的车间需要在静态下排查总数，有时则需要在动态下计算节拍。出于安全考虑，我们进入各车间，都要穿上相应车间的工作服，而且不能在车间停留太久。因此，大家非常珍惜进入车间的机会，进入车间后连眼睛都不敢多眨一下，生怕疏忽漏查。就这样，紧锣密鼓地工作一个月后，大家终于掌握了5条生产线8000余辆在线车的分布情况。

严谨的一米"长卷"

排查完数据后,为了清晰展示长春基地生产工艺的组织环节,以及所有生产线的在线车分布位置,保障项目后续推进,我们做了一个大胆的决定:用图纸把长春基地的工艺布局画出来。长春基地生产线工艺复杂,在线车数量庞大,绘图工作量非常大。更困难的是,大家已经离校多年且远离技术岗位,面对满是标注数据的技术图纸,只能重拾绘图技术。当时,项目组有两位对CAD技术掌握比较娴熟的成员,他们每天业余时间就会把大家组织起来,一起看书、学习。为了尽快绘好布局图,我们还相约"减肥"——"午饭没时间吃也挺好,能减肥""早起晚睡能减肥,工作、健身一举两得"。两周后,绘图工作大功告成,我们带着长春基地的全局工艺布局图,满怀希望地走出办公室。

当一米多长的工艺布局图画展开后,大家陷入新一轮思考:为什么有的储备区的储备量总是高得惊人?为什么有些生产线的在线车数量稀少,却能稳定运行,很少出差错?解决这些疑问,找到优化标准,是整个项目最关键的一步。为此,我们又组织学习了数据分析系统工具,收集近一年长春工厂在线车辆统计数据,分析各生产线、各车间的储备及其随时间变化的规律。每周五的"烧脑"项目会上,每个人要带着自己的分析结果,与大家一起讨论。当时的项目会就像辩论场,偶尔针锋相对,为一个车数而争论;偶尔掌声雷动,为一条曲线而欢呼。经过30多轮研讨,我们终于明确了在线车数量优化的关键点,确定了在线车数量与生产线其他参数的关系,并制定了在线车数量的标准计算模型。

总攻胜利

突破了重重困难,终于到了"总攻"的时刻。项目组以生产线为单位,分成专项攻关小组,分别与各车间从安全储备、离线返修、车身库储备等方面入手,制定相应的优化措施。因为项目组是从各业务部门选调成员组成的,所以大家平时还要兼顾其他业务。在线车优化项目到了最后的攻坚时刻,我们绷紧了神经,恨不能学会分身术,多头并进加速项目落地。

经过近一年的努力,项目按计划顺利完成,我们迎来了期盼已久的胜利。2019年,长春基地各生产线优化在线车的比例显著提升,大幅降低了公司在制品占用方面投入的资金规模,也大幅提高了公司生产运行效率,有效缩短了客户订单响应时间。未来,随着管理方式的日益成熟,我们很可能将长春在线车标准化经验向一汽-大众的五地六厂全面推广。实现公司更大范围的成本优化,为全公司效益的持续提升,以及实现2025战略目标添砖加瓦。

从"新手"组团起步,到最后攻克难关,只因心中的热血和身上的责任,我们一刻不曾停歇。有时,看到我们疯狂工作,一些朋友会问,你们不累吗?其实,疲惫是一定有的,但一路走来,幸福远比疲惫多,因为总有一群志同道合的人与我们同行。当我们怀揣着共同的目标,一起轰轰烈烈走向理想彼岸时,就永远不会抱怨路途的崎岖不平。

敢与天公争分秒

作者：刘洪雷

"兵马未动，粮草先行"，这是古代军事学家留给我们的宝贵经验。在汽车制造业中，后勤部门同样具有举足轻重的地位。保证一线生产部门必要的、充足的物资支持，是打通从生产到销售链条的关键所在。因此，任何时刻我们都要保证物资充足，甚至有时还要争分夺秒。

天有不测风云，这句话特别适合我们日常工作中所面对的环境，作为一群与时间赛跑的人，克服人为、气候等内外因素带来的困难，保证上游部门需要的设备、零部件及时送达是我们的使命。没有任何退缩的余地，在和天气博弈、和时间赛跑的过程中，是不能失败的，属于我们的只能是第一。

2018年9月19日下午两点，最后一辆超长平板车拉着30多吨重的冲压模具，缓缓驶入一汽-大众天津工厂。13天，从规划物流方案到装载货物入厂，从马来西亚到厦门，从厦门到天津工厂，1500海里的海上运输，2000公里的公路运输，一汽-大众国际运输与海关商检科在艰难的运输条件下力保天津工厂奥迪Q3生产节点，成功挑战了几乎不可能完成的任务。

一波数折

2018年9月7日下午5点，一艘经马来西亚至天津的集装箱船因机械故障抛锚巴生港，船上载有发往一汽-大众天津工厂的12个超宽框架箱——奥迪Q3冲压模具。按照海运公司的安排，承担接替任务的后续船只15日才能从巴生港接船。这样，运抵天津就是25日，比计划到达日晚好几天。

冲压模具不能及时到位，天津工厂奥迪Q3的生产节点就会延时两周，届时将影响1100辆新车的上市，消费者不能按时拿到车，企业声誉损失不可估量。天津分公司不允许这样的情况发生，规划部不允许这样的情况发生，生产管理部更是不允许这样的情况发生。

但屋漏偏逢连夜雨，困难和挑战往往是"组团"而来的。从汉堡港发船的时间已经延误，又赶上二程船发生故障。如果是普通货物，找一艘到天津港的船也不难，偏偏这一次运送的冲压设备属于特殊设备。体积较大的货物必须使用框架箱，而有框架箱又有装载框架箱仓位的船则少之又少。更为严峻的是，等待下一趟货运船需要一周的时间。

一记又一记重拳接连砸在我们身上。

与耽误7天、影响整个工厂进度相比，我们遇到的这些困难是微不足道的，为保证设备顺利运达、工厂正常生产，我们只能和老天爷过上几招了！

首先要解决的是船的问题，在国际运输与海关商检科柴胜经理的密切关注和领导下，大家连夜作战，与中远海运等多家船运公司、货代公司联系，寻找从巴生港可能早到中国境内的其他班轮，并在采购部的大力支持下制定出两个方案：一是搭乘11日法国班轮，15日到厦门，再由厦门到天津；二是搭乘11日中远班轮，16日到南沙，再由南沙到天津。

转运船刚有点眉目，我们又收到超强台风"山竹"来袭的噩耗。由于多一天航程就会与台风正面遭遇，第二方案只能放弃，法国班轮成了唯一的救命稻草。

这个"山竹"真的是一点都不甜，它带给我们的是辛酸和更多的麻烦。改用其他班轮导致的提单改港，本就困难重重，在截舱情况下申请改港操作更是难上加难。联系法国达飞总部批复需要时间，批复之后12个超限框架箱的订舱、港口装卸也需要时间，钟表的指针嘀嗒作响，每一下都牵动着我们的心弦：要完成所有任务，我们只有短短十几个小时的时间。

哪怕只有万分之一的希望，我们也不会言弃。同事们争分夺秒地与代理公司协调，与法国达飞总部沟通。我们终于得到了上天的眷顾，达飞总部在已经截舱的情况下破例同意我们改港。9月11日上午10点30分，12个框架箱顺利装上了班轮，此时距离这艘集装箱船发船只剩下不到两小时。

这个"山竹"有点苦

集装箱重新装船只是完成了转港运输的第一步，如何在最短的时间内完成清关并及时将货物运至天津工厂，是集装箱上船后面临的又一问题。再加上超强台风"山竹"即将从东南沿海登陆，波及厦门，只有及时将抵港货物从厦门港运出才不至于前功尽弃。

在诸多困难中，恶劣气候是最难缠的。尤其是在海运运输过

团队集中研讨应对方案（右二为作者）

程中，恶劣气候可以说是时间杀手，台风不会因紧急需求晚来一天，船运公司也不会因紧急需求而冒险航行，我们能做的只有跑在台风前面。

与时间的比赛仍未结束，团队中相关成员在有限的时间里认真研究大连、厦门两地的海关政策，根据海关最新的提前申报许可，为船到即放行做好准备。同时，针对超宽、超重的12个框架箱，提前安排好特种运输车，以避免在公路运输环节出问题。所有部门在货物抵达前已经做好准备工作，可谓是万事俱备，只待船到。

台风"山竹"先班轮一步携风带雨如期而至，现场通关人员协同用货部门在货物抵港前到达厦门港口，以备海关查验之需。同事们以充足的准备工作和最高的办事效率，在封港前完成了所有货物的吊卸、提货和清关放行。顶着呼啸的台风，12个框架箱全部装载妥当，伴随着运输车的轰鸣，又开始了星夜兼程的陆路运输。9月19日，12个框架箱全部安全抵达天津工厂。在这场与时间较量的赛跑中，我们获得了全胜。比最初预计时间还早了一天，更是比海运公司原定行程提前了整整一周。

当面对挑战成为习惯

经过了这样一次攻城拔寨般的艰巨挑战，我们团队的凝聚力更强了，大家也积累了丰富的经验。

2019年9月，由于PPA（零件要货计划）调整，佛山工厂在产车型计划加产5000余辆，筹措零件库存面临巨大缺口。如果选择空运，则将产生至少80万欧元的运费，而且长期低储备量，还会出现循环空运情况，累计花费不可估量。

海运仍然是最为周全的解决方案，但是生产加产对筹措周期提出了更加严苛的要求。航线调整，停航、跳港不断发生，大船延期在所难免，除此之外，海外物流运输整体过程繁杂，涉及国际运输、国内运输、清关等众多物流环节，每个环节的操作都直接影响整个运输周期。内外多方困难交织在一起，又编织出一张大网。

经历了上次与台风的赛跑，团队里的每一个小组、每一位成员都逐步适应了应对突发状况的紧张节奏。一方面，要克服中德两国时差对双方交流和研讨造成的影响；另一方面，在华南众多港口中根据清关便利性、后续运势经济型等因素，核查每个可能的卸货港口，制定后续运输方案。同时，在与德方沟通的过程中，兼顾大众与奥迪品牌不同的发货地点，普货箱、危险品箱及特种箱等不同箱型的运输需求及清关特征，在积极说服奥迪尽量压缩到港前交货时间外,还要协调船运公司延长大船的截单日期以及港口的截载日期。

在紧急方案的保障下,一批又一批集装箱按时拆箱,送往佛山生产车间。

尽管不属于生产核心部门,但我们作为一个支撑生产的服务部门,依然责任重大。团队成员间的紧密协作,是我们克服一个个难题的关键,海上运输线路、内陆运输、清关,以及清关过程中包含的技术问题,每一个环节都需要独立运作,同时还要保证每一个环节都能无缝连接,严谨、细致是每一次运输都能准时、准确完成的保障。

物流人的青山绿水梦

作者：张守龙

秀美山河是每个人的心之所向，但在经济发展的过程中，我们似乎与目标渐行渐远。秀美山河与经济发展不可兼得吗？答案显然是否定的。我的心中一直都有一个生态梦，而一汽-大众的企业理念也让我坚信，梦想天空分外蓝……

一汽-大众天津工厂器具存储区

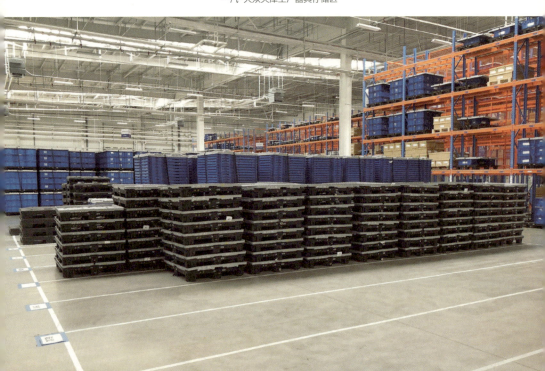

关于家乡，关于童年，你首先想到的是什么？对于在河北唐山长大的我而言，有一个画面总让我心生美好：放学后的下午，我和玩伴们飞奔到清澈的小河边，一起在柔美的夕阳下嬉戏玩闹，偶尔还能抓上一条鱼回家当晚餐。

快乐的童年时光稍纵即逝，而更让我心痛的是，家乡的蓝天白云怎么也一起不见了呢？我难过，但不想仅止于难过。幸运的是，工作后我与一汽-大众的同事们一起，为生态环境的改善做出了自己的贡献。

"生态梦"在发芽

故事始于2018年。

这一年，青岛、天津两个新工厂一起建成投产，公司上下都忙得热火朝天。具体到我所在的部门，最直观的变化就是我们负责的入厂物流长途取货业务一下子增加了4条线路。

在物流业务中，取货器具必不可少，以往我们几乎全部以一次性纸箱和木质托盘充当取货器具，用完后便当作垃圾处理。曾有人做过这样一个测算：1立方米的木材经过加工后等于28个木质托盘，或等于27个大纸箱或384个小纸箱。从另一个角度看，1立方米的树木平均每年可吸收1.83吨二氧化碳！两相比较，利弊立见。震撼之余，我们心中渐渐萌生了一个想法。

当下，共享单车早已不是新鲜事物，在国内的很多城市都能看到它们的身影。那么，既然单车可以共享，取货器具为什么不可以呢？大家敏锐地察觉到了这一点，基于公司的绿色物流理念，有了这样一个设想：新工厂在进行长途取货业务时，以重复可利用的器具替代一次性器具。具体而言，以前取货的一次性器具由零部件供应商有偿提供，而现在可以寻找周转器具商租赁，再由物流供应商将装满零部件的周转器具送达新工厂。

设想有了，但要落地首先必须要得到公司的认可。为此，组内的包装工程师进行了详细的成本分析，对比了一次性纸箱和周转器具的入厂物流成本，几番夯实数据后，向部门负责人汇报计划，并得到了认可和批准。我们说干就干，准备在华东—成都、华东—长春两个取货新项目中"尝鲜"。

此时，我清晰地感觉到，自己心中的绿色生态梦，已经发芽了。

逐梦之旅

迈开脚步逐梦的路途并不顺畅。

作为年轻人，我们对公司发展、生态保护满怀热情和斗志，但也不得不承认，在统筹工作时常有不够周到之处。比如在市场调研中，大家发现器具共享租赁业务目前并没有想象的那么成熟，数家器具租赁供应商各有各的经营模式和特点，这反映出器具租赁行业还没有形成统一的标准和规范。

具体而言，有的供应商只做铁质器具的租赁业务，而我们需要的是塑料周转器具；有的供应商擅长围板箱租赁业务，而不擅长小箱租赁业务，有的供应商则恰好相反。更让我们困惑的是，这些供应商的收费模式也不一样，同样的器具使用线路，有的收费"按天算"，有的收费"按次算"。纷繁复杂的供应商特点和收费模式，给统筹协调工作带来了极大困难，我们一时不知从何入手。

事已至此，该如何选择？哪家供应商的模式会在未来成为主流？我们又该如何设计自己的业务流程？压力不言而喻，焦急的情绪渐渐在每个人心中弥散开来。

行动！行动是解决问题的唯一途径！于是，我们重整旗鼓，和每一家供应商都进行了数次耐心商谈，在深入了解其业务模式，并结合公司实际业务需求进行权衡后，我们确定了器具租赁业务的付费方式——基于租赁的线路和天数，按租赁次数付费。

合理的付费方式已经确定，接下来是确定具体供应商。合作对象的选择容不得半点疏忽，经过多次考察及比价后，我们确定最终承接方为一汽物流（长春陆顺）储运有限公司。公司的长途取货业务本就由一汽物流承接，现在让运输和包装由同一家物流商承接，既减小了管理难度，也有利于节省成本。

归根结底，无论是付费方式的选择还是供应商的选用，目的都只有一个：在确保业务顺利开展的前提下，将成本降到最低。

2019年3月，我们终于形成了自己的器具共享循环方案，但大家还没来得及喘口气，一个亟须解决的难题便浮现出来。当时，成都工厂的新车型在2019年6月要开始批量生产，但当时成都工厂处于"器具变革"的交接期，旧方案已被淘汰，新方案还未正式实施，这就导致成都工厂陷入无取货器具可用的窘境。

怎么办？推迟生产吗？万万不可！无论如何也不能让包装环节影响整车投产。焦灼之下，大家在一起开展头脑风暴，最终想出了一个解决方案：由上海集散中心做总调配，加快长春、青岛、天津三个工厂的器具周转，将挤出来的器具分配给成都工厂，借此保障成都项目的顺利进行。

这套方案的关键在于与器具及物流供应商的沟通。此前，我们与供应商的合作方式是点对点的项目专用，整车装满器具才返程。现在我们拓宽思路，灵活应变，不再要求整车装满，器具装到一定程度后，允许供应商再装载其他货物返程，这就加快了器具的流转。于是，挤出来的器具可以多往上海集散中心转运，再从上海运载到成都。

如此一来，各地工厂的正常生产不受影响，公司的运营成本也未增加，圆满地解决了成都工厂短期内无器具可用的难题。

梦想花开

众人拾柴火焰高。在同事们的共同努力下，梦想，开花了。

从2018年提出初步设想，到2019年3月形成自己的器具共享循环方案，再到2019年8月中旬新的器具正式投入使用并在试点项目中取得成功，我们品尝到了梦想成真的欢欣。

于公司而言，这一决策既是绿色物流理念的实践，也是主动承担社会责任的体现。作为一家心系社会的大企业，一汽-大众愿意以实际行动支持环保事业，让人类的共同家园变得更加美好。

通过器具共享循环模式，我们实现了器具资源的往返利用，减少了空载返程的次数，在一定程度上也降低了运输过程中的二氧化碳排放。更有意义的是，通过周转器具替代一次性纸箱和木质托盘，减少了树木的砍伐。可以说，这一个个蓝色的塑料箱，在某种意义上也为我们的地球留住了一片片绿色。

"绿水青山就是金山银山""望得见山、看得见水、记得住乡愁"，习总书记的谆谆教导回荡在我耳边。

自我上初中后，家乡小河开始逐渐干枯，河床断流，只剩下零零散散的小水泡。天空也被一片灰蒙蒙雾霾笼罩。直到去长春上大学，军训时坐在操场上看白云在蓝天中朵朵飘过，我那份儿时的美好记忆才再度被唤醒。

从最初的设想到市场调研，再到具体的落地实施，这次参与"器具变革"的经历，可以理解为是一堂我们物流规划工程师的绿色物流实践课，既能为公司做贡献，也能为环保事业尽一份绵薄之力，不胜荣幸！

唯愿青山常在、绿水长流。

未来已来，我们继续勇敢前行！

奔涌吧，后浪

作者：苏扬

有人说，人生的意义在于奔走四方，可在我看来，那可能只是还没找到愿意驻足的地方。2019年，我在德国完成学业，回国后加入了一汽-大众，从最初的茫然无措到与工作产生共鸣，再到爱上这份工作，回首自己的成长之路，是一个又一个坚实的脚印让我从懵懂走向成熟。

我在德国读书的城市叫杜伊斯堡，我以为在踏上回国行程的那一刻就不会再与这座城市有任何联系了，没想到，我们的故事才刚刚开始……

从德国到中国

原本以为，带着满肚子"洋墨水"的我可以回国大展一番拳脚，没想到刚一上手就是一个陌生的领域，以至于我在起步阶段对工作提不起兴趣。我在德国学的专业是物流工程，涉及供应链的规划和实物流管理。德国人的思维方式和我们有些不同。例如，他们非常重视物流的备选/应急方案，考虑得比较周全和长远，具有计划性。而国内的规划有时并不重视这些。文化的差异令我感觉有些学无可用。

如果把整车制造看作是给晚宴做美食的过程，那么物流在中间扮演的角色就像是一个大管家。从物料准备到美食上桌，大管家要保证每个环节和细节都准确无误，才能使每位"顾客"都在正确的时间以正确的方式得到自己想要的"菜品"。这个过程看似简单，但实际上，对于一个流程链复杂、涉及部门众多、要准备成千上万个"菜品"的大型晚宴来说，任何一个微小的错误都

作者本人

可能造成很严重的后果。因此，物流过程中，无论信息流还是实物流，每个物流人都是极其重要的螺丝钉，只有每一颗螺丝钉都准确无误地发挥自己的作用，才能保证整部机器正常运转。

因此，我对这项工作格外重视。例如，在为车间做防静电测试时，需要在高温条件下抱着两个五斤重的电阻去现场测试，这对一个女孩子来说确实是极大的考验。在测试过程中，我曾因体力不支跪在地上测量，单膝跪累了就双膝跪，保证测试准确无误。当时，班长还开玩笑说："双膝跪地让我承受不起啊！"项目组的同事都如我一样，苦中作乐。

渐渐地，我与这份工作产生了越来越多的共鸣。有在德国留

学的经历,语言方面的优势使我对德国原版标准的解读和理解更加深刻,这对我的工作帮助很大。同时,我也发现自己与德国的联系越来越紧密了。一天,我们去CKD库房对进口零件的仓储环节进行审核,我无意中在零件的外包装上看到了好像有Duisburg(杜伊斯堡)一词,凑近一看,还真是!就在那一瞬间,我和周围的一切突然有了连接,我想到读书时教授说过,杜伊斯堡是中欧班列的终点;我想到我曾在杜伊斯堡火车站看到印着汉字的集装箱;我想到曾经去看过德国凌晨"尖峰时刻"的物流机场,里面最大的航班都是飞往中国的!

眼前的一切突然有了意义,此时此刻,能站在印有杜伊斯堡标签的零件前,似乎是一种宿命,一种"我所学到的一切都是为了现在"的使命感,以及一种"我要成为一个有用的物流人"的信念油然而生。也是在那一瞬间,我理解了主管把审核工作交给我们的目的——要为每一箱零件站好岗,从它生产出来到装在车上,最终完好无损地交给消费者,其中承载了太多人的心血。如此长的链条中,任何一个微小的失误,都可能让前人的努力功亏一篑。

一箱远道而来的零件,它领略过西伯利亚平原上的风景,感受过塞外呼啸的北风,抵达目的地时,它并没有松懈,反而打起精神,因为它的任务才刚刚开始……

从夕阳到朝阳

从职工宿舍到公司的班车总会经过一条有些坡度的笔直的路。早上在这条路上,透过车窗,能看到朝阳歪着头从远处的地平线爬上来,而傍晚,夕阳的余晖总会在路的尽头淡去。

在一汽-大众,前辈总是毫无保留地将所有经验都传授给新人,甚至为他们铺平道路，因为他们有共同的目标：一心只为消费者。记得刚接手VDA6.3审核工作之初，主管为办公室的四位"准审核员"介绍之前一直在做审核工作的"前辈"朱哥："老大哥在审核方面颇有建树，你们可以想想办法'榨干'他的经验为自己所用。"朱哥笑着挠了挠头："也没啥建树，经验倒是有一些，争取短时间内都把你们带出来！"

就这样，主管和朱哥会牺牲自己与亲人团聚的时间，加班加点地参加我们每一次解读会。对于异议之处，如果他们的经验无法解决，就想方设法找到能解决的人。那时我们好像回到了学生时代，有两个老师把毕生所学都教授给我们，带着我们向前跑。

主管很关注大家在工作中收获了什么，一直很注重我们的学习和成长。朱哥在我准备培训的过程中，从专业知识到思维方式，几乎是逐字逐句地审校我的课件，指导我如何由浅入深地做一次完整培训。当我在工作中遇到阻碍时，他们都耐心地与我分享工作中的心得体会。例如，在工作中与其他人产生不可避免的冲突时，他们都向我提出了"曲线救国"的建议，即要有专业精神、要客观、要学会用多角度分析和解决问题，不要"一根筋"。

在他们的带领下，我们四个人的成长很快。我们会对问题清单进行周期性探讨和回顾，并对标准进行解读。而培训不仅在科室内部进行，还在部门内部以及部门之间进行，一汽-大众会持续不断地向涉及标准工作的同事传递经验。这样，培训逐渐从我们的小会议室走向大会议室。朱哥为部门做了很多次过程质量审核的培训，从输入模块到服务指导模块，再到人力资源、物料资源。在听了朱哥的讲座之后，其他科室的很多同事都私下跟我们说，朱哥的课让他们接触了一个全新的领域，也更加理解我们的工作。

突然有一天，主管找到我说："小苏，部门下一个模块的培训就交给你了啊，有信心吗？"

我有点摸不着头脑，怯怯地转头问朱哥："朱哥，我能行吗？我还在学习中啊。"

朱哥沉默了一会，眼神坚定地看着座位上的我说："你们总有一天要从幕后走向台前，现在就是要你从老大哥身后走出来的时候，你一定得行！"

听到这句话的瞬间，就好像突然要我向别人展示自己的软肋，又好像有人为我披上了一副铠甲，心情很复杂。"该上战场了。"我在心里对自己说。

准备培训期间，我感受到了前所未有的压力。从组织材料到联系实际案例，我到处咨询和搜集信息。第一次把初版培训材料展示给朱哥和主管看时，他们"不客气"地指出了很多问题：逻辑不够清晰，内容浮于表面，案例不够有说服力。"我们对你的建议越多，你真正站在台上才越从容。要知道，接受你培训的，都是工作十几年甚至几十年的同事，他们随便一个问题都会把你问倒。培训还是要自己想得深一些才行。"朱哥语重心长地说。我咬了咬牙，把眼眶里的泪水憋了回去，暗自发誓："我一定要把这次培训做好！"

正式培训前，他们帮我组织了至少十次内部研讨会，材料在大家的帮助下改到了第18版。面对最后一次研讨会，我挺没信心的，觉得材料还可以再打磨，上台演讲的信心也不是很足。"上吧，可以了。为这次培训你付出了这么多心血，要对自己有信心。"主管在最后一次研讨会上鼓励我。"我们都在台下支持你，你的后盾这么强大，怕啥？"朱哥朝我笑了笑，说话的时候底气十足。

正式培训那天，一切都很顺利。我只记得站在会议室的前面，拿着话筒好不容易讲完了第一堂课，大家提了很多问题，也引发了诸多讨论。我沉着地一一给出解答，同时用余光看了看主管和朱哥，在我们眼神交会的一刹那，我看到两人不约而同地冲我点了点头，他们的眼神中充满了赞许和肯定。

那天晚上，坐在回宿舍的班车上，我又看到了夕阳的余晖，很美。而我，还要打起十二分的精神，朝着远方的理想奔跑，不辜负每一缕光辉。

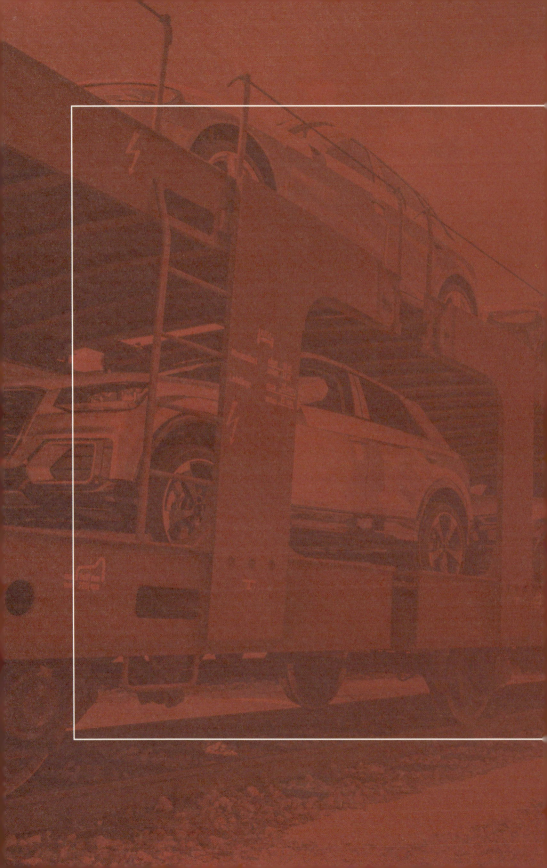

开拓创新无止境

在生产管理变革中,"创新"是始终围绕在大家心中的一个核心关键词,在创新过程中不断地冲破束缚、突破传统,用新思路、新方法去实现新的梦想。

58天的"中国速度"

作者：侯海波

9小时完成一座火车站的改造，43小时更换大型桥梁的主体结构，10天建成一座医院……这些都是令世人为之惊叹的"中国速度"。我们只用58天时间，对一家老工厂进行了一次物流供应链的全面升级，在汽车制造业创造了一个"中国速度"纪录。

汽车生产基地里的物流供应链就好像分布在人体中的血管，连接着汽车生产中的各个环节。如果物流供应速度跟不上，汽车生产就难以顺利进行。为了让长春二厂的物流体系充分发挥货物运输功能，我们对这家老工厂进行了一次物流供应链的全面升级，最让人感到骄傲和自豪的是，我们只用了短短58天时间。

说干就干！

2004年，长春二厂（以下简称二厂）诞生，为解决当时总装生产线边物流面积小和混线车型多的问题，公司采用了大范围筐车上线的物流模式。15年来，这一模式顺利保障了二厂各个车型的生产，

负责人现场解决立体库问题

但单车物流成本高、效率较低的问题一直存在，甚至成了二厂的一处顽疾。在公司成本领先和供应链升级的大背景下，进行一次模式和技术全面升级的需求越来越迫切。

其实，早在2014—2015年，负责部门相关业务的邵传斌经理就提出，二厂大筐车的模式成本太高，应该考虑改变现状，结合二厂物流库房临近总装车间的特点，采用LOC（物流操作中心）模式。但二厂总装受到面积限制，最初设计的两条内饰工段生产线并在一起，中间没有物流面积，导致两条生产线的零件只能通过筐车上线。如果要改动物流模式，就涉及整个车间生产线布局的大范围调整，所有物流的流程、库房方案都要进行调整。这样一来，耗费大量资金不说，长达数月的施工周期也会给产能不足、生产压力本就很大的工厂带来更多问题。

因此，这个问题就一直搁置到2018年。那年，二厂总装计划在2020年10月并入一款大尺寸7座SUV，规划部的同事照例组织大家进行"Workshop"研讨，评估并入方案。在研讨时我们发现，如果继续沿用现有工厂结构，新车型并入会面临很大限制。

能否进行一次升级改造实现二厂总装车间的华丽转身？尤其是在近两年国内汽车市场增量持续下滑，产能压力已经转换到销售领域的背景下，推行改造的可行性大大提高了。我的同事张虎提出了相关建议，立刻得到大家的积极响应。于是，我们迅速展开了物流结构化升级具体方案的谋划和实施工作。

升级的首要目标——取消"大筐车"

二厂是一汽-大众五地六厂中唯一大范围采用筐车上线的工厂。简单来说，筐车配送就是在生产线上的两辆车之间放置一个能够随生产线移动的货筐，而货筐中的零部件又分为两部分，货筐前部的零部件满足前车的生产装配，货筐后部的零部件提供给后车进行生产装配。在2004年，这确实是一种比较先进的物流方式，也切实解决了车间面积小和车型较多的问题，但也存在单车物流成本高、零件质损高等缺陷，已经不符合最新生产要求。因此，取消"大筐车"成了我们开展此次物流升级的首要目标。

但取消"大筐车"不仅意味着二厂总装物流要发生翻天覆地的变化，还涉及总装车间生产线布局、工艺方案等的大范围调整，如此大的工程能否在短时间内完成，取消之后能否满足生产送件需求，这些都成了摆在我们面前的难题。

不过，我们心里也不是完全没底。一方面，过往自主规划的项目让我们积累了一定经验，尤其是青岛工厂项目。此前，一汽-大众的车型及工厂项目，都会有德方支持人员参与，中德双方联合规划。而近年来，物流规划部门通过掌握核心技术，增强自主规划能力，从青岛工厂项目开始，已经实现了完全自主规划。另一方面，我们手里还有一本自己打造的"方法论"——一汽-大众《物流规划白皮书》，这是生产管理部自主编制的，对物流规划过程中涉及的所有方面，都进行了系统的概括和总结，并给出了标准化的参考方案。有这两方面打底，我们自然有了自主改造升级的底气。

要么麻烦一次，要么永远难受

信心和决心都有了，我们在梳理亟待解决的问题时还是吓了一跳：取消"大筐车"、二厂节拍提升、LILA切换LOC模式、小箱自动化立体库（AKL）实施、迈腾第八代车型改款及插电式混合动力车型量产、生产线布局调整、座椅机械化上线和轮胎AGV（无人搬运车）上线等项目，都需要同时或者多个并行开展。这些项目不仅本身比较复杂，还不是各自独立的项目，都交织在一起，再加上经济性、施工周期、安全环保等影响因素，实施方案的制定可谓难上加难。

我们要先依据总体任务和目标，讨论各专业的变化对其他专业带来的影响，然后各专业再内部评估具体实施方案、成本、施工周期、安全和环保等问题，随后综合各专业的方案、经济性和施工周期，寻找与项目目标的差距，再次评估和优化成本、进度、更新方案等，经过这样的多轮评估、优化，最终才能形成定版实施方案。

在方案研讨过程中，我们遇到了不少矛盾，不仅是项目之间，还有部门与部门之间，这些都需要协调。还记得我们在讨论BA0二层平台的立柱时，土建规划经过评估给出的方案是，需要将一排立柱立在车门工段南侧物流通道的中间，这样改造难度最小、成本也较低，但会严重影响物流零件上线的效率和及时性，通道拥堵问题随时会发生。为此，我的同事张虎多次找土建工程师、主管甚至经理，阐明上述影响，坚决要求改变立柱位置。他直言不讳地说，要么麻烦一次，要么永远难受，最后终于说服了规划部的同事。事实证明他是对的。站在车门南侧的通道上，看着现在已经恢复满负荷运行的二厂里穿梭的车料，大家都备感欣慰。

少了17145平方米

在物流结构升级之前，二厂一直采用LILA物流模式，外地供应商要先将零件送至厂外物流库房，然后由货车转运至厂内缓存区。这种物流模式存在中间转运环节，流程浪费，同时存在功能区和IT系统重复。之所以一直采用LILA物流模式，也是由于该模式能最大限度保证生产的稳定运行，加之LOC模式对供应商的车辆要求较高，实际也不具备LOC模式的管理能力。

在这次改造升级方案的规划中，我们决定借鉴青岛和天津工厂的经验，实施LOC物流模式，取消中间环节，缩短供应链，减少过程浪费，提升物流效率。可始料不及的是，我们遇到的第一个问题竟然是面积不够——经过测算，在二厂内LOC项目实际面积比总需求面积少了17145平方米。

于是，如何解决面积缺口成为LOC能否实施的关键因素，大家想尽一切办法进行面积优化。这主要从两方面展开：一是优化流程，例如取消零件的转换包装区，空箱整理区合并，超市零件摆放前后双箱等；二是对各功能区进行优化，包括将通道缩窄，封存区和工艺车辆存放区等功能区缩小，将闲置设备和器具迁移。

第二个难题是外地供应商的货车运输。面对126家待切换供应商，其中品牌不合格的比例约为50%，箱体不合格的约占70%，标示不合格的大概有90%，车辆不固定的供应商约有50%。供应商变更车辆就需要重新签订合同，这给实施进度带来了压力。历经了16次MR培训会议、212次切换会议、3000余封沟通电子邮件及4000余通协商电话后,我们与126家供应商的问题终于全部解决。

一张A0图纸的背后

在项目推进期间,所有项目团队成员几乎都放弃了周末和节假日休息,十一假期,伴着《我和我的祖国》的优美旋律,大家还在争分夺秒地抢进度、调布局、催器具和安装调试。

在LOC项目组中,我们与每一家供应商定义LOC的个性化库存,逐个车辆推进标准符合,每一个零件都跟踪到货、布库和上线,逐个工位确定布局、料架、包装,对每一位员工进行培训。生产启动后也不能停下,要在每条生产线旁解决随时可能出现的问题,以保障生产的启动和爬坡。

二厂自动化立体库是我国汽车行业内的首个自动化立体库项目,而且周期短,施工任务繁重,相关经验不足,为保证进度和质量,项目进度计划做到了以天和小时为单位,每天早晚两次例会,确认当天任务,检查前一天的问题。进入库房时,看到的是昨天的成果和今天的计划;离开库房时,看到的是夜空中的点点星辰。让我深受感动的是,在项目推行期间,有一位同事将车开回家后,竟然累得在车上睡了一晚。

更值得一提的是,虽然时间紧张,但大家还是一遍又一遍地研究存储、布局、流程和设备方案,反复核对,仅出口布局物流规划、物料管理、国际物流就出了12版。团队每一个人都付出了超出常人想象的努力,每人每天的步数都在两万步以上,经常霸占微信运动的"封面"。在A0图纸完成的那一刻,一位同事感慨地说,感觉自己手握一把开启二厂总装未来的钥匙。

立体库运行中

提升20%节拍和15%效率,筐车优化为线旁直送,车间内219个工位2800余种零件全新工艺、全新布局;厂内85000平方米物流区重新调整,五大物流区12批零件逐箱完成迁移;40天安装,30天调试,我国汽车行业内首个大流量线旁多穿立体库成功建立;在不到两个月的时间里,接连实现了结构调整方案实施、第八代迈腾改款和插电式混合动力车型量产……几乎没人相信,这些改造工作能在58天时间里完成。

未来,汽车行业"新四化"对物流效率和项目质量将提出更高要求,所谓"雄关漫道真如铁,而今迈步从头越",未来,我们依旧信心十足!

兴趣是最好的老师

作者：刘长亮

人们都说"兴趣是最好的老师"，如果所做的工作恰好是自己的兴趣就再好不过了。然而，现实没有那么多"如果"，只有一点是可以肯定的，一旦把工作当成自己的兴趣，那么你的努力就会有事半功倍的效果。

从普通工程师到业务骨干，我在一汽-大众的十年成长经历可以用八个字来形容，那就是"一路学习，一路成长。"2011年7月5日，来一汽-大众报到的那天，当看到自己报道科室的名字时，我这个初入社会，对未来还没有具体规划的年轻人，心情莫名激动起来，我默念了两遍"生产管理部物流规划科"。这里将是我新的起点，我的人生有了新的努力方向。

学以致用，攻克AGV项目

进入公司的前几年，我努力学习新技术，在物流规划领域积累了丰富的经验，对整个行业的发展情况也了如指掌。因此我也很清楚，

某工厂首批AGV自动化上线设备调试成功（左二为作者）

产能快速扩张的一汽-大众在这一领域还有提升空间。一汽-大众AGV的应用始于2013年。在此之前，公司总装和焊装所有物流零件的上线是由人工完成的，一方面投入的人力很大，遇到一些较大、较重的物流器具，操作过程很是艰辛；另一方面，人工成本在逐渐升高，而这些成本最终都将体现在产品价格上。

伴随着机器人应用成本的逐渐下降，2013年起，我作为物流自动化规划的先导工程师，规划并实施了一系列以AGV应用为核心的物流上线全程自动化项目。通过替代传统人工上线，达到节省物流成本的目的。

一汽-大众的AGV项目从零开始，必须要努力学习行业新技术，并通过创新设计来达到领先水平。我还记得，当时在佛山工厂率先实施AGV项目时的忐忑与欢喜。忐忑的是，距离项目运行只有半年，而项目的发包周期就需要两个月，供应商制作周期需要三个月，调试一两个月，而且规划方案还没有完全确定；欢喜的是，AGV属于机器人范畴，而我对机器人兴趣浓厚，带着兴趣去工作是最好的状态。于是，在整理好初步规划方案和诸多问题后，我开始拜访已经开展AGV项目的车企，广泛了解他们的规划方案和应用状态，最终形成考察报告，学以致用。

在此基础上，我又找相关同事沟通优化之前的方案，考虑到新技术的风险性，决定先上一条路线，然后以最快速度形成任务书、会签、发包、定厂、实施，一气呵成。更重要的是，在"拿来"主义的基础上，我又加入了很多创新设计。例如，引入了当时国内鲜有应用的在线充电技术，让AGV真正"自动化"运行，而不用再派人去充电，进一步提升了生产效率。

第一次单条AGV路线的规划与实施取得圆满成功，实现了公司物流AGV应用从0到1的突破，是重要的里程碑。它所创造的价值是相当可观的，不仅每班次可节省两名上线司机，还具有很好的示范效应。紧接着，几乎相同的AGV路线在其他工厂陆续成功推广。

创新发展，AGV项目全面开花

创新是推动企业不断发展和技术进步的原动力。

2015—2016年，我一方面将AGV的应用推广到多条路线；另一方面，为减少AGV的投入数量而进行了一些创新设计，开发了具有专利技术的升降式E-Frame，大大降低了生产成本。

2017—2018年，一汽-大众迎来了新工厂建设高峰，这也是AGV大范围推广应用的时期。由我负责物流技术，与同事一起规划并实施

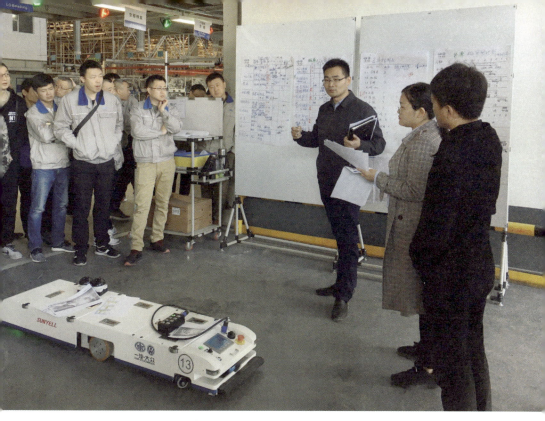

作者正在做新技术切换前的业务培训

了佛山二期总装、青岛工厂和天津工厂的AGV项目,成功运行了374台AGV及配套自动化设备,使物流上线自动化率提升了超过30%。

2019—2020年,我们实现了长春老工厂AGV项目的大面积运行,挑战高难度,开创新局面,迈出老工厂大面积物流自动化提升的关键一步,为物流升级贡献了力量。

更重要的是,在规划以上项目过程中,我们团队不拘泥于AGV的单纯横向推广应用,而是勇于创新,在技术上进行纵向研发,开发了一系列提高自动化涵盖范围的衍生新技术。例如,应用并大范围推广自动缓存机构,通过与AGV的无缝对接实现自动备货,取消备货人员;实现多种器具同时上线,节省AGV投入;首创线边动力"田"字机构,实现线旁器具自动倒箱,充分利用线旁深度,节约工位面积占用；AGV监控中心监控所有设备运行状态，及时发现并排除故障；首次成功应用全向AGV，实现侧围上线，解决了人工上线人机工程差、操作困难的痛点。这些创新专利提高了物流上线的自动化率，为智能搬运打下了坚实的基础。

综上，一汽-大众自2013年实现首条AGV线路以来，目前已陆续实施CP1-CA3、佛山二期总装、青岛工厂等多个物流AGV项目，成功实现了单条AGV路线到区域化，再到全工厂的推广，这些都有效提升了物流自动化率，节省了物流费用。只统计佛山二期总装、青岛工厂和天津工厂，就可以节省物流上线人员171人，节省工艺车辆68辆，年节省物流上线成本2000万元以上。

这些年的工作经历也使我更加深刻地认识到，"创新"才是一个企业不断发展的动力。

一路学习，不断成长

随着工业4.0的推进、《中国制造2025》战略的发布及公司战略的调整，运输类AGV作为一种有效的降本增效设备，近几年经历了飞速发展，得到大量应用，未来在各个部门都会继续推广。

当然，AGV在公司内的应用也会遇到一些问题。例如，如何在所有工厂内部完善AGV保障体系就是当前面临的一个难题。要想彻底解决这些问题，单抓某个点是不够的，要全面把握，提升体系能力。因此，2019年年末，生产管理部牵头发起，联合控制部、采购、规划、管理服务部、动力总成、各生产基地，共同建立了公司级运输类AGV战略与应用委员会，完成15项工作，致力于完善AGV保障体系，由我担任整体项目协调人。

AGV标准的建立尤为重要，这是AGV保障体系的基础。各生产基地引入AGV设备时，涉及申请、使用部门多，且AGV新技术持续发展，没有统一的标准；各工厂对此设备的维修保养职责也不尽相同，没有统一的维修保养流程及策略；在新AGV并入时，由于没有接口标准，新旧AGV不兼容。为解决以上问题，以公司级运输类AGV战略与应用委员会为平台，制定并发布了涵盖硬件与软件接口的运输类AGV设备技术标准；建立了公司统一的维保工作方案与流程，决策通过了维保策略。通过以上工作，不仅从AGV的投入、运营到维保，初步形成了公司层面完整的保障体系，而且取得了应用成本的大量节省。值得注意的是，这个保障体系的建立过程，也是一个方法模块的摸索过程，在其他物流新技术的推广过程中完全可以借鉴。在创新引入涉及全公司的技术目时，通过跨部门联合成立委员会，以此为平台制定相关的技术与维保标准。

技术在不断升级，我也在不断研究AGV的发展方向。这几年，AGV的技术逐步发展成熟，在汽车行业的应用也越来越多。结合在一汽-大众引入AGV的历程，对这一领域的前景我有多种思考。我们在考虑租赁方案：原来我们都是自己购买，未来也可以租赁，这样更节省成本，也更省心，同时将维修保养交给专门的公司来做。共享是另一个方向。现有的AGV是固定跑一条路线，而未来的AGV可以更灵活、更智能，甚至可以根据调度情况跑多条线路，哪里有需求它就直接跑过去，实现n点对n点。相当于一台机器能干好多活儿，智能调度，大大提升了效率。还有一个方向就是区域无人化，实现全自动运输。

一路走来我发现，能进入物流规划领域工作是一件很幸运的事。在这里，我有机会接触到物流新技术，接触到AGV，见证了运输类AGV在公司的应用从0到1、从1到多、从多到强的发展。在这里，通过学习、创新、实现、再学习、再创新、再实现的循环，一次次实现自我价值，一次次体验收获的愉悦。最初接触到AGV时，我是个新人，而今，由我落地运行的AGV项目遍布各个生产基地，为公司节省物流成本，实现物流技术升级。回首过往在AGV应用与创新上的工作历程，主管打趣地对我说："一汽-大众AGV之父，可以有。"面对一个陌生的岗位时，如果也能主动地思考、探索，就可能使原本冰冷的工作成为自己的"挚爱"。

马力全开驯服"新物种"

作者：师富民

项目动工后，周例会变成了日例会，为第一时间掌握现场施工信息，会议地点从办公室变成了BC库房（储存汽车零部件的库房）施工现场。当时，我们制作了一个问题清单，专门用来罗列现场发现的问题，以便大家共同寻找解决方案。随着清单上的问题越来越少，项目的推进也逐渐顺畅起来。

2004年7月21日，我正式进入一汽-大众，成为一名"物流人"。同年，筐车配送的物流模式在一汽-大众轿车二厂诞生。物流员工使用筐车将零件配送上线，车间使用筐车内零件完成装配。筐式配送，可以简单理解为物流将每台车需要的部分零件摆放在筐车内固定位置，并按照顺序配送上线。筐车随着生产线流动，生产员工从筐里拾取零件，完成汽车生产装配。这种配送模式从2004年开始一直持续了15年，5475个日夜，默默无闻地配送轿车二厂380万辆车下线。直到2019年，15岁"高龄"的筐式配送物流模式无法再满足生产线升级后的需求，我们开始探索新的物流配送模式。

为提高生产能力，提高BC库房空间利用率和KLT零件（较小零部件）的配送效率并优化供应链成本，公司决定在长春BC库房建造自动化立体库。自动化立体库能充分利用空间面积，同时节省人工成本，对生产及物流都有里程碑式意义。于是，2019年8月9日，一汽-大众长春BC库房筐式配送物流模式正式"退役"，自动化立体库在时代的召唤声中孕育而生。我在与朝夕相处了15年的"老友"——筐式物流告别后，再次成为物流"新手"。

立体库，你好

2019年7月25日，一汽-大众长春BC库房的新物流模式——自动化立体库项目正式动工。由于此前没有立体库建造经验，为顺利推进项目，项目组提前半年开始准备。从3月开始，每周定时组织项目例会，大家一起研讨方案。建库资源什么时候能真正到位？哪个时间动工最合适？运行风险有多大？每周反复研讨这些问题，生怕方案有一点疏漏。项目动工后，周例会变成了日例会，为第一时间掌握现场施工信息，会议地点从办公室变成了BC库房施工现场。当时，我们制作了一个问题清单，专门用来罗列现场发现的问题，以便大家共同寻找解决方案。随着清单上的问题越来越少，项目的推进也逐渐顺畅起来。

尽管项目前期有细致的工作计划，动工后也有日例会应对当日现场问题，但立体库只要不正式运行，我内心的石头就无法落地。"物料管理科是做实物流管理的，我们的职责就是保证生产，无论立体库项目进展如何，我们都必须保证生产，做好万全准备。"对汽车生产来说，物流模式的更迭终究不是小事。如何保证两种模式完美对接，保证生产线不受影响？如果旧的淘汰了，新的没按时改造或建造好，生产线怎么办？如果刚建的自动化系统出现运行差错，怎么保证正常出货？随着项目的推进，我的思考也更加深入。

这是长春工厂的第一座自动化立体库，大家对它抱有太多期待，每一步都不能出差错。思前想后，为确保万无一失，我在立体库上线前对大家说，必须先给立体库找一个"替补"，把生产线需要的零件全品类复制出来，放到"替补"仓库里备用。如果过渡期内立体库未按计划完美运行，"替补"仓库里的零件就能支撑生产。成为"替补"是风险储备超市。在立体库投产运行初期，这位肩负重任的"替补"，确实给大家带来了惊喜，弥补了立体库过渡期的缺陷。

作者本人

经过前期规划、中期建造和风险储备超市储备，自动化立体库正式投产。投产前，由于流程的变更，二发A区（储存汽车零部件的库房）、二发B区（储存汽车零部件的库房）与BC库房之间的零件需要相互转移，这种交叉流动涉及复杂的系统操作。汽车零件之所以能从库房顺利装配到汽车上，是因为零件进库时，工人给它配发了条码，库房系统记住这个条码后，会把零件安置到合适的位置，以便后期装配使用。每个仓库的每个零件都有专属条码，若想把A区零件转移到B区，就得让B区库房认识A区零件的条码，怎么才能让B区库房认识A区零件呢？为保证精准，防止三个区的零件混淆，我带着

自动化立体库

团队所有成员,对所有条码进行手工移库。每个人处理七八百张条码,逐一核查转移,保证实物与系统匹配。

能加快进度就尽量不停歇,能到施工现场就绝不留在办公室。经过58天的高强度施工,一汽-大众长春基地第一座自动化立体库终于建成。看着自动化立体库,我非常激动,同时也有些许焦虑:立体库有了,怎么利用它呢?

这个立体库是长春基地的"新物种",无应用经验可循,我们只能慢慢尝试,逐条切换线路。切换完一条线路后,要检查是否出了问题。有问题就及时整理好,与大家一起讨论。2019年12月23日,经过77天的人机磨合,11条路线、1207个零件,顺利切换到自动化立体库。

麻烦来了

新事物要经受住各种考验才能走向成熟,立体库的成长也如是。

自动化立体库存储零件要求条码粘贴标准，这样系统才能识别出零件。立体库运行初期，内部系统未完成切换，每箱零件上有三联条码，工人通过扫描条码来记录零件进库、出库及装配使用情况。这种三联看板在传统物流时代很常见。但立体库运行后，自动化系统替代人工，系统只能对精准粘贴的条码进行识别，如果条码有偏差，系统就无法识别，零件也不能顺利到达目的地。

当时，库中有963种零件，部分条码粘贴不达标，歪曲、胶条遮盖、粘贴不牢，直接影响了扫描识别率。最后，工人不得不手动调整条码，这显然违背了我们打造立体库的初衷。窦恒言总监建议大家及时切换系统，解决问题。因此，我们开始加速实施OTDS系统（精秩物流系统）切换。由于OTDS系统的单联看板更加智能，它可以实现三联看板的所有功能，自然就降低了条码操作的复杂度，提升了员工的作业效率和条码识别精确度。

切换完OTDS系统后，条码问题得以解决，但新问题又出现了。自动化立体库对零件包装要求非常高。如果货物的包装大小不合规或变形，自动运货设备在取货时就会发出警报。起初，库房里不时就会有警报声，我们必须重回库房查找原因。

当时，大家就像侦探一样密切观察着运输动态，一刻不敢放松。功夫不负有心人，几天后我们找到了原因：立体库内有99种零件的外包装尺寸与标准尺寸有偏差，导致运货设备在夹取时脱落报警；还有一些夹取后包装破损，这样的货物很难承受长距离辊道颠簸，在输送途中可能发生掉落。找到问题后，经过多次讨论和尝试，我们为这99种零件嵌套了新的外包装，嵌套方案实施后，立体库里的警报声几乎消失了。

正当我们以为终于可以喘口气时，又一个问题出现了。

2020年5月6日，自动化立体库中出现2081张条码日期长期滞留，最长滞留时间已经8个月。由于立体库不防尘，滞留零件的质量出现了问题。零件质量受损是我们最不想看到的情况，因为这意味着生产损失、成本提升。为什么会有如此大的滞留量？得知这个消息后，我立即冲到立体库库房，开始新一轮勘查。但在现场观察了几天，始终没发现哪个环节有问题。

基于IT相关的工作经验，我对系统数据的敏感度比较高，在确认外部环节没问题后，我觉得应该是系统的内在问题。但系统内在问题会出在哪里呢？为尽快找出"元凶"，我只能迅速整理数据做分析。那段时间，几乎每天两点一线，不是在办公室电脑前，就是在立体库库房里。当时我心里特别着急，即使在深夜里疲惫不堪地回到家，也会因问题没得到解决而辗转反侧，无法入眠。

几天后，在夜色和晨光的陪伴下，我发现了零件滞留的"元凶"——分组层协议（PLP）系统与先进先出（FIFO）逻辑存在问题。PLP系统无法按FIFO系统的逻辑出库，违背先进先出的配送原则，正常零件被系统当成异常件处理，导致了滞留。锁定原因后，我马上找到管理服务部，着手推动相关部门更新PLP系统的出库逻辑，最终解决了零件滞留问题，使自动化立体库的出库符合率超过99%，有效减少了零件自损。

自动化立体库项目对一汽-大众来说是"新物种"，对在物流圈摸爬滚打多年的我来说也如是。从项目初期的方案研讨，到立体库的运行，我们迈出的每一步都充满未知。但好在每一个人都走得坚定，面对困难不曾放弃。每解决一个问题，都是对我们的一次鼓舞，使我们有充足的信心不断前行。

尝得行中苦，方知苦中甜

作者：朱国印

有时候，当你很容易地做成一件事，你并不会有强烈的成就感，时间也很容易让你淡忘它；相反，有时候，一件事耗费了你很多时间和精力，甚至过程备受折磨，但迎来成功的那一刻，你反而会无比激动和兴奋，甚至忘记了曾经的那些苦和累，整个过程也会让你终生难忘。

在车市寒冬，作为汽车生产企业，不得不迅速降本增效，以求利益平衡。降低零部件的物流成本，无疑是降低生产成本的重要一环。作为一汽-大众物流规划部的一员，我和同事们一直在探索新的物流方式。

向电商行业学物流

当下，互联网发展迅速，电商物流技术一直是物流界的标杆。大家熟知的亚马逊、阿里巴巴等电商的自动化物流技术几乎比制造业领先一代，为制造业物流发展提供了范本。处在汽车物流技术变

超市2.0项目顺利启动切换（左四为作者）

革期，一汽-大众决定参考电商行业新技术应用案例，引入物流自动化新技术，这样既能节约公司的物流运营成本，也能为未来的智能化物流做准备。

经过长期的分析与研讨，我们物流规划部规划了两个开创性项目：MEB自动化立体库项目和超市2.0项目。任何一个项目的初始阶段，都要进行大量数据收集、资料整理工作，有了数据，才能做项目可研论证和全局分析，推动方案规划。

MEB自动化立体库项目是对公司新能源车型物流和供应链的优化。规划期，仅内部方案就经过七次大迭代，小优化则不计其数。摆在我们面前的是一个又一个需要反复研讨的选择题，例如：是利用现有库房改造还是新建库房？配送设备是集中在一个库房还是分散开？每一个选择既要考虑立体库建造问题，也要考虑公司内部投资额度的约束。有些时候，研讨气氛会比较紧张，每个人都近乎严苛地"折磨"自己和其他成员。"这里存疑，这个消防可能会有问题""不行，这版你打算怎么用技术支持"……反反复复，优中选优，只要方案有一点瑕疵，就要迅速优化，我们的目标是使终版方案最大限度地接近完美。

超市2.0项目是对原有超市1.0项目的升级。1.0时代，工人们在装满零部件的"大超市"里，寻找自己想要的零部件货物。而2.0是利用一种叫KIVA-AGV（特殊的自动导引运输车）的设备，精准地找到目标货物，并把它运送到目的地，借此节省工人找货物的时间。从1.0到2.0，简单地说，就是实现从"人找货"到"货到人"的飞跃。超市2.0项目规划期，方案筹备和数据分析等工作的强度也很高。为了不耽搁进程，大家利用业余时间学习，对标电商行业物流自动化及智能算法的应用案例，结合汽车零部件物流的基本属性及公司供应链综合运营管理要求，分析提炼超市2.0应用场景。

期待与压力

MEB自动化立体库是公司首次自投的大规模综合自动化立体库项目，超市2.0是公司首次应用KIVA-AGV的项目。公司十分重视这两个项目，大家也都对这两个创新性项目充满期待。MEB自动化立体库的LOC模式（物流操作中心），是用线旁仓库代替外部仓库，节省物流成本，降低零件运输风险。超市2.0用智能设备替代人工，节省工时，提高生产效率。两个项目都是开创性的，对大家来说，这既是责任也是要求，既是荣誉也是压力。公司内部没有案例可参考，我们只能从零起步。

从项目规划第一天起，我和项目组的成员就清楚，未来很长一段时间，日子会不太好过。我们要面对诸多挑战，也许是虚惊一场的意外，也许是始料不及的困境，它们会"埋伏"在我们的征途中。但我们更清楚，无论这条路有多少波折，我们都必定会披荆斩棘，高歌凯旋。

不出所料，工作一开始就遇到了各种难题：新领域技术储备不足、汽车物流技术存在本地化瓶颈、项目经济性合算复杂、新技术落地实施难以保证等，这使项目组成员压力倍增。不过，因为有明确的目标，所以面对压力时，大家并没有茫然无措。

"修仙"与考察

MEB立体库项目规划初期，最大的难题是大家都没有立体库规划建造经验，不了解立体库的应用情况。面对"先天不足"，我们只能后天拼命弥补，利用一切时间去研究其他企业的已有立体库案例，争取机会与有经验的人交流。当时，我和团队成员每天把自己关在办公室，找资料、开会、再找资料、再开会，偶尔大家也会互相调侃：这是在"修仙练功"呢。

等到案例分析期过半，大家对立体库有了更深刻的认识，但没看过案例的实际应用，还有很多疑惑是电脑里的数据解释不清的。于是，我们决定实地考察。

彼时，适逢有技术交流会在佛山召开，借此机会，我们从北到南，选择上海、烟台、太原等六座城市的八个比较成熟的立体库案例，进行了为期一周的实地考察。那时，我们的行程非常紧张，每到一个地方参观完，就马上要做技术交流。最忙的时候，一天要走两个城市，做两轮技术交流。大家尽量抽空填饱肚子，交流结束马上奔赴下一城。

AGV机器人正在入库作业

考察路上，除了紧张的工作安排，也有一些有趣的经历。我们选择的目标立体库是不同行业的成功案例，其中有一座是业内的优秀案例——伊利立体冷库。项目组考察是在夏天，当时户外温度大概是30℃，但进入伊利的冷库需要穿冷库工作服。与我们的工作服不同，冷库的工作服非常厚重，穿上它就像有人在拖拽你一样。刚开始，我们不习惯穿这种工作服，四肢变得不协调，走路很像企鹅。大家互相打趣：如果没有MEB立体库项目，也许我们不会有机会体验食品工厂的冷库工作服，没有机会深入乳制品冷库，当然更不会有机会感受"企鹅的步伐"。

一周后，项目组考察结束。目睹了现场技术应用后，许多实际操作上的难点都得以化解。这一趟考察，对我们后期立体库的建造确实有非常大的帮助。

加班与算法

超市2.0项目在技术本地化方面也遭遇过瓶颈。超市2.0的核心是将AGV引进汽车物流。此前,AGV几乎只会出现在电商物流中,这与我们汽车物流的应用场景差异非常大。电商物流的AGV主要运输普通消费品,这些货物的体积和重量都比较小,因此电商物流的AGV尺寸也比较小。但超市2.0的KIVA-AGV要运输汽车零部件,货物体积大,KIVA-AGV的尺寸也要相应调大。另外,超市2.0的KIVA-AGV要在三四千平方米的工作区,迅速、精准地找到系统分配的货物,而不是在固定路线移动的传统AGV,这又涉及系统算法问题。

较大的设备尺寸、复杂的行进路线要求硬件和软件调度算法紧密结合,这是其他案例没有的,我们只能自己研究开发。为快速推进项目,我承担了库位布局算法和KIVA-AGV调度算法的开发工作。当时,超市2.0项目和MEB自动化立体库项目并行,我的工作时间表排得非常密集,每天早上一进办公室就开始做材料、打电话沟通工作,安排上下游调度,加班因此成了常态。运气好的话,当晚风阵阵袭来时,我就能与它相约下班。

经过近四个月的钻研攻关后,库位布局算法和KIVA-AGV调度算法开发成功。超市2.0项目终于走出算法瓶颈。

经过半年的详细论证,2019年年底,MEB自动化立体库项目通过公司经管会审批并正式立项,又经过半年的详细方案设计和项目招投标,于2020年7月正式破土动工,预计在2021年4月建成并投入使用。我们内部测算,立体库投入使用后,每年可为公司节省超过5000万元的物流运营成本。

超市2.0项目从科研立项开始,历时两年,最终在2020年7月完成全部切换,每年可为公司节约350万元左右的物流运营成本,节约工

用平板电脑进行实时在线运营管理

厂内面积1400平方米，拣选准确率提高到接近100%，同时，还解决了传统超市方案规划困难、方案柔性低的问题。该项目是大众体系内首次大规模应用KIVA-AGV技术，目前已成为汽车物流行业领先的KIVA-AGV应用标杆案例，下一阶段将推广至公司五地六厂及其附属仓库，为公司创造更大价值。

对我们而言，当看到更智能的设备出现在库房里，看到更先进的技术出现在物流供应链中，看到一连串数字出现在成本降低栏时，堆积如山的资料、应接不暇的研讨会议和考察调研，以及无数个加班的深夜，便都已经不值一提，我们只会尽情享受成功带来的快乐。

涓涓细流，汇聚成海

作者：李实

　　成都 E-Lane 项目团队是由来自不同部门、不同专业，具有不同性格、不同想法的几十个小伙伴组成的，虽然大家有共同的目标，但工作中难免会有一些意见上的分歧，甚至会出现激烈的争执，互不相让。但"众人同心，其利断金"，如果每个人都以大局为重，就没有攻不下的难关。

　　2016年8月，我以一个一汽-大众"新人"的身份加入了刚刚组建的E-Lane项目团队，后来成为团队的项目协调人及核心技术负责人。"E-Lane"物流模式对一汽-大众而言意义重大，它将成为公司实现更高远发展目标的重要砝码。

"并不畅快"的沟通会

　　一汽-大众的E-Lane模式，核心是打造一个均衡平稳的供应链。通过智能化管理整个生产流程，精准、高效打通从用户订单到生产，再到供应链等环节，从根本上提升企业生产和运转效率。

E-Lane不仅是在生产车间看到的那一小部分。首先，从整车订单到生成具体的物料看板，这个过程涉及生产管理部、成都分公司、管理服务部所负责的相关业务。然后，从焊装上线到总装下线，这部分工作又横跨规划部、成都分公司、生产管理部三个部门；最后，供应商将物料送到主机厂的整个过程中，又需要生产管理部与成都分公司对整个实物流进行管理。因此，我们可以看到，订单流、车身流、零件流的每一部分都涉及很多部门与专业，E-Lane项目绝对堪称一个全方位的流程变革。

由生产管理部牵头，负责工艺规划的规划部、负责IT系统的管理服务部，以及负责生产的成都工厂生产管理部四个部门的30多个小伙伴共同组成了E-Lane项目团队。

要把30多个来自不同地区、不同部门、不同专业，具有不同性格、不同想法的小伙伴聚拢到一起是不容易的。尤其是在项目开展之初，大家难免会有一些意见上的分歧。此时，我作为项目协调人，需要让大家充分发表不同观点，换位理解他们的难点，真正帮助大家解决问题，这样才能使大家的想法逐渐达成一致，使团队和项目正向发展。

E-Lane物流模式需要体现一种强烈的节奏感，也就是说，订单流停顿时零件流马上跟着停止，订单流加速时零件流跟着加速，而车身流在其中起到了保障作用。直白点儿说，这就好比自行车，如果订单流是前轮，零件流是后轮，那么车身流管理就相当于链条，无论前进还是后退、左转还是右转，都要把前、后轮的节奏统一起来。因此，车身流管理是保证项目正常实施的基础。

车身流管理不仅涉及成都分公司生产的KPI（关键绩效指标），还涉及生产线软硬件的升级、改造问题，牵扯各个部门的工作。因此，我们在讨论车身流问题的会议上，各部门都充分表达了观点。

规划部认为，成都分公司东部厂是老生产车间，生产线的改造难度大，还存在一些技术瓶颈。生产管理部从规划的角度，提出了我们要达到什么样的指标，应该执行什么样的方案，这就势必与规划部有一些争论点。成都分公司基于自己的KPI管理，也提出了一些实际困难。管理服务部提出了他们现在的软件能达到什么水平，离我们的要求还有多大差距。

针对种种困难，我们前前后后讨论了两三个月。随后，问题聚焦在这样几个大的方面：规划部对哪些具体的基础设施进行改造？管理服务部如何开发出管理软件以支撑具体工作？成都分公司通过一套怎样的工作流程保障车身流关键环节的KPI？我们生产管理部如何结合现实条件及各部门需求，提出一个更加合理可行的规划方案？在团队每一个成员的坚持和努力下，这些问题最终都一一解决。

七捆白板纸

我家的书柜里保存着七捆白板纸，我时常会小心翼翼地把它们拿出来，打开看一看。因为它们承载了我为E-Lane项目奋斗时的点滴回忆。

和团队里的许多小伙伴一样，我也是伴随着E-Lane项目成长起来的。刚接到E-Lane任务时，我还只能从一个工厂流程规划员的角度去做项目，是E-Lane项目"逼"着我接触了一些更具挑战性的任务，工作范畴渐渐从工厂环节扩展到整个供应链的规划环节。

E-Lane项目对我的个人职业生涯发展有很大帮助，就像前面说到的，它涉及很多专业和部门，有很多我不了解的知识。作为项目协调人及核心技术负责人，不管之前了解与否，现在都必须弄明白。因为我必须与各个部门沟通，要提出自己的想法，理解他们的想法，

2019年E-Lane项目启动仪式

并把大家的想法融合到一起。我还要与各个部门共同设计方案，将E-Lane的核心逻辑、核心技术设计出来，在把方案落实下去的同时，体现出其中的精髓。

E-Lane对一汽-大众来说是一个崭新的领域，很多技术都没有积累。从专业技术水平来说，它相当于一个从量变到质变的过程，很多技术需要我们不断深挖。虽然我们选择对标丰田P-Lane，但丰田这么做的原因是什么？这么做有哪些好处？一系列的问题还要靠我们结合自己的技术水平去琢磨。只有搞明白其中的核心流程逻辑，才能开发出属于我们自己的技术。

这个过程实在是太让人崩溃了。如今，翻看我们当年的工作照就会发现，照片上的每个人都被"折磨"得愁眉苦脸。我记得压力最大的那段时间，我们经常会相互安慰，相互鼓劲儿。哪怕是繁忙工作后的一盒美味加班盒饭、方案研讨会中的一杯提神醒脑清茶，都能给我们带来极大的慰藉。只要有一个重大难题被攻克，项目组专家张玉华就会立马从椅子上跳起来，兴冲冲地招呼大家："走走走！下班我请大家吃饭！"此时大家的满面愁云便会暂时消散，兴奋地呼应她。

当时，我们针对P-Lane当中一个小小的问题，如P-Lane为什么每天要做32个链，要苦思冥想很长时间。其间，我们查阅过大量资料，反反复复开会研讨，设计图纸一捆接一捆，堆积如山。那时，我每天从早上一睁眼到晚上睡着之前，脑子里只想一件事——E-Lane。连续思考了四五个月，我们的思路渐渐清晰，搞清了分割链的问题，形成了一个固化方案。

搞清分割链的设计方法是我们迈出的重要一步，这是制定E-Lane核心方法及关键规划方案的前提，没有它做基础，订单流、车身流、零件流"三流合一"的核心逻辑很难想明白。

200多个问题的清单

计划一件事与落实一件事相比往往大有不同，实施过程中可能会遇到很多意想不到的问题。在我看来，我们在E-Lane项目规划中所经历的困难还不是最大的，最难的环节在实施过程中。

2019年6月，E-Lane项目落地，开始在成都工厂推行。

E-Lane项目作为一个新生事物，很难一下就顺利运行起来，在试运行的过程中肯定会遇到种种麻烦。由于打破了原先的物流模式，成都工厂的一线生产人员针对E-Lane模式的质疑接踵而至。当时，大家的状态可以用"泰山压顶"来形容，每天一想到那么多来自一线的问题反馈，以及从中发现的不少需要完善的地方，就整宿整宿睡不着觉。

"如果我们这么轻易就退缩,这三年多的努力岂不是前功尽弃了?"

"别有太大压力,有什么问题我们就解决什么问题嘛!"

窦总监和修厂长的理解与支持给了我们很大的鼓舞。为尽快对症解决问题,不耽误正常生产,我们必须到工厂当面听一听一线生产人员的问题,亲自看一看问题到底出在了什么地方。于是,我们带着一张罗列了200多个有关E-Lane项目问题的清单,登上了从长春飞往成都的航班。

在成都工厂车间,我们一待就是将近两个月。作为项目协调人,面对大家的慌乱,我首先要做的是自己保持冷静、坚定信心,然后一个问题接一个问题地向一线员工解释,让大家坚信这种模式是没有问题的。等过了磨合期,大家对这种新物流模式熟悉了,一切都会向好的方向发展。

就这样,我们每天目不转睛地监控着焊装线和总装线,一旦有工人反映某个环节出现问题,就立刻赶到现场了解真实的操作功能及操作流程,再告诉工人这些问题怎么解决,甚至要把方案一步一步写下来。正是通过这种最扎实的办法,我们把200多个棘手的问题一一解决了,最终确保了方案圆满落地。

青春的幸福,成功的筹码

作者:张玉华

在我印象中,"80后""90后"的年轻人多少都有些娇气、自我,但我在和身边那些年轻同事们的交流协作中发现,这代年轻人在大事面前不仅不娇气,而且还带有一股豪气——这正是他们用青春的幸福作筹码换来的。

2016年,我向公司反映了一些当时在生产项目实施过程中遇到的问题。随后,领导找我沟通说,既然生产计划确实存在问题,你能不能牵头把这个问题解决了。考虑到此事关系到生产管理未来的发展,我毫不犹豫地接下了这个任务,和年轻人一起,开始研发如今我们所说的E-Lane系统。

整个研发过程历时四年,业务板块横跨管理服务部、成都分公司、规划部和生产管理部。项目组成立之初,来自这四个部门的30余位同事组成了一支年轻的队伍,平均年龄还不到30岁。作为他们中间的老大姐,尽管加入一汽-大众已近30年,但我时常被这群年轻人激励着。现在,我已经能平静地回顾为E-Lane奋斗的这四年,讲述一个个动人的瞬间。年轻同事们脸上时而困惑,时而兴奋,但始终坚定,

藏于心中的团队记忆（作者前排居中）

那一个个定格在E-Lane项目记忆中的生动表情，我将永生难忘。

"跨专业"的好点子

E-Lane项目的终极目标是为公司设计一条均衡平稳的供应链保障系统。供应链优化后降低了生产成本，能提高公司产品的整体竞争力。E-Lane中的E源于英文单词Equal，意思是平等、相等；Lane指存放零件的一个存储区。E-Lane的含义把"存储"的概念延展到整条供应链上，使供应链整体均衡。与以往的"柔性生产"不同，"柔性生产"根据市场反馈来调整生产执行方案，供应链模式虽然灵活，但也造成了一定的浪费，不符合一汽-大众精益生产的要求。E-Lane则会平衡两者之间的关系，既能应对来自市场的多变要求，又能保证生产端的平稳有序。E-Lane要求我们具有供应链整体规划意识。以前，虽然我们做的也是供应方面的工作，但缺乏供应链意识，导致把重点完全放在自己本专业、本部门上，不关心其他部门的计划安排，造成上下游脱节，顾此失彼。更可怕的是，出了问题也不知道该如何调整。

E-Lane项目涉及的内容横跨多个业务部门，事无巨细，方方面面的因素都需要考虑。E-Lane项目推进过程中，我欣喜地看到年轻人把思路完全打开了，目光变得长远，不再局限于眼前和自身，因此，经常能诞生一些跨专业的好点子。车身流规划管理是保证E-Lane项目实施的重要基础，要想让生产上游的零件流和下游的订单流保持相同的节奏，订单流停顿的同时零件流就要马上跟着停顿，订单流加速时零件流也要跟进加速。车身流在其中起到了至关重要的作用。"车身流规划管理"概念是由团队里一个清华大学毕业的小伙子提出的，他的本职工作其实与生产计划毫不沾边，只是突然冒出了这个想法。没想到，就是这灵光一闪，最后还真就试验成功了，解决了E-Lane项目的大问题。

灵感降临，思路瞬间打通，喜悦也会在那一刻达到高潮。然而，留给年轻人的快乐时光又是那么短暂，因为随着一个问题的解决，新的问题又在前方等着我们，大家要马上整理好心情，重新投入到工作当中。

令人刮目相看的年轻人

提起"80后"，不少人可能对他们怀有娇气、自我等刻板印象。

然而，在与这些年轻同事的交流中，我发现他们在大事面前不仅不娇气，而且还带有一股豪气，他们愿意通过创造更大的价值来彰显自己的能力。他们常说，做E-Lane项目在乎的不是有没有压力或者压力的大小，而是这件事对公司、对行业是不是有意义，以及自己是否能得到锻炼和提升。研发E-Lane项目的四年里，长时间加班、开会、出差，无法陪伴家人已经不值一提。在日复一日做着辛苦、枯燥工作的同时，很多年轻人选择向前迈出一步，承担起不属于自己的责任。是他们的默默付出才有了E-Lane项目的顺利落地。

　　来自生产管理部的李实是整个E-Lane项目的协调人与核心技术骨干。研发E-Lane项目的四年里，他基本上没有休过假，每一天都是在繁忙的加班中结束，第二天又要准时到岗。项目组成立近一年后，有一天我们召开项目例会，李实没有到场，我这才知道，由于长期超负荷工作，李实的身体出了点问题，此时正在医院接受检查。此前我们有时见他脸色不好，上前询问，他总是一笑而过，从不多谈。我心里暗暗猜想，这孩子这次要好好休息一阵了，没想到第二天又在公司看见了他忙碌的身影。

　　成都分公司的姜宏毅是由他的主管推荐到E-Lane项目组的。干E-Lane项目的过程中，他自己也被提升为主管。姜宏毅的特点是有很多新想法，这些想法在他原来的工作岗位上受条件限制难以实施。来到E-Lane项目后，团队的很多同事来自其他部门，大家互相不熟悉，还带着各自的工作习惯和方法。该不该大胆说出自己的想法，说出来能不能赢得大家的理解和支持，新想法会和同事们的想法产生怎样的碰撞，这些着实让他苦恼了一番。当时，我作为项目组专家，希望每个年轻人都有表达自己想法的机会，哪怕说错，也能带来新的思考。于是，我鼓励他在团队中主动表达。事实证明，姜宏毅的很多想法给我们带来了新视角，在最终的实践环节获得了巨大成功。

E-Lane项目里困难重重，年轻人之间互相支撑、打气，从没有人泄劲儿，从没有人打退堂鼓。有这样一群坚毅果敢的年轻人，什么项目做不成呢？

问题不解决就不离开

2019年6月，E-Lane项目落地，在成都分公司东部工厂试运行。由于E-Lane项目的物流模式与原有模式不同，同事们一时难以适应，试运营期间出了不少问题，也引发了一些质疑。当时，我首先找到赵超月部长，对她说，E-Lane是我们用三年时间研究出来的新物流保障方案，投入运营肯定会出问题，需要时间磨合，我们不能有问题就退缩，对吧？赵部长当即表示，坚决不退缩，出现什么问题就解决什么问题。从赵部长那里回来后，我马上向团队成员们表示，有了领导的支持，那我们就扎在生产一线"拱"着干，问题不解决，我们就不离开成都。我带着组员，还有德方专家亲自盯着焊装和总装线，一出现问题，就现场拿出解决方案，同时对一线操作人员进行培训。那段时间真的是肩扛千斤重担，经常要通过电话向长春的领导汇报E-Lane在成都工厂的运行情况，一打就是两个多小时，直接打到手机没电。每天在车间解决问题、培训，嗓子都是哑的。我们在成都车间现地现物解决问题，扎根一线车间两个多月，每天都加班加点，终于理顺了所有问题，让E-Lane项目从草稿纸上的演算变成了现实。

以前我们常说，完成一个生产项目，要"扒掉自己一层皮"。为了完成E-Lane项目，我身边的这些年轻人可以说都扒掉了好几层皮。但项目完成后，同事们并没有沉浸在自满的气氛中，E-Lane项目并没有停止前进，我们依然要为项目的改进和提升贡献自己的智慧和能量。我们已经梳理出E-Lane1.0版本里的一些不足，相应的解决改进方法全部汇总进了E-Lane2.0项目方案中，相信在不久的将来即可上线实施。我从年轻人的脸上，看到了他们对于一汽-大众的热爱，也看到了必将属于他们的未来。

论年龄，这批年轻人都跟我的孩子一样大小，有的初出茅庐，有的羽翼未丰，在面对 E-Lane 这样的创新大项目时，他们更多时候应该躲在老员工的羽翼下，即便有些退缩，也情有可原。但他们在面对困难时从未惧怕过，在几乎束手无策时从未气馁过，他们的相互支持和鼓励是 E-Lane 项目成功的基石。

小团队带来了大变革

作者：单梦蕊

我们正处在一个技术大爆发的时代，大数据、机器学习、物联网、5G、算法、仿真优化……这些词汇不再是虚无缥缈，对我们来说是实实在在的生产力。在一汽-大众生产管理部有一个由4个人组成的小团队，这个小团队借助数字化手段利用一年的时间带来了一次生产物流领域的大变革。

挑战超乎寻常的目标

"佛山MEB项目将是第一个实现厂内物流全过程自动化的项目，我们打破了诸多传统物流模式，进行了理念创新。但谁能告诉我，我们究竟需要投入多少层立体库、多少台穿梭车呢？"一次MEB立体库发包前的项目沟通会上领导问道。由于我们缺乏全过程自主动态规划能力，那时我们无法给出答案。从2018年起，每一次深化厂内物流自动化水平，都伴随着传统静态规划手段无法匹配的"阵痛"。随着智慧工厂项目的推进，我们愈发深刻地意识到这一问题的严重性。

"阵痛"过后即是思变。为解决当前工作遇到的痛点，从2019

团队分享学习经验

年起,科室工作重心向数字化转型倾斜,科室内兴起了数字化技术研习的热潮。同年8月,科室决定抽调包括我在内的四名员工成立数字化规划组,专职进行数字化规划转型探索,力图自主实现规划手段数字化,进而彻底解决工作中遇到的痛点。

能成为攻坚小组的一员,为公司转型发展贡献一分微薄之力,对于我和我们团队来说无疑是一种莫大的荣誉。然而,当工作真正开始时,我们又陷入了前所未有的迷茫中。对数字化专业人士来说,这样的工作或许不在话下,但对我们这些半路出家的新手来说,想要在短时间内基本实现规划手段数字化,仿佛是一个不可能实现的目标。

首先，究竟什么是数字化？初次面对这个问题时，大家都是一头雾水。作为开拓者，我们的使命就是将外在压力转化为内在动力，不断探索新领域。我们结合具体的工作内容快速梳理出期望得到的数字化培训需求，一汽-大众学院的领导在聆听我们的工作规划和学习诉求后表示大力支持。很快，我们就共同制定了聘请高校老师开展数字化论坛以及学习互联网前沿数字化理念、算法及仿真专项培训等一系列学习计划。

相对于按部就班的学习，这种速成式学习意味着我们要付出更多时间和精力。在面对工作和家庭之间的选择时，我们往往不得不放弃一些原本留给家人的时间。我们利用下班后及节假日开展数字化技术培训累计近200小时，中国知网、CSDN、腾讯课堂等互联网学习平台成了我们的老朋友。

与此同时，更大的问题接踵而至。面对数字化变革，我们具体要做哪些工作？能为我们带来哪些效益？随着对数字化技术学习的深入，我们认识到急需一套标准的厂内物流数字化体系来指导后续工作。如果把数字化探索比作登山，那我们在出发之时并不知道山路有多崎岖，更不知道山顶有多高，我们只能一路摸索一路前进，去征服一个又一个山峰。

为梳理出数字化体系框架，我们查阅大量已发表的数字化领域资料，了解Gartner、Deloitte、SAP和西门子等数字化领域翘楚的理念。与京东、阿里巴巴等互联网公司进行对标，学习他们先进的数字化方法。组织专题研讨，反复构建和推敲自己的数字化体系架构。

收获后的喜悦

反反复复推敲和比较开发工具，一次次迭代或重构体系框架，日复一日编程和调试代码，尽管纠结过、迷茫过，但我们体会到了引领数字化变革带来的成就感。

数字化团队成立仅三个月，领导当初留下的问题就有了答案：佛山MEB项目中，我们利用仿真验证并优化了立体库方案，节约物流成本200万元。数字化规划手段第一次在项目中交出了令人满意的答卷。

然而我们的目光绝不仅是针对个体案例的点状优化，我们要实现的是供应链整体的优化。为此我们创新性地构建了包含从生产计划到入厂物流再到工厂物流直至交付全过程的虚拟供应链、数据供应链和实体供应链体系，我们称之为供应链数字三胞胎。其中，实体供应链是现实世界中的物流运行，它可以是一辆货车和为了追踪它安装其上的监控设备，也可以是一座自动化立体库；数据供应链是控制实体业务流转的信息系统；我们创新性地增加了一个虚拟供

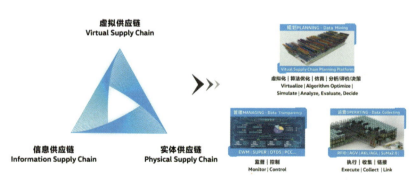

供应链数字三胞胎体系

应链的数字规划孪生体，希望以此实现用最小的代价和最早的介入时间对供应链方案进行规划、验证和优化。

我们一直在路上

随着对数字化转型探索的不断深入，我们发现物流规划数字化仿佛一个孕育无限能量的宝藏，静待我们去发掘和探索。同时我们也意识到，在数字化转型的道路上独行急、众行远。未来我们将在部门和科室领导的带领下，吸引更多的同事加入到数字化转型的队伍中来，搭建更具活力的数字化规划团队。如果说物流发展的征途是星辰大海，数字化变革就将是永不停息的浪潮。我们物流规划人必将乘风破浪，树立汽车物流新航标！

创新无止境

作者：朱海

所谓创新，就是用新的事物、新的方法、新的思想替代老的东西。就像达尔文的生物进化理论一样，只有不断进化，才能适应新的环境，一旦停止创新或者进化的脚步，你就很可能被新环境所淘汰。

从一个礼物开始

2019年10月中旬，成都，我们一行三人晚饭后行走在繁华的街道上，边走边聊。主管神秘地说："这几天，我在E-Lane的现场观察了，咱们E-Lane的链区只需要一进一出两条叉车通道，物流操作也非常简便精益。但现在的链区是平面的，很少能堆垛，它上层的存储空间还有潜力。我在现场粗算过，如果把一道道链立体化存储，在车间或一个常规库房八九米的高度里可以存四五层，在同样的面积里可以存储现在四五倍的货量，这样就可能把外地的零件都纳入到'链'里。这种更密集的存储方案相对高架，甚至传统的自动化立体库，存储效率都应该更高，占用面积更少。我们用'链'的流程结合立体化、自动化技术手段，开发出新的物流存储方案，是不是一个终极物流方案呀？"我一听，一下子像被电流击中一样："真是啊，这事儿非常靠谱！咱们别溜达了，回酒店研究方案去吧！"就这样，我们三人马上回到酒店，继续深入测算方案的可行性。

经过几个小时的真实数据测算，我们证明了主管提出的存储方案的可行性。但另一个问题来了：用什么技术能把零件从货道的一端搬到另一端呢？用滑道吗？好像不太可行。这时，一位同事提到在某个公众号上看过一种类似的技术，叫穿梭车，可以实现在货道内的货物搬运。于是，我们抓起电话，挨个把通讯录里保存的物流技术厂家的销售经理"骚扰"了一遍。得到肯定的答复后，我们把厂家直接邀请过来，面对面交流。从厂家的反馈看，这事在技术上有可能性。就这样，一颗创新的种子在我们的心里埋了下来。主管打趣地说："这个概念就作为2020年的新年礼物送给你吧！"

经验是一把"双刃剑"

回到长春，我们继续深入研究。在完成了几十页的概念可行性论证后，我们怀着兴奋的心情，向邵经理做第一次汇报。邵经理高兴地说："这事不简单，你们自己做不出来。这样，抓紧协同咱们的技术组、数字化组启动研讨，每周至少一次例会，我也参加。"

科内团队成立后，大家又发现了一个新问题：数字化专业和技术专业是下游，我们的专业是上游，我们需要把流程、逻辑、数据等梳理完成并高质量输出。拿不出合理、可行性强的整套方案，后面的数字化实验和技术实验就无法启动。这让我们备感压力。

几天的"面壁计划"之后，一个关键性的猜想终于浮出水面，但由于方案变化太大，就连我自己都没有信心一定能做成这件事。新方案就像新科学理论一样，需要有实验去验证才能对外输出。当时，

立体库实验室现场团队合影（左一为作者）

正好遇上新冠肺炎疫情，公司实施了居家办公政策，没有了平日的电话"轰炸"，我可以安安心心地搞研究。时间不等人，想起上大学时听说过的MATLAB软件，我对着网络视频，现学现用，开始了工作。两周时间，我成功开发出一个像数独一样的实验工具，虽然它在专业IT工程师眼里可能非常简陋，但至少能对我们的关键猜想进行粗略验证。无论有多少"虽然"，我现在终于有底气抛出自己的方案了。

经过两个月十几次研讨会，邵经理带着我们攻克了一个又一个难关：如何消除长尾浪费，如何保证上线柔性还原……

姜还是老的辣

终于等到向领导正式汇报的时候。刚介绍完我们的核心概念，我就发现他们流露出赞许的神情。最后，窦总监说，这是一次真正的创新，非常有希望，加油，年轻人！

通过了部门审核后，我们也将最新方案向外方技术副总进行了汇报。他觉得我们这个概念很好，就像把之前的 E-Lane 立体化了，在同样的面积上，可以存储更多的零件；不仅如此，还在 E-Lane 的基础上增加了自动化和柔性化概念，实现了智能化调度系统，可以说一举三得。因此，外方技术副总提出，与其赋予它一个新名字，不如在 E-Lane 的右上角增加一个数字3，也就是 $E\text{-}Lane^3$。这个提议很快得到了包括窦总监在内的其他领导的认可，我们也觉得$E\text{-}Lane^3$特别形象且简洁。

项目名就这样确定下来，外方技术副总功不可没，我们不能不承认：姜还是老的辣。

办法总比困难多

理论初步成形，项目也得到了领导的认可和支持，接下来就是实打实地做方案了。

首先是选址。其实，$E\text{-}Lane^3$的最大特点，也是最大优势在于，它对地面面积要求并不高。打个比方，即便提供给我们的是一块只有3000平方米的用地，我们也可以通过向上叠加的方法，例如加两层，实现6000平方米的面积。如果再加上我们的"单元化存储"概念，提升存储效率后更能实现相当于现在30000平方米空间的存储效果。

然而，由于$E\text{-}Lane^3$是一个全新概念，即便想在已经建成多年的工厂里找一块30米×100米的用地，都不是件容易事。再加上不能影响正常的交通和生产，还要考虑消防等一系列问题，我们经历了一段非常痛苦的日子，那段日子我们不是坐在办公室的电脑前做规划，而是在厂区的停车场、草坪或车间里手拿皮尺和笔记本测算场地。

经过不懈努力，我们终于在一汽-大众工厂202号门前找到了可用的地块。那里不仅在面积上符合我们的要求，还临近车间，减少了中途运输的路程，更不会影响其他运输交通。最终，我们根据消防要求，制定了建设一间三层立体库的规划。别看只有三层，24米的高度将成为一汽-大众工厂的制高点，在这里，你可以鸟瞰整个一汽-大众工厂。

与此同时，负责技术的同事也遇到了困难，在联系了几家供应商后，他们几乎都得到了一致的答复：因为这是一个全新项目，需要大量的定制化开发，未来前景并不明朗，不愿意投入大量的人力、物力和财力去研发我们必需的设备。尽管连续碰壁，但大家并没有气馁。

这一次，我们要转变角色，从之前的需求方变成部队里的"政委"，做通供应商的"思想工作"。一方面，我们向供应商解释项目的可行性，阐明项目未来对提升生产效率和降低生产成本的重要性，勾勒出项目在整个汽车制造业中的发展蓝图；另一方面，我们不断鼓励供应商要勇于做第一个吃螃蟹、第一个占领蓝海的人，去创造一个全新的、充满无限商机的市场。最终，在我们的感染下，有一家供应商答应了我们的要求，决定与一汽-大众在这片充满未知的海洋里共进退。

古人云"兵马未动，粮草先行"，而在我们生产管理部是"发包未动，仿真先行"。随着公司大力推广数字化，生产管理部积极搭建了数字化队伍。这一次，数字化真是派上了大用场。由于方案具有原创性，很多调度逻辑非常复杂，需要打通各个环节的关系，采用原有的静态规划手段已经力不从心。幸运的是，我们数字化团队，一个刚刚组建一年的年轻队伍，出色地完成了这项任务，创建了全场景的数字孪生方案，这也增加了我们与供应商设计技术方案时的谈判筹码。

再次品尝胜利的味道

距离公司领导决策方案的日子越来越近了,尽管之前部门领导和公司技术副总都肯定了我们的概念,但这样的全新方案毕竟没有在汽车主机厂使用过,领导们心里还是有一丝顾虑。杨海部长和邵传斌经理立刻做出决定:我们要自己做出一个立体库demo模型实验室,利用高级经理研讨会的机会,让领导们眼见为实。但是距高级经理研讨会只有三周时间,搭建一个实物立体库几乎是不可能完成的任务。

我们技术组主管毅然决然地接过了重担,这位老大哥在三周时间里,不分昼夜,与供应商在物流仓库挤出不到200平方米的面积,精确计算每一步施工进度,协调指挥相关部门办理人员、车辆入厂及施工许可等。直到高级经理研讨会召开的那天上午,线上的设备还偶有故障。尽管在我们不停地调试下故障得以解决,但下午的"大考"仍使我们提心吊胆。好在下午的整个测试非常顺利,项目运转出奇地顺畅。

至此,我们的 E-Lane³项目研发工作算是告一段落了。但正如前面所说,我们追求创新的脚步没有停止。未来,不仅是E-Lane³需要优化、迭代和升级,还有很多物流模式创新的理想需要我们去实现。

"预测女团"长成记

作者：代晶

黄沙百战穿金甲，不破楼兰终不还。如果当初没有如此坚定的意志，就没有今天 OTD 项目的成功，我们物料预测管理部门也会失去一次证明自己的机会。

2020年10月与奥迪中国进行预测管理研讨（左二为作者）

我们这个部门稍稍有一点特殊，我们所做的工作带着一些神秘感——物料预测管理。我们负责预测未来一段时间内车辆选装配置的需求走势，需要对历史数据和不同时间节点的市场需求进行大量分析，保持敏锐的嗅觉，紧跟配置和技术更迭的步伐，便于配套厂和生产部门准备物料。如果把我们的工厂比作一家餐厅，我们就扮演着给采购员拉清单的角色，每天要进什么食材、进多少，都是由我们来决定的。客人点了菜，厨师拿不到食材可不行。但也不能进多了，进多了不仅浪费材料还浪费资金。我们就是给汽车这道大餐做食材预测管理的，预测的准确度不仅关系到企业成本控制、产品的正常生产，还紧扣零部件供应商的脉门。

临危受命

"不行不行，风险太大，奥迪车那么多选装件，情况可复杂多了！""奥迪车的配件都贵，万一预测不准，物料剩下了可是一笔不小的损失啊！""奥迪的物料预测工作原来都是德方在做，咱能学明白吗？""德国人管理这么多年，预测质量也只达到了目前这个程度，难道咱们能做得更好？"

2019年的一天，我们部门在E403会议室里展开了一场关于物料预测管理业务的激烈讨论。对从德国奥迪接手预测管理这件事，多数人心里还是打鼓的，虽然我们已经通过国产大众车型积累了不少经验，但对豪华品牌业务还完全陌生，大家难免有些底气不足。因此，参会的所有人都很认真地思考着自己职责范围内有可能出现的问题，你一言我一语地交流着。

赵艳辉经理眉头紧锁，没有说话。大家说的这些风险，她心里都清楚，也默默琢磨了好多遍。但物料预测是生产准备中的重要环节，供应商长期能力匹配、原材料备货、资源争取都依赖物料预测数据。未来要做OTD，物料预测也是绕不过去的。与此同时，德国奥迪难得以这么开放的态度与合资公司沟通关键业务的交接，这也是一个千载难逢的好机会。年底就要去德国谈判与OTD相关的事宜了，预测管理是必须要谈下来的，因为物料预测自主管理后，会给后续奥迪品牌的发展带来更多机会。我们的任务十分艰巨。

争相请战

"咱们别光说理论了，用数据说话吧！拿两个车型好好分析一下，看看具体是什么问题。"我建议道。

"对，我已经把奥迪车型数据的浏览权限申请下来了，我看里面有些计算规则不合理，可以查一查。"田清羽接话，她心里对奥迪也充满了好奇，入职五年的她喜欢接受挑战。

王丹说："那我也找个车型试试看。电商的可选品种很多，但预测从来没整差过。"她是组里的老员工了，平时对待数据谨慎得有点"神经质"，因为当过筹措员，她深知需求对下游的重要性。

"分析数据是很费精力的，我可以承担更多其他车型的工作。"王娜坚定地看着田清羽和王丹。对这个团队的热爱让她毫不犹豫地想贡献一分力量。

"我也要参加！我学统计的，可以分析历史数据的规律。"虽然李思浓是团队里年纪最小的，但她向来不甘落后。

"太好了，那就这么定了。"我激动地说道。预测管理团队的"战友"们一个个斗志昂扬、积极请战，战斗力和决心不比任何团队弱。

奥迪预测管理系统（EPL）中编写的计算规则有上百条之多，各装备之间也存在技术规则，分析规则矛盾和预测偏差的难度可想而知。所谓千里之行始于足下。尽管在大众车型上我们已经积累了十几年的经验,也做到了精准预测订货的程度,但对奥迪车型大家还是怀着"空杯"心态,从装备清单开始,一个装备一个装备地分析。

然而,工作进展并不顺利,由于奥迪车型的复杂程度,预测超差的装备数量远超大家想象,哪些是有风险的,哪些急需修正,千头万绪一并涌来。别说全量分析了,分析一个都困难,一个月下来,除了识别出一些明显的装备状态错误,工作进展并不大,大家有点灰心。

攻坚克难

低落的士气逐渐在团队中蔓延开来,缓慢的进展正在蚕食每一个人的斗志,这是所有人都不想看到的。面对困难和低落士气的两面夹攻,我把大家召集到一起讨论对策。

"奥迪的数据是团乱麻,规则层级太多,优先级就有五六层,得先梳理明白。""要不咱们把装备先分分类?分成标配的、个性化的、选不了的?""装备组合特别难搞,而且装备都不对,分析组合就没有基础,要不现阶段就只分析单个装备,稳定了再看组合?"

集中的头脑风暴确实比一个人在死胡同里打转转有效得多。不经意的一句话,也许就给某位同事的业务指明了方向。从此,每周组会上又多了一个议题:奥迪预测方案。大家集思广益、各抒己见,尽管仍然是困难重重,但每个人积极认真的状态已经与临危受命时完全不同。

几个月的时间里,我们解决了一个又一个导致预测数据偏差的问题,对数据进行了多角度分析和方案打磨。最有代表性的就是对德方预测算法的改进,德方的预测算法需要三个月的数据采集和积累,到系统自动测算出数值还要一个月时间。这种预测算法在中国是明显滞后于市场实际反馈的，三四个月的时间里，市场需求和客户订单都会发生很大变化，甚至对某些选装配置的潮流方向、消费者对某个选装配置的喜好都会改变，预测的数据也会产生极大偏差。于是，我们将数据积累周期缩短到两周，虽然增加了大量的数据采集工作，但预测结果的准确率大幅提升。在对奥迪车型预测方式的不断改进过程中，曾经阻挡在我们面前的障碍被一个个地清除了，弥漫在身边的低落士气也逐渐消散，每一位参战的成员都一点点地积累起了经验和信心。

在去德国谈判前，预测管理团队向部长和经理汇报了预测数据管理的工作思路、成绩和后续工作方向。根据业务的成熟度，领导最终决定启动与奥迪的预测交接工作。

2020年1月，奥迪正式开启了预测交接工作，此后就是系统培训、试点车型交接、交接协议签订、内部流程搭建等工作。到2020年8月，交接工作开展半年之际，试点车型的预测准确率分别提升了60%和78%，有力支撑了筹措部门的工作。同时，内部流程也正在搭建过程中。

"试点车型毕竟是A级小车，B级和C级车明年要陆续交接过来，后面压力也不小啊。"

"不怕，咱们把'楼兰'都破了，还有什么搞不定的呢？"

"哈哈哈哈，你说得对！"

大家自信的笑声回荡在生产管理部的楼道中⋯⋯

借助公司数字化转型的东风，预测管理将逐步转向基于历史订单、客户画像、营销策略等的大数据分析，考虑零件价格、库存资源状态、筹措周期等多方面因素。未来，预测管理将向更加合理、科学的方向发展。

有一种需求叫责任

作者：魏兰

我们很清楚个性化定制服务目前在业内普遍都没有实质性的落地，而OTD要做的就是突破传统，真正为了满足并实现用户的个性化需求。而在OTD项目落地之前，对于大幅缩短个性化定制的周期，我们自己其实也心存疑问，真的能实现吗？如果能在满足用户个性化需求的同时，又能进一步缩短用户的等待时间，OTD项目的实施将更有意义！

是机遇，更是挑战

如果你从厂商订购一辆个性化爱车，最短需要多长时间？

在行业平均水平还在14周的情况下，奥迪已经缩短到4~8周，在个性化定制方面遥遥领先，在为消费者提供满意服务方面树立了标杆。

这不是一件容易做的事情，其中的艰难，身在生产管理部生产计划与资源平衡科的我深有感触。作为一名在生产计划领域工作多年的老员工，我对生产流程极为熟悉，丰富的经历对我在增长迅猛的个性化定制项目工作中帮助很大。但面对需求各异的个性化订单、繁冗复杂的生产流程、严苛的产品质量标准以及需要协调的大量供应商，我仍然感到肩上的担子无比沉重。

在一汽-大众，无论是一线生产员工还是生产规划管理员工，都非常繁忙，甚至有时连喝口水都要抢时间。在生产旺季三班倒时，大家的神经就绷得更紧了，生产无小事，产品质量更是企业的生命。

个性化定制部门面临的工作更加复杂，不仅要在市场、生产规划、物流管理等多个部门之间进行协调，还要协调供应商。更大的挑战是，个性化定制服务是允许客户在订单上线前两周内升级订单的，这样不仅会改变物流、仓储、生产等环节的计划，还会对上述流程造成很大冲击。之前已经备好的零配件要重新备货，这涉及很多供应商协调问题，同时交车周期又很短，工作繁琐程度可想而知。

一汽-大众的员工在困难面前都会越挫越勇，不仅能克服困难，还会树立新标准。在我和部门全体员工的努力下，成功将定制车辆的交车周期从14周缩短到最快4~8周，从而成为行业标杆，极大地提升了客户满意度。工作的付出与收获是成正比的，因此我获得了极大的成就感，对这份工作的热爱也更加深沉。

是回报，更是压力

正是我们全体同事的共同努力才使个性化定制服务做得风生水起，良好的服务也让客户的订单和业务量不断增长，进而鼓舞我们将压力转化为动力，持续为客户提供更好的服务。这使客户的需求与厂商的服务形成了互为促进的良性发展关系。

尽管近几年我国市场的总体销量变化不大，但在结构方面变化明显。消费者越来越重视品牌和豪华度，个性化定制细分市场也发

作者（右三）与同事们

展迅速。在客户调研方面，我们始终走在第一线，与客户进行深度交流，并为进一步的生产改进提供信息反馈。

　　为追求差异化，越来越多的消费者选择个性化的车型或配置。白先生就是这样的典型客户，为了能在春节前买到理想的拉风爱车，他计划选择一辆与众不同的定制车型。在逛过多个品牌的4S店之后，他发现大多数品牌有一个通病，就是提车周期太长，通常都在三四个月甚至更长，这样就不能开新车回家过年了。最后，白先生抱着试试看的心态走进了奥迪4S店，结果令他很满意，他订制了一辆有着双色车身、动感轮毂、米色内饰、炫酷氛围灯和高档音响的奥迪Q2L。最重要的是，这辆车只要不到两个月就可以交车，完全满足了白先生的要求。

像白先生一样选择个性化定制的消费者不胜枚举。例如，北京的张先生需要一辆大气、优雅，同时科技配置丰富、个性化十足的奥迪A6L，他可以将车漆颜色、轮毂、前照灯、内饰风格、座椅面料和颜色、方向盘、娱乐配置、舒适装备、辅助驾驶系统以及泊车辅助系统等各种配置随意搭配，可搭配种类超过50000种。因此，张先生能轻松选到令自己满意的爱车。可以预见的是，个性化定制服务未来的增长空间仍然巨大，OTD服务也会随之不断升级。

是终点，更是起点

当然，高质量的服务不是一蹴而就的。从2017年开始，以满足消费者需求为核心，奥迪的定制化服务经历了不断的升级和完善。当时，客户个性化订单的增多使奥迪的服务部门有些应接不暇，为了提供更好的服务，我们专门成立了OTD项目组针对定制化业务进行升级，彼时部门热火朝天的讨论场景还历历在目。

2019年12月的某一天，夜，大雪纷飞，一汽-大众长春基地6号楼的会议室灯火通明。

生产管理部员工、奥迪销售人员、德国奥迪公司的代表们正在讨论如何升级奥迪品牌个性化定制项目。

"规模要大！"

"灵活性要高！"

"质量绝对不能含糊！"

"别的车企才做选择，一汽-大众什么都要，而且要做得最好！"

大家经过多轮讨论，最终将OTD项目目标设定为大规模、高质量的灵活定制。我们从奥迪品牌订单流程开始梳理。在梳理过程中，销售系统和生产系统信息不对称所引起的订单流失问题引起了我们的注意。客户因无法得知定制车辆的详细信息而退订的情况时有发生,这严重影响了客户体验、品牌形象和经销商的资金流。

这时,我们忽然意识到,奥迪品牌虽然能积极响应客户需求,但由于定制需求只能通过经销商发起,客户无法直接对接生产部门,这样的生产模式存在很大局限性。于是,大家立刻行动起来,针对个性化定制的升级服务——OTD项目正式启动了。同时,我们还提出了一个大胆的想法:生产体系和销售体系要完全贯通,要让客户看到订单从下达到交付的完整过程,让整个服务更加高效和透明。

信息在公司内部共享后,我们联合销售及管理服务部同事经过多轮研讨,最终制定了项目三阶段的目标:从经销商定制到客户定制,最后实现在线直销。提供经销商和客户个性定制、价格及交付周期实时反馈、订单过程透明、二次加装及其他金融衍生服务,最大限度地提升客户购车体验,透明化购车流程。为实现这些功能,部门牵头梳理并设计订单,与交付周期计算逻辑匹配,开发了CORS系统,成功打通生产和销售系统之间的壁垒,使客户在线购车体验得到极大提升。2020年,客户可以在奥迪电商平台随意定制个性化的A6L和Q2L车型。

有一种需求叫责任。一方面,我们通过OTD项目逐渐把一汽-大众从面向计划/库存的生产方式转变为面向客户的大规模定制+部分线上直销模式,形成新的制造+服务竞争优势,最大限度满足新生代消费者的个性化需求;另一方面,我们及时发现用户不断升级的、新的需求,将需求当作一种责任,去解决、去满足。

壮而好学，如日中之光

作者：余森楠

　　庄子说："吾生也有涯，而知也无涯。"对一个已近不惑之年的人来说，"壮而好学，如日中之光"，想学习的念头，就像正午时的阳光一样强烈。经过相对痛苦的学习过程，你获得的是知识的广度和深度。

天降大任于斯人

　　自2011年加入一汽-大众以来，在部门及科室直属领导的关怀和帮助下，在众多师兄师姐的悉心指导和谆谆教导下，我将一汽-大众精益求精的企业精神、物流精秩严谨的工作作风铭记在心，多年的工作经历也让我非常熟悉如何在保证生产资源供应的前提下，给公司内外部客户提供更好、更快的服务。

　　OTD作为2019年8月才正式立项的创新项目，顺应了公司数字化转型的需要，也是实现生产与销售高效协同、共同响应市场需求的关键项目。时间紧、任务重，项目参与者必须有坚韧的毅力，具有强烈的求知欲和创新精神，还要非常熟悉生产领域的业务及流程。

当然，一汽-大众的员工并不缺乏吃苦耐劳的精神，在我看来，加班也都是家常便饭。很感谢部门、科室领导对我的信任，把这么重要的项目交给了我。我所在的生产计划与资源平衡科，给予我的工作经历和经验，非常符合项目推进的要求。对我而言，这既是荣耀，也是挑战。

同舟共济扬帆起

大众汽车德国本部早在20年前就已经开启了个性化定制服务，这与生产的精益程度关系密切。大众汽车严苛的质量及工艺标准为个性化定制的发展奠定了坚实的基础。而一汽-大众建立30年以来，无论生产工艺、产能、制造水平，还是创新生产专利都得到了极大发展，年产能已经突破300万辆，拥有长春、成都、佛山、青岛和天津五大生产基地。制造水平的快速提升使一汽-大众的服务更加完善和精致化，这一切为奥迪的个性化定制奠定了坚实的根基。

2019年8月，公司高层正式批准OTD项目。为实现订单交付周期实时反馈功能，我和相关同事牵头梳理并设计订单匹配与交付周期计算逻辑，开发CORS系统，打通生产和销售系统之间的信息互通渠道壁垒，让用户的在线定制购车体验得到极大提升。

怀着对OTD项目未来业务场景的美好希冀，我投身于业务逻辑、系统方案的设计中。CORS系统的开发是从零开始的，德国大众并没有适用国内市场的一体化在线定制系统，因此没有可以参照的系统方案。从整车设计制造到零部件资源准备，跨越了多个部门、多个系统，如何将客户的定制需求转换为生产订单，并指导零部件资源能力与供货，是OTD项目的难点。挑战，也意味着机遇，一汽-大众拥有的技术、经验具有业内领先的基础条件，做好OTD项目是成为

全新系统架构下，各系统间连续7小时的第一次联合调试

豪华车定制引领者的必要条件。

要做好项目，不仅要掌握生产领域物流各相关业务及其支撑系统，还要深入研究销售、预测等跨部门、跨科室的新业务、新流程、新系统。对于一个坚信项目前景光明、希望有所作为的人来说，困难只是前进途中的一个个小山包，绝不是不可逾越的。

值得庆幸的是，我们是一个团结奋进的团队。项目推进过程中，领导带着全科相关专业组主管、业务骨干一起，一次又一次地研讨，梳理现有流程、系统，一步一步推演，完善系统逻辑，优化系统方案。每个人都满怀激情、深度参与，奉献自己的专业知识，贡献自己的思考，携手共进，毫无保留。

功夫不负有心人，在领导全力支持、全员努力下，我们克服了现有系统、流程中存在的问题，从项目的未来业务场景出发，提出并开发了一系列支撑系统，组成了OTD项目的系统群。遵从现有系统及流程，实现了客户在线定制、实时交期反馈、订单匹配与资源前置核查与准备等核心功能。通过多次持续时间长达10小时的系统群间联合调试，上线并持续优化，匹配大数据预测和数字化技术手段，最终打造出属于一汽-大众、属于奥迪品牌的OTD个性化定制一体化全自动系统，由系统带动流程，真正实现了以客户为中心、可视化定制及快速交付理念。这不仅使一汽-大众的智能化产销体系更加完善，还使个性化定制项目得以顺利展开。

OTD项目使奥迪的个性化订单交付周期由原来的大于14周缩短至最快1周，大大减少了客户的等待时间。同时，一汽-大众的精益制造体系也能保证交付到客户手中的每一辆车都符合严苛的德系质量标准。在行业领先的技术与服务水平助力下，奥迪的OTD个性化订单呈现快速增长趋势，经销商参与数量也持续增长。

天工人巧日争新

在德国市场，普通消费者的个性化订单已经占据了很大一部分份额，追求个性化和差异化已经成为未来的消费趋势之一。我国市场也如是，之前很多消费者期望购买个性化车型，但受制于生产周期长、可选择的个性化装备少，最后只能放弃。

一汽-大众的OTD个性化定制在行业内开创了豪华车在线定制、最短提车周期的先河，激发了消费者的个性化定制需求，成为汽车消费市场上新的增长点。

在个性化装备的选择上，奥迪的个性化定制平台能让用户方便地进行车身颜色、装备、功能配置等方面的360°可视化模拟组合，如奥迪A6L的差异化搭配超过百万种，动力总成、车身颜色、轮毂、前照灯、顶篷、饰条、天窗、座椅、方向盘、音响等都可以根据自己的爱好进行搭配，甚至连遮阳帘都有很多种，辅助驾驶系统及泊车辅助系统等可以单独选装，完全能满足消费者的个性化需求。

我们开发的是一整套系统化解决方案，整个流程也非常简单，用户只要在线选择意向车型及配置，并提交个性化定制订单，即可在线支付订金，选择意向经销商，随后用户联系经销商办理订购手续，获取带有承诺的交付日期。接着，工厂会根据用户的个性化订单进行优先生产。定制车辆完成生产后，将采用最快的物流方式优先配送至用户办理购车手续的经销商处。经销商在车辆到店前就可以与客户预先沟通到店提车时间，并全程协助客户办理购车手续，最终完成车辆交付。

OTD个性化定制平台的正式启用，标志着一汽-大众奥迪将从以计划/库存为主导的产销方式，转型为建立以用户需求为主导的规模化定制+线上销售的产销体系。对我来说，作为一个物流人，成功经历了生产数字化、销售数字化的自我学习、自我革新过程，尽管过程满布荆棘，但我从未踌躇或退缩。

拿什么服务你,我的客户——OTD

作者:隋鑫

我国汽车市场经历了十几年的高速发展,整体增长步伐正在放缓,汽车企业都在寻找新的销售增长点,除依靠产品力获取消费者的信任、斩获更多市场份额外,在运营环节上也亟待创新。

数字技术的突飞猛进为中国汽车行业带来巨大的机遇与挑战,更智能、更敏捷、更透明的移动互联时代不断为传统行业带来一个个转型升级的契机。汽车"新势力"乘风而起,逐步掀开行业翻覆的大幕,传统巨头寸步不让,加入战局,开启了汽车新能源时代。

然而,汽车行业真正的革新不在"能源",而在于"智能"。在被媒体称为智能车元年的2020年,我们看到了诸多诚意之作,"软件定义汽车"的时代正在向我们大步走来。但在新旧势力苦苦胶着的产品战场之外,传统车企的运营模式却步履甚微,小心谨慎。可战斗"号角"已经吹响,竞争将是全方位的,如何运用数字化技术进行全面升级,驱动全体系之力服务最终客户,在购车前(了解信息、形成意向等)、购车中(购买及交付)以及购车后(售后、回购、二手车、IP营销等)三大触点上为客户提供智能、敏捷和透明的优质服

生产管理部OTD团队（右三为作者）

务，才是赢得未来的关键"法宝"。

一汽-大众启动OTD业务就是要借助数字和网络技术，以购车中触点的订单到交付这一运营过程为突破口，摸索出一条更符合中国市场的主机厂与客户全面连接的最优道路。

方向是对的，具体干什么？怎么干？这是摆在我们面前最现实的两个问题。带着这两个问题，我们团队开启了探索之旅。

朔风解意，方显真个性

在对奥迪最新用户画像的研究中，一个非常新鲜的词汇吸引了我的注意——新中产阶级。中产阶级本身并不难理解，这个群体至少在收入、个人消费上达到了一个相对较高的水平。那么，什么是新中产阶级呢？除收入外，新中产阶级还在年龄、受教育程度、理念上有着鲜明的特征。"80后"和"90后"已经成为新中产阶级的主力军，他们都有本科以上学历，注重个人风格，有自己坚持的理念,他们希望打破传统、拥抱未来。更重要的是,他们已经成为奥迪Q2L、A4L甚至A6L等车型的主力用户。

从这几个特征不难看出,这些新用户相对老用户来说,在对汽车的要求上已经发生非常明显的变化。尽管他们依然能在众多品牌中选择奥迪车型,但传统的销售模式对他们的吸引力正逐渐消失。所谓的"个性需求"是否真的与OTD的最终目标相契合?至少我在当时并不十分肯定。

几年前,国内某汽车品牌开启了个性化定制业务。对我们这些"局外人"来说,这种全新的销售模式的确达到了博人眼球的目的,但实际效果如何,没有一手数据谁也拿不准。没有数据就去收集数据。一方面,我"假扮"用户走进该品牌4S店,了解定制流程和需求情况,长春市内的数据不够,出差有时间就去当地的4S店打听;另一方面,分析20年来行业内关于OTD和BTO(Build to Order)的所有文献,收集行业内的构想和方案,同时向销售部门和一线人员要数据,掌握真实的用户需求。

经过一段时间的走访和收集,一份调研报告最终形成。结果可以说是喜忧参半,喜的是,无论是竞品还是奥迪,用户对个性化的需求都是比较强烈的,就拿有些奥迪4S店来说,销售人员经常会碰到一些比较挑剔的用户,他们经常会说,这种配置没意义,那种配置挺实用,能不能把这种配置换成那种,即便是一个轮毂,他们也觉得有更多样式选择是最好的;忧的是,竞品的定制服务叫好不叫座,大多数用户因为要等很长时间才能提车而放弃定制。

通过这段时间的调研和分析,可以肯定的是,用户对个性化定制的需求是有的,因此至少不必担心OTD未来没有潜在用户。但从奥迪和竞品不够成功的经验看,我们只抛出一个OTD的概念是远远不够的,如何丰富用户选择、如何缩短用户的定制周期,是我们在

在OTD第一次控制委员会上，作者进行项目汇报

后续工作中亟待解决的问题。

红尘一骑，四月变四周

OTD理念是生产管理部窦恒言总监提出的。立项之初，窦总监就把OTD项目的目标指向最终的客户，OTD必须尽其所能满足用户需求。

这是铁命令，更是决定OTD项目成功与否的关键。当初，奥迪之所以将定制服务的交车周期定为4~6个月，就是出于对当时生产状况的考虑。现在不仅要增加定制项目，允许用户在下单后两周内升级配置，还要将交车周期缩短到4~8周，这对零部件调配、生产计划、物流，乃至生产一线都是巨大的挑战。

再硬的骨头也要啃下来。要攻克这几个难题，需要生产管理部、销售公司、生产一线等部门的通力协作，在我们的呼吁下，生产管理部联合销售部、管理服务部、整车物流部共同成立了一个跨部门的攻坚小组。小组成立后，我们立刻开展工作，对整个服务过程进行梳理，对其中的关键节点重点解剖和分析，一方面研讨丰富配件和缩短时间的可行性，另一方面排查每个环节可能存在的隐患，能排除的排除，不能排除的就想方设法制定可行性预案。

一个团队做一件事都经常出现各种问题，何况是这种跨部门的合作。考虑问题时，各部门往往都会不自觉地站在自己的角度看问题。打个比方，从销售部的角度看，一定是车辆交付周期越短越好，而生产管理部则要求不能影响他们的正常生产。这种情况下，作为组织者，我们不仅要保证研讨的正常进行，还要照顾各方的情绪，这种既唱白脸又唱红脸的角色真的不好演。当然，气氛缓和后，当双方站在对方的角度重新审视问题时，一切问题就迎刃而解了。

"为最终客户服务"这一理念成了打破"条条框框"的真理，在多轮研讨中，团队成员都更加深刻地体会了这句话。一切都以公司整体利益最大化为前提，我们可以优化各环节间的不利制约，可以打破流程间的孤立刻板，更可以主动承担新模式带来的新责任。当大家相互做出一些"妥协"后，都认为当初4~8周的构想并非天方夜谭，是完全可以实现的。而此时此刻，我们仿佛已经看到了第一辆OTD订单交付用户的情景。

数字创新，体验再升级

所有问题解决后，我立刻把这一阶段的成果整理成案，向窦总监进行了汇报。领导对团队的工作给予了高度肯定，同时也提出了进一步巩固成果，尽快把构想数字化，推进功能上线测试的要求。

无论是之前的调研，还是内容研讨，大都是我的本职工作或者与我的本职工作相差不远，应对起来还比较得心应手。而与IT团队打交道需要哪些功能，这些功能如何排列，怎么优化使用体验等技

窦恒言总监与Wels先生给予我们大力支持

术活儿,对我这个IT"小白"来说,真不知道从哪儿下手。

那段时间,我一边恶补相关知识,一边"以战代练",化身产品经理向开发同事学习如何将功能语言转化为技术语言。

"和你们生产管理部的技术'小白'打交道真是太难了!"

尽管经常被他们"恶语"相向,但这无形中提升了我的学习动力。

随着时间的推移,我们与IT团队之间的配合也越来越默契,终于把整个个性化定制的功能和效果理顺了,并从中找到了定制效果可视化和提交订单即知提车周期两个重点功能的解决办法。

定制效果可视化相对来说比较简单,其核心工作是构建大量模型,并用图片或者动画的形式将效果展示给用户。即时反馈交车周期就比较复杂了,需要大量数据做支撑,不仅需要下单时的数据,还需要整个生产过程的数据。比如,下单时某配件的库存是多少,能不能保证定制车型的使用,如果不能保证,订购配件的周期有多长,这些都需要非常精确的数据。这还只是一个配件,成百上千的配件放在一起后的数据更加庞杂,而且这些配件并非单独渠道供应,而是和正常生产所需配件混在一起的，因此还要打通两个渠道之间的数据。

为什么要这样做？为什么要给用户一个直观、明确的期限？其实这就是我们做 OTD 的初衷——更好地服务最终客户。

就在我们进行数字化的过程中，窦总监又有了一个新想法：咱们把交车时间给用户了，如果再把车辆生产过程中的某个或某几个状态用视频的形式展示给用户，这对他们来说会不会又是一个惊喜？

不能不说，姜还是老的辣，这么好的点子相信只有窦总监这样的老将才想得到。不过，要想实现这样的功能，还有很多困难要去克服，能预料到的困难是应该拍摄哪些内容？由于涉及保密问题，需要做大量的沟通工作。当然，我相信，这个功能一定会在日后随着个性化定制功能的升级呈现在用户面前。

经过数十个日夜的奋斗，奥迪 OTD 功能终于可以上线测试了。然后，我们就开始了"漫长"的等待，等待第一个定制客户的到来。

"有了！有了！有人下单了！"

那一刻，我们兴奋得几乎跳了起来。

随着时间的推移，一个又一个订单接踵而至，这不仅是对我们当初构想的最好佐证，也是对我们后续完善、升级 OTD 功能最大的鞭策。随着订单越来越多，我们能不能保证系统的正常运行？能不能保证平均28天的交车周期？能不能在此基础上有更大的提升，给用户带来更好的个性化购车体验？在这条助力用户彰显个性的路上，我们还要走得更远！

道阻且长，服务不辍

整车订单交付体系的数字化升级，仅仅是我们践行为最终客户提供优质出行服务理念的一小步，在与客户的关键触点与全面连接

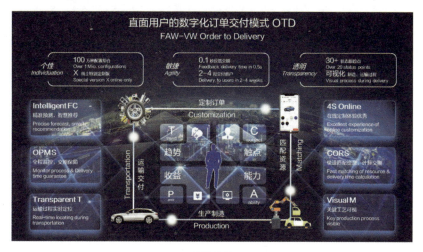

OTD 设想

上开展转型升级工作的道路上,我们仍任重道远。OTD的未来是实现我们与客户的时刻相连、无处不在:

  当客户在心中描绘其梦想的出行场景和功能需求时……

  当客户为寻找需要的产品或服务收集信息时……

  当客户开始对比和抉择其最终的选择时……

  当客户关注其爱车的制造和运输过程时……

  当客户在使用中遇到任何困难或疑问时……

  当客户需要功能升级或更换新车时……

道阻且长,行则将至,行而不辍,未来可期。OTD将助力一汽-大众为客户提供更加符合市场需求、更多运用最新技术、更全覆盖出行场景的一流服务,助力公司在汽车行业数字化转型升级的大潮中破浪前行,再创辉煌!

不打无准备之仗

在我们平常所看到的工厂体系有条不紊、稳步有序的背后，是生产保障体系和应急制度的时刻守护，特别是在新冠肺炎疫情面前，所有人都表现出了不顾个人得失的拼搏精神。

把丢失的时间抢回来

作者：黄聪

居家办公、取消一切聚集性活动，一场突如其来的新冠肺炎疫情，让人们原本停不下来的脚步慢了下来。然而，对我们物流人来说，海陆空交通运输的近乎停摆，完全打乱了我们的工作节奏，原本很多"顺理成章"的工作都因此充满了不确定性，而我们唯一能做的就是把"丢失"的时间抢回来。

国际运输和海关商检科，从科室的名字就能看出来，我日常工作打交道最多的就是国际物流和海关，把 CKD 件如数、安全、准时地运进来，就是我的工作。

不是运进来，而是运出去

众所周知，2020年爆发的新冠肺炎疫情不仅给人们的日常生活、出行带来了不便，还给生产活动带来了极其严重的影响，商店关门、工厂停工、公共交通停运，原本热闹祥和的春节，因此蒙上了一层灰色。

团队成员一同讨论，落实运输方案（左三为作者）

随着疫情在全球蔓延，跨国航空货运也受到了极大的影响。国内外各大航空公司纷纷取消或缩减飞往中国的货运及客运航线，使空运舱位异常紧张，整体进出口运力受到极大冲击。自疫情暴发开始，我们科就启动了应急预案，整个团队始终坚守岗位，第一时间向对口需求部门通报疫情对国际运输链的影响，保障一汽-大众国际运输链的顺畅。不过，随着疫情的加重，事态逐渐超出我们的掌控范围。

为配合疫情防控措施，黑河冬季试验场在2020年年初关闭，不再接受任何企业的测试申请，开放时间待定。这使原计划在黑河进行的B-SMV项目DQ501冬季试验无法按期进行，影响了MS6软件放行，导致SOP（开始批量生产）拖期至少8周。这不仅影响项目的正常开展，还可能导致产品无法如期发布和上市，于公司、于用户都是不可估量的损失。为保证项目进度，公司技术开发部与德国大众进行了紧急沟通，决定加急空运出口两辆B-SMV整车到德国，保证冬季试验如期进行。

车辆测试本来是整车研发部门的工作范围，由于涉及国际运输和整车出口，我们科也加入到这场与时间的"战斗"中。然而，一连串的变故让本来就不充裕的时间变得更加紧张。"14天，放在平常绰绰有余，可疫情期间不确定因素太多，这么严峻的挑战，我们能成功吗？"彼时，每个人心里都在打鼓。

万事俱备，"东风"呢？

如果说疫情之前空运舱位是"预约制"的，那么疫情期间就变成了"疯抢制"。虽然可以预约，但并不能保证舱位一定是你的，除非把货物放在飞机旁。我们面临的第一个问题就是要出口的两辆车还没下线。说实话，我那时才真正理解什么叫"巧妇难为无米之炊"。那段时间，我们除联系航空公司、货运公司外，还始终保持对两辆B-SMV整车状态的关注，敦促加速生产。生产线上的同事也很给力，整车于2月21日晚上下线，2月22日就完成断油、断电、抽氟以及车辆保密木箱包装工作，审核出口许可证、发票、箱单等也都一并办理了。

直飞不行，我们就"弯道超车"。

车到位后，我们马上兵分两路，一路联系航班、舱位，一路确定陆路运输。

"找到了，这个航班不仅时间合适，还有舱位！"

"陆路运输过不去，这条线目前已经停了。但另一条线目前还在运行，你赶快看看那边的航班！"

"不行，那边最早的航班也要6天后，到时候黄花菜都凉了。"

"如果我们包机呢？"

"现在都是一位难求，包机就别想了！"

……

一个个电话打出去，一个个消息传回来，反馈的信息都不是很乐观，或是虽有航班资源，但受内陆运输限制，车辆无法预期到达指定口岸，或是货航全部停航，没有航班资源。对这种情况，我们早有预料，但没有预料到这么难。

在这个关键时刻，放弃是不可能的，我们动用所有渠道，包括个人资源继续挖掘。最终在运输服务商的全力配合下，找到韩国政府向我国运送救灾物资临时恢复的航线。虽然国内飞国际的航班大多已经取消，但韩国的国际航线还比较正常。恰好，长春到天津的陆路运输虽然也不太顺畅，但至少还在运行，可以说是与空运一拍即合。

有了可行性运输方案，在疫情期间的其他要求已经不是什么问题了，例如航空公司要求付全款后方可排舱，且由于订舱人自身原因产生退舱不能退还费用，以及必须在2月21日当天办好订舱手续等。最终我们以先付款后订舱的方式抢到了2月26日天津—仁川—法兰克福的航班。

两辆B-SMV整车于2月23日离开长春工厂，2月26日搭乘KE0138航班，经天津机场飞往韩国仁川机场，并于3月4日全部从韩国仁川机场飞出，运抵德国法兰克福机场，车辆最终在3月5日运抵德国大众，门到门运输周期仅为12天，提前两天完成发运任务。整个过程虽颇为曲折，但结果可谓圆满！

为了复产，一分钟也不能等

随着时间的推移，国内疫情已呈现出向好态势，国外却又转向暴发态势，各国为控制疫情纷纷停产停工。一汽-大众的主要供应商之一——墨西哥奥迪工厂也不例外，从4月6日至8月5日，整整停工

8周，国内依赖大量 CKD 件的奥迪 Q5L 生产线因此被迫停产。且不说停产造成的损失，完成年度产销目标都将面临极大挑战。

我们当然不能坐以待毙。为在严峻的经济形势下完成公司产销目标，尽量减少疫情的次生灾害对公司经营造成的影响，在生产管理部窦恒言部长主导下，由国际运输与海关商检科牵头，全力保证奥迪Q5L生产线复产。

我们接手这项任务后，立即对已有的墨西哥管线运输方案进行全面评估，最终决定从订舱、运输及清关这三个方面对已有运输方案进行优化，以求先破而后立。

由于中国和墨西哥有13小时时差，与墨西哥同事的沟通工作存在着时间上的问题，往往是我们已经吃完了晚饭，他们才刚刚上班，因此大多数沟通工作都是在晚上甚至是凌晨进行的，相当于白天工作了一天，晚上还要加班。或许是受到我们忘我工作态度的感染，即便是白天发去的微信或者邮件，对方也能积极加班回复我们。

别小看这一来一往，其实对提高沟通效率作用很大，之前很多需要两天才能完成的沟通，现在一晚上就能搞定，无形中也提高了零件订购、航班订舱的效率。

为尽快实现复产，良好的沟通赢来的这点时间是远远不够的，船期才是关键中的关键——大家计划将原来29天的船期缩短到23天。

6天？说起来简单，做起来谈何容易！略懂海运的人都知道，与航空运输具有很强的灵活性不同，海洋班运有"四固定"的特点，即固定航线、固定港口、固定船期和相对固定的费率，没有任何一条航线会因为你要抢时间，开足马力全速前进或少进几个港口。想到这，别说6天，半天都难！

怎么办？我们尝试拨通了合作伙伴中远海运的电话。说实话，海运公司一般不会提建议，而是你拿方案，他们来执行。或许是合作时间长了，彼此之间建立了很高的信任度，中远海运答应和我们一起想办法。经过几轮讨论，大家最终选定了中转的方法，把货船从港口停留的时间挤了出来。

有了方向，我们开始准备货运方案。为最大化地节省货运时间，我们几乎查遍了所有从墨西哥出发的航班，以及所有与它们所能到达的港口相关的航班。我们要搜集大量的航班数据，这是一个要从无数组合中挑选出最优且可执行方案的过程。

6月26日，在国际运输与海关商检科的同事彻夜与墨西哥奥迪、墨西哥中远协调完货物的入港、清关、延长截载期事宜后，采用新运输方案、载有107个集装箱的CAPE CHRONOS 001W船驶离墨西哥港口。我们将这个好消息第一时间（北京时间25日早8点28分）告知生产部中外方领导，大家一片欢腾。

7月27日，21点20分，第一辆载着集装箱的挂车抵达一汽-大众长春工厂CKD拆箱口，15分钟后，挂车所载运的来自墨西哥的货物发往生产线。至此，奥迪Q5L生产线在经过漫长的4周停产后终于迎来了正式复产的时刻。

之前没人做到的，我们做到了。

我们也赚钱了

很多人是这样形容生产管理部的：如果说生产一线是为公司赚钱的，那么生产管理部就是为公司省钱的。没错，我们的工作就是把能省下来的钱都省下来，不能省下来的想办法也要省下来。于内于外，生产管理部就像个会过日子的小媳妇。

不过，大家对我们的印象在2020年要转变了。

2020年8月11日，公司首批"一般贸易出口"零件——1920台电动压缩机在大连港装船发往汉堡港，这是公司成立29年来第一批一般贸易批量出口的零部件，可以说是零的突破。

由于这是由采购部、控制部及生产管理部共同趟出来的创新之路，项目落地的任务自然落在了国际运输与海关商检科的头上，成为任务团队中的一员，我感到非常荣幸。

7月21日，德国大众公司正式在B2B系统中向公司下达订单，已确定的3.3万台电动压缩机，预计会给公司带来2000万元的利润。如果最终能实现框架协议约定的53万台，则会给公司带来超过2亿元的利润。

7月30日，公司与大众中国确认首批货物出口信息，考虑到集装箱的满箱原则和包装材料特性等因素，最终协商确认首批发运1920台电动压缩机。

8月4日，零件供应商将首批出口零件送达物流仓库，国际运输与海关商检科相关负责人员亲自上阵，对首批货物的操作环节全程跟踪监管，将发运前风险降至最低。

8月6日，首批出口零件发运至大连，由口岸代理进行出口报关及装船。

8月11日，载着首批出口零件的"TAURUS"号船驶离大连港。

至此，公司首批"一般贸易出口"业务圆满完成。

时间是金钱，更是生命，这是人人都知道的道理，但并不是所有人都对这句话有深刻的体会。如果你还没有成为与时间赛跑的人，就不会真正感受到时间的意义。

没有"暂停键"

作者：段宁华

若干年后，当人们回顾2020年新春时，也许仍然会感到刺骨的寒冷。令人始料未及的疫情打乱了所有安排与计划，让生活和工作陷入停滞。然而没过多久，病毒就发现它低估了自己的对手，处在困境中的人们不但没有丧失信心和勇气，反而重新打起精神，满怀信念，重启生活，恢复生产，松开原本要按下的"暂停键"。

作者本人

保证汽车生产各环节零部件的正常供应，这一看似简单的"常规操作"在新冠肺炎疫情的冲击下变得难上加难。如何准确预判各地工厂对汽车生产零部件的需求，如何最大化利用现有资源，科学调度运力，用最快的速度把重要零件运送到生产线上，以及如何在这一过程中做好防疫工作，保证工作人员零感染，是摆在入厂物流规划科全体成员面前的难题。为充分保障疫情之下的全面复工复产，也为在全球汽车行业按下"暂停键"的2020年年初为一汽-大众抢占先机，我们意识到，必须交出一份高分甚至满分的答卷来回应市场考验。

抢在国内外同行前面

2020年新春伊始，新冠肺炎疫情突然袭来，导致全国范围内的铁路、公路运输大面积暂停。对汽车生产部门来说，以江浙沪皖为主的华东市场分布着400余家汽车零部件供应商，占一汽-大众零部件供应商的五成以上。如果因交通停滞导致零部件的入厂物流受阻，甚至中断，那么春节后一汽-大众设在全国五地的六个工厂就很可能面临无法开工的艰难局面。为尽快解决这个难题，入厂物流规划科全体成员主动放弃休假，在1月28日大年初四重返工作岗位，着手解决各地零部件的统筹运输问题。

工作重启后，困难也接踵而至。当时，无论是国内其他汽车生产企业，还是供应商、合作伙伴，都对复工复产抱以观望态度。这不难理解，一月底到二月那段时间，正好是国内新冠肺炎疫情最严重的阶段，复工复产就意味着人员的大范围流动和交叉接触，背后巨大的风险可想而知。但从世界大环境来看，当时国外的疫情还普遍没有显现出来，汽车零部件出口也未受影响。一些核心零部件，如果国内市场没有订货需求，就极有可能集中大量出口到国外市场，后期我们再想获得这些资源就会十分困难。以双质量飞轮为例，市场上几乎所有双质量飞轮都来自位于江苏太仓的一家工厂，不仅是国内汽车生产企业，全球汽车生产企业都紧盯着这家工厂。工厂方也曾明确向我们表示，如果没有收到国内市场订单，他们的产品就将全部转向出口。这可以说是一场全球范围内没有硝烟的争夺战。当时，我们从公司内部也感受到了这种紧迫感和压力，一汽-大众要克服困难尽全力复工复产。因此，当时我只有一个想法，就是不能等，不能犹豫，要抢在国内外同行前面，抢在时间前面，抓紧恢复零部件的物流运输供应，为之后的复工复产做好准备。

优先供应最为紧缺的零件

开展工作的最初几天，大家尚未返回公司，都坚守在家中，用微信、电话等进行远程办公。这并没有影响团队与集团其他公司、各地工厂、供货商及运输司机之间的沟通。及时有效的沟通使我们能更果断地做出决定并贯彻执行。

首先，要搞清各地工厂最紧缺的零件是哪些。疫情之下，原本用于统计生产所需瓶颈资源的系统已经无法满足需求，所有经系统计算出来的数据都无法运用到实际生产中。我们只能通过手工报表的形式，统计五地六厂真正紧缺的资源及紧缺程度，根据实际情况给紧缺资源排出优先级，根据紧缺优先级来制定运输计划。团队做的第一件事是设计了一份统一的报表模板，供五地六厂的同事们使用。也就是说，所有上报来的需求，都必须使用这个模板。对于统筹、筛选数据，这样能节省很多时间，也便于此后的上报和管理。

统一的报表模板发放出去后，平均每天会收到四五万条各地工厂汇总而来的数据。对我们这个仅有五人的团队来说，工作量在短时间内成倍增加。尤其是当我们发现上报来的数据并不能如实反映实际生产情况时，如何精准筛选数据就成了最大的挑战。各地工厂在上报数据时，通常有自己的考虑，比如希望给自己的生产周期留出余量，或者多囤积一些生产零件来缓解之后可能出现的短缺问题，这就造成汇总来的数据中有一大部分都是很紧急的状态，无法达到厘清真实紧缺资源的效果。面对这种情况，团队成员个个都化身"人工智能机器人"，把人脑当电脑用，通过手动筛选每一条数据，查找数据中是否有逻辑上不合理的地方，从而筛查出那些最紧缺、最紧急的生产所需零部件。我们每天能从四五万条数据中筛选出几百条数据，这些数据所指的零件是结合实际情况看最紧缺的零件，我们会优先安排这些零件的提取和运送。

疫情期间，每天中午12点之前，大家会统计好当天所有工厂的数据并发给承运商，同时要求承运商在中午12点之前汇报当天的取货和货物运输在途状态，最后把这些信息再反馈给各工厂。各工厂会依据供应商的反馈，结合库存计算零件需求。这样一步一步紧密结合，就可以制定出第二天的取货计划，比如去往哪些城市、走哪条路线、与哪些供应商碰头及提取什么零件，等等。

看似简单的工作流程，执行起来会遇到很多意想不到的困难。统一各基地同事们的工作习惯，在短时间内贯彻执行新上报制度，是我们初期工作的难点。我们要不停地沟通、解释，发现问题并及时纠正，这样才让临时工作流程真正生效，迅速在各地"跑"起来。然而，新工作流程最初还是造成了一些误会，有些工厂反馈说需要的零件得不到及时配送。

对各地工厂来说，所上报的零件都是紧急零件，但当团队拿到全国所有工厂上报来的需求时，又必须根据生产的优先级制定统筹规划——发动机的生产下线要早于整车生产，因为只有发动机生产出来，整车才能生产。那么，这时要优先保障的就是发动机零部件的配送，整车生产的零部件配送应适当延后。除我们团队与全国各工厂不断沟通解释外，部门层面也大力协调，最终使大家统一思想，牢固树立了大局意识。在特殊的时间、特殊的条件下，只有公司上下相互理解、支持和配合，才能换来平稳有序的复工复产。可以说，这套紧急出台的临时工作流程能顺利运转，与每个人的努力都是分不开的。

运输配送多管齐下

解决了要运什么的问题，接下来面临的是运力短缺问题。通常来说，从华东地区出来的零件会经由三条铁路线和两条公路线向全国配送。其中，铁路承担了45%~50%的运输量。但当时的情况是，从上海出发的铁路货运列车已经全部暂停，导致运力损失60%~70%，必须通过公路运输来补充。

说起来容易做起来难，我们要解决的第一个问题是用于补充的车辆从哪里来。经过群策群力，我们最终选择调用一部分用于配送汽车备件的车辆，对公路运力进行有效补充。当时国内严格的疫情防控要求，也是我们不得不考虑的问题。二月，上海统一要求外地进沪车辆到达后，司机必须隔离14天，隔离完成后才能取货返程。同时，为降低人员交叉感染风险，属于人员密集型行业的货品集散中心不允许复工。此外，物流方也有很重的心理负担，既害怕派出去的司机在运输过程中被感染，又担心空载率上升使物流成本上涨，导致投入高但回报低。这就要求我们在短时间内拿出一套解决方案，既能保障生产零件及时配送，又能符合地方防疫要求，同时还能尽可能降低物流方承担的风险。

"这些需求真的有办法解决吗？"虽然心里没底，但大家的工作并没有停滞。我们积极同各地政府沟通，为所有运输司机找到专门入住的酒店，让司机到达后直接入住并休息一晚，其间不能出门。每到一个取货地，我们要求司机全程待在驾驶室里不下车，整个取货和运输过程中司机几乎不会与任何人接触，把交叉感染的风险降到最低。这一操作办法获得了各地政府的理解，本着"特事特办"的原则，允许司机不进行为期14天的硬性隔离。另一方面，在集散中心暂时无法发挥功能的情况下，我们迅速调整了提货模式，首先根据以往经验规划了多条提货线路，在实际运输过程中，同一个方向安排同一辆车跑完全程，沿途与尽可能多的供货商碰头，请他们协助提货和搬运。即便无法满载，只要能保证各地工厂有零件、不停产，能拉走多少货就拉走多少货。此外，我们还要求司机在运输过程中备好消毒杀毒用品，保证自己的人身安全。同时，我们在出发前为他们准备好充足的方便食品和饮用水，尽量减少他们中途下车的频次。

尽管有了比较完备的运输方案，但实际运输过程中的各种突发情况还是令团队成员们彻夜难眠。当时，国内严峻的疫情态势和各地对生产零件的紧迫需求，不允许我们提前考察每一条线路的实操性。尽管线路规划好了，但谁也不敢保证真正跑起来就一定行得通。比如，当时管控较为严格的江苏省，每个城市的要求都不一样。在有些城市，司机很容易开进去取货，但有些城市就必须要通过绕路的方式取货。司机们的微信群里有各种各样的线路信息，网络上的说法也五花八门，但如果真按网络推荐线路走，又可能连人带车堵在路上。如果不能灵活应变，那么前期公司上下做出的所有努力就都将付诸东流。我当时提出，要时刻与当地供应商保持联系，请他们给予信息方面的支持。实在无法进入的城市，就请供应商把货物全部拉到高速公路服务区或指定地点,哪里能和司机接上头,就在哪里取货装车。这些放到平时不合理、不合规的"神"操作,在疫情的特殊背景下反而发挥了作用,最终在各方的通力协作下,所有来自供应商的零部件都顺利完成装车运输。

整个运输过程中,司机是最辛苦、承担了最高风险的人。起初,大家心里都充斥着对新冠肺炎疫情的恐惧,整个运输过程中不下车,吃喝休息全在车上,这使司机们格外疲惫。为此,我们部门专门向公司领导请示,在国家减免运输车辆过路过桥费的基础上,集团层面也给予一定实际补助,这相当于在疫情最严重的时候稳定了三方物流的"军心",团队成员因此迅速做通了三方物流的思想工作。

这一系列多管齐下的办法最终解决了大问题。2月8日,我们得到消息,原计划于2月10日恢复的货运铁路线再次延期恢复,且恢复日期待定。眼看华东地区的货物运输前景迷雾重重,杨海部长第一时间出面协调,协助我们与三方物流迅速达成一致,立即抽调备件车辆加强公路运力,保障重点生产零部件的运输和配送。正是在各方敏捷的响应下,运输资源如期到位,全球汽车生产行业都在争夺的紧缺资源——双质量飞轮,得以在2月10日晚上10点顺利从江苏太仓发运,保障了成都和长春EA211工厂顺利复工。

我可以自豪地说,在一汽-大众人的字典里,没有"暂停键"。

前后历时12天,华东16个城市全面恢复供应商取送货运输,累计400车次的发运共涉及5000种零部件,保障了一汽-大众全国五地六厂冲破疫情的阻碍,顺利复工复产。这一连串数字是团队成员们的辛勤付出和公司全体同事的通力协作换来的。我有幸参与其中,见证了这看似不可能的成功,也见证了国内汽车行业从冰雪寒冬走向春暖花开!

用心编织的温暖故事

作者：丁蓉

2020年的新冠肺炎疫情，来得迅疾而生猛，打了全社会一个措手不及。疫情之下，生活与生产仍要继续，如何以积极的行动迎接暖春？奥迪物料筹措团队给出了他们的答案。

2020年的春节很不一般。

这个年，奥迪物料筹措团队的成员是在线上和同事们一起"过"的。平均每天工作10小时，全天与同事、供应商保持紧密联系，以时刻关注原材料生产、物资供应及物流运输等环节的进展。

兵马未动，粮草先行。作为复工复产的"排头兵"，我们深知提前备好物料，对车辆的顺利投产，乃至"后疫情时期"公司抢占国内市场的重要性。因此，大家度过了一个虽苦犹甜的难忘春节。

供应商：你们不用休假吗？

"哎呀，你们不用休假吗？大半夜的，这一个个都是干啥呢！"

电话那头，是满心不解和烦躁的供应商；电话这头，是夜以继

作者本人

日全力筹措物资的我们。这样的场景，在2020年的春节不时出现。

为了推进度，我们可以随时待命，但供应商方面人员是不齐整的，受春节假期和突来的疫情影响，很多人都在休假。因此，一开始的沟通中对方少不了埋怨。在当时国内外疫情愈演愈烈的情况下，生产物资必定日渐紧缺，如果我们不去积极"争夺"，等到复工时同事们都就位了，就会面临"无米下炊"的困境，这个结果是我们不能接受的！

怎么办呢？大家只能选择耐心地解释、安抚，毕竟伸手不打笑脸人嘛。但即便如此，春节前期的工作推进依旧较慢。比如，供应商方面报物资数据时存在滞缓和误差，我们只能同对方实时核对，不断校正数据。

所幸，大家的执着和专业精神渐渐打动了供应商，对方开始理解、体谅我们，因此回复越来越快、越来越准，使工作走上了正轨。

2月10日，我们开始正式上班，此前大家已经把物资数据对接得非常准确了，这对生产规划及车辆投产的重要性不言而喻。尽管我们为此付出了数倍的心力和时间，但这一切都是值得的！

家人：把锅铲放下，我来

春节期间，我的生活作息非常"规律"。

早上睁开眼，第一件事就是打开手机和电脑，查看当前各地、各环节的工作进展，必须做到心里有数才不慌乱。接下来，就是随时待命的状态，要数据、催生产、跟物流、做表格……说24小时都扑在工作上并不夸张，因为基本上没有个人时间。

那时，说对家人没有歉疚绝对是瞎话。

家里一般都是我做饭，有时做饭做到一半电话响了，就得马上去接。这时，老公就会走过来说："把锅铲放下，我来。"除此之外，家里的很多事情我都没时间操办，只能让家人承担。

让我感动的是，家人都非常支持我的工作。老公经常给我按摩，温柔地说："你辛苦了。"这倒搞得我很不好意思。有时，我忙得顾不上接电话，老公就会把手机递到我面前。

有人说，疫情是情感的试金石，对还要全力工作的我而言，更是如此。我很幸运，在工作上得到了家人的温暖支持。

同事：共同奋斗暖"寒冬"

疫情之下，许多行业都进入了"寒冬"，汽车产业也不例外。

复工复产时间不断延后、人员到岗率严重不足、物流运输管制、原材料供给短缺……如同一个个拦路虎挡在我们面前。这时，周密的规划和强大的执行力是破题的良方，而同事之间的通力协作更是关键中的关键。

我们部门有一个微信群,平时休假时大家会在里面闲聊,但2020年春节期间,大家在群里说的全是工作上的事。只有一次,大家稍微放松了一会儿,因此我记得很清楚。

那大概是大家闭门工作的第10天,我好不容易下楼买了趟菜,就在群里分享了这件事。这时群里再次热闹起来,有的问我外面咋样,是不是没啥人;有的感慨,如果没有疫情,出去玩一玩多开心啊!

但没过多久,群里就恢复了平静,我知道大家又去忙工作了,因为还有太多任务要完成。我们需要与供应商逐一核实并更新零件供应情况,从计算断点到争取资源,再到促进零件发货、跟踪到货及复工复产信息。这些事情环环相扣,在大家的共同努力下,每个环节都没有乱阵脚。

同事们的表现让我很感动,毕竟,谁不是"拉家带口"的呢?但从没有人发牢骚,大家都在自己的岗位上兢兢业业地坚守。特别是我们组长,工作起来就是"拼命三郎"。

只要努力,终究会有收获。2020年2月17日,那是一个至今想来仍让我热泪盈眶的日子,工厂的同事们用上了我们辛苦筹措来的物资,生产恢复了!如果没有前期"抢"到的物资,开工时间或许要推迟到3月,损失是无法估量的。

领导:误会之下更显人情温暖

正在工作最紧张的时候,一个误会发生了。

那时大家发现焊装件不够了,这意味着汽车生产工作将受到直接影响。怎么办?疫情期间的复工都是特批的,好不容易争取到机会,如果突然因缺少零部件停产,怎么向公司交代?

每个人心里都很着急，领导立即组织召开紧急线上会议，一个人一个人地去核实情况，试图弄清真相。后来，事情终于弄清楚了，焊装件没少，可能是疫情期间大家不在现场，导致信息不对称造成了误会。

自始至终，领导自己虽然也很焦急，但一直在安抚我们，并没有指责、批评我们。在大家都连轴转，每个人的精神都高度紧张的时候，领导这种很有人情味的处理方式，暖到了每一个人心里。

新指南：疫情二次暴发也不慌乱

一汽-大众作为合资企业，原材料供应、零配件供给、市场销售等多个环节，都与世界各地有密切往来，我们因此享受着全球化的福利，但也不得不面对一些风险。

2020年4月，在墨西哥疫情日益严重的情况下，墨西哥包装工厂被迫停工8周，直接导致464种CKD零件无法供货。问题出现了，焦虑无益于解决问题，唯有行动能让事情向好发展。

这是一场与时间、与对手赛跑的比赛。我们全力协调运输组寻找更快航线，获胜的关键，在于谁能抢占最佳路径，借此缩短运输周期，获得尽可能多的物资。另外，我们还要督促墨西哥包装工厂提前复工。这些措施最终成功保障长春工厂实现了6月的生产目标。

此外，面对意大利比萨、马来西亚森萨塔、美国李尔等供应商随时变化的生产状态，国产化组实时关注最紧缺零件的供应状况，同时与外方专家建立有效沟通机制，争取到疫情期间的稀缺资源，确保了物资正常供应。

几番"激战"过后，大家总结经验，有了一套工作的"新指南"。何谓"新指南"？简单来说，就是要有一双可以"看穿一切"的眼睛。

具体而言，我们不仅要了解供应商，还要了解"供应商的供应商"，甚至要挖到更深层次。在操作上，按原材料的产地分类管理，哪些地方有哪些物资、哪些物资紧缺、可以从哪里快速足量获得，对这些因素都要一目了然。事实上，早在疫情之前，生产管理部的领导便要求我们做这些功课。因此我们在前期已经积累了大量数据，从而为疫情期间的工作打下了基础。

目前，各级供应商生产供货集成平台已经搭建起来，实现了公司生产与供应商产能的最大化匹配。可以说，假如疫情二次暴发或有其他特殊情况发生，我们也能很快适应，知道该往哪个方向使劲儿、该怎样主动而精准地出击。

2020年初，天气是冷的，疫情是无情的，但我们每一个人的心是温暖的！

当突破"瓶颈"已成常态

作者：都扬

这样的消息，从早到晚会一直出现在我眼前，除了应对和协调，还要随时组织线上会议，安排工作。而每位同事除了要筹措零件，还要各自承担一些专项任务。时间对我们来说弥足珍贵，想花10分钟吃顿饭，简直就像与巴菲特共进午餐一样奢侈。

新冠肺炎疫情的突然暴发，让人措手不及，我们生产管理部EM组（生产计划与资源平衡科瓶颈资源管理组）的所有人没等到假期结束，就提前进入了工作状态。

EM组的日常工作主要是针对生产计划中的瓶颈零部件（供应紧缺的零部件）向一汽-大众供应商筹措，保障供应链资源供应，支撑生产所需。一汽-大众的一级供应商，仅在国内就有800多家，而且每家一级供应商又涉及数十家二级供应商，平常管理难度就很大，如果遇到一些紧急情况，比如之前的泰国洪水、日本地震等，就是雪上加霜了。这便是疫情刚露头，我们就果断提前复工的原因。

2020年大年初二，大家早早行动起来，启动核查工作，尤其是要掌握地处武汉封闭地区的供应商的情况，包括生产是否受影响、

团队合影（右一为作者）

节后能否正常开工等，做到心中有数。紧接着，我们开始重新制定工作计划，一旦某个供应商不能生产，供应链受到影响，就要有可靠的应对预案。

无数条回复信息的背后

果不其然，随着疫情的蔓延，停工停产的供应商数量越来越多，坏消息蜂拥而至。说实话，那时最不想听到的就是手机铃声。

每天早上睁开眼第一件事，就是刷n个微信群里的消息，尽管明知没几条能让人安心，但还是要认真看完，然后按重要程度排序，迅速提出解决方案。与此同时，还要与组内各线成员保持不间断的联络，对每天变化的供应情况进行梳理。后来才知道，那段时间大家都害怕接到我的电话，因为大家都清楚，我和谁联系就意味着谁负责的零部件供应出了问题，需要协调，而且允许的协调时间不会超过两小时。

只给大家这么短的协调时间，是因为要给计划组留足时间去同步零件资源信息，接着才能根据零件情况及时调整生产计划。一旦资源信息同步不准确，就可能造成2000多名工人在车间无法正常工作，造成某条生产线因缺少零件而停产，由此造成不可估量的损失。

"湖北的复工时间又推迟了！"

"能不能再向德国买点CKD散件，国内供应商供不上了！"

"我们的库存件因为封城运不出来，能帮忙和政府沟通一下吗？"

这样的消息，从早到晚会一直出现在我眼前，除了应对和协调，还要随时组织线上会议，安排工作。而每位同事除了要筹措零件，还要各自承担一些专项任务。例如，有人负责每天跟踪国内外疫情动态，整理疫情情况；有人负责整理国内各地的供应商复工复产数据。时间对我们来说弥足珍贵，想花10分钟吃顿饭，简直就像与巴菲特共进午餐一样奢侈。

每天晚上，处理完全天的信息后，我们还要向公司经管会汇报工作，将最新的零部件筹措状态和生产安排情况上报，以保证经管会第一时间了解生产形势，为下一步工作提供真实依据。

一汽-大众能够在2月17日实现全面复产复工，复工率在国内领先，离不开SQEL等部门的精诚合作与默默付出，而EM团队持续一个多月的紧张工作状态，正是这一特殊时期的真实写照。

在长春"倒时差"

到了三四月，国内疫情渐趋稳定，正当大家觉得柳暗花明时，国外疫情形势却加重了，这对我们来说又是一轮严峻考验。因为一汽-大众有很多国外供应商，特别是奥迪品牌，有大量CKD件需要从国外供应商处进口。

相较与国内供应商的协调，与国外供应商的协调难度更大。

首先要面临的就是时差问题，北京与德国的时差是7小时，与美国的时差是13小时，与墨西哥的时差是14小时……那段时间，经常可以看到公司下班的时间到了，某位同事才开始与国外供应商沟通。当夜深人静时，一些同事却在与国外供应商开电话会议。最忙的时候，与国外供应商开完会之后，大家干脆就睡在办公室了。

时差还不算最大问题，最让大家头疼的是交流问题。由于要应对多种语言和交流习惯，我们彼此之间的信息交流并不通畅。为此，团队只能寻求外方经理支援，请他们同我们一起与国外供应商沟通。就这样，大家在全球各地寻找急需的替代零部件，一旦发现有可用零部件，就马上协调安排，尽快空运，想尽一切办法保证生产线的正常运行。

突破"瓶颈"不是梦

疫情暴发前，生产管理部正在开发BKM系统（需求产能管理系统）用于供应商管理，进而加速实现供应链的数字化。2020年9月，国内疫情已经大为改观，BKM系统也正式上线运行，它是一汽-大众供应链管理的纽带，自上而下进行需求传递，自下而上完成产能共享，对未来一两年内的供应链需求产能进行分析预警，规避产能供货风险。

疫情无疑加快了BKM系统升级的步伐。初始阶段，BKM系统主要对接一级供应商，与二级供应商的联系比较弱。但有突发事件时，我们要想与次级供应商沟通，就必须通过上级供应商传递信息，时间成本非常高。因此，BKM系统的升级重点就是扩大覆盖范围，将一汽-大众与二级供应商连接在一起，这样我们就能掌握各层级供应商情况。如果未来再有突发事件，我们就能快速了解是哪个位置、哪个供应商出了状况，直接与各级供应商沟通，大幅提高效率。未来，我们希望这套系统可以在供应商规模持续扩大的情况下稳定运行，即使不增加组内员工数量，也可以应对供应商链条上的瓶颈件问题。

筹措瓶颈件，经常会遇到一些意外情况，很可能千辛万苦筹集到的零件，在运输途中因天气、道路等诸多不可控因素而无法按时进厂。只要零部件没上生产线，大家的神经就得一直紧绷着，无论什么时间、正在干什么，只要手机铃声响起，就要马上切换到工作状态。

很多时候，可能旁人不太理解这份工作的意义，对我们自己而言，很简单，这就是我们想要努力做好的事业。很多时候大家都是在默默付出，没有一丝怨言，不提任何困难。曾几何时，组里的一位女同事不幸患上非常严重的胆囊结石，但为不影响工作一直在推迟手术，待国内疫情稳定后，才抽空做了手术。一位还在休婚假的同事，主动要求提前上岗工作。一位同事家里突然有非常紧急的事情，但他只请了两小时年假去处理……这里的每一个人都在努力释放着自己的光和热。这样一群可爱的同事走在了一起，互相支持和鼓励，即使明知前方有无尽的困难和挑战，我们也会齐心协力，笃定前行。

在逆行中无畏坚守

作者：邱泓臻

面对这场罕见的疫情，物料管理科涌现出一批敢于担当、冲锋在前的"逆行者"，他们团结并积极投身疫情防控工作，实现了"抗疫复产两不误"。在这场没有硝烟的战争中，为确保大家复工复产时的平安健康，并保障生产进度，他们各尽其职，默默坚守在抗疫复产第一线。

2020年，面对新冠肺炎疫情的严峻防控形势，物料管理科作为生产管理部实物流管理的主体科室，主导了现场防疫监督、复工复产工作。为确保工厂安全复工复产,物料管理科涌现出许多可敬的"逆行者"。

连夜赶制"指导手册"

崔茁作为物料管理科疫情防控的第一责任人，第一时间结合疫情发展情况和公司整体部署方案，构思物流领域的防疫工作方向，迅速组建了一支防控突击队。长春生产基地有5条生产线，生产线附带的物流区有30个,相关人员多达7000人左右,要确保所有人都在达标状态下进入工厂作业,而且绝不能出现一点差错,工作难度之大可想而知。

为此,科室连夜赶制了一份"复工复产指导手册",对防疫复工方案中的每条细节都字斟句酌,确保清晰到位。随后,这份手册很快发放到每个物流区。各区根据这份指导手册,结合各自特点制定出具体执行方案。各级负责人层层把关,严格执行防控方案,抓住应急处置的黄金时间,共同确保方案有效落地,把所有突如其来的风险控制在可接受范围内,确保工厂正常推进生产工作。

结合科室特点,崔茁加快推进了管理网格化工作,实施全流程机构对接,以"舆情引导、人员管理、防控保障"3大维度、15个具体模块构建了网格化、全流程的管理模式,为打赢疫情防控战奠定了坚实的基础。

在最需要的时候顶上去

2020年大年初三,刘月洋正在客厅里弯腰扶女儿学走路,微信工作群里突然传来一条信息,他打开一看,是一条紧急的疫情防控通知。"作为物料管理科安全管理组组长,这种紧要关头肯定得冲在最前面。只要工厂需要,我随时到岗。"刘月洋毫不犹豫地主动请缨。

就这样,他成了疫情防控的协调人,驻守公司一线,牵头各业务组编制疫情方案,为接下来的复工复产做好准备。此后,刘月洋赶制出5版科级疫情防控方案、31份区域疫情防控方案,同时主持了30次研讨落实网络会议,对接9个生产管理相关方建立各自的疫情防控体系……2月,公司正式进入紧张的复工复产阶段,刘月洋全力调配防控物资,将测温仪、84消毒液、喷壶及防护口罩等物资逐一统

物料管理科团队合影

筹到位,并严格落实防疫预案的各项措施,确保防疫复工各项工作井井有条。

妻子不放心他,但又怕影响他工作,因此一直不敢给他打电话。刘月洋也担心妻子一个人在家照顾孩子和生病的老人太辛苦,两人每天就在微信上互相嘱咐几句。"你放心,我们都好。你一定照顾好自己,做好防护。"妻子短短的几句嘱咐却让刘月洋百感交集。

一个环节都不能出错

"报告李工,备货工段有个员工体温异常,有发烧症状。"备货工长向区域负责人李玉娟上报信息。

"立即安排专人带发烧员工到应急室隔离。尽快确认今天的密切接触人员,到观察室隔离。"李玉娟沉着地下达命令。

"收到，马上安排。"备货工长立即开始行动。

演习结束，整个过程有条不紊，生产运行未受影响，防控处置方案及时有效，闵哥微微地点了点头，又马不停蹄地赶往物流入口，详细查看物流司机的防护状态。

闵哥就是闵向军，科里工作时间最长的工程师，实物流管理经验十分丰富，他同时是CA1车间物流区管理组组长。CA1车间是复工后最早开工的车间，还没等开班，闵哥便拿着防疫复工方案来到现场，带领相关方管理团队，详细检查消杀、更衣、就餐、测温等方案的落实程度。而刚才的演习，就是他为检验员工对应急预案的掌握情况，在CA1物流区域随机开展的。眼见为实，闵哥对疫情复工方案的每一个细节都亲自进行了验证，确保了有效落地，让物流生产在复工复产期间实现了平稳运行。

紧盯细节不松懈

公司疫情防控信息汇总表、相关方人员复工信息表、疫情防控信息日报表……在这个特殊时期，做事向来认真细致的李强，作为相关方人员管理协调员，负责将诸多信息表汇总成关键数据，上报到各个业务层级。

一天下午，李强从海量信息中发现一名员工的上报信息异常——家庭住址位于武汉。于是，他立即上报协调人，对接相关方负责人，详细了解该员工的出行和身体情况。

"强哥，他把信息填错了，错把老家的地址填到家庭住址栏上了，其实整个春节他都没回老家，目前体温正常。"

负责人在微信里详细反馈了情况，李强看到信息后长舒了一口气。防疫无小事，工作能否落实到位，取决于每个人对每一个细节的重视程度。

心有灵犀的决定

徐建是物料管理科CA2车间的一名物流管理工程师，他爱人是吉林大学第二附属医院呼吸科护士。"我要去前线了。"爱人得知医院要向武汉派遣医疗队后，毫不犹豫地报名加入了支援队伍，这是她发给徐建的一条信息。

"我早就想到你会这么做。特殊时期国家有需要，就应该义无反顾地冲在前面，我永远支持你！"

"谢谢老公！"

"我会照顾好家里的，你在前线要保重，注意防护！"

第二天，徐建的爱人便匆匆和其他医护人员赶往了抗疫前线。

复工复产后，我们能感受到徐建的坚持与努力，他一边扛起照顾一家老小的重担，一边坚守在自己的工作岗位上，详细核查CA2物流现场防疫工作的落实情况，同时还紧盯批量规划工作，丝毫没有松懈。可以说，他在用自己的方式，和冲锋在前的爱人一起奋战。

疫情防控是一场严酷的战斗，在这个没有硝烟的战场里，团队中的每个人都是钢铁战士。"凝心聚力战疫情，共克时艰勇担当"，每一位物流人，都在用坚定的信念，为抗击疫情、保障生产贡献着自己的力量！

只为风雨过后的彩虹

作者：李强

面对倾盆大雨，大家按预先分工各司其职，紧锣密鼓地展开防汛工作。年轻力壮的男队员负责搬运沙袋，女队员负责清排漫入车间的雨水，有多次防汛经验的老队员们负责搭建堤坝。形势紧急，一刻都不能耽误，大家心里只想着多干点、干快点！

被选入物料管理科防汛小组的那一刻，我感觉肩上多了一份责任，心中多了几分自豪。防汛无小事，我们始终要以安全为重，保护资产，保障生产。

未雨绸缪，严阵以待

2020年9月2日中午12点，长春市人民政府防汛抗旱指挥部发布了关于台风"美莎克"防御工作的紧急通知。接到通知，我知道防汛小组的"大考"要来了。

不一会儿，工作群里就活跃起来，防汛小组成员纷纷响应："我们已经准备完毕，随时准备投入防汛。"其实早在1个月前，我们接

防汛小组团队推动盖板向外排水

到汛期即将到来的消息后,科室就紧急组织了一批防汛应急人员做好防汛准备工作。防汛小组每周定时研讨防汛方案,根据各车间和库房实际情况制定具体应急方案,例如需要配备多少人?防汛重点在哪儿?水往哪儿排?万一水进入车间和库房怎么处理?确保方案没有疏漏。

整个防汛工作分为三个阶段:汛前准备、汛期应对及普及防汛知识的汛后总结。前期,防汛小组向各部门发放防汛工作预案,妥善做好人员配置,并保证防汛物资供应,做好应急演练,同时实行24小时防汛值班制度,时刻待命,确保做到及时掌握现场情况,第一时间处理险情。

经过周密的巡查和研讨，2020年的防汛重点将放在总装三车间。总装三车间是一汽-大众最早建成的总装车间，至今已有20余年历史，厂房地势低、排水系统落后，每年雨季必会发生车间内部下水井返水、入口涌水等现象，给车间生产安全造成了严重影响。针对防汛工作，总装三车间的物流作业区是第一道防线，必须严把这一关，负责总装三车间物流区管理工作的唐雨池早早联系了公司规划部门，在物流入口前端增加了排水槽，这将大大减缓汛期雨水大量涌入物流入口的问题，给总装三车间消除了很大的隐患。

汛情来袭，防汛抢险

2020年9月3日下午，台风"美莎克"如期而至，风云突变，防汛小组整装待发，检查雨衣、雨靴、沙袋、应急药品等防汛物资。"各防汛应急小组紧急集合，迅速到达负责区域。"听到对讲机里传来通讯组组长急促的声音后，我迅速带领应急小组成员一路小跑来到了责任区。

10分钟内，所有队员集结完毕，雨也下得越来越大。

面对倾盆大雨，大家按预先分工各司其职，紧锣密鼓地展开防汛工作。年轻力壮的男队员负责搬运沙袋，女队员负责清排漫入车间的雨水，有多次防汛经验的老队员们负责搭建堤坝。形势紧急，一刻都不能耽误，大家心里只想多干点、干快点！雨势越来越猛，泥浆灌满了鞋靴，雨水浇湿了衣服，但队员们依然持续奋斗在防汛救援一线，在物流区筑起了一道道防洪堤坝。

不到半小时，物流区的积水已漫过脚踝，排水的速度已经赶不上积水的涨速，如果不能把雨水尽快排出去，大水很快就会涌入车间。水推子面积太小，手动排水效率太低，大家都暗自着急。

环顾四周,大家突然看到几块面积较大的包装箱盖板,于是当即决定用盖板排水!大家拿着盖板按顺序排成一道人墙,合力推着盖板向外排水。很快,积水深度降了下去,局势得到了控制。

"不好了,车间下水井返水了!"还没等我们喘口气,车间里又出现了险情:车间下水井地势低洼,周边积水太深,雨水倒灌入车间,掀盖喷水,造成车间内积水蔓延。正在现场检查的崔茁经理看到这一情形,马上组织人员,先用沙袋在下水井外侧垒起两层沙袋围堰,将涌出的雨水拦在围堰内。紧接着,大家又将沙袋和铁桶压在下水井盖上方,堵住返水源头。为提高排水效率,我们又协调工厂服务科紧急调来两台抽水泵和一台吸污车。最终,经过大家一刻不停地奋战,车间积水得到了有效控制,达到了安全生产要求,全体队员这才松了口气。

到下午4点,暴雨终于开始减弱,在紧张奋战数小时后,每个队员都已经筋疲力尽。在通讯组组长刘月洋宣布防汛抢险工作圆满结束的那一刻,每个队员的脸上都洋溢着胜利的喜悦!

汛后总结,精益求精

总结这次防汛经验时,防汛总指挥崔茁经理说:"工欲善其事,必先利其器。"是的,在这次防汛抗险工作中,我们提前做好了防汛预案、宣传培训、物资准备和防汛演练等一系列工作。在抢险过程中团结一心,各尽其责,最终达到了预期的防汛效果,保障了公司资产安全和生产的稳定。

面对任何突如其来的风险,我们都能闻汛而动、闻令而起,用一颗无畏的心,攻坚克难,保障平安,只为风雨过后的彩虹。

道阻且长,行则将至

作者:曹延星

未来我们还会面临很多实现第一次跨越带来的新挑战,困难和险阻重重,我们唯有努力前行。

物流规划立体库团队(右二为作者)

根据部门五年战略规划部署，打造自动化、智能化、数字化物流未来工厂，也为解决AU38X项目（奥迪A3车型代码）的库房面积缺口，实现青岛工厂物流面积项目"0"扩建。2019年，物流规划部启动了青岛LOC2（库房）自动化立体库项目。

自2019年5月开始，青岛立体库项目开展了需求分析、方案设计等前期工作，12月完成投资申请，6月设备进厂安装，10月底投入运行。18个月里，从立项到立体库落成，中间凝结了物流、控制、采购、土建、IT等专业口领导和同事的努力和付出。从规划到建造，从安排施工到沟通协调，青岛立体库项目成员与青岛立体库始终像共同体。我们见证了立体库从无到有的过程，立体库也记录了我们的建造故事。

琐碎的规划工作

可能在部分人的认知中，规划就是做做图，吹吹牛，画画框。事实上规划是一个事无巨细的琐碎工作，大到调研、设计、论证、投资、布局，小到设备选型、作业流程、接口位置、是否需要转身作业都在我们思考范围之内。

项目启动后，我们的团队成员迅速开始了密集的设备调研和论证工作，前前后后粗略设计了7版布局和30多次大的调整，最终从方案的成熟度、稳定性、成本等多角度选定了目标方案；紧接着项目团队又针对方案的细节，比如存储形式、输送的结构、货架的防腐、立体库端头等展开了详细的设计研讨。

"不行，这样的布局，需要工人多一次倒叉作业。"
"这样的逻辑可以帮助我们提高2秒的响应时间。"
"需要操作工能一眼看到关键信息。"
……

这样琐碎的方案细节，在一点一点地讨论，我们的详细方案也在一点一点成形。

措手不及

2020年的故事有很多，温馨的、伤感的、急迫的、无奈的……突如其来的新冠肺炎疫情对众多行业造成了严重影响，当然也包括我们的项目。

6月，全国疫情已基本稳定，经过前期缜密的规划、筹备，青岛立体库项目预计在月底开工建造。正当大家准备投入这场战斗时，"新发地疫情"打乱了我们的进厂计划。6月11日，北京新发地聚集性疫情暴发，而我们的施工供应商就在北京。此时距计划的工人进厂时间仅剩不到10天。按规定，必须提供14天内未经过北京的行程证明，供应商团队和施工团队才能来青岛进厂。

大家非常着急，也很无助，只能不停地给供应商打电话，询问他们有没有符合出京标准的人，能不能调度符合标准的施工团队，团队能有多少人，最理想的情况下什么时候能到青岛……供应商团队也很无奈，建设立体库不是一个小工程，涉及拆装、消防、安装、专业技术调试。项目原计划6月20日启动，每耽搁一天、晚交付一天，对本就紧急的项目进度来说都是雪上加霜。

项目团队成员没有坐等，直接接收了先期的人员物料入厂工作，提前开展远程人员培训、安全教育，以及设备材料接收工作。幸运的是，供应商团队也紧急调配了一名临时项目经理，总算没有让时间白白浪费。6月26日，完成检测和隔离后，供应商施工队伍终于顺利入厂，比预想的时间早了3天。然而项目的困难才刚刚开始。

现场办公

由于青岛立体库是一汽-大众投资自建的第一个物流立体库项目，从立项到落成运行，中间的每一个步骤、每一个环节，都没有可以完全借鉴的经验，项目组成员从入厂的第一天开始就直接把办公地落在现场，同施工队伍紧密合作，随时随地解决各类方案、施工、安全、协同问题。

一套复杂的设备安装调试，中间涉及的环节和进度匹配非常繁琐。

"曹工，今天的干涉结构不拆除，我们20个工人明天就得停工。"

"我们在别的现场都是这么干的，为什么要调整施工方案呢？"

每天的现场工作重复而多变，生产早会、安全检查、发现问题、寻找解决办法、新的施工方案又带来新的问题，从进厂、安装、调试、测试、切换，我们的项目团队成功克服了一个又一个技术、方案、施工难题，就像打怪升级一样，每一次的问题解决都是一次学习成长和经验积累。

安全红线

安全管理红线不能破，一些施工工人对我们公司详尽严格的安全要求产生过误解。建造立体库是最终目标，建造过程中保障每一位工人的安全是基本原则。库房设备的安装，大多需要高处作业。为做好安全工作，我们每天早会会向施工人员强调安全准则，同时有专门的安全管理员进行现场督导。项目组的3个小伙子还自发成立了一个施工安全督导小组。当时正值青岛的七八月份，天气炎热，高处作业的工人需要往返移动，频发挂接，没接触过一汽-大众项目的工人很不适应，对我们严苛的监管非常不理解。

"这安全带来回挂可费时间呢！"

"就这还算高呀，我们自己的安全我们最重视了！"

起初，我们在现场总会听到这样的抱怨。为安抚工人的情绪，项目组除监管工作之外，也同工人师傅沟通：我们严格监管的初衷是保障工人安全，不想也不允许中途有任何环节、任何人出现意外，这不是不知变通、刻意刁难。经过前期的不断磨合与沟通，施工团队熟悉了一汽-大众的施工安全要求，理解了团队的良苦用心，不满情绪逐渐消散。

错峰开工

如果说安全带是工人的生命安全红线，那么工人的工作环境是保障工人生命安全的又一道红线。

改造工作在6月底启动，青岛彼时的最高气温接近35℃，库房的整个作业空间又是封闭的。此外，自动化立体库有别于传统库房，其内部不需要灯光、风扇、供热等设备，在没有降温设备的密闭空间里作业，还要穿戴防疫装备，整个项目组的成员和施工工人每天都是"蒸桑拿"的状态。每次进库房不到两分钟就会汗流浃背。对施工工人的艰辛，我们感同身受。经过研讨，大家一致同意调整作业时间，在不影响项目进度的情况下，每天将作业时间提前一两小时，以最大限度减少工人在温度最高时段的作业时间。

项目组成员大多是长春基地员工，为准时到场，每天6点30分之前要从酒店出发，7点之前要完成施工安全检查，这样工人就能提前开工，避开中午的高温时间段作业。经过这样近两个月的集中作业，在疫情、酷暑的见证下，青岛立体库项目终于完成主体设备安装，进入辅助材料安装、焊接、调试阶段。

早有准备

2020年9月中旬，项目进入收尾阶段，我们开始调试设备、切换方案。可到10月10日，青岛疫情又开始波动，原计划从长春基地来青岛配合工作的同事，无法按时到达。幸运的是，对这种突发疫情的影响，我们已经心中有数了，先期到青岛的同事和青岛分公司的同事仍然在按照计划加班加点地工作。

10月底是我们的项目进度红线，必须投入运行，库房改造临时占用的区域必须腾出来，否则会影响其他区域方案的运行。最后的20天就是攻坚战，项目团队做了更详细的分工和时间安排，测试计划、切换方案、应急预案、培训等，多数时间里，上午完成哪些任务、下午完成哪些任务，都必须约定清楚。

经过大家密切的配合，10月的最后一周，整个立体库顺利进入批量使用阶段。大家紧张的心刚轻松下来，另一根生产保障的神经就开始紧绷了，设备建设只是第一步，运行过程中必然会出现新的问题，保障生产、保障安全、设备管理、运行管控等，任重道远。

青岛立体库只是AU38X项目中的一部分，由于是新车型并入，对物流规划来说，要完成从库房到线边的全区域方案调整和改造。总装超市、布线、焊装等区域，以及包装、技术、IT等专业口同事，都全身心投入到项目中。

"道阻且长，行则将至"，物流新模式、新技术、新思路的探索还会不断继续，我们还会面临很多实现第一次跨越带来的新挑战，困难和险阻重重，我们唯有努力前行。

【后记】

在中国的汽车企业中，无论是自主品牌车企还是合资车企，没有哪家企业能像一汽-大众这样有勇气让员工向外界讲述自己的故事、表达自己的思想，这种勇气非常难得！如果我们从另一个角度来看，这其实也体现出一汽-大众作为行业领军者的那种自信，以及对员工努力拼搏和辛勤付出的认可。

"出发吧，逐梦人"这本书主要讲述了一汽-大众生产与物流管理部门员工的故事。当读完这本书，相信你会从作者们的一个个故事中了解到，每位员工在一汽-大众生产及物流体系的数字化变革中不断精益求精、刻苦钻研、创新求变的经历，有的敢第一个"吃螃蟹"、啃下"硬骨头"；有的从细节入手"抠细节"到极致，持续精益优化；有的在不断学习中获得动能，不断获得突破；有的以客户需求为导向，攻克重重难关。

在我们与每位作者的沟通交流中能感受到这支团队为了梦想奋力拼搏的精神，他们的自学和创造能力极强，包括他们实现的E-Lane、OTD等数字化项目成果在国内汽车行业均处于前沿，大大提升了一汽-大众的生产品质和效率，为未来的持续领先发展储备了巨大优势。

本套丛书由北京卓众出版有限公司策划并参与了采访和编写、统稿工作。应该说这也是策划团队的一次大胆尝试，在国内讲述企业员工故事的众多书籍中应当有一套讲述中国汽车企业员工故事的丛书，让汽车企业，尤其是合资汽车企业在广大读者眼中不再陌生。在我们从筹划选题到汇集稿件、采访编写,再到校核等过程中,每位写作者都给予了全力支持,感谢本套丛书每位参与者的辛勤付出!

  谨以此书,致敬奋斗在中国汽车工业一线的汽车人!

一汽-大众系列故事

一片磁针石
营销领域的故事

主　编　张建成

副主编　胡　波　孙　磊　沙印松　张　克

机械工业出版社
CHINA MACHINE PRESS

《一汽-大众系列故事》共有三册，分别聚焦一汽-大众汽车有限公司的生产与物流管理领域、营销领域和人力领域。本书是一汽-大众营销（含售后等）领域员工的故事，以员工的亲身经历为基础，讲述了很多鲜为人知的企业内部故事。这些故事，有的发人深省，有的催人奋进，揭示了一汽-大众的成功要素和个人的成功经验，也展现了一汽-大众这家中德合资企业独一无二的企业合作精神和发展奋斗理念。

本书适合汽车行业营销（含售后等）领域、汽车行业其他领域从业人员、各行各业职场人员以及对一汽-大众感兴趣的读者阅读。

图书在版编目（CIP）数据

一汽-大众系列故事.2,营销领域的故事：一片磁针石/张建成主编.
—北京：机械工业出版社,2021.8
ISBN 978-7-111-68482-4

Ⅰ.①一⋯ Ⅱ.①张⋯ Ⅲ.①汽车企业－工业企业管理－营销管理－经验－长春 Ⅳ.①F426.471

中国版本图书馆CIP数据核字（2021）第118467号

机械工业出版社（北京市百万庄大街22号 邮政编码100037）
策划编辑：母云红　　　　　责任编辑：母云红　孟 阳
责任校对：丁峰　　　　　　责任印制：常天培
北京宝隆世纪印刷有限公司印刷
2021年8月第1版第1次印刷
155mm×230mm・13.5印张・1插页・166千字
标准书号：ISBN 978-7-111-68482-4
定价：189元（全三册）

封底无防伪标均为盗版

电话服务　　　　　　　　　　网络服务
客服电话：010-88361066　　　机　工　官　网：www.cmpbook.com
　　　　　010-88379833　　　机　工　官　博：weibo.com/cmp1952
　　　　　010-68326294　　　金　书　网：www.golden-book.com
　　　　　　　　　　　　　　机工教育服务网：www.cmpedu.com

千磨万击还坚劲,任尔东西南北风。——《竹石》·郑燮(清)

【序】

我心一片磁针石，不指巅峰不肯休

刘立卫

对于个人而言，30岁是步入而立之年的标志；而对于一家企业来说，30年同样是成长历程中极具里程碑意义的时刻。30年来，一汽-大众伴随着国家汽车产业政策和中国汽车工业的发展，留下了奋斗的艰辛，刻下了成长的足迹，积累了宝贵的经验，走过了不平凡的发展历程。

30年来，一汽-大众所取得的成就，是中德双方不懈努力的结果，是一汽-大众人用青春、智慧和汗水，描绘了一汽-大众的壮美蓝图，是他们用染白的双鬓、早生的华发，创造了一汽-大众的一个又一个奇迹。

发展的过程历经坎坷，一汽-大众营销领域的每一位员工同样在面对风云变化的市场，顶住压力，攻坚克难，一步一个足印，在中国汽车市场留下了一段不平凡的旅程。这本一汽-大众营销领域的故事便集合了营销人风雨历程中的精彩。

长久以来，一汽-大众营销体系的创新求变一直都在路上。2020年，一汽-大众再度蝉联全国乘用车销量冠军。如此佳绩，展示了一汽-大众营销体系的竞争实力。有人说，把产品的质量做到极致，市场就会青睐你；把服务做到极致，客户就会记住你。正是如此，一汽-大众的营销人坚持把一件事情做到极致，才能在激烈的竞争中脱颖而出。

他们把追求极致的精神渗透在每一项营销工作的细节当中，这种看似重复、繁琐的工作，却体现出他们誓将工作打磨到极致的态度和不断精进的作风，这也让一汽-大众在营销领域所取得的各项成绩为业内所赞叹。

随着中国汽车市场的竞争愈演愈烈，时代的变革颠覆了传统的营销模式，而一线的营销工作就像在新的战场打仗，不进则退，不赢则输。

在营销这个战场上取得胜利，离不开一汽-大众营销体系中每一位营销人的努力。虽然他们岗位不同、年龄不同、性格不同，但是在这里，有的人能够"千里走单骑"，有的人变成了"三头六臂"；他们以一当十，百折不回……如果要问他们是怎么做到的，答案只有一个：这里的每个人都在为续写千万传奇而努力，每个人都在用实际行动证明"平凡照样能够成就不平凡"。

当人们走在成就伟大事业的征途上，可能会因为缺少热情而被困难和挫折击败，但是，一汽-大众营销人有着那种"与生俱来"的强烈的责任感与使命感，这让他们具有无尽的勇气和坚忍的毅力，能让他们无论遇到任何困难和挫折都会奋力拼搏到最后。

勇敢、坚强、团结、无畏是本书想呈现给读者的一汽-大众营销人的品质，正是这些优秀的品质支撑着一汽-大众的营销体系走过了30年的荆棘风雨。其实，这些品质并非真的是他们与生俱来的，而是在一汽-大众的营销体系中不断被培养、磨砺和挖掘，是随着营销体系的发展而"与生俱来"的。在他们每一个人的成长过程中，经历过喜悦与激情、艰难与无奈，正是在山重水复中笃定信念、克服困难，才看到和收获了一次次的柳暗花明。

当前，世界经济正经历百年未有之大变局，汽车产业也面临着深刻变革，再加上新冠肺炎疫情对社会的长期影响，市场局面复杂，挑战巨大。一汽-大众始终坚持开拓创新，在推动高效转型、高质量发展方面取得了一定成果。以营销创新为例，在过去一年多的时间里，一汽-大众旗下三大品牌通过打造数字化营销、优化互动体验等营销新模式，赋能经销商，真正践行"以用户为中心"的营销理念，让营销更加多元化和体验化，继续保持行业领先优势。

应该说，从2019年的"聚力"，到2020年的"创变"，再到2021年的"启新"，一汽-大众的新发展基调与新行动路线始终与时代发展同步，旨在持续夯实领跑优势。循着改革开放的步伐，一汽-大众不仅是中国汽车市场持续发展的见证者，更是脚踏实地构筑未来的践行者。

历史因铭记而永恒，精神因传承而不灭，一代人有一代人的使命，一个时代有一个时代的主题。正所谓，我心一片磁针石，不指巅峰不肯休。

（刘立卫：北京卓众出版有限公司总经理）

【前言】

筹划本套丛书之时，一汽-大众也即将迎来成立30周年，作为我国第一家按经济规模起步建设的现代化乘用车企业，一汽-大众30年的发展史也是中国乘用车工业的进步史。

20世纪90年代初，我国汽车产销量还不足100万辆，乘着改革开放的春风，一汽-大众以15万辆合资项目起步，首开行业先河，开启了中德合作的历史重要篇章，同时也按下了我国汽车产业发展的"加速键"。

30年来，一汽-大众不断发展壮大，从一个品牌、一款产品，发展为三大品牌、三十余款产品；从年产不足万辆，到目前最高日产破万辆，而且成为我国乘用车领域实现年产销量突破200万辆用时最短的企业，目前已拥有超过2200万用户。

作为中国汽车行业的领军者，同时也作为中德合作的杰出典范，一汽-大众能够不断取得成功，正是由于其拥有与众不同的自发奋斗基因和卓尔不凡的自造体系能力。这不仅为中国其他合资车企的发展提供了有价值的经验借鉴，也实实在在地带动了国内汽车工业装备制造水平不断得到发展和提升，更是极大地带动了中国汽车产业的健康、快速发展。

本套丛书讲述的是来自一汽-大众生产与物流管理领域、营销领域及人力领域等一线岗位员工亲身经历的奋斗故事，为什么我们要将这些来自企业内部很多不为人知的故事展现出来呢？因为一汽-大众的成功不仅是由于其自身有着优秀而又全面的体系能力，

而且也源于其拥有一支非常出色的员工队伍，从他们身上能真实体现出一汽-大众的企业文化和品牌精神，体现出那种奋斗拼搏、开拓创新的精神，不怕困难、敢于挑战的精神，以及勤于思考、学习进取的精神。

筹划本套丛书的初衷，是希望通过每位写作者讲述的自己的故事，从看似平凡的工作和不同的心情中体会出不平凡，从一汽-大众这台高速运转的巨大"机器"中的每颗"螺丝钉"的努力和付出中，体会出"螺丝钉"如何在实现个人价值的同时为企业创造价值。

作为国内最早成立的合资车企之一，一汽-大众的成长与时代的发展同步，其所获得的成就，也是向中国汽车时代的进步交出的最好答卷。希望这套丛书能揭开一汽-大众员工圈层的神秘面纱，通过一个个真实的故事，让更多读者认识和了解中国最优秀合资车企的员工文化、发展艰辛和内生动力。

丛书编写团队

目录

【序】

V 我心一片磁针石,不指巅峰不肯休

　　刘立卫

IX 【前言】

以客为尊

003　人见人爱的"众小爱"

　　作者:鞠昕鸣

008　"专业天团"凭实力"宠粉"

　　作者:谢雅君

013　有一种速度叫"摩捷速度"

　　作者:周坤

017　"920",就爱你!

　　作者:郝一多

023　"出行使者"诞生记

　　作者:韩金升

027　流动红旗"流不走"的秘密
　　　作者：陈成

033　唯有执着方有收获
　　　作者：赵维宁

038　始终都在"满电"状态
　　　作者：杨爽

042　学会在转身中成长
　　　作者：张政

047　触达你心中的彼岸
　　　作者：吴宁

053　历经考验的三"专"论
　　　作者：刘值斌

058　数据背后有温度
　　　作者：王源

枝繁叶茂

065　因症施药
　　　作者：王雪钰

069 "洼地"栽树结硕果
　　作者：齐延兵

076 千里走单骑
　　作者：赵振龙

081 盛夏的铁皮房
　　作者：罗海涛

084 一年能做几件事
　　作者：奥迪东北区吉林小区

088 不怕从零开始
　　作者：刘瑾

093 永远走在问题的前面
　　作者：李晨

099 标本兼治
　　作者：奥迪东北区辽东小区

103 当日事当日毕
　　作者：车辑

108 在流量时代出奇制胜
　　作者：臧传军

114 一路奔跑的时间线
作者：王言法

118 机会都是奋斗出来的
作者：王野

脱颖而出

127 不入"狼堡"焉得成功
作者：赵威

133 "捷"出青年秀一波
作者：刘乾

138 做用户背后的守护者
作者：文仕辉

145 小生也能扛大鼎
作者：王申

151 得来不易的爆款
作者：李超

157 脑容量是"撑"大的
作者：李睿晨

163 背包里的信仰
作者：夏东东

169 真挚的热爱没有终点
作者：杨超

175 团队成长快，全靠车头带
作者：徐文

180 在变局中出新招
作者：杨强

186 用好手中的"尺子"
作者：韩姗姗

191 服务不止100℃
作者：李辉晖

197 [后记]

以客为尊

客户至上,相生共赢。以客户为中心,
他们围绕渠道建设、创新营销、客户直达等多个维度不断奋进,
致力于带给客户更高品质的产品与服务。

人见人爱的"众小爱"

作者：鞠昕鸣

当越来越多的用户习惯于线上沟通，当聊微信、刷抖音成为人们的日常，当传统热线电话逐渐难以支撑我们的服务体系时，作为大众品牌客户关怀中心的成员，该如何适应媒介、信息大爆发时代，让品牌与用户"亲密无间"？

"你叫什么名字？"

"众小爱，小可爱。"

"那你知道速腾的首保周期吗？"

"嘻嘻，当然知道啦！自购车之日起一年内（以购车发票为准），或首期行驶里程达5000公里（最长不超过7500公里），时间或里程以先到者为准。"

在一汽-大众客户俱乐部微信公众号的后台，"众小爱"每天要回答上千条各种各样的问题，机灵俏皮的应答方式给许多人留下了非常深刻的印象。有熟悉的车友说，以后的生活怕是再也离不开"众小爱"了，就算不问专业问题，光是聊天打趣，也好像有位朋友一直陪伴着自己。

智能"众小爱"诞生

有一天,负责运营微信公众号的小王说,近些天后台的留言越来越多,而且大多是问一些用车、养车之类的问题。我说咱们有400热线呀,小王一脸茫然地看着我说:"鞠姐,你现在和别人沟通交流,是用微信多还是打电话多?"我愣了一下,还真是,现在大家遇到问题时,都习惯于线上解决,打电话这种传统方式已经不是首选了。

在微信公众号、APP等线上渠道的活跃用户越来越多的背景下,我们连对应的线上服务入口都没有,何谈给用户提供方便快捷的服务体验呢。因此,当传统热线电话逐渐难以支撑我们的服务体系时,作为大众品牌客户关怀中心的成员,应该积极顺应"线上时代",保持品牌与用户的"亲密无间"。

"我们或许可以试试智能客服。"小王提了个建议。智能客服研究的是如何使机器替代人工客服完成一些咨询类问题的解答,从而实现节约人力成本、提升解答效率的目的。但问题是,智能客服作为一种新兴科技产品对我们来说着实有些陌生,该从哪里入手呢?它的服务质量能行吗?

带着这些问题,团队主管带领我们拜访业内顶级服务团队,用了一下午的时间悉心求教。"你们设计这款产品时的思路能讲讲吗?""开发过程中要注意哪些细节?""用户反馈机制如何更人性化一些?"越交流我们越感到自身知识的匮乏。

在我们最初的团队构建中,仅有三位人工智能训练师,而对方训练师的外包团队就有数百人的规模。有那么一瞬间,我感觉自己是不是有点过于自信了,敢从零开始接这么一个大任务。

一汽-大众人最不缺的就是韧劲儿和拼劲儿。无非就是从零开始学起——我们都给自己打足了气。接下来,每个人好像都上了发条,

作者生活照

一有闲暇便自学智能客服领域的书籍,去参加各种论坛,邀请做人工智能的公司来交流,与行业领先的产品对标测试并挖掘自身的问题。这期间常引得其他部门的伙伴前来观望:"你们这儿热火朝天的,看来是有大计划啊!"

每个人都清楚我们是在"憋大招"。那段时间,整个工作区里,言谈中必有数据,来往问候还得插两句专业术语,不然没人理你。我们最开心的事莫过于又读完了一本书,而最有成就感但也最忧伤的事莫过于又掉了好些头发。客服体验中心的团队成员几乎都是站在同一条起跑线上出发的,然后一路磕磕绊绊、相互扶持走了过来。

付出就有回报。2020年1月11日,"万众期待"的智能客服机器人"众小爱"如约登陆一汽-大众客户俱乐部微信公众号及品牌官网,这标志着人工智能技术在一汽-大众成功落地。

快速成长的"众小爱"同学

按照预期,"众小爱"不仅是一个能支持问答的机器人、一本车主的"百科全书",更是一个品牌知识管理平台,能将市场、销售、售后等知识全部收入囊中,并及时更新、不断丰富。我们要做的不是一个输入"1+1"反馈得"2"的简单功能,而是在真正意义上帮助用户解答实际问题。

然而理想很丰满,现实很骨感,初上线时我们就遇到了挫折。召开第一周例会时,分析人员拿出"众小爱"的成绩单,一脸沉重地说:"同志们,解决率大概30%,离'智能'还有差距,我们得继续加油啊!"我们都知道是哪里出了问题,作为一个人工智能产品,在生命期内必然有一个学习的过程。之前只是搭好了架子,接下来,我们还要不断地为"众小爱"查漏补缺。

我们针对"用户会问什么问题"开展数据分析,并在公司领导的支持下,联合20多个业务部门组建了"众小爱智囊团",智囊团成员皆是各领域的业务精英,能从专业角度给用户答疑解惑。他们拿出大量人工客服的历史语料,从中分解出用户疑点难点,再结合业务知识进行分类,最终给出专业解答。

在"怎么去回答用户"的问题上,客户关怀中心团队将智囊团提供的晦涩难懂的专业知识,转化成对用户更加友好的生动简洁的话术,配合H5推送文章、图片、视频、表情包等,使机器人"所答皆所问"并"猜您所想,知您想问",在不断积累的过程中与用户一起成长。

同时,为了让"众小爱"的表现和用户满意度提升更快,客户关怀中心团队组织了"众小爱智囊团双周会",各协调人以每两周一次的频率交流,在总结各项指标表现的基础上,不断提升机器人的问题解决率，丰富知识库条数，优化展现形式。我们在第一时间对答案进行维护，对用户高频问题设置多轮对话、引导式服务，通力协作，为品牌知识体系的搭建添砖加瓦。

"众小爱"背后的机器人训练师队伍，也在不断标记纠错、更新模型，使机器人明辨是非，理解用户意图。他们用专业和热忱使"众小爱"更好地服务用户。

2020年7月17日，一汽-大众探岳X燃情上市，其价格等信息必将成为用户关注的焦点。但上市前这些信息都处于保密状态，为了让线上咨询的用户在探岳X上市的第一时间了解各项信息，"众小爱"的训练师团队在上市前召开了一次组内会议，联系兄弟部门了解上市信息、编写上市话术，编辑了1024条有关价格的提问方法，便于线上用户及时了解产品信息，保障了上市后咨询的时效性，极大缓解了人工服务的压力，减少了用户的等待时间。

经历此战，比你更懂你的"众小爱"以活泼生动的服务体验和专业高效的服务水平彻底颠覆了品牌与用户的线上交互方式。我们通过一次新车上市活动，使很多人记住了这位"即问即答、时刻陪伴"的人工智能小伙伴。

"众小爱"成功推出的背后，是众小爱智囊团的辛勤耕耘，更是"众小爱"人工智能训练师团队的锲而不舍。"众小爱"是一汽-大众用一流的专业素养和创新精神不断为用户提供贴心服务的成果。随着一汽-大众数字化转型的不断深入，我们相信"众小爱"一定会成长为人见人爱的贴心小管家。

"专业天团"凭实力"宠粉"

作者：谢雅君

面向用户的直播过程虽然艰辛，但不畏困难、持续攻坚，是技术服务人身上永恒的品质。我相信，能真正走进用户心中，并赢得用户信任的，一定是我们的专业和真心。

入职一汽-大众时，我怀着对汽车技术的浓厚兴趣，选择了售后技术服务部，从事现场技术支持工作。我觉得这是一个能直接接触用户的窗口岗位，能真切了解用户的诉求以及用户在用车过程中的困惑。因此，每次接触用户时，我都竭尽全力为用户解决问题，耐心地解答用户的每一个疑问。

然而，面对上千万规模的用户保有量，即使将我们的解答效率提高一倍，也无法覆盖所有用户。那么，怎样才能使用户满意？怎样才能使技术价值最大化？这成了长久以来困扰我们的大问题。

蠢蠢欲动的直播念头

"真是气死我了！"技术服务部的工程师卢天毅重重地放下了

"天团"直播画面（左一为作者，右一为卢天毅）

手机。我轻轻拍了拍小兄弟的肩头："什么事这么生气？""雅君哥，你说这些平台上的说车视频，真是为了点赞就信口胡说，连最基本的汽车知识都不懂，哗众取宠，这样下去真的会误导用户。"天毅气愤地说道。

"确实如此，疫情期间，大家接受信息的主要渠道是手机，但良莠不齐的汽车短视频网红们提供的汽车知识往往是鱼目混珠，让用户很难得到想要的信息。唉，可是咱们也没办法啊。"我无奈地摇了摇头。"哎，雅君哥，现在可是全民自媒体时代，移动互联网里人人平等，咱们也可以拍短视频、开直播啊！为一汽-大众的粉丝搭建一个传播正确信息的选车、用车知识平台。"天毅兴奋地说。

"不行不行，修车我还可以，但开直播太新潮了，我做不了啊。"听完天毅的建议，我连连摇头。"肯定能行，现在公司提倡转型，趁现在的直播热潮，咱们也赶一次潮，你琢磨琢磨？"天毅向我挥了挥手就转身去忙别的了。我觉得天毅的话挺有道理，便开始思索，作为一个为用户提供技术服务的部门，面向粉丝做直播，能解开长久以来困扰我们的大问题吗？

人生最紧张的一次露脸

"真是太精彩了!""你看这种方式多新颖,想知道什么内容,就可以直接互动,然后他就给你解答了,很真实而且很直接啊。""对啊!对啊!"几位同事兴奋地聚在一起热烈地讨论着,你一言我一语。

"你们在讨论什么呢?"我走到他们身边好奇地问道。"周末看到一场直播,说得好生动,看的过程中都想直接下单买了。"说这话的是一位素往很沉稳理性的同事。又是直播?直播真的有这么大的魔力?连这样的同事都能被直播所吸引,我感觉心中的一根弦又被拨动了。

"天毅,你说得对,我们也可以做直播,我们不求做网红,但要通过直播把正确的技术理念、技术价值传播出去,传播给一汽-大众的用户,传播给更多的粉丝,这就够了。"我找到天毅说。"妥啦!雅君哥,就等你这句话了。公司马上开展'66天团直播',我已经给咱们报上名了!"天毅调皮地看着我说。"小子,你就知道我肯定会同意做直播是吗!"我使劲儿拍了一下他的肩膀。

为了首场直播,我和天毅做了一周的精心准备,稿件修改了四次,写了近三万字,做了两次完整的彩排,争取直播时完全脱稿。

直播当天,我们穿上正式西装,将头发打理成很成熟的样式。为克服紧张情绪,我们现场还播放了自己喜欢的背景音乐。持续一小时的首场直播很快就结束了,整个直播过程我们始终处于高度紧张状态。粉丝们非常热情,我们根本没时间停下来仔细琢磨该怎么回答问题。直播结束后,我们还沉浸在解答粉丝提问的思路中。"哇!你看我手心全是汗,这可是我人生第一次这么紧张啊!"天毅边摊开手掌给我看边说。"我也是啊,但直播间的气氛还真不错,大家都很热情,问了好多问题。"我打开手机看着直播结果说:"你看,我们最后的直播观看人数相当高啊。"

尽管只有短短的一小时,但我们将技术价值传播给了上万名粉丝,这使我对直播的看法产生了根本性的改变。

侃车天团横空出世

直播有效地彰显了一汽-大众的技术实力,以及高水平的经销商售后技术服务能力,我们很快决定,要借助官方直播平台,再做一场规模更大的直播,服务于更多用户,发挥团队的最大价值!

现场技术代表团队,作为最了解产品、直面用户的售后团队,一直以来都是连接用户和公司的桥梁。用户最关心的是爱车能否得到及时和专业的服务及保障,最关注的是产品所配备的高科技功能如何使用。借助一汽-大众官方直播平台,同时采用现在最火热的战队对抗形式,肯定能让人感觉耳目一新。

我将这个想法与现场技术代表团队沟通后,得到了他们的一致响应。"这真是一个好主意。""通过这种方式,相信用户一定能更好地感受到我们的诚意以及高水平的技术价值。""要让身边总问我们什么功能该怎么用的朋友们都来看看啊。"大家热烈地讨论起来。

看到大家热情高涨,我进一步坚定了信心。一些经验丰富的同事,对这次筹划中的直播也跃跃欲试,他们从事现场技术支持工作十几年,一直兢兢业业奋战在第一线,岁月虽然苍老了他们的容颜,但没有熄灭他们为用户服务的热忱。

在确定了直播的人选、内容和形式后,我们开始热火朝天地推进准备工作。说实话,如此大的直播阵仗,使直播的执行导演也忐忑不安。但我们坚信能圆满完成任务。因为我们有深厚的知识储备、有与用户接触的丰富经验,以及高涨的热情和不放过每一个细节的态度。每个人的稿件都经过了多次修改，每个字都深深地印在脑海中；每个人的走位都经过了数十次演练，甚至拿尺子丈量了走动的距离、站立的位置；每个人都对着镜子表演了无数次，说话时的语气、手势和表情都反复打磨；每个环节、每件道具、每项功能，都经过了无数次的调整、演练……正式走进直播间时，每个人都已经成竹在胸。

最终，直播取得了圆满成功，观看人数达到了新高峰，我们的表现得到了同事们的点赞和一致认可。就这样，一汽-大众技术服务抖音网红号"侃车天团"横空出世。在后续的直播活动中，我们紧抓用户需求，融合用车知识，开创多种直播形式和短视频形式，共发布122条短视频，累计播放量71.8万次，开展了17场直播，吸引了近5万人观看，多维度地向用户传播了正确的用车养车知识。

面向用户的直播过程虽然艰辛，但不畏困难、持续攻坚，是技术服务人身上永恒的品质。我相信，能真正走进用户心中，并赢得用户信任的，一定是我们的专业和真心。面向未来，我们能为用户做的还有很多……

有一种速度叫"摩捷速度"

作者：周坤

什么是"摩捷速度"？它专属于摩捷团队，它代表摩捷团队中的每一个成员都在以"摩捷速度"奔跑，始终坚守在自己的岗位上，为摩捷用户提供周到、快速的出行服务。

"回想为摩捷奠基的日子，不知各位是否还记得自己的初心……"在年会上，主持人慷慨激昂地回顾过往，看到团队成员欣慰的笑容，我不禁回想起曾经争分夺秒、奋力拼搏的日子。

2018年1月初，团队开始搭建移动出行平台，计划4月2日上线，仅有短短两个多月时间。最终，摩捷移动出行平台成功迈出第一步，进入了消费者的视线。

没有不可能

2019年年中，摩捷出行上线已满一年，为进一步提升摩捷品牌的影响力、丰富业务场景、增加长春摩捷用户的黏性，团队计划在松花湖、长白山投放探岳车型，尝试高端旅游场景业务模式，计划获得了公司高层的认可,要尽快落实。

任务下达后,我在一小时内梳理出了实现任务的所有流程,提炼出核心环节,并评估出理论上可能实现的最短时间。我发现,各种各样的工作汇总起来通常需要一个月的时间才能完成,但要保证完成任务,让摩捷用户尽早体验到探岳车型的出色性能,首先就必须在两天内完成所有审批。我不禁倒吸了一口气,因为这简直是不可能完成的任务。

我坐在办公桌前苦苦思索,最后横下一条心:要在两天之内拿下所有审批,看起来确实不太可能,但不试试怎么会知道到底行不行呢?也许就能创造奇迹!

经过团队商讨,我们决定采用并行推进的方式,将审批签字分为三部分:投资项目线下纸质审批、投资项目线上BM(中文解释)单审批及价格文件审批,三部分审批签字在两天之内同时完成。其他部门的同事听说我们要在两天内搞定审批事宜,都惊讶地说:"老周,你不是疯了吧?"我笑而不语。

我们第一轮找审批部门时,他们认为我们的想法不可思议,不可能实现;第二轮找他们时,他们的态度明显转变了;第三轮再去,他们一致认为摩捷真行……最后,我们做到了:三个部分审批签字在两天内全部完成!

摩捷移动出行平台初建时,就像是零零散散的拼图拼块,到后来被我们拼成了一幅完整的画面。过往的经历告诉我们,只要在怀疑的目光中坚定地迈出第一步,结局就很可能出人意料。

坚守,再坚守

在完成审批签字的过程中,我负责投资项目线下纸质审批。落实计划前,我已经想好了各种应对措施,让计划按期完成的有效方法很简单,就是"快跑"和"蹲点"。

那一天我不知跑过多少条马路,爬过多少层楼梯;各部门领导都很忙,日程很满。我本可以将文件直接交给他们的助理处理,但这样不行,必须看到他们亲自审批签字才放心。于是,我守在会议室外,耐心地"蹲点"。

作者在业务研讨会上发言

也许那天是我的幸运日,经过紧张工作,竟然完成了大部分审批签字,我暗自鼓了鼓劲。还剩最后一个审批单!这是一位只能"蹲点"的外方领导,我来到他办公室时,他正在参加会议。我耐心地守在会议室门口,等了许久,会议仍然没有结束。

内心无比焦急的我,恰巧看到外方领导的助理端着一盘咖啡准备进入会议室,我马上迎了上去,请他帮忙将文件带进会议室,等会议中场休息时再请外方领导签字。又是一段漫长的等待,会议室的门轻轻打开,助理从会议室走出来,我立马站起来,却见他冲我轻轻地摇了摇头。我欲言又止,咬了咬牙继续耐心等待。

又等了一会儿,会议室门开了,我看到外方领导向另一个会议室走去,直觉告诉我,机会来了!

这也许是我职业生涯中最勇猛的时刻吧,没有时间想太多,我快步走到会议室门口,深吸了一口气,用双手推开会议室大门,与会者的目光瞬间都聚焦在我身上。我向外方领导简洁地解释为何如此急迫，并简要说明了摩捷项目的战略意义和经济性，希望领导能予以批准。随后，我走了出去，在门外等候结果。很快，门开了，助理拿着那份审批签字书向我走来，看到上面的领导签字时，我悬着的心终于落定了。"蹲点"没有白费，审批齐了！

当时钟指向午夜十二点，我望向窗外，回想起那天经历的一切，心里既高兴又激动。"老周，你真是摩捷的飞人博尔特！"在后来的庆功会上，同事们开玩笑地说道。回想自己那两天不停地快跑和坚定地蹲点，以及迈入会议室那最勇猛的一刻，其实依靠的是整个团队的信任。

困难往往就像鸿毛，微风掠过就可以将它吹走，不要惊慌和恐惧。

有一种速度叫"摩捷速度"，什么是"摩捷速度"？它专属于摩捷团队，它代表摩捷团队中的每一个成员都在以"摩捷速度"奔跑，始终坚守在自己的岗位上，为摩捷用户提供周到、快速的出行服务。

其实，我们走过的都是平凡的路，只要从起点开始就毫无顾虑地奔跑，无畏地跨过路途中的荆棘与坎坷，最后迎接你的就必定是胜利的旗帜。

"920"，就爱你！

作者：郝一多

"宝宝们，来往这里看……""老铁们，心动就点击下方的链接直接下单，保证让您满意！""666，再走一波！""宝宝们，买它！"这些我们再熟悉不过的直播带货语言，来自一汽-大众售后服务部。

身为售后服务团队中的普通一员，我比较严谨和苛刻，对于服务用户的项目，如果付出了很多精力和时间，却没能获得理想的完成效果，我会很不满意。每天早晨醒来时，想着满满当当的日程安排，我希望自己可以发挥得更好一点，哪怕是多一点新的灵感，或是发掘出一股新的潜能。

我曾经天真地认为，脑力劳动怎么都会比体力劳动轻松些，可真投入工作时，却发现完全和想象中不一样：脑力劳动一点都不轻松。既然不轻松，就索性甩掉困惑，撸起袖子，加油干！

只有创新才能应万变

2020年年初，一场突如其来的新冠肺炎疫情打乱了我们所有的计划。看着每天不断增长的确诊人数，我想这场疫情也许还要持续很长时间，面对这样的市场变化，我们到底该如何应对？"创新"两个字一直萦绕在我的脑海中，我在苦苦思索中下意识地拿起手机翻看新闻。

咦？这是在搞什么名堂？新闻页面中突然弹出了一个"造物节"广告。我好奇地点开弹窗，快速浏览了各种活动，感觉很吸引人，脑海中随之闪现出一个灵感：线下的服务活动不好搞，我们就把"920服务节"搞成线上"造物节"！

我赶紧拿笔记下这个点子，晚上召集小伙伴们开了场视频会议，把初步的设想说了说，没想到大家都很赞同我的想法，还补充了不少建议，年轻的同事纷纷表示："说干就干，来一次红红火火的'920服务节'！"

来，我们一起线上"造物"！

要想让原本在线下举办的"920服务节"变成线上"造物节"，前期的各种沟通工作是必不可少的，尤其是同经销商的沟通着实让我费了不少工夫。在活动规划中，我们希望经销商能积极参与，并承担一部分工作，但经销商的回应让我很意外："我们也想更好地服务用户，扩大知名度，但线上形式从来没做过，用户能不能认可、参与度如何都是未知数。"

"我很理解你们的担心，其实大家都是第一次做线上活动，基于目前的市场形势，我们只有大胆创新，大胆做，才可能有收获。而且，只要我们的活动足够吸引人、足够精彩丰富，用户肯定会认可并积极参与。"我向经销商伙伴解释道。

大家坦诚直言，最终达成了共识：线上服务节肯定要做，各项

第三届"920服务节"作者（右一）带队讲解

创新举措也一定要跟上，而且还不能是简单的、被动的措施，必须要与时俱进，紧跟用户需求，设计出符合用户期望的个性化服务和活动。

除了与经销商沟通外，各部门间的协调也很重要。"920服务节"要想如期启动，并达到预期的效果，仅凭一个部门是无法实现的。于是，我又开始了新一轮的"游说"：说服领导层和其他部门支持。

"协调10个部门，而且是线上活动，这可是一个不小的挑战啊，你有把握吗？"领导问。

"有！我相信能让大家动起来，而且有信心让这次线上服务节和往届活动都不一样，让我们的用户参与和体验这次专属于他们的全新购物狂欢！"我信心十足地回答。"好！那你开工吧。"领导爽快答应了。

得到领导的肯定，我的底气更足了，随即开始挨个拜访各部门，畅谈对"920服务节"的构想，大家看我信心满满的样子，都相信这个项目值得做。

得到10个部门的支持后，我回到办公室，竟然激动得坐不住，感觉自己的"演说家"潜能被激发了，进而开始憧憬焕然一新的线上版"920服务节"。

在后续的筹备过程中，我们创新性地设置了四个模块："用户体验备件展区"，通过对比原厂与非原厂备件，让用户直观感受到原厂备件的安全可靠；"用户体验技术展区"，让用户感受到一汽-大众售后服务技术的领先性与专业性；"用户体验质享车生活"环节，让用户真切体验到美好精致的用车生活；"用户参观救援服务车"环节，向用户充分展示救援设备工具的专业与齐备。

把实惠送到"宠粉"手中

在筹备服务节的日子里，我们年轻的团队付出了极大努力，他们就像一缕缕穿过树叶间隙射向地面的阳光，能让人看到光亮和希望，他们让我感受到了活力和温暖。

奋力奔跑变成了我们的本能。年轻的团队积极响应一汽集团"努力到不能再努力，创新到不能再创新"的作风要求，深处营销一线，时刻观察汽车后市场的变化，时刻保持洞察力与敏锐性。

紧锣密鼓的筹备工作完成后，团队又面临着一个新的挑战——线上直播，这让一群"理工直男"变得一筹莫展，线下活动起码有几年的经验可循，可直播真是"开天辟地"头一次啊。

"这可比算数据难多了！""我宁愿搞编程和写代码！"大家纷纷来找我"吐槽"。

"咱们再难也要上！"我一边给大家鼓劲儿，一边带头看起了直播，学习那些网红怎样直播带货。大家在我的激励下也纷纷投入到直播学习中，甚至拿出了笔记本，像学生一样工工整整地记录流行网络直播用语，以便背诵。

学习了别人的方法，总要自己上手试一试。于是，大家又开始热火朝天地模拟直播，演练各种突发状况，准备应对不同用户提出的问题……转眼就到了正式直播的日子。理想是丰满的，现实是骨感的，再怎么刻苦练习和模拟，真正直播的时候舌头还是打了结，脑子也变得迟缓起来，从销量和观看人数就可以看出，第一次直播的效果并不好。

"凡事都有第一次。我觉得已经很不错了，至少把想要传递的信息都传递出去了，可能话语没有别人那么有趣，不够吸引人，但咱们诚意满满。一起来总结一下，更多的直播还等着你们呢！"我给大家打气鼓劲儿。

几天后，最引人注目的"920服务节"超级宠粉日拉开帷幕，团队为全国各地的一汽-大众用户精心准备了四重大礼：优享半价礼、会员狂欢礼、钜惠双保礼和直播宠粉礼。在线上直播间里，小伙伴们开展了多轮"0.01元限时秒杀活动"，团队成员都紧盯着直播屏幕和后台数据。每一声捷报、每一句好评，都让团队成员们兴奋不已。

当晚的直播，全国有超过42万名粉丝在线观看，参与秒杀活动的人数将近3万，服务节机油包累计销售2.7万多套！这个成绩远远超出了我们的预期！看着最终放在眼前的"成绩报告单"，我感觉如释重负。作为团队负责人，回顾这几个月来的紧张筹备和头脑风暴，看着一张张年轻的笑脸，我非常欣慰，我们正在宽阔的道路上昂首前行，我们的努力换来了稳健的第一步！

一汽-大众"920服务节"自2017年设立之初，就坚持在深化用户体验的同时,遵循以用户为中心的理念,让用户真切体验到一汽-大众精湛的维修技术、物有所值的原厂配件以及全方位的关爱服务。"严谨就是关爱"的服务理念贯彻了每一届服务节并延续至今。随着市场的变化和品牌的发展,服务节也在不断创新,与时俱进。

通过连续三年策划和组织"920服务节",我也获得了提升与突破。超过2000万用户的信赖是每一个一汽-大众服务人努力工作的动力,我用十余年的积累和付出践行着自己的初心,给一汽-大众用户带来更多的品质信赖和情感共鸣。我将继续用实际行动证明,在基层工作中不断创新同样能照亮梦想,成为品牌前进路上一道耀眼的光。

"出行使者"诞生记

作者：韩金升

我感觉就像是把自己最满意的作品托付给了最懂它、欣赏它的人，而且未来还会看到它们载着乘客，出现在太原的大街小巷，为更多消费者带来更舒适和便捷的出行服务，想到这里，我不禁会心一笑，心里暖暖的。

在事业部"领创未来"计划中，山西市场被定义为"追赶者"角色，是重点突破、能快速提升市场份额的重要一极。2018年1月11日，山西小区（SKU）正式成立，而我的故事也由此开启。

瞄准出行市场，觅得新机遇

一汽-大众在太原仅有3家经销商，不能完全覆盖市场方便消费者选车、用车。作为山西的主管区域经理，这道难题横在眼前，我一时间竟无法找到头绪。山西的基本情况可以逐步掌握，但小区团队需要尽快打开局面。所谓"一鼓作气，再而衰，三而竭"，如果开始就能发挥好，后续的工作自然会更顺利些。

那天我照常翻阅着过往的业绩报表，一个数字跃入眼帘——2.6%。我愣了一下，琢磨着这数字怎么这么熟悉，猛然想起这是公司年会上大用户部门展示的2017年山西大用户数占比，在全大区排名倒数第一。成绩很糟糕，难怪我印象深刻。随后，我马上意识到，解决当前问题的首要工作就是补上这块短板。对于大用户业务，只要能把经销商调动起来，抓住机会，就能帮助小区走出困境。想到这里，我热血沸腾，跃跃欲试。

为了调动经销商开展大用户业务的积极性，我邀请公司大用户部董昕宇经理，华北事业部大用户组滑震、蔚文军、赵卉经理来到山西，辅导开展"水滴行动"，并针对潜力巨大的网约车市场，为经销商伙伴出谋划策。当时，大家根据市场形势判断，我国网约车市场已经进入高速发展期，用户增长率稳定，网约车有很大可能成为提高新车销量的突破口。

2018年春节越来越近，而我还置身于离家数百公里的陌生城市里，因为有更重要的事等着我去做——针对网约车市场进行内外部调研。

为了在太原网约车市场中打开一个突破口，挖掘更多提升销量的机会，我需要了解太原网约车市场的大量信息：是否有租赁公司愿意与我们合作？经销商是否有意愿参与网约车平台运营？各地网约车政策、市场情况、已成交信息是怎样的？

通过对当前市场主流网约车公司的全面调研，我发现，原来这些"巨擘"们在业务上也存在诸多问题。首先，大量的网约车纳税不在山西本地，却占用山西路权，政府有关部门已多次严令整改；其次，网约车牌照稀缺限制了网约车业务发展。

了解到这些重要信息后，我心里已经大致形成了一个方案：融合当地两大经销商集团（志国星和大昌集团）的区域优势，与网约车公司一起，进一步开拓当地的网约车市场，一方面争取与一些大型网约车平台合作，另一方面向政府申请网约车牌照，为后续主动攻占网约车市场建立桥头堡。到这一步，工作部署已经逐渐清晰了。

让2000辆速腾成为"出行使者"

2018年2月初，我与大昌集团就合作开拓网约车市场进行了初次洽谈，为表诚意，大家把所有现状分析与需求都摆在了台面上。"要为未来做打算，未来拼什么？用户？出行服务？无论哪一样，网约车都是最合适的承载平台。"我接连抛出自己早已想好的观点。

在后面的交流过程中，我相继阐述了对网约车市场的调研成果以及整套方案的形成过程，成功勾起了对方的兴趣，但他们表现得有些犹豫不定。"成立网约车公司不仅能帮政府解决税收落地问题，还能解决就业等问题，在政策端可以放心。"我坚定地说道，"而且看趋势，日后网约车公司审批难度只会越来越大。"

一锤定音，大昌集团同意了

与大昌集团确认集团优势及思路后，我马上组织人手起草了准备递交山西省政府的《关于请求在发放网约车运输证上给予政策支持的报告》。数周后，报告得到批准，这意味着"大昌出行"网约车平台即将横空出世！

我将这一计划命名为"大用户3.0版本'融'计划"。为什么叫"融"呢？因为"融"是一个很有力量的词语，包含了融合团队力量，融入客户需求，融入市场，每个人都全身心融入企业，出谋划策。

4月23日是我们的胜利日！我们组建的"大用户3.0版本'融'

计划"小组联合大用户、销售、市场、售后、金融、二手车等部门，与大昌出行展开跨部门合作洽谈。华北区事业部牵头成立了"太原网约车项目组"，项目定位为事业部级别。为及时决策并获得各部门支持，我每周都会事无巨细地将项目进展汇报给项目组。一切都在按计划推进，大家的士气也越战越高，这是团队凝心聚力、辛苦奋战的成果。

项目进展非常顺利，各项政策措施纷纷落定，在经过多轮磋商，敲定与大昌出行的二手车回购方案后，项目整体方案圆满成形。最终，凭借方案整合的绝对优势我们成功获得了大昌出行2000辆网约车的购入订单，也为一汽-大众进入网约车市场打开了突破口，可谓一箭双雕！至此，以大用户为业务突破口，通过网约车渠道提升市场份额与销量的计划成功达成！

在将2000辆用作网约车的速腾轿车交付给大昌出行时，我感觉就像是把自己最满意的作品托付给了最懂它、欣赏它的人，而且未来还会看到它们载着乘客，出现在太原的大街小巷，为更多消费者带来更舒适和便捷的出行服务，想到这里，我不禁会心一笑，心里暖暖的。

此后，河北世纪、石家庄冀中、沧州瑞通也针对太原的网约车操作模式与团队进行了深度探讨，并取得了不错的成绩。近两年，无论市场竞争多么残酷，我们都会始终如一地奋战在市场前沿，不断挑战自我！

流动红旗"流不走"的秘密

作者：陈成

望着窗外飞逝的风景，我的思绪不禁飞到前不久销售公司的誓师大会上。那天，在场的每个人都满怀期望，我当时暗下决心，一定要在新的小区有所作为，实现新的突破。

大雪漫天，寒风呼啸，夜幕下，两人相对而立。

"你来干吗？"

"不欢迎我？"

"我以为你不来了。"

"哈哈，我是想给你一个惊喜！"

简短的几句调侃后，我和小徐钻进了车里，冷得瑟瑟发抖。老杨在车上瞧着直乐："清醒了吧？清醒了咱们继续赶路！"

这是一次横跨皖苏两省、全程近600公里的旅程。临近年关，我被调到皖徐小区，为尽快了解当地业务情况，我和小徐、老杨三人组团赶在返乡潮到来前调研了20余家经销商，白天走访晚上赶路的状态已经持续了十来天。一个人开车，另外两个人整理调研资料，脑子转不动了就换个"岗"。我们在暴雪相伴的高速路上苦中作乐、

作者（中）与同事探讨工作细节

斗志不减，自嘲为"高速三剑客"。

坚决将触角下探

我们"高速三剑客"仅用15天就完成了第一轮实地走访，与经销商们分析讨论了2018年的营销计划，也认真倾听了各家的诉求。调研结束后，我们决定在小区采取"分城施策"的打法，帮助每家店制订详尽的年度营销规划。

正当我们以为一切已经步入正轨时，市场形势却急转直下，既定的营销策略还未完全落实，4月的销量就同比下滑了6%！5月进一步下滑8%，6月更是下滑了14%！整个市场一片哗然。

在销量接连下滑的日子里，我们都被焦虑与急躁笼罩着。我们不能被市场形势牵着走，要主动带节奏去"偷塔"，去攻坚！

此时，华东区总经理李长河给我们提供了新的思路——"4W"战略，根据事业部战略目标，我们决定将市场份额提升作为核心目标，与经销商紧密地站在一起，共同想办法、找出路。于是，我们"高速三剑客"又开启了高速之旅，辗转于各家经销商。"高速看朝阳，凌晨回酒店"已经成了我们三人的工作常态。不过，得益于深入到最前沿的一线市场，我发现了一个问题：在皖北板块，我们在县乡层面网络布局不足。

那几年，安徽的市场增速非常快，但销售网络的增速没能跟上。立足当时的情况，提升销量最快、最好的办法是发挥既有网络的能力。县乡缺网络，最好的补救方法莫过于开发当地的二级网点。于是，我们立即开始联络当地的二级网络点经销商，与他们共同策划一套行之有效的正规开拓模式，将松散的二级网点转化为专卖一汽-大众的二级网络联盟。通过销售计划管理、市场支持组合拳实现县乡渠道规范化，最终助力皖徐小区的市场份额快速提升。

深夜密聊敞心扉

除了开拓网络渠道，我们还根据人员特点重新梳理业务分工，激发每一位员工的创造力，让他们能发挥自己的优势。其实这一切都源于我和老杨的一次深夜密聊……

那天，我俩聊起当时的市场情况，我灵光一现，问老杨："你是不是做过大用户公关？""做过啊，怎么了？"老杨一脸纳闷，看我急切的样子又开始侃侃而谈："这块业务我熟得很，过去一直做，转岗当了市场经理才放下，不过，我跟你说……"听着老杨滔滔不绝地讲起当年的经历，我突然想到，小区业务的短板之一就是大用户，这无疑是一个很好的突破口，老杨阅历丰富，又有大用户业务经验，正是这项业务负责人的绝佳人选。想到这儿，我抛出一句："老杨，现在让你做大用户你做不做？""啥？"老杨愣了一下，随即激动地拍着胸脯说："做！为什么不做？别的不说，大用户交给我肯定没问题！"。

不久后，老杨又和我来了一次夜聊，他激动地告诉我，宿州的出租车市场有戏。我一听就来了精神，宿州的出租车市场是我们从未踏入过的处女地，如果这一块市场能拿下来，就意味着从0到1的突破。老杨说，很多宿州的出租车司机都会抱怨自己车的种种问题，有的甚至还向公司反映要求用一汽-大众的车型。天时、地利、人和，三已占其二，我一拍手，拿下它！随后，老杨便带着经销商上门拜访当地交通运管部门和出租车公司，成功地使一汽-大众车型进入了当地的出租车目录，并顺利签下260辆的订单。之后我们又乘胜追击，在多个地级市打开局面，实现销售增量820辆。

这些销售业绩，正是一个个"老杨"奋力开拓市场创造出来的。我们整个团队所向披靡，被华东区授予"头狼团队"荣誉称号，连续12个月获得华东区"份额之星"流动红旗。

决胜之战抢先机

实战锤炼了我们的营销队伍，皖徐小区在全年整体市场下滑的情况下逆势上扬，创造了销量同比提升4.3%的业绩神话，全年份额更是从6.6%提升至7.8%，提升幅度高居全国榜首。当然，荣誉只属于昨天，精彩的故事还在后头。

2019年，当国六排放标准提前实施的消息传来时，整个经销商圈子都慌了神，这意味着他们要争先消化国五车型库存，但怎么消化？用什么节奏消化？一时间都毫无头绪。当时，公司要求在7月前完成国内的车型切换，具体执行细则需要各小区来把控。

久经战场的团队自然要沉得住气，我带着团队成员搜集各方资料，仔细分析了形势，发现一汽-大众在1~3月的库存与份额情况都不错。我们一致认为在完成公司既定目标的同时，还要让经销商稳住阵脚，顺利完成任务。除此之外，还要把握这一机会，争取在第三季度清库时实现国六车型的顺利承接。围绕这一目标，我感觉最大的隐患是极有可能在第二季度末发生扎堆的"价格踩踏潮"。

清库降价是轻度竞争，价格集中跳水是中度竞争，而"价格踩踏潮"就算是重度竞争了。依托团队的市场调研与分析，我们预判了市场动向。

基于本小区特点，规避"价格踩踏潮"的最好策略就是抢跑——提前卖车，把国五车型在四五月统统卖掉！

为此，首先要征得各经销商投资人的同意。那些日子，我们整天带投资人去摸底，不厌其烦地给投资人分析数据，让他们理解同样的车现在卖掉与放到6月再卖会有天壤之别，最终他们都被说服了。

接下来便是集中力量将清库节点往前移，同时将整个第四季度的目标和商务计划都挪到了5月，给5月增加了三四百辆车的指标，以降低6月的销量压力。这一阶段，有的经销商不理解，说为什么5月销量目标这么高。我向他们解释说，这个目标相当于从后面"借"来的，现在是有点压力，但到6月就可以松口气了。

与此同时，我们开始集中资源帮助经销商在5月实现销量目标，第一次让徐州的7个经销商组团参加"五一"车展，让区县经销商在"五一"期间也快速冲量。通过这一系列措施，小区5月的销量达到了历史新高，份额也创下了上半年的新纪录。更值得庆幸的是，我们完全避开了6月出现的"价格踩踏潮"。

就这样，得益于四五月的抢跑，6月的销售态势依然非常好，我们顺利承接了国六车型。到6月底,整个小区已经在做第三季度的营销规划了。7月上旬,我们就完成了当月销量任务的40%,这使皖徐小区的市场份额增长率达到全国第一。

在销售一线,困难和挑战会接踵而至,我们必须在拿下一个山头后,马上收拾行囊、整理装备,去攻占下一个山头。对于销售工作,把握市场一定要建立在充分调研和分析的基础上,寻找"天时、地利",造就"人和"。未来,我们会不断强化销售团队的战斗力和创造力,用响当当的数据锻造一枚又一枚属于集体的勋章。

唯有执着方有收获

作者：赵维宁

我始终相信：唯有学，才能进；唯有行，才有果；唯有新，才能精。从东北来到离家三千公里远的云南，我最终交上了一份优秀的销售答卷。在我看来，挑战并不可怕，每一次挑战都成了我们前进的动力，挑战越大，动力越强。

在大多数人眼里，云南是一个充满诗情画意、美景佳肴的地方。而在我眼里，云南是挥洒奋斗汗水的热土，也是"兵家必争之地"。

他山之石，可以攻玉

一天，我突然接到调令，要从自己熟悉且奋斗多年的服务领域转到销售领域，前往云南做小区的区域销售经理。那时，云南小区的销量已经连续三个月排名全国倒数，一汽-大众在云南的市场份额持续下滑。面对岗位和工作环境的转变，我的内心其实很忐忑，但不服输的性格让我接受了这项挑战。困难是进步的阶梯，面对困难，唯有奋进才能柳暗花明。

既然要走进陌生的销售领域，就要向前辈们学习取经。于是，在去云南报到之前，我先以用户身份走访了当时成都销量最高的五家经销商，并与他们的销售总监、展厅经理、总经理分别进行了恳切的座谈。在深入的走访和座谈中，一线工作者们的工作细节对我触动很大。我曾仔细观察过一位销售顾问接待客户的全过程，他当时接待的是一对母女，母女二人参观了展厅里的展车后，为了进一步了解她们的需求，销售顾问就开始与她们闲谈。

"阿姨，您女儿在哪里工作呀？"销售顾问问。

"在小学当老师。"那位母亲回答。

"那您女儿可太优秀了，我很佩服有学问的人，我小时候就没好好上学，现在特别后悔。"紧接着，他又问那位女儿："这车是妈妈给你买吗？"

女儿开心地回答："是的。""妈妈对你多好，这样的母亲特别伟大！"销售顾问夸赞道。

在接下来的三十分钟里，他们的对话里没有一句与卖车相关，但最后，那位母亲愉快地签下了购车订单。

我想，如果那位销售顾问一直在给母女二人讲车型性能和技术含量，很可能就会适得其反。其实，作为销售工作者，需要的是深入了解用户需求，设身处地为用户考虑，走到用户心中去，从而不断赢得用户信赖。

有了在成都的"收获"，我信心十足地来到云南小区。一汽-大众在这里长期扮演着追赶者的角色，为了缩小市场差距，我用了一周时间，以用户身份暗访了小区所有的经销商团队，以用户的视角查找问题。经过调研，我发现了很多问题，之前在成都学到的很多经验和方法这时就派上了用场。经过我们的共同努力，小区经销商的销售能力有了显著提升，市场份额也提升了一个百分点。

2019年，国内汽车市场下行压力骤增，云南市场的增量几乎是零。在此期间，我首先带领团队逐一走访经销商，通过与总经理及销售团队的面对面沟通，了解各店的实际难点，发掘用户痛点，再通过市场活动提供有针对性的支持，细化各项任务考核指标及反馈机制。就这样，通过细致入微的工作，我们的销量每天都在一点点地提升，硬是在市场整体遇冷的形势下，实现了市场份额的逆势增长，并且突破了历史高点。

作者

重拾信心，逆势而上

记得当时昆明出租车协会计划放出200辆出租车订单。为争取到这份订单，我们不断思索、讨论可行性方案，并研究如何最大限度获得协会认可。

一定要让采购方看到我们的诚意！于是，我带领包括服务、市场、销售在内的团队成员一起来到了当地出租车协会，让协会直观感受到只有我们这样专业、有实力的团队才能提供有保障的后续服务。在出发前我们做足了准备工作，深入调研分析了当地出租车行业的痛点，拿出了相对完善的解决方案：在节油、保养等方面，为司机师傅们提供三场专业培训；为出租车提供深夜保养服务，只要司机师傅们按要求预约，不管到店时间有多晚，经销商都能保证在第二天早上六点取车，这彻底解决了他们的后顾之忧。

依靠"用真诚和专业赢得用户"的思路，我们最终在这场激烈的竞争中胜出了。200辆出租车订单在严峻的市场形势下对小区而言无疑是一场及时雨，不仅让团队释放了些许压力，更让大家重拾信心、重整旗鼓。

2020年上半年，受新冠肺炎疫情影响，云南市场大盘下降了25%，在这样的严峻形势下，一汽-大众云南小区上半年的市场份额反而增长了6.8%，我们为打赢这场"翻身仗"感到无比激动和自豪。

人生难得几回搏

在SUV市场，随着探歌和探岳两款车型的上市，我们原本预计一汽-大众品牌的市场覆盖率将提升至70%。然而，国内SUV市场已经增长乏力，一汽-大众品牌的"SUV元年"遭遇了市场寒冬，破局难度极大。从体系内部看，我们和经销商都缺乏SUV的销售经验，一切都要从零开始。2019年既是一汽-大众品牌SUV销售的第一个完整年，也是品牌向上的起步之年，探岳的销售情况至关重要，公司为此全面开启了"岳升行动"。

2019年6月，"岳升行动"的推进工作如火如荼。可就在这时，由于长期作息不规律,我患上了胆结石,腹痛频繁,医生建议我好好休息,最好能尽快进行胆结石手术。但在这一关键时期,我绝对不能"掉链子"。为了不耽误工作,我只让医生开了一些消炎药,只要能缓解一下疼痛,就咬牙坚持下去。不过,由于症状始终没有缓解,我必须要接受手术治疗。6月16日,在与最后一家经销商开完"岳升行动"启动会后,我独自一人去医院做了胆囊切除手术。为了不让同事们分心,这些情况我一直瞒着他们。出院上班后,当同事们看到我手上戴着医院的蓝色手环询问情况时,我也只是轻描淡写地告诉大家得了感冒,在医院输液治疗了几天。

6月27日至7月1日是昆明车展,而云南小区6月的销售进度并不理想,车展成为抢销量的重要节点。手术后的第三天,我感觉身体状况基本稳定便坚持出院,参加了昆明车展的启动会。出院时医生叮嘱我必须休息静养,不能劳累,但我还是按原计划站在了话筒前,为经销商布置工作,明确要求和策略,当晚还给经销商员工做了整整五小时的展前培训。

付出终会有收获,在整个团队的努力下,云南小区在"岳升行动"中取得了不俗的成绩,遥遥领先市场,助力探岳成为下半年国内汽车市场中最畅销的合资品牌SUV之一。

执着与坚持、忠诚与担当是云南小区整个团队的真实写照。我始终相信:唯有学,才能进;唯有行,才有果;唯有新,才能精。从东北来到离家三千公里远的云南,我最终交上了一份优秀的销售答卷。在我看来,挑战并不可怕,每一次挑战都成了我们前进的动力,挑战越大,动力越强。

始终都在"满电"状态

作者：杨爽

身边的每位同事都是那么诚挚、坚忍和专业，经销商伙伴们也和我们一起经历了困境、成长和超越，而最为难忘的，是经过我们的努力和拼搏，获得了越来越多消费者的认可，亲眼见证了一批又一批消费者最终成为一汽-大众的忠实用户！

我喜欢在水中憋气，迷恋那种成功挑战外界压力后由内而生的愉悦与信念。我已经习惯于拧紧发条，因为一旦发条松开，就会有极大能量，而这正是我工作需要的状态。

作为一名区域销售经理，日常工作就是为了数据：每个月都在盼着月底几天冲刺目标，完成后又奔赴下一个月。在这个无限循环的过程中，我用最诚挚的热情迎接更多消费者成为一汽-大众用户。

不理睬我的销售顾问

"销售目标太高了。""进店的客户越来越少，已经好几个月持续亏损了。"

我刚调任大连小区销售经理，坏消息就接踵而至，那时正值全国汽车行业回调，销售进入了短暂的波谷期。

走访经销商时，得到的反馈大部分是焦虑和诉苦。根据以往的经验，我判断：如果小区的销售表现继续下滑，经销商的经营状况就会随之恶化，销售工作也会更加困难，最终陷入死循环。当下的首要问题是什么？该从哪些方面入手？经销商们愿意坐下来一起想办法吗？我揉着眉头陷入思索。

我是那种压力越大就越不服输的性子，情况越焦灼就越要找出路。就算希望很渺茫，就算必须单枪匹马，我也一定要避免死循环发生。

通过走访经销商，我发现，其实大连小区的关键问题在于自身不够"硬"。我第一次走访经销商时，并没有表明身份与来意，而是以一名普通消费者的身份进入店内观察，结果发现，销售顾问就像没看见我一样，只顾着低头玩手机。

也许是动静太小没注意到？于是，我打开每台展车的车门都坐进去试了试，下车后还特意"咣"地关上车门，这动静够大了吧，结果令人惊讶的是，销售顾问只抬头冲我笑了一下，又接着低头看手机。我心里有些不爽，便向他喊道："你们这儿怎么没啥人啊？""哦哦，都开会去了。"小伙儿挺耿直，摸着后脑勺儿憨憨地跟我说。"我想看看车，能帮忙介绍一下吗？""哦哦，这车……"各项参数记得还算全，但专业知识和服务规范就差远了，服务意识更是完全没有……我心里默默给他打了个不及格。

后来，我用相同的方式考察了另外几家经销商，结果发现整个小区的经销商营销能力普遍偏弱，日常不重视内部培训，卖车全靠降价，长此以往势必导致亏损。此外，小区内的经销商各自为营，大家无法形成合力应对市场竞争。

作者（左一）与同事研究经销商的销售数据

众人拾柴火焰高

搞清了症结，我决定采取先抓主干再捋细枝的思路，先将小区经销商之间的协同问题解决了，降低区域管理难度，再实施统一策略、统一行动。

之前经销商各自为战，相互之间也不往来。为了消除隔阂，我召集大家一起先互相熟悉。我向大家解释说，当前的严峻形势有目共睹，如果再不寻求改变，处境只会越来越糟，大家以后必须步调一致。接着，有两位比较熟识的经销商开始接话热场子，就这样，气氛慢慢活跃起来。最后，大家都认同了我提出的方案：利用小区月例会的时机，请大区内优秀经销商分享经验，开展团队建设，为经销商们搭建无障碍沟通平台。

经过几轮团队建设，经销商之间的互信程度大为提高，大家都采取了更理性的销售策略。每每遇到难题，大家都能聚在一起商议沟通。长此以往，大家的配合度大为提升，在市场竞争中从被动转为主动。

经销商的协同问题解决了,接下来就要从"集客管理"入手,借助DCC(电话邀约)业务的导入打开销售源头。与此同时,还要继续强化经销商的内训工作,尤其强调对产品及技能的培训,提高销售队伍的业务能力。

在后续的经销商走访中,我每到一家店都必须检查DCC业务的落实程度,结果发现有些经销商以硬件不支撑为理由,没有很好地开展DCC业务。DCC对经销商来说其实是一项基础业务,只是之前在小区并没有真正落实。这项工作做好了,对提升销量会有显著促进作用。经过与经销商投资人及管理层的几轮沟通,大家认识了DCC业务的重要性,开始落实各项具体要求。之前提出硬件不支撑问题的经销商,销售总监索性把自己的办公室让出来,专门用来供销售顾问打回访电话。就这样,经过半年努力,大连小区内的每个销售顾问都能保证每天至少呼出20组回访电话,每家经销商都组建了自己的DCC销售队伍。很快,经销商集客线索不足的问题也得到了初步缓解。

与此同时,"人人都是内训师"的活动也在有序开展。针对每周的培训课题,从各家经销商抽调出销售精英轮流主讲,同时还组织相关团队"以考代培"测试每家经销商的内训效果。一段时间后,经销商销售队伍的销售能力也有了显著提升。

在一汽-大众工作的20多年时间里,我始终奋斗在销售一线,身边的每位同事都是那么诚挚、坚忍和专业,经销商伙伴们也和我们一起经历了困境、成长和超越,而最为难忘的,是经过我们的努力和拼搏,获得了越来越多消费者的认可,亲眼见证了一批又一批消费者最终成为一汽-大众的忠实用户!

学会在转身中成长

作者：张政

从接到一纸调令到现在已经过去两年时间，我对网络管理的认识也由浅到深。一汽-大众与经销商关系的核心是共融、共创、共赢，渠道稳定是网络管理的最终目的。在不断变化的市场中要保持稳定不易，面临新的挑战时，我们要学会主动思考，学会主动求变，学会迎难而上。

网络管理部全体合影（前排右四为作者）

2019年伊始，我接到了一纸调令，要从区域回到总部，并且工作岗位也要从熟悉的售后服务变成相对陌生的网络管理。"网络可不好干！"在来到新岗位前，老朋友们都这么说。

虽然表面上信心满满，但到岗之后，大量繁杂的业务还是让我有些茫然。无论是整体市场环境变化所带来的一系列影响，还是对"在任何一个岗位都要干出一番成绩"的执着，都使我备感压力。

主动求变

众所周知，我国乘用车市场近年来发生了很大变化，销量增速下降，消费群体迭代，消费方式也随之改变。同时，政策法规不断发展，新技术、新模式也在不断涌现。因此，无论对车企还是经销商而言，"躺赢"的时代已经结束，整车生产和流通行业都已进入淘汰赛阶段，我们一汽-大众品牌与其他品牌一样，都在经历着变化。

"现在，经销商普遍存在经营表现分化、综合能力下降、人员流失、资金短缺等问题，这些问题都会影响渠道的稳定性，不仅会给一汽-大众品牌的发展带来风险，还会给广大消费者带来诸多困扰。"网络管理团队的小伙伴们开始对未来的工作方向进行讨论。我们遇到的很多问题，对整个行业来说都是新问题，但由于大众品牌规模相对较大，我们所面临的压力也更大。

此时，所有人都陷入了沉思，渠道问题该如何解决？没人能告诉我们答案，更没有现成的案例可以借鉴。我们只能选择一步步推进、一步步摸索。于是，大家先从经销商出发，开始对下一步的工作方向展开调研和探讨。基于对现有局面的研判和集团发展目标的解读，同时在公司的战略指引下，团队对渠道管理制订了一套以精准高效为目标的管理体系，希望这套管理体系能更好地帮助经销商摆脱困境、改善经营状况,更好地服务于广大消费者。

新管理体系效果如何,只能通过实践来检验。在两年多的应用和尝试过程中,这套"精准高效的渠道管理体系"所带来的成效日益显著,一汽-大众强大的网络体系作用也逐渐展露出来。但这只是迈出了第一步,未来我们在渠道管理方面还要不断完善和改进,充分发掘渠道潜力,适应市场变化,保持行业领先。

主动给经销商减压

顺畅有效的沟通是渠道管理的基础。我们网络管理部搭建了完善的全体系沟通平台,形成了不同级别、不同内容、不同频次的沟通机制。我们在沟通中聚焦经销商的核心诉求,组建了专业的问题解决团队,将经销商的诉求不断整合到下一步的工作规划中。

此前,我们收到了一些经销商的反馈,他们表示在应对品牌规范检核时遇到了一些困难。为摸清这些经销商到底遇到了哪些困难,我们决定开展走访工作。

"这个展厅确实有点旧了。"看到经销商的实际情况,我们的走访人员说道。"这都是十多年前的老房子了。"经销商回答说。"为什么不整修一下呢?"走访人员随即问道。"一来,现在没有精力做整修;二来,整修需要的资金比较多,会给我们的经营带来很大压力。"经销商解释说。

在走访了一批经销商后,我们针对相关情况开了一个小会。"咱们的考核可以调整一下,针对一些优秀经销商的检查,考虑他们的实际情况,可以适当降低一些标准,还可以适当减少一些考核项目。"大家都认为之前的一些考核内容有些过于繁琐,如果能结合经销商的实际情况,精简一些,就能减轻经销商的压力。

根据这个思路,我们对经销商的问题再次进行了详细摸底。原来,由于近年来一汽-大众对品牌形象有了更高要求,一些经销商需要重新整修店面才能达标,但这是一项不小的工程,对他们来说短时间内很难实现,而且资金压力也比较大。

为此,针对一些年限较长的优秀经销商,我们设置了一些免检项目,同时也适当降低了一些项目的考核标准,让经销商聚焦销量,支撑目标达成,得到了经销商的一致认可。

通过实施"沟通赋能、分类施策"等各项举措,不仅提高了网络质量,也让经销商们感受到一汽-大众是真诚地与经销商伙伴共克时艰、携手共赢的,我们之间的距离也因此拉得更近了。

在"枯燥"中享受快乐

"你们的工作不枯燥吗?"朋友好奇地问。

"哈哈,对旁人来说肯定是有些枯燥的。"我嘴上这样回答,心里却始终认为,我们的工作也许看起来枯燥,但我们仍然能收获成就和快乐。

渠道稳定是网络管理的最终目的,而保持经销商盈利则是维护网络稳定的前提,更是一汽-大众战略的初心。我们结合经销商的实际情况和需求,采取"造血为主、输血为辅"的提升思路,在制度保障、提升策略和政策设计上全面出击,统筹整合内部资源,开展多方面工作。例如:2019—2020年营销道场项目共打造32家营销道场,通过线上线下相结合,分享授课133场次,接待经销商1405家次,收集案例79份,阅读下载量3000余次,覆盖销售、售后等16项业务领域,参加"营销道场"学习的经销商单店平均利润额两年提升40万元。

2020年,大众品牌的经销商积极克服新冠肺炎疫情影响,复工率保持在行业领先水平，经销商队伍保持了稳定，上半年全网顺利实现了年初确定的工作目标。看到这一切，我们感到所有的付出和辛苦都是值得的。

时光如白驹过隙，转眼间，我在网络管理部已经工作近两年时间了。我记不清经历了多少轮课题研讨、多少次策略汇报，始终如一的是内心的那份执着和坚守。"沧海横流，方显英雄本色。大浪淘沙，才见璀璨真金。"我庆幸自己奋斗在这个美好时代，拥有丰富多彩的经历，也庆幸自己能融入一个昂扬的团队，与可爱的人们共同创造难忘的业绩！

触达你心中的彼岸

作者：吴宁

面对不断变化的市场趋势和消费者需求，创新求变之路没有终点，有的只是一个又一个里程碑，每一个里程碑都凝聚着团队的汗水与智慧。

我们是这样一群人：拉着行李箱，背着双肩包，出没在各个城市的机场和火车站。从冬天里的加格达奇到夏日里的"四大火炉"，我们感受着祖国的"冷暖"；从北上广深，到塞外边疆，我们体会着祖国的辽阔；在没有无人机的年代里，为了拍摄高空俯瞰照片，掌握真实、准确的信息，我们爬楼顶、坐吊车。

斗转星移中的信心

网络发展部成立之初，恰逢经济回暖、汽车消费市场大幅度提升之时。从那时起，我们拉开了一汽-大众品牌网络快速发展、精益发展、创新发展的大幕，连续三年发展数量都超过100家。

这是什么概念？一般来说，如果要规划100家4S店开业，就要规划至少150个开店点位。这些点位释放出去，经过招募，每个点位可能少则两三家经销商报名，多则十几家报名，报名总量可能至少有400家。随后，我们要对报名者逐一进行严格审核，并逐一进行实地考察，每个规划点位只能优选一家经销商。在选中批复之后，还要跟踪经销商的建设过程，完成对达标经销商的验收，并最终确保能有100家经销商按期开业，这背后的工作量是相当大的。

一位同事回忆起几年前的奋斗情景：那是12月，我从长春出发，一路走过山东青岛、浙江嵊州、广西河池、云南西双版纳、甘肃兰州、陕西神木……每天上午验收经销商，下午赶飞机、转火车、换大巴，遇到飞机晚点或换乘，凌晨之后到达目的地更是家常便饭。有一次到达甘肃兰州时，已经是晚上9点多了，由于已经连续出差三周，实在没有可换的干净衣服了，我不得不去了趟商场。回到酒店后接到领导的电话，问我到哪个地方了，我竟一时想不起自己身处何地，缓了片刻才想起来。

正是这样夜以继日的工作，换来了一汽-大众品牌网络快速布局任务的圆满完成。

"二顾茅庐"

随着市场变化，原有的经销商网络模式已经不能完全适应消费者需求，因此开发新的网络模式提上了日程。

深入一线了解市场动态，是优化创新的前提。在市场调研中，对标行业优秀网络布局及网络形式是重要工作之一，无论在大城市还是偏远市县，都有我们忙碌的身影。虽然调研过程有坎坷、有磨难，也有惊险，但我们始终乐观、敬业。

吴宁（右四）与团队合影

    进行二级网络项目市场调研时，为了更好地了解当地的网络布局，实地考察是必不可少的。经过夜以继日地多方考察，我很快完成了调研信息的收集工作。拿到一手资料后我备感欣慰。

    网络模式的开发和创新，势必影响既有经销商网络体系，可谓牵一发而动全身。因此，我们必须求真务实，慎重决策。通过对前期收集到的调研信息进行详细分析和充分研讨，我们准确找到了经销商的运营痛点和网络发展痛点，各部门陆续开发出更简练的V形一级网络模式和二级网络模式，包括能覆盖区县空白市场的Mini 4S店模式、城区加密卫星店以及备案制触点型网络等，使网络布局整体更合理，更好满足不同地域和市场消费者的需求。

走进客户的内心

2018年1月，为适应新时代消费者年轻化、数字化、个性化的发展趋势，我们部门扩展了新组织机构，组建了战略创新组，我成了其中的一员。一汽-大众品牌未来渠道战略设计和渠道模式创新的重担落到了我们肩上。

战略创新组刚成立，我们就面临着一个全新的课题：在国内开设第一家一汽-大众品牌数字化零售店。以往的汽车销售渠道很少涉及城市核心商圈，到4S店的消费者与核心商圈的消费群体有很大区别：到4S店的都是高意向客户，或对一汽-大众品牌车型感兴趣的客户；而在商圈逛街的消费群体行动目的性并不太强，他们更多是浏览和获取感兴趣的信息。要在商圈发展数字化体验中心，就要将体验中心设计得更加吸引人，增加一些商圈消费群感兴趣的元素。首先要让他们有兴趣走进店里，之后再让他们轻松地了解产品，获得更好的体验。

全新的业务、全新的客户以及待开发的流程，一切几乎都要从零开始。但这些问题难不倒战略创新组，大家紧抓客户体验，走访各行业先进典型，实地考察大型城市核心商圈，总结消费者特征，剖析消费者真实诉求，最终汇总形成了以客户体验为核心，打造数字化、场景化创新性体验模式的理念。同时，根据不同地域的市场特点和一汽-大众品牌的传播诉求，利用这一理念孵化出数字化品牌零售中心、数字化品牌体验中心和数字化零售店三种创新模式。

有了模式理念还远远不够，等待攻克的还有商业模式论证、销售场景打造、销售流程撰写、展厅形象设计、数字化设备应用等落地环节，每个环节都需要反复论证和深度思考。

到了实施阶段，更是压力倍增。我们不仅要与十多个同级部门明确需求、协调资源，还要向经销商宣贯模式、吸引合作伙伴。大到与意向商场沟通上千万元的场地租金，小到对一个数字化设备进行反复调试；从场地选址、经销商招募，到装修设计、开业仪式筹备等，每个环节都需要深入推敲。如果要问什么工作最具挑战性？我的回答就是"创新"。

经过近两年的努力，数字化品牌零售中心、数字化品牌体验中心和数字化零售店最终在2019年11月于广州、长春和重庆三地顺利开业。秉承以客户为中心的理念，一汽-大众将互联网思维体现在线下网点中，实现了品牌传播中心、商业创新中心、客户体验中心和技术应用中心的战略定位，为客户提供了超越期待的数字化体验。我们可以自豪地说：一汽-大众与客户的心更近了。

在变局中找新局

数字化体验店仅仅是新征程的起点。随着MEB平台时代的到来，一汽-大众品牌渠道发展也迎来了新契机——我们进行了国内首个代理制模式的创新尝试，为探索汽车营销模式变革迈出了第一步。

在一汽-大众旗下新能源车型销量规划逐年递增的趋势下，如何实现销售渠道创新是我们面临的最大挑战之一。放眼全球，欧洲和北美地区的代理制模式刚刚起步，但由于地域性差异，可借鉴的经验十分有限。国内没有任何一家车企采用代理制模式进行销售,也没有经验可参考。这种情况下,我们成立了代理制项目组,根据新业务模式梳理了12个工作包,内容涉及销售、市场、网络、售后、整车物流、金融、财务、控制、区域及生产等部门。2020年4月1日,代理制在电动车型上的试点正式启动,选取了4个城市的16家电动车型授权经销商作为代理商开展试点工作,后续将根据电动车型代理商模式继续探索和研究MEB平台车型代理商模式的运行机制。

历经考验的三"专"论

作者：刘值斌

凭借对产品的深刻了解和在营销一线的多年历练，我和团队在大用户领域交出了一份份优异的成绩单。我们能敏锐察觉商机，能冷静把握时机，关键时刻又能一击决胜。傲人成绩的背后是团队每一位成员的付出，以及他们的家庭的支持。

身为湖南人，我性格中有着敢打敢拼的一面。在驻外的16年里，我先后担任过大用户经理、区域经理、区域主管销售经理等，足迹遍布河南、湖北等13个省份。同事说我是销售公司履历最丰富的区域经理，还说我是大用户"专家"。大家不知道的是，在我驻外工作期间，家庭是我最坚强的后盾。

出租车里的商机

刚调到云南任大客户经理时，我在走访经销商的途中碰到一位来自昭通的出租车师傅，出于职业习惯，我随口和他聊了聊当地的汽车市场行情。

本以为这只是一场平常的午后闲聊,但师傅的一句话引起了我的兴趣:"有经销商门店已经跟我们公司接洽了,这车要换了。""嚯,真的假的?"我心思一动。"当然是真的,听说合同都签了,还放了两台车。"当天下午我就向领导汇报了这个情况,同时订好了前往昭通的航班。

结果到昭通后我就犯了难,该去找谁问情况呢?没办法,还要依照老办法——坐出租车绕城转两圈,向出租车师傅们请教一下。就这样,打了三四辆出租车后,我就摸清了大致的市场情况。

"听说你们这儿出租车要换了?"我问道。"对,铁定要换。"师傅斩钉截铁地说。"那您这车是个人的还是公司的?""我们这儿全是个人的。""您怎么知道大家都要买什么车?""我们有个队长,都听他的。""那你们这儿有多少个车队?""有17个车队。""这边的出租车由哪儿管呀?""都是建设局说了算。"妥了!出租车不愧为"八方信息汇集地"。

当晚,我将所有资料汇总,分析接下来的工作计划,设想所有可能发生的情况,准备好应对之策。第二天一大早,我先给建设局打电话,说自己是一汽-大众销售公司的大用户经理,想了解一下出租车换型的事。对方态度很积极,告诉我昭通确实有更换出租车的计划,现在有一批车型已经确定了,如果有意愿参与可以过来谈谈。首战告捷,我暗暗给自己鼓了鼓劲儿。

现场接待我的是一位所长,正应了"同声相应,同气相求"那句话,我报以诚意,他也痛快敞亮,我俩越聊越投机。他说,局里确实有换车计划,但现在已经明确了一个其他品牌的采购意向,当然,他们也考虑要公平公正,最终不可能只采购一个品牌的车型。"你们要是有意向参与,我可以把你们加进竞标名单。"当时我想,只要政府有意愿开放招标,只要没到最后一步,就还有机会。

机会向来只留给有准备的人

根据之前出租车师傅提供的信息,我找到两名队长了解情况,问他们对一汽-大众的产品是否了解。其中一位队长说刚好他家以前用的就是宝来,开起来确实很不错。我一听有戏,体验过一汽-大众车型的人当然更有说服力,我索性请他们帮忙约其他队长了解情况。由于在干营销之前有过技术工作经历,我在和队长们聊专业技术、产品性能时如数家珍,大家对我的专业程度非常认可。就这样,队长们对一汽-大众的产品与服务都有了比较深的印象。

作者

如此大规模的出租车采购项目,在决策过程中势必考虑多方意见,而队长们一定会扮演重要角色,相比展示枯燥无味的产品介绍文档,站在用户角度、拉家常式地向出租车师傅们传递产品优势无疑是更有效的。

在不久后召开的政府投标会上,包括一汽-大众在内共有三个品牌投标。我沉住气步入会场,心想,尽人事,听天命,无论结果如何,前期我们已经尽全力了。

戏剧性的一幕出现了,现场参与评标的正是那17位队长。好家伙,真是功夫不负有心人!结果大家都能猜得到:一汽-大众的通过率是100%,成功签约580台出租车。向公司汇报这个喜讯时,领导打趣道："老刘，你不是说去当配角的吗？咋还把主角给比掉了？"

凭借对产品的深刻了解和在营销一线的多年历练，我和团队在大用户领域交出了一份份优异的成绩单。我们能敏锐察觉商机，能冷静把握时机，关键时刻又能一击决胜，傲人成绩的背后是团队每一位成员的付出，以及他们的家庭的支持。

每天的例行"汇报"

"刚才电话为什么打不通！"刚忙完例会，就被电话那头妻子一通劈头盖脸的埋怨搞懵了。

我顿觉不妙，忙回道："怎么了？我刚才……"

"还怎么了？孩子出事了你也不管，呜呜……"听到妻子的哭泣声，我慌了神，急切地追问："孩子怎么了？你说呀！"得知真相后我呆坐在椅子上，心中又是自责又是庆幸。

由于工作关系，我经常驻外，妻子也是在工作和家庭之间连轴转，孩子满四岁后都是自己去上幼儿园、上学。那天回家路上，孩子老觉得后面有人尾随，跑回家关上门后吓得直哭。听到这里，我止不住地心疼，想着和她同龄的孩子都是被爸爸妈妈捧在手心里，而我对孩子的陪伴实在是太少了。

妻子很少发火，这次想来也是很后怕。以往生活中虽然也有抱怨，但情绪缓和后就和解了，一路走来，妻子付出了很多，我在外忙于工作，她操持着我们的家。这件事过后，我决心无论多忙，也要尽可能多抽出时间陪伴家人，努力营造家庭的温馨氛围。

此后我养成了一个习惯，每天无论忙到多晚，都要向家里"汇报"情况，或是妻子或是孩子，或是打电话或是微信视频，雷打不动。领导与同事见多了打趣道：这每天的例行"汇报"比打卡还严格呀！

我与一汽-大众融为一体至今已28年，曾经的少年如今已年近半百，但我对公司与家庭的爱分寸未改。时光虽逝，热血难凉，刚强的心让我拼搏于事业，柔暖的心让我安心于家庭。其实，在我们每位驻外人员事业成功的背后，都有一个个坚强的后盾，只有得到家庭的支持，我们才能在各自领域内成为更专一、更专心、更专业的"三专"工作者。

数据背后有温度

作者：王源

"有活力、爱学习、敢创新、能合作"的标签，已经深深烙印在每个客户数据应用团队成员的身上：一群年轻人，在平凡的工作岗位上，践行着数据驱动数字化转型的重要使命。

从2017年开始，我进入一汽-大众用户体验部做新业务探索。刚上岗那段日子过得很充实，作为一个"小白"，我努力学习知识、掌握知识，然后把这些知识逐渐应用于工作，不断积累经验。

打通数据的价值

2020年年初，公司正式成立了客户数据应用部，我荣幸地成为这个新团队的一员。数字化转型是企业发展的必由之路，而数据是数字化转型的核心。我和同事们深感责任重大。"数据就像一双眼睛，左眼是BI（商业智能），通过数据分析辅助业务决策；右眼是AI（人工智能），通过算法和模型进行数据挖掘，实现决策和运营的智能化。数据最终一定是服务于业务的。"这是部长对数据的形象解释。

作者（右一）与同事们

要做到数据赋能业务并不容易，"脏、乱、差"的数据是没有价值的。要对数据进行采集、筛选、整合打通等处理，做好标签体系设计，并基于业务场景对数据进行加工建模，封装形成数据服务产品，才能赋能前端业务应用。

在这一过程中，我们与管理服务部的同事密切合作，经过两年的不懈努力，实现了大众品牌线上、线下16个系统数据的整合打通，并通过One ID（一个客户一个ID）实现了客户分散数据的统一串联，梳理了1300多个客户基础标签，形成了统一的客户视图。

什么是One ID？打个比方，分散在各个系统中的客户数据就像散落的珍珠，而One ID就像将这些珍珠串联成项链的链条。借助One ID与各系统中的不同ID建立映射关系，实现同一客户的数据串联，这是构建客户标签体系、客户画像，以及实现客户洞察的基础。

有一次，我们在做数据价值挖掘的建模工作时，发现一些工作难以像往常那样凭经验完成。比如，想找增换购客户，可能要像大海捞针一样在体系内找购车时间超过5年的客户，再筛选出那些可能增换购的客户，最后给这些客户都打一遍电话，这一过程显然有些繁琐。

其实，促成客户购车的因素有很多，为什么不能通过模型训练找到增换购客户的一些共性特征，从而高效筛选出合适的客户呢？于是，我们利用所有数据开展了一些模型训练，进而产生了一个模型，再把新来的客户的数据放进模型中，这样就能知道新客户增换购意向的高低了。基于这个思路，我们把新客户的数据都收集整理出来，进行全方位分析，最后发现打通数据能实现更多价值。

打通数据是一个很困难的过程，因为各部门有不同的系统，当时没有人能说清整个营销领域有多少个系统，以及这些系统之间是什么关系。因此，我们要访谈所有业务部门，然后画出系统地图，从而掌握这些系统里有什么信息，以及与下游系统如何对接。

这相当于画出一个销售公司与客户相关数据的系统地图，通过系统地图了解数据都存储在哪里，实现数据打通。打通过程中还会涉及不同数据间通过什么信息进行关联、通过什么代码进行关联。这些底层工作，表面上看不出价值，但为后续工作奠定了基础。

从数据出发，我们同业务部门、管理服务部门组成了"铁三角"团队，紧密合作，针对相关业务事无巨细地反复沟通。

很多在传统业务体制下成长起来的人对数字化转型不太理解，这就需要我们一遍一遍地解释、沟通。

兼顾好工作与家庭

数据工作不容易，平时难免会加班，不能很好地照顾家人。新冠肺炎疫情期间，居家参加电话会议时，我16个月大的宝宝经常会哭闹，因此我不得不抱着他开会。宝宝有时会认真地听开会的内容，时不时还咿咿呀呀的，颇有些"指点江山"的意味。深夜，当大多数人进入梦乡时，我刚刚哄宝宝睡着，开始处理白天没有处理的工作。恢复正常上班后，我明显感觉到宝宝的变化，也许是因为白天见不到我，一到晚上就特别依恋我，而且总会半夜醒来，为此我心里很不是滋味。

有时候我很羡慕全职妈妈，因为她们能全身心地投入到家庭中；有时候我又很羡慕没有成家的年轻人，因为她们能全身心地投入到工作中。而我既有家庭，又有事业，顾好二者对我来说难度不小。有时候因为宝宝的一些事情需要请假，我会觉得自己的工作没有做好；而在家里，由于还要忙工作，每天陪伴宝宝的时间不长，我会觉得没有尽到妈妈的责任。

有时候工作累了，我就会翻出宝宝的视频看一看，邻桌的同事说，看到我脸上泛起幸福的笑容，总能感到喜悦和温暖。的确是这样，每当想到家里的宝宝，我就会更有干劲儿，明白自己既要肩负起工作的责任，又要肩负起妈妈的责任。

随着客户线上行为数据、车联网数据以及外部数据源的不断接入，丰富更多维度的客户标签，实现更为精细化的运营成为我们追求的目标。"有活力、爱学习、敢创新、能合作"的标签，已经深深烙印在每个客户数据应用团队成员的身上：一群年轻人，在平凡的工作岗位上，践行着数据驱动数字化转型的重要使命。

枝繁叶茂

点滴星光,汇聚星河。在他们的携手创变中,奥迪品牌持续夯实了高质量的发展表现,深深扎根在660万客户的心间。

因症施药

作者：王雪钰

做汽车市场策略工作的人，就像老中医，能根据市场和用户需求变化，每天望闻问切，开方调药。

"你为什么来一汽-大众？"面试官打量着我问道。

"因为一汽-大众是我憧憬和向往的公司，而奥迪品牌是我最喜爱的豪华汽车品牌。我希望能在这里贡献自己的力量，实现自己的梦想！"我的回答十分坚定。

终于，在经历了层层选拔后，我加入了奥迪销售事业部用户服务部，就此与奥迪结缘。

成为汽车市场的"中医学徒"

来到奥迪销售事业部用户服务部后，我一直负责服务策略及服务营销相关工作，全神贯注地工作在用户服务领域，直到品牌营销领域进行战略性调整——奥迪销售部销售策略室成立。极具挑战性的销售前沿业务深深吸引了我，于是我主动请缨，成为国产车销售策略团队的一员。

作为初来者，能真正走到销售前沿阵地，我很是兴奋。但随之而来的压力也是空前的，我甚至连每个专业术语都要从头学起。

我不放过任何一个学习机会，主动向老员工学习销售领域知识。然而，只有知识储备还远远不够，更重要的是思维方式的转变。

"我们做策略工作的，就像老中医。一定要有充足的知识储备，通过'望闻问切'的方式找到症结所在，最后用合适的方法去解决它，还要不停地调整药方。"领导为我指点迷津，"这些知识光知道不行，你还要把它们串起来。"

此时，我感觉自己就像"中医学徒"。在领导的指引和同事的帮助下，我开始向成为"老中医"的目标进发。我不仅要学会"开方抓药"，还要学会因变调整"药方"。

第一次"开方抓药"

我承担的第一个任务是奥迪Q5L车型管理。2018年，豪华汽车市场的竞争格局正经历巨变，奥迪品牌也面临着巨大压力，而Q5L作为旗下一款重要车型，其市场表现备受关注。

Q5L的商业策略涵盖了大量内容，涉及前期的销量规划，以及后期的销售支撑方案。"从3月开始，我们就要陆续行动起来，一直做到年底，每完成一个任务都要经历摸爬滚打的过程。"同事与我分享经验道。

困难就像严厉的导师，总能让人快速成长。在牵头开展Q5L专项销售策略研讨的过程中，我们要组织车型项目组结合市场表现、行业政策、产品、销售计划及供需等维度进行多轮分析。为保证沟通效果，我们还建立了月度例会制，并结合需要随时沟通。

作为一名汽车专业的工科生,我并没有经济、统计学方面的专业知识,仅有的数理基础也早在工作中弱化了。但为了解销售支持措施,使预算精准化,找到理论依据,我主动对奥迪国产车销量变动与价格变动的相关性展开了研究。沉浸在数据分析中,我发现每一项数据背后都有一个"故事",我因此渐渐在看似枯燥的工作中找到了乐趣。

作者(左一)和同事们

就这样,我逐步形成了整体概念,从最初只知道聚焦在某一领域里的具体操作,到后来对全局有了相对系统的认知。理论总要与实践结合,Q5L的商业策略任务让我找到了切入点,一步一步地融入业务中。"中医学徒"终于能"开方抓药"了。

"药方"不能一成不变

"上市的时候,大家都喜欢蓝色的,第一批订单都是蓝色的,怎么一下子蓝色的又没人要了?"同事无奈地抱怨道。

"市场瞬息万变啊,我们赶紧调整策略吧。"

产品在上市后,随着销量的爬坡,我们要研究向市场投放什么资源,如何组织经销商,从哪些维度去调研,都需要考虑。我们的工作直面市场，各种策略的制订和调整都必须紧跟市场趋势。有时要根据经销商的反馈调整，有时要根据用户的需求调整，有时市场上的一些奇招也会让我们措手不及。

"这个月Q5的发票怎么才这么点儿？"同事惊讶地喊道。

如何能快速提高Q5的销量成了亟待解决的问题。我们开了很多会议，进行了不同维度的调研和探讨，我们既想要经销商有信心往前跑，又要合理控制预算。

"这笔钱要给到经销商，但又要注意，用之有道。"我说道。于是，基于过往的积累和思考，我们提出了"A+X"销售支持模式。"A"让经销商相信品牌是和他们站在一起的，是愿意给他们支持的，而"X"，是预算可以调整的部分。

这一销售支持模式，很快得到了大家的认可。

作为汽车市场的"老中医"，我们的药方在不断调整。当豪华车市场由增量竞争转为存量竞争，随着竞品销售策略和产品策略的调整节奏加快以及新势力的不断涌现，奥迪品牌的销量和市场份额受到双重挑战，为此，我们对营销资源和销售政策进行了有效整合，实现了资源的敏捷配置。

为提高经销商的满意度，确保经销商的跟随度，我们通过调整政策考核方式，从季度考核、季度兑付改为月度公布政策、月度兑付，以及简化政策等举措，改善了经销商的经营状况，促进了销售。

回顾在奥迪品牌的10年，经历困难，迎接挑战，收获成果，我不断成长。对于一汽-大众，我一直心怀感恩，我愿在今后的日子里继续与之相伴前行。

"洼地"栽树结硕果

作者：齐延兵

洼地对很多人来说是虚无之地，置身其中只会茫然无措。但对我来说它是机遇之地。当我和经销商伙伴们冲出洼地、仰望星空时，心中充满了自豪感！

"齐老师，他们是在等你吗？在那里站半天了。"

正在与我畅聊的朋友提醒我。我扭过头，只见有几个人手拿酒杯站在不远处，他们一边不时与人寒暄，一边不断看向我这边。

看到我关注到他们，几个人不约而同地向我走来，脸上都洋溢着喜悦之情。刹那间，我的鼻子有些酸……

这是在奥迪东南区经销商2019年年会晚宴上，我负责的金衢小区（金华、衢州小区）7家4S店的销售总监走向我。金衢小

作者

区当年的目标完成率达到110%，一举从整个大区的销售"洼地"跃出。如此优异的成绩，是我与他们在短短100多天里共同取得的。

"洼地"蕴藏机遇

2019年8月，我被调到金衢小区担任销售经理。金华是奥迪东南区经销商小伙伴们公认的市场"洼地"。

彼时的金华，奥迪品牌市场份额小；网点布局较少，且连续两年在网络招募中轮空，没有投资人愿意在金华布点；风险经销商数量占比60%，其中3或4级高风险经销商有两家；经销商管理层和销售团队流失率高，大部分门店管理体系松散，运营能力弱；经销商对主机厂有抵触情绪，对品牌的信心不足、信任感极弱……

我想，"洼地"虽然环境恶劣，但充满了机遇，有更大的发展空间，这未尝不是上级领导对我能力的一种肯定。秉承这样的态度，我迅速向困境发起了挑战。

苦水你们倒，信心我来给

如何快速深入了解从投资人到一线销售团队的状态，如何扭转低迷的经销氛围，缓和经销商与主机厂的关系，如何实现销量和市场份额双提升，赢得用户信赖，是摆在我面前的几大难题。

第一季度，我每个月至少对小区里的7家经销商进行了两轮次的走访，每月召开一次小区工作会议。通过坦诚而深入地沟通，我在倾听经销商各层级诉求，了解各店痛点和困惑的同时，把品牌和大区对改变金华现状的决心和信心也传递给他们。

出于历史原因，第一轮走访并不顺利，各家经销商的总经理和投资商在与我沟通时情绪消极，毫无信心。记得金华的两家经销商，他们有共同的投资人，这位投资人带着整个经营管理团队与我理论，言辞还比较激烈。

他们一开始就把这么多年的苦水都给我倒了一遍。其中既有对品牌、大区的不满，也有他们自身的经营问题、团队问题等等。

整个访谈过程中，我并没有争辩，只是认真听他们倾诉，默默把问题记了下来。这位投资人说完后，发现我一直很有耐心，于是态度缓和了许多。

我开始表明态度："大家反映的问题我已经记下来了。说实在的，这次大区把金华市场扭转过来的决心非常坚定，在车型结构调整、市场营销和区域前移方面，一定会给大家前所未有的支持力度。"

"不过，大家如果抱着对抗的态度，今后还怎么继续合作？大区又怎么来支持我们？"看到对方哑口无言，我继续说："店里存在这么多问题，到底是什么原因造成的？我刚才把问题都记下来了，现在咱们来一起分析分析……"

访谈过后，我一家一家地走访经销商，在安抚的同时，对金衢小区沦为销售洼地的原因进行了摸底，针对发现的问题以及工作中的想法与上级进行了沟通。东南区区域总经理徐洋和区域销售总监杨万霆对我的工作给予了大力支持，他们的建议帮助我更好地摸清了金衢小区的情况。在这个过程中，我酝酿并形成了初步的工作方案，坚持白天走访、夜晚梳理工作。就这样，工作思路逐渐明朗起来。

真心换真心

结合金衢小区的历史问题和经销商状况，我向经销商们开门见山地阐述了自己的工作风格和思路：坦诚沟通、荣辱与共是基调，讲阳谋不讲阴谋是方式，亲密无间、和而不同是方向。

记得那段时间，我每天都保持高强度工作状态，白天走访经销商，晚上梳理思路并根据实际情况调整方案，基本上每天都工作到凌晨一两点。我把小区经销商的总经理和销售总监拉到一个群里，晚上发布工作安排，总经理和销售总监看到后第一时间落实。

我要求经销商之间最大限度地共享信息，并将品牌和区域的工作方向和策略，以及细致到车型的产、销、存规划第一时间传递到位，尽量消除信息不对称带来的理解偏差。同时，我在商务政策上有所取舍，不搞平均主义，而是结合经销商的实际情况，给予重点支持。

每家经销商都有特殊情况，有的店当月资金回笼有问题，有的店当月销售人员流失严重，因此小区销售经理不能只按销售能力一刀切地确定一个销售目标，而要根据实际情况实时调整。如果仅仅是在数据层面根据同一标准测算一个定量目标，那么很可能有的经销商就完不成任务。日积月累，经销商的销售问题将越来越严重。

记得有一次走访义乌的一家店时，发现展厅内居然摆放着一辆奥迪A4L的试驾车，车身上的"试驾"两字显得格外扎眼。我当即打电话把这家店的销售总监叫了出来，指着那辆试驾车问他怎么回事。

"奥迪A4L的库存已经卖光了，连展车都卖了，不得已拿试驾车顶一下。"

"什么时候的事？车卖光了后续订单怎么处理？"

"已经一周多了，现在也不敢接订单。"

"这么大的事怎么不跟我说？"

"说有用吗？计划是早做好了的。"

是啊，每家店的每个车型分配计划是早做好了的，销售人员只要按计划完成销售目标就行了。显然，我们忽视了奥迪A4L在义乌更畅销的情况，导致库存无法满足消费者需要。我一边反省，一边打电话联络，终于在多方协调下，举小区之力，为这家店调配了40辆奥迪A4L，随后又增加了这家店的奥迪A4L配额。

这样的做法可能引起其他经销商的误解，于是我坦诚地与其他经销商进行了沟通，并承诺说："如果你们遇到类似问题，我同样会给予这样的支持。"就这样，把条件摆到桌面上，讲明决策原因，以及未来会如何调整，经销商便逐渐接受了我的规则。

随时随地的无障碍沟通，以及站在消费者及经销商立场上思考和决策的工作方式，使小区内各经销商很快形成了合力。我持续高强度的工作状态，也加深了他们对我的信任。

其他的都交给我吧

要让经销商对奥迪品牌更加忠诚，最有效的方法无疑是争取经营上的突破。鉴于金衢小区过往的情况，我认为首先要解决经销商之间的协同问题。

为此，对内我建立了经销商之间的协同和支持机制，通过小区内部调整，化解部分经销商面临的集团内部制约或资金节奏问题，在任务分配、车型结构、库存深度、资源等维度创造小区协同的工作氛围和习惯。同时，在市场营销端鼓励和协调经销商联合投放，做到有的放矢，共同进退。

对外，我要求经销商做好对标。基于金华奥迪网点落后的情况，每家店要瞄准市场，跟踪库存、政策和价格波动情况。同时，监控市场活动，不断调整营销方向。

在战术层面，我建议小区内部实施纵向业务条线和横向项目条线相结合的工作机制，成立了销售策略、计划与订货以及话术与战败分析等多个委员会，共同商定适合本地市场情况的标准和建议。

此外，通过每月两次的销售总监碰头会、每月至少一次的总经理沟通回顾会，落实和修正标准的执行情况，同时制订了一系列管理方法保障标准落地。

通过一套组合拳，只用短短4个月时间，金衢小区的整体销售业绩就有了明显提升。2020年1月，奥迪东南区经销商2019年年会召开，金衢小区的经销商受到了表彰，于是就有了本文开头的一幕。

冲出"洼地"只是开端

经销商们热切的目光激发了我的豪情。携手攀登新高峰成为我们的共同战略目标。为此，我们要进一步改变营销思维和战略意识。

当前环境下的销售，讲求对节奏的精准把握。为此，我引导经销商们将固有的会计成本思维方式改变为机会成本思维方式，放眼整个财务年去思考和决策，不要"斤斤计较"。同时，我通过总结出的销售节奏五大参考因素、四大核心驱动因素和三大要义，基于每家经销商的背景和状态，引导他们建立自己的销售节奏，把握小趋势，做时间的朋友。

计划与任务的分配是区域销售经理的核心工作之一，这将在很大程度上决定经销商的节奏。为此，我通过四个维度、占比可调的计划分配逻辑，去贴合和引导经销商的月度节奏，并匹配相应的资源和结构。实践证明，这些举措是有效的，经销商们也充分相信区域对任务和结构的分配决策。

我一直认为销售是过程管理，而不是政策和价格管理。因此，我通过小区内训体系打造、销售过程分析和管理、网销集客（ADC）业务提升、衍生包装多样化等一系列方法，努力建立销售顾问价值传递理念，降低谈判成本和成交难度，并鼓励经销商建立差异化打法，做到一店一策。

棋入中盘,渐入佳境。在经销商伙伴们的共同努力下,当前的奥迪金衢小区可谓硕果累累:市场份额同比强势增长3.1%;面对2020年年初疫情的影响,2020年5月和6月连续两个月发票完成率全国第一,2020年上半年累计销售额全国第一。

更重要的是,整个经销商团队状态良好、士气高昂,对品牌充满了信心。部分投资人经过沟通,已经提前在空白区县布局了直营店,将奥迪品牌带到了更多消费者身边。

通盘考量,放眼长远,站在可持续发展的角度思考每一步,这是我来到金衢小区的最大收获。我坚信,只要提前布局,臻于至善,就一定会结出累累硕果。

千里走单骑

作者：赵振龙

疫情期间，我独自驾车从山东出发，途经安徽、河南、浙江、江西，最终到达福建福州。回首这段千里走单骑的历程，我有过迷茫，也有过忐忑，但我不曾放弃。

我和朋友开玩笑说，古有关云长挂印辞行，过五关斩六将，我这次从山东到福建，独自驾驶1400公里，也算是"千里走单骑"了吧。说实话，回想起这段特殊时期的特殊行程，心里也有过后怕，但我可以坚定地告诉你：我不后悔！

去一线的决定

2020年年初，突如其来的新冠肺炎疫情让大多数人措手不及，我们只能待在家里，通过网络、电视关注形势变化。

疫情的阴霾笼罩着大家，每次线上会议，我都能深刻感受到经销商伙伴的焦虑和不安，以及对前景的迷茫。作为闽北小区的销售经理，即使我在千里之外，也同样寝食难安。

2月中旬，企业陆续开始复工复产。我收到了公司的复工通知，通知要求各小区经理先回到位于杭州的大区工作。当时，我忽地想起电话里经销商伙伴们疲惫的声音，想到他们面对当前低迷市场的无助，于是我做出了一个决定——回福州，去销售一线，与小区的经销商伙伴们共渡难关！

我立即向领导提出了申请。听完我的话，领导顿了一下，接着略带疑虑地问："你真的要这个时候去福州？"

"我去杭州也没办法安心工作，还是直接去福州吧。"我回答得十分坚定。

然而，面对家人时，看到他们担忧的目光，我心中充满了歉意。母亲认为这样太危险了，拉着我不让我走，说宁愿不要这份工作，也不想我在这个时候去冒险。可我一心想要与一线销售同仁并肩作战，根本不曾想过退缩。我的决心让家人渐渐松了口，他们最终支持了我的决定，但我为此备感愧疚。

绕过"雷区"，孤身赴一线

接下来是怎么去的问题。当时，飞机、火车等交通方式还处于未完全恢复状态，因此我决定开车去福州。妻子同我一起研究行车路线，后来妹妹也加入进来。看着各地疫情形势图，妻子说："你就走这些黄色区域，那些红色区域都绕开。"我看着妻子选择的路线，有些迟疑。但家人的态度十分坚决，考虑到安全问题和他们的心情，我只好同意走这条路线。

为解决路上的吃饭问题，家人在我车里放了两箱泡面和一壶开水，还有几个鸡蛋。妻子准备了一床被子，叮嘱道："你睡觉时一定盖上，千万不能感冒。""知道了，我肯定会注意的。"我保证道。

疫情后经销商活动现场（右三为作者）

为防万一，我还提前吃了几粒感冒药。

谁知还没出发，就遇到了一个难题：出于防疫需求，村口挖了一个大坑。这怎么出去？没办法，只能去找村支书商量。

"你小子这是要干啥？"村支书显然不理解我的做法。

"我是要出去，又不是进来。"我解释道。最终，我说服了村支书，我俩趁着夜里没人，把大坑给填上了。

"你赶紧走吧，一会儿我再挖。"村支书说道，"你自己注意点。"

"谢啦！"我挥了挥手，上了车。

在浓浓的夜色里，我踏上了"千里走单骑"的征途。受疫情影响，天亮后的高速路上车辆依然很少，路过的服务区也大多处于关闭状态。为保万全，我尽可能不下车活动，但这样的氛围难免让人心生孤寂之感。我连忙打开一桶泡面，想借着暖暖的水汽，让自己不再胡思乱想。

按之前规划好的路线，我从山东出发，经安徽到河南，再到浙江，避开了杭州、温州，绕到江西，经过武夷山，用时近20小时，最终于2月17日成功抵达福州。回首这段千里走单骑的历程，我有过迷茫，也有过忐忑，但我不曾放弃，因为我知道还有无数经销商伙伴坚守在营销一线。

你怎么来了？

好不容易到了福州，一进城就又遇到了难题。

"你要隔离14天。"工作人员的话让我大失所望。一路"过五关斩六将"，最后要是被关在酒店里，就前功尽弃了。

正当愁眉不展时，朋友帮我想了个主意："你把行驶轨迹给他们看一下。"朋友通过国家的大数据统计，把我的行驶轨迹全都调了出来，这就能证明我没在外地住宿，全程都独自在高速路上。"你看，从我那个村子里出来，一路全在高速路上，一直到福州才下来。"我和工作人员解释道。尽管最终还是被安置在指定酒店，但可以凭出门条进出，我这才松了口气——能出门就行。

我还记得到达某经销商店内时，经销商伙伴们惊讶的表情。他们异口同声地追问："赵老师，你怎么来了？你怎么来的？"

当我的手与经销商伙伴的手握在一起时，我知道，这1400公里路没有白费。我的到来让他们能真切感受到厂家对经销商的重视。虽然疫情尚未缓解，但厂家愿意与经销商共患难，一起应对市场困局。

到达不是目的，尽早展开工作才是目的。为缓解经销商的现金压力，我牵头去和银行进行关于质押期限和保证金的谈判。

几经波折，我们有关延长质押期限和降低保证金的诉求都得到了满足。消息传出，一个相熟的经销商伙伴跑来找我，一进门就紧紧握住了我的手，说道："这么多年了，这是第一次由区域牵头，帮我们去和银行谈。"

"只要你们越来越好，我就不怕忙活。"我笑着说道。

"当初你提出自己出资帮我垫付员工支出的时候，我就觉得你……"经销商伙伴激动地向我竖起了大拇指，那一刻，我心潮澎湃。我知道，不积小流，无以成江海，信任都是一点一滴积累起来的。只有与经销商伙伴真正建立起互信的桥梁，才能实现坦诚沟通、互利共赢。

疫情形势大幅缓解后，经销商伙伴们提出要一起请我吃饭。

那天饭桌上，一位经销商伙伴对我说："赵老师，你知道咱们福建汽车圈最近出了个大事件吗？"

"怎么了？"听了他的话，我有些摸不着头脑。

"现在大家都知道，有个奥迪厂家人员车里装了两箱泡面和一壶开水，驱车20多小时赶到销售一线，就为了给经销商打气，帮助大家渡过难关。这都成了投资人和总经理激励员工的范例了！"

能被经销商伙伴们认可，我备感自豪。如今，看到闽北小区业绩蒸蒸日上，我的欣慰之情溢于言表。

一路走来，我与所有经销商伙伴亲如兄弟，我相信，闽北小区，未来可期！

盛夏的铁皮房

作者：罗海涛

有一年盛夏，我们在广州中转库二楼铁皮房里整理报价单，铁皮房里没有安装空调，风扇吹出来的都是热风，我们每个人都汗流浃背，但由于现场各环节都非常紧凑，别说休息，连放在手边的水都顾不上喝一口。

2008年，我入职一汽-大众区域管理岗位，十余年来先后辗转广东、湖北、湖南、广西、海南、江西等地任职，在领略了不同风土人情的同时，也在服务于各地用户的交流中得到了锻炼和成长。

只想用户获得最好的体验

随着消费者对豪华品牌二手车的认知度和期望值越来越高，不断带给用户超越期待的销售服务体验成为我们工作的重中之重。

2016年前后，我在湖南、湖北任职期间，全国奥迪官方认证二手车业务如火如荼地开展起来。但是，彼时的长沙还没有建立奥迪品牌二手车标准展厅，无法让当地消费者及时享受到专业、诚信、便捷的奥迪品牌服务。"这样下去是万万不行的！"我看在眼里，急在心上。

经过一段时间的实地走访了解，长沙经销商对于投资二手车展厅一直犹豫不决的主要原因，还在于投资人担心投入过大，给企业造成负担。经过市场潜力测算并综合分析及评估后，我结合奥迪南部区成功经销商的二手车业务数据，最后请网络部同事给出最适合经销商的展厅投资方案，即可以把服务接待区雨棚改造成二手车展厅。

这样的方案提出后，很快便获得当地经销商的普遍认同，很快，便有5家长沙经销商申请建立奥迪官方认证二手车展厅。2017年，这5家展厅顺利开业，使得长沙地区的用户体验有了质的飞跃，也为更多消费者了解奥迪品牌二手车业务提供了良好的服务平台。

每一滴汗珠都是值得的

公开透明是消费者对二手车最为关注的诉求。为了带给消费者愉悦、放心、尊崇的服务体验，我们不断对业务流程进行优化调整，并专门成立了项目组，共同探讨方案优化、流程细节和系统开发问题。

二手车的车况千差万别，如何保证车辆信息能真实体现其实际车况？为解决这个难题，我们展开探讨，并最终决定由二手车业务部负责组织经销商实地验车。

经过紧张筹备，新的业务流程开始试行。由于当时没有固定的验车场地和办公设施，我们就把验车工作搬到了中转库，亲身体验了一把"现场办公"。在酷暑中，我们与经销商一起在广州的中转库房里完成现场竞价活动；在寒冬中，与经销商在长春的雪地里实地验车。

有一年盛夏，我们在广州中转库二楼铁皮房里整理报价单，铁皮房里没有安装空调，风扇吹出来的都是热风，我们每个人都汗流浃背，但由于现场各环节都非常紧凑，别说休息，连放在手边的水都顾不上喝一口。来参与验车竞价的经销商工作人员，也都不停地扇动手里的材料册来降温，焦急地等待着中标结果。

除了现场竞价活动，现场验车工作也非常艰苦，尤其是在冬天。有一次在长春验车，我们带着经销商在几个中转库之间辗转。当时的中转库过于偏远，地图上都找不到，又正好赶上长春下雪，我们到达中转库时，发动机舱盖上已经蒙了一层厚厚的雪。然而我们深知，艰苦条件下检验出来的车辆性能将更具说服力，也更能满足消费者期待，因此，所有的苦都变成了我们加倍努力的动力。

作者和女儿

滴水不成海，独木难成林。在推进奥迪官方认证二手车业务的整个过程中，我们得到了控制部、综合销售部、服务技术部和整车物流部等多个部门的全力支持，尽管经历挑战与辛酸，但看到一辆辆可靠有保障的奥迪品牌二手车交付到消费者手中，我们心中备感自豪。

一年能做几件事

作者：奥迪东北区吉林小区

以车展为战场，奥迪东北区吉林小区打响了帮助经销商改善经营水平、提升消费者信任度的"战役"。在大家的协同和努力下，本次"战役"取得了傲人的战绩，加强了奥迪的豪华品牌形象，并为今后的车展营销模式创新提供了参考。

"为什么会这样？"我们眉头紧锁，看着刚结束不久的车展销售数据。参加本次车展的经销商为了拉动销量，将几款车型的价格降到了底线之下。

背水一战行不通

众所周知，车展本该是经销商做好营销工作的关键时机，但现在反而成了"鸡肋"。这种"车展低价卖车"的模式已经在经销商管理层、销售顾问层和客户群体三个层面形成了惯性思维。我们一致认为，这比盲目跟从更可怕！

从2019年上半年小区的销售数据看，前半程的销售节奏明显过缓，因为经销商都在等着车展集中拉高销量。事实也是如此，车展短短几天的销量就相当于之前两个月的销量。然而，不符合市场规律的大幅价格波动，不仅不利于经销商顺利开展经营工作，更让人揪心的是，这对客户满意度的影响也非常大。试想，如果客户在车展前刚买了辆车，可没多久就降价了，客户会如何看待这个品牌？

苦思冥想后，我们决定还是要稳扎稳打。首先要改变经销商伙伴们的惯性思维，帮他们重振信心。要达到这个目标，建立起新销售秩序就是关键。于是，我们开始调整工作方向，把目标锁定在第二年的地区车展上。

"明年的车展，我们既要让客户得到实惠，也要实现经营目标！"我们刚说出新想法时，经销商们都流露出诧异的神情。也难怪，在车展上低价卖车已经是这些年的行业惯例了，现在我们居然说要实现经营目标，听起来确实有些不可思议。但我们依然坚定地说："从现在开始，大家一定要按我们制订的销售节奏来卖车！"

首先，我们一定要让经销商们稳住价格，因为这是保证客户满意度、品牌信任度的关键因素。为此，在策略上我们做了很多细致的工作，比如，这款车的价格怎么制订？销售顾问应该怎么报价？销售总监的权限应该有多大？我们在制度上要求所有销售总监加强对销售顾问的管理，超过销售总监权限的降价一定要在小区里报备。

其次，我们要在经销商之间建立协同和信任。比如，当某款车型销售不利时，我们会组织经销商共同商讨合理的价格，组织相应的促销活动；某家经销商在某款车型上销售压力较大时，我们会协调能力更强的经销商增强销售力度，帮助减轻销售压力；当发现某个经销商的能力与商务计划不匹配时，我们会及时调整计划，不向经销商过度施压。

于是，在一系列计划的落地后，小区的销售情况逐步稳定，从

"十一"黄金周到"双十一",再到"双十二",大家始终保持着统一的销售策略。经销商的库存因此得到了有效释放,大家的经营水平提升了,协同和信任使工作变得更加顺畅。

控制好节奏

2020年注定是不平凡的一年,年初的新冠肺炎疫情使很多行业蒙受了损失,汽车行业也不例外。4月,奥迪全新A4L上市。鉴于A4L在车展期间具有价格风向标的属性,加之新车上市都有一定的慢热期,一旦新A4L销售业绩不佳,车展期间的整体价格很容易崩盘。为此,我们提前制订了新A4L的销售节奏规划,与经销商统一思想,为车展夯实新A4L的价格。

4月和5月,小区要求经销商借助前移政策快速清库,推出原值置换营销政策。6月,采用小区差异化阶梯竞赛带动销售节奏,一系列措施很快使新A4L的销量达到了老款A4L的往年同期水平。车展前,小区整体销售进度已经比2019年加快4%,销售压力陡降,经销商之间也已形成协同之势,建立了互信。车展期间实现价格稳定因此有了保障。

时间过得飞快,车展已近在眼前了。为确保车展期间万无一失,我们与经销商在6月进行了4次充分研讨,确定了展销分离策略的实施细节,决定开展"扫码集客"活动。我们把新A4L的优惠幅度提前下调1个百分点,与惠民政策保持一致,提前接受订单,这样,在稳定价格的同时,引导客户在非车展期间购车。此外,我们调整销售模式,回归展厅,让客户保持愉悦的心情,把展会期间的订单延迟到展后到店交车,为客户提供良好的交车体验。

天时、地利、人和皆备,大家对这次车展的效果信心十足,个个摩拳擦掌,准备大干一场。

车展终于开始了。由于工作思路清晰,从小区到经销商,再到每一位销售顾问,大家各司其职,通力协作,按展前制订的节奏推进各项工作。车展期间,我们的手机24小时不关机,发现问题随时沟通,及时解决,"煲电话粥"到凌晨已成常态,坚决执行"问题不过夜"的工作模式,抓住最佳战机。同时,我们摸排各店现状,根据各店不同情况,制订相应销售目标,尽量让各店"压力均衡",齐步走、不掉队。

车展前两天适逢周末,正是客流量最大的时候。由于没有以往车展降价促销的手段,前两天的成交量较往年降低了很多。为此,不少经销商备感焦虑。越是这个时候,越要稳住阵脚。就这样,又过了一天,经销商的订单数量开始回升,并逐步恢复到往年车展的水平,经销商们悬着的心终于落地了。

这一年多来,在经销商层面固化下来的沟通协同机制,形成的稳定销售质量的方法,以及积累的客户对奥迪产品的信心,对今后的工作有着非常重要的促进作用和借鉴价值。众所周知,只有在工作中始终保有学习的动力、思考的能力和执行的魄力,同时发挥团队的力量,才能不畏挑战,奋力前行!

不怕从零开始

作者：刘瑾

正因为经历过无数次摸着石头过河，我才能飞快地成长起来。

时光飞逝，转眼间，我已到了知天命之年。来到一汽-大众工作20年了，我很骄傲能为之挥洒汗水。这20年，我从一名汽车模具设计师做起，最终跨专业进入营销领域，紧跟品牌发展脚步，成长为一名奥迪网络管理专家。何其有幸，我见证了奥迪品牌在中国的发展和壮大。

关键的19天

有一年，汽车市场萎靡不振，我当时任计划协调室主任。从9月开始，销售部一方面要顶着来自生产部门的压力和质疑，另一方面还要执行奥迪品牌扩大销售渠道的任务，同时要协调控制、储运、区域等联合工作，把不可能完成的销量目标变为现实。到了12月，我恨不得把时钟调得再慢一点，这样每天留给我们工作的时间就能长一点。

一个星期天，我与两位同事正在公司加班。到了中午，我突然接到婆婆的电话："你去没去接孩子？他怎么自己跑回来了？"我当时一惊，才想起接孩子的事。晚上回家看到儿子，心里没由来地一紧。听儿子讲，他放学时没见到妈妈，就一个人按照往常的路线，先坐54路有轨电车到创业大街再一溜儿小跑回到家里。这是儿子第一次放学后自己回家，他长大了！身为母亲，我心里既有愧疚，也有欣慰。

作者

连续高强度加班19天后，我的身体扛不住了，被检查出患了急性肾炎，无奈之下，我只能住院治疗。虽然身在病房，但我还是放心不下工作。"你就好好休息两天吧，养好病就放你去工作！"看到我在病房里坐立不安的样子，家人劝我说。两天过后，我立刻提出要去上班。"你们不是说休息两天就放我去工作吗？""我们说两天，你就真只休息两天啊！"尽管家人一再劝阻，但我还是选择边输液边上班。

最终，事实证明我的牺牲和付出都是值得的。经过我和同事们的不懈努力，终于完成了年度目标！作为奥迪品牌的一份子，我深深感受到品牌的力量和品牌给个人带来的荣耀。这19天的坚持，成为我最难忘的记忆。

让他们自愿戴上"锁链"

在奥迪销售事业部正式成立后，奥迪网络部也随之成立，我从销售部调到网络部，担任网络质量经理。网络质量室里是一群充满活力的年轻人，他们来自公司各个部门，大家此前几乎都没干过销售。每个人都是从零学起，向世界顶级咨询公司学习，努力将新知识与过往的经验融会贯通。

不管是经销商，还是其他横向部门，对我们这个新部门的工作都不太了解。因此，当我们的工作涉及横向部门的配合，或涉及经销商方面的落地时，往往就会遇到阻力。当我们试图对经销商的工作提出标准和要求时，经常得不到他们的积极响应。为此，我们开了一个又一个讨论会。

"之前流程分工不尽完善，也没有人去专门管经销商的这些事，你突然要管，他肯定难以接受。"同事无奈地说道。

"但奥迪是一个豪华品牌，我们的经销商为用户提供什么样的服务、要具备怎样的运营条件，都必须制订出相应标准，确保让我们的用户满意。"

"道理我们都懂，但这就等于往经销商身上加了一道'锁链'，他们怎么可能愿意？"

"我们就是要让他们自愿戴上'锁链'。"

经过几番商讨，我们最终决定先通过多轮宣讲的方式，对标准进行讲解，并邀请德国专家来现身说法。

通过调研、走访，我们找到一些希望迅速有所改观的经销商开展试点工作，通过打造样板店，实现以点破面，让经销商们看到实实在在的好处。就这样一点一点，我们把标准逐渐推广到整个销售网络。

在整个团队的努力下，我们实现了奥迪销量与质量齐飞的目标，无论是用户满意度，还是经销商满意度和营销能力，都处于行业领先水平，奥迪品牌的投资吸引力也上升到新的高度。

危机让一切都快了起来

2020年新冠肺炎疫情暴发，让大多数人措手不及。春节假期还没结束，很多人还在居家隔离，而奥迪事业部的所有员工已经开始投入到高强度的工作中，对经销商的经营现状做出了及时反应。

在那些居家办公的日子里，奥迪事业部的所有员工忘却了上下班的时间界限，有时甚至不分昼夜。每天早上睁开眼睛，大家就自动进入工作状态。一个接一个的线上会议让人应接不暇，我们每周都要和经销商进行线上沟通，了解他们的状态。

"湖北地区的经销商状态一定要重点把握。"我对同事嘱咐道。那时疫情正是最严重的状态，想要及时把握湖北地区经销商的状态，除公开信息外，我们还要向经销商了解相关人员的具体情况，明确他们最需要什么。当得知经销商的资金流、现金流已经非常紧张时，奥迪事业部迅速做出反应。我们多次进行沟通、讨论，针对当时的经销商状态，对考核项目、商务政策都提出了调整建议。

然而，政策的调整并不是那么容易。我们准备制订的引导经销商回归本源的激励政策，面临着极大的难度。我们提出的建议被一轮轮地驳回，反反复复总是不行。为此，不知经过多少次摸索，与合规部门进行了多少回合的沟通、研究，一点一点地推进，最终才找到一个更稳妥、更有效的方案。

随着方案的落实，我们不断收到经销商的反馈。事实证明，我们的努力都是值得的。我们在疫情期间的应对举措，不仅拉近了主机厂与经销商的距离，使经销商投资人深切感受到奥迪品牌的真切支持，而且在提升经销商综合能力和终端销售质量方面向前迈进了一大步。我们在面对危机之时做出的反应不仅是快速的，而且是有效的！

沧海横流，方显英雄本色。在感叹时光飞逝的同时，我们更感叹的是自己始终在路上。为了更好地服务用户，无论道路多么蜿蜒崎岖，奥迪人从不畏缩。20年栉风沐雨，不忘初心，我会志矢不渝，坚持"以用户为中心"，砥砺前行。

永远走在问题的前面

作者：李晨

> 回首过去的8年，我在一次次挑战中不断成长和蜕变。无论当初面对怎样的困难，我都不曾退缩，因为号角吹响后，我只会前行。

8年，一个人的改变会有多大？人体细胞每8年就会完成一次整体的新陈代谢，这意味着，我们每走过一个8年，都与以往有所不同。对我来说，在奥迪度过的8年职业生涯，是一次又一次的成长和蜕变。

2012年大学毕业后，我走进了坐落在长春市普阳街上的一汽-大众奥迪销售公司，开始了作为奥迪营销人的职业生涯。"奥迪进入中国30多年来，紧跟时代和中国人喜好的举措不胜枚举，在这个进化过程中，一汽-大众奥迪'以用户为中心'的理念从未改变"，从案头上厚厚的资料中读到这段话时，我感触很深。企业自豪感的背后既有前辈们的辛勤耕耘，也有用户给予我们的信任。服务好用户，是一名奥迪营销人肩负的责任和奋斗的方向。用户的需求，就是我们前进的号角。

作者在新车发布活动现场

走在解决问题的路上

作为一名机械专业的工科生,能踏入营销领域,我内心是激动和兴奋的。但真正接触这项跨专业的工作时,我还是慌了。如何设计一场美轮美奂的媒体答谢会?如何筹办一场车展发布会?一个个问题让我一筹莫展,那些陌生的名词让我感到不安。

但我们年轻人最不缺的就是干劲和求知欲。奥迪是我对豪华品牌汽车认知的具象化体现,我想把奥迪的理念传播出去,我愿意为之付出!不会的业务怎么办?去请教,去调研,去学!不懂的问题怎么办?去查,去问,去钻研,我暗自下定决心。

为了更快地了解每一项业务,我常常在活动筹备现场一待就是一整天。遇到不了解的地方,就向工作人员请教。每一个细节都要看,每一个过程都要了解,从代理商到包工头,甚至展台的搭建者都要去交流、学习。每一项业务涉及的流程、价格，以及交付周期和品质要求，我都会记录下来。一场活动结束，我记了满满一本子。

为了更好地了解市场相关情况，我会在工作之余，跑到各大发布会去参观学习，感受这份工作的最终呈现状态。最终，在短短4个月的时间里，我基本掌握了奥迪公关活动的业务逻辑以及相关的"奥迪标准"。

随着我第一个项目"绿色驾驶训练营"的顺利完成，车展、业绩发布会接踵而至……从一开始无从下手，到能清晰、精准地规划实施，我迅速成为一名合格的项目经理。

在筹办活动的过程中，我经常和同事一起工作到深夜，我们一起看场地，一起反复彩排，一起优化方案。我常说："执行层面是不会有任何一件事是顺顺当当的，我们总是走在解决问题的路上。"

有次活动，开始前车辆无法进入活动现场，这个突发情况是大家没有考虑到的。我们尝试了各种解决办法，把车横过来，不断调整位置，可是车子就是进不来。距离活动开始的时间已经很近了，大家开始有些焦躁。突然有位同事嘀咕了一句："难道不能从天而降吗？"一句话点醒梦中人，我们赶紧找来现场的吊车，成功将车吊了进去，大家这才松了口气。

虽然有时候很辛苦，经常出现各种各样的意外，但我在解决问题的过程中收获了满满的成就感。每当项目完成，实现第一时间把奥迪的产品报道、技术资讯、品牌理念呈现给用户的目标时，我总会备感欣慰。

数牛毛

随着奥迪用户战略的持续深入，奥迪销售事业部（ASD）成立了以用户为导向的客户关系管理部门。同时面向内部启动了人才招募，我第一时间应征，顺利成为其中的一员。那时的奥迪客户关系管理工作还处于起步阶段，管理措施和管理系统并不健全，甚至已经影响了品牌的声誉和销量目标的实现。我们的主要工作就是解决客户用车问题。

虽然接手工作时我们斗志昂扬，但真正面对繁杂的工作内容时，还是感觉头大如牛。经过几轮讨论后，我们还是决定一条一条梳理工作内容，虽然工作量巨大，但为真正了解所有用户的需求，这无疑是最好的笨办法。

多如牛毛的内容，每一条都需要仔细研究，因为即使是相同的问题，其症结也可能不尽相同。比如，一位用户表示车辆维修的时间太长了，我们就要判断到底是修车的流程出现了问题，还是维修的技术方案不够完备，抑或是备件的供应出现了问题。这里就涉及不同部门的协同作业，我们要把问题掰开揉碎，逐一解决。

为了解具体流程，我们都是白天正常工作，晚上查阅各个部门的资料。有时，为了不让个人情绪影响客户关系处理，我就和同事们聚在一起，互相打气，努力让自己的心情好起来。最终，我们4个人历时4个月，完成了对工作内容和流程的层层清洗及筛选，整理出上百类细则。

找到问题所在，接下来就要一一解决。由于是工科专业出身，我习惯对所有事情都进行有条理的规则化梳理，通过几轮研讨、探索后，由我主导，大家一起设计了全面、详细的管理提升方案。这其中，针对每一条客户需求，经销商应该怎样处理、相关责任需要怎样参考与经销商签订的合同，以及经销商处理问题失责的标准等，都有了明确规定。由于内容体系庞杂，涉及事业部5大职能部门、6大区域，我们通过一次又一次会议，解开一个又一个"绕结"，在逐一沟通后，扫除了一片又一片问题集中地区，大大提升了用户满意度。解决一位用户的问题，就仿佛做了一次用户的大使，我深感自豪。

想得比用户快

提升用户体验不仅仅是解决用户的困难，还要在用户满意的基础上提升用户忠诚度。于是，我主动申请从事提升用户体验、打造忠诚用户的会员工作，肩负起奥迪会员运营的相关业务，只有这样才能把用户体验工作做得更加深入，成为一名用户体验的完善者。

奥迪的会员平台刚刚起步时，为真正了解用户在想什么、做什么，我们深度走访了许多区域、经销商，了解每一项数据背后的问题，弄清用户对待问题的态度。

每天面对形形色色的用户、听取各种不同的意见后，整理出来的都是繁杂的线索。同事曾经问我："你每天怎么还能笑得出来？"其实，在和每位用户打交道的过程中，只要用户开心起来，我都会开心起来。而且每次工作达到了预期目标时，我都会与强烈的成就感邂逅，正是成就感鼓舞着我不断走下去。

2019年，我们遇到了一个特别棘手的问题。"你们的车就是有问题！"当时，一位用户来电时，一味地强调自己的观点，根本听不进我们的解释。但事实上，在我们仔细检查后确认车辆并没有问题。因此，事情的关键显然不在车上，我觉得这样沟通下去是不会有结果的。

于是，我们找到了她比较信任的亲属，希望以亲属为媒介，先让她放松下来。在亲属的安抚协调下，她开始愿意坐下来和我们心平气和地商谈。在不断的交流沟通中，她逐渐坦诚起来，甚至对我们产生了信任感。因此，当我们最后拿出车辆检查结果时，她表示认可。

　　这样的处理结果，既解决了用户的问题，也挽回了品牌的声誉，我还因此收获了一个朋友。在开车回来的路上，我的愉悦之情溢于言表。这就是我们所追求的对用户体验的完善，解决用户的困难，让用户满意，从而获得用户对品牌的忠诚。

　　职业生涯，步履匆匆，一个8年的结束，也意味着下一个8年的开始。未来，只要号角吹响，我就会全力以赴，一路跃进。

标本兼治

作者：奥迪东北区辽东小区

> 一套组合拳打下来，不仅大体量经销商的市场销量保持稳定，周边经销商的销售能力也有了重大突破，销量和市场份额都获得了提升。

小区的销售工作承载着销售公司本部各部门及大区各项任务和指标的落地执行，承担着品牌在当地市场份额的提升、销量目标的达成、体系能力及用户满意度的提升等多重使命。

破解中心城市的"虹吸效应"

受本地经济发展不平衡问题的影响，我们小区的经销商一直存在体量差异大、能力参差不齐的状况。13家经销商中，体量差距最大的达到了10倍之多，而且大体量经销商主要布局在省会城市，小体量经销商则分布在周边中小城市。

由于大体量经销商承担了整个小区80%的销售任务，为了完成任务，这些经销商的售车价格要比周边中小城市低，因此很多中小城市客户会直接到省会城市去买车，这就形成了省会城市对周边中小城市客户的"虹吸效应"。

在我们到周边中小城市走访经销商时，听到最多的就是各种问题："他们占据低价优势，我们这小店还要养那么多人，如果拼价格，那不得赔死。"

我们意识到，要想快速打开小区的工作局面，就必须帮助周边中小城市经销商解决"虹吸效应"问题。因此，在走访几家大体量经销商时，我们与他们进行了深入的沟通交流，对销售价格以及商品车流出工作加强了管控。但这只是治标，关键还是要提高周边中小城市小体量经销商的综合能力。

周边经销商的销售能力比较弱，而且习惯坐等客户上门，服务意识也有待加强。对此，我们用奖金激励的方式，让他们变被动销售为主动销售。同时，我们与经销商签订了"对赌协议"，即他们的整体销量必须达到一定程度的增长，才能拿到这笔奖金。

经销商要实现主动销售就必须做市场投入，通过宣传、市场活动加强消费者感知。对此，我们不仅帮经销商做销售入店辅导，还根据经销商的需求提供各种宣传支持。在提高经营水平方面，则帮助他们加强进口车的销售占比。但要提高周边那么多店的进口车销售能力，并不是短时间内能实现的。

办法总比困难多。

办法之一是邀请大体量经销商一对一帮扶培训周边经销商。如果帮扶有效果，小区就会在商务计划以及其他资源方面给予大体量经销商奖励。这样做，一方面可以提高周边经销商的销售能力，另一方面能促进大体量经销商内训队伍的能力提升。最重要的是，这种帮扶措施有效改善了经销商之间的关系，使他们更加团结、更加有凝聚力。

办法之二是为周边经销商减负。周边经销商的销售量小，因此在人工成本方面的负担很突出。为此，我们特别向网络部提出建议，对小体量经销商的门店适当降低人员配置标准，进而为他们降低很大一部分人工成本。

一套组合拳打下来，不仅大体量经销商的市场销量保持稳定，周边经销商的销售能力也有了重大突破，销量和市场份额都获得了提升。

反其道而行之

"还有两个月就到春季车展了，咱们要早做准备。"我们向经销商管理层开门见山地表达了想法。城市车展对经销商来说，往往是拉动全年销量的重要节点，因此经销商都会非常重视，提早开始筹备。但这次经销商们却一片沉默，且大多面露苦色，我们对此疑惑不解。

沟通之后才知道，由于各种历史原因，每年的车展对这些经销商来讲，反而变成了全年经营状况下滑的"开关"。其原因，一是来自周边中小城市的客户会在车展现场疯狂砍价，经销商虽然"忙疯了"，却没多少成交率，这让他们对车展失去了信心；二是无论参展商赚多赚少，展位费都年年疯涨，导致经销商的产出投入比越来越低。

得知经销商对车展丧失热情的真正原因后，我们陷入了两难的境地。要想参展，就要合理制定车展期间及车展之后的销售价格，避免展前展后的价格波动过大。经过与经销商商讨，我们最终明确制定了车展期间的优惠政策及展后价格，这样不仅能向客户充分宣传车展期间的促销优惠政策，还能体现奥迪品牌的保值性。我们要求销售顾问一定要把上述信息传递给观展客户。有的经销商担心，如果车展期间优惠力度不够大，就可能无法吸引足够多的客户。事实证明，这种担心是多余的。

开展前两天，很多询价客户看到无法获得更高折扣时，纷纷表示"再看看"，对展后优惠力度没那么大的信息他们并不关注。到了展会后期，很多客户发现奥迪品牌车型的价格一直很稳定，而且销售顾问对品牌价值的宣传让他们动了心，于是纷纷开始订车。根据展会后统计，这次车展期间的销量较上一年度增长了30%，经销商们对车展的信心大增。

那次车展还有一个变化，就是在展厅外准备了30多辆试驾车，一旦客户表达出购车意向，销售顾问就可以立即带客户试乘试驾。如果确有购车下订意向，就带客户回到店内洽谈签约。这样一来，车展成了引流平台，客户有了试乘试驾和店内优雅环境的感官体验后，购车意愿有了大幅提升，经销商对车展的态度也更加积极了。

一线销售的工作是纷繁复杂的，但岗位即是舞台，压力就是动力。我们每天除协调解决大小事情外，还要想尽办法帮助经销商改掉"旧习"、提升能力。能在自己热爱的岗位上发光发热，同时能获得经销商伙伴和客户的认可，我们更有信心面对接下来的挑战，不断深耕市场，步履不停。

当日事当日毕

作者：车辑

系统数据化建设历经十年，征程仍在继续。"老骥伏枥，志在系统"，是我给自己写下的座右铭，我要继续为奥迪的数据系统贡献自己的力量！

冬天了，东北的天亮得越来越晚，已经到了该出门上班的时间，可还是有些阴暗。我起得晚了点，匆忙地跑下楼，刚打开车门就听见妻子在身后喊我："老车，早饭又不带着！"

我连忙转身接过了妻子递来的袋子，紧接着又是一段听过几百遍的唠叨："你喝豆浆就必须吃点干的，这个饼干你就着豆浆吃，茶叶蛋我给你剥好了……"

"知道了，知道了……你肩周炎犯了就多休息会儿，不用操心这些小事。天这么冷，你赶紧回屋。"我把妻子劝了回去。昨天孩子劝她晚点起，但因为我，一大早就又忙起来，我很心疼她。

上了车，发现鸡蛋、豆浆还都是热的，喝一口豆浆，胃里暖暖的，心里也涌过一阵暖流。年轻时，为了开发系统，仗着自己身体好，工作起来没日没夜，别说早饭了，吃饭这件事都经常忘在脑后。

区域培训合影（前排中间为作者）

胃落下毛病后，也没有多上心，直到2015年，连着吃了一年的胃药。从那以后，妻子便每天三令五申地让我按时吃饭，尤其是早饭。

只为一件事

最近这段时间，妻子一直在劝我早些睡，可是没办法，正赶上经销商财务数据申报期，我必须要持续关注。自从签了"四方协议"，每个月经销商财务数据申报工作的重要性就更突出了，对系统数据的严谨性、及时性要求也更高了。这份协议涉及经销商、工厂、奥迪品牌及德方四方，事关全网500多家经销商下个季度政策的调整方向，可以说是牵一发而动全身。因此，我们把握住数据的及时性和关联性，这个工作环节责任重大，不能有一丝一毫的懈怠。每到数据申报的日子，我就会熬夜盯着系统，走到哪里都背着电脑，就是为了随时查看经销商的报表汇总情况。

想起上个月数据申报时，正赶上有个要去外地出差的任务。临近数据申报日,我多次提前给经销商发送了催报邮件,但还是有些经销商始终没在系统中申报数据。没办法,出差中我只能白天忙完工作,晚上回宾馆坐到电脑前,等待系统申报。大概到晚上11点多,一起出差的同事问我:"车老师,你这还忙着呢?"

"在等着经销商申报数据呢。"我回答道。"今天是截止日,这数据涉及全网500多家经销商呢,我不放心,再盯一会儿。"看同事已经准备休息了,我关了屋子里的主灯,只留下一个桌前灯,方便看电脑就行。

在昏黄的灯光下,我一遍一遍地刷新着系统。可能是精力确实不如以前了,临近午夜,我觉得有些倦怠,就喝了口热茶,提提神。最后,等到所有经销商都申报了财务数据,我抓紧对汇总上来的数据进行了审批。

工作收尾时,已经是凌晨1点多了。我心想,幸好自己是在出差,不然又要听妻子唠叨了。

可以延迟,但是你要说清楚

"老黄牛还是老黄牛,天这么冷,还能来这么早。"一听就是老熟人在打招呼。

"早起习惯了,今天有点事。"我笑着说道。"老黄牛",这是公司给我的荣誉称号,也是对我一直勤奋工作的认可。几年前应该算是不怎么"老"的"黄牛",如今就变成名副其实的"老黄牛"了。为此,我给自己写了一句诗:"老牛自知夕阳晚,不须扬鞭自奋蹄。"忙里偷闲时,我总会在心里默念几遍,给自己打打气。

到了办公室,我准备联系一下还没有回复反馈问题的经销商。按正常流程,经销商们在系统里申报好数据后,我们会对数据进行清洗，再把问题反馈给他们，经销商们要针对反馈问题回复我们。有一份回复迟迟没有收到，我决定联系经销商确认一下情况。马上就要对全网数据进行统计了，不能因此耽误整体工作进度。

"车老师，实在不好意思，我们负责数据的那位同事早产了。"电话那头的经销商十分歉疚地解释道，"我们只能让她紧急交接一下工作，尽快把数据都给您提交上去。"

"那你们尽快，而且你们要提交一份延时提交的说明。"我叮嘱道。

"好的，好的，车老师，您放心。"经销商答应道。

撂下电话，我心里感慨，其实经销商也不容易。但这毕竟是涉及全网经销商的工作，必须对数据的准确性和及时性有高要求。每次收到数据报告，我们都要下载，看到报告上精确到秒的提交时间才可以。当然，如果真有特殊情况，也是可以理解的，但必须提供可验证的情况说明。

很快，我收到了那家经销商延迟申报的证明。

确认了相关情况，我对延迟申报证明进行了批复，并给他们两天时间交接工作。

"大家都够拼的啊。"我不由得感慨道。

同办公室的同事听到我的话，转过头说："您当年骨折都不打夹板的事，我们也还记得呢。"

"那不是当年没办法嘛，现在这不是有你们了吗。"我笑着回应道。这都是十年前的事了，当时哪有这么多人手，自己不拼命往前赶，系统开发这事就耽搁下来了。那时网络还没有现在这么发达，很多工作做起来很不容易。医生的责备回荡在耳畔，但为了工作，我只能咬牙坚持。从2009年到2015年，系统从开发到后续维护，都是我在负责，这就像看着自己的孩子一步步成长一样。

随着对数据分析系统的要求越来越高，这些年的系统工作也更具挑战性。从2013年选型BI（由微软引进的智能分析系统）进行经销商经营分析系统的开发宣告失败，到2014年重新进行系统选型，直到2015年奥迪经销商财务分析展示系统正式上线，这中间的曲折、艰难，是难以言说的。

十年磨一剑，经过十年的系统数据化建设，我们已经走过大半征程。但"老黄牛"壮志未酬。看着桌面上厚厚的一摞数据分析书，我暗下决心，要坚持不断学习，继续提高能力。

"帘外朔风喊，天气正寒，越是艰险越向前。起舞不敢负日月，江山无限。吾辈再亮剑，登临绝巘，罡风直上冲云天。何须再借五百年，当下诗远。"2019年12月，我写下这首浪淘沙勉励自己。我相信，未来的路还很远，行百里者半九十，为山九仞，仍道阻且长。

在流量时代出奇制胜

作者：臧传军

"凡战者，以正合，以奇胜"。对于一个汽车品牌来说，"正"就是产品和品牌服务，而"奇"就是创新营销模式。接手一个销售业绩名列全区前茅的小区，意味着只要没有大意外，完成既定目标是比较轻松的。但要在原有基础上实现质的突破，就需要出奇制胜……

杭州小区一直被誉为奥迪东南区的定海神针，承担着支撑大区各项任务的重任，承担着奥迪在当地的份额提高、销量目标实现、经销商体系能力提升等多重使命。

因此，当我接手奥迪东南区杭州小区销售经理职务时，肩上的压力可想而知。干好了，那是理所应当；干不好，那就是能力不足，有辱使命。更何况我是临危受命，受前期的一些特殊情况影响，杭州小区经销商已经连续四五个月处于销售无序的状态。鉴于我曾经在浙江和福建取得过不错的工作成绩，大区派我来杭州小区，希望我能帮助当地经销商解决实际问题。

2019年8月，我提前一个月到达杭州小区，通过走访发现，当地的情况远比领导介绍的严重。小区销售缺少计划性指导，市场价格管控失调，经销商销售队伍人才流失……

我并没有急于求成，四处扑火，而是先一家家地拜访经销商投资人和总经理，与他们沟通当前的问题，寻求解决的办法，并达成了一些共识。正式上任后，我提出了"稳中求快、合力提升"的整合策略，围绕销量提升和盈利提升两大方向，从营销、渠道、车型、网络体系、质量管理和创新六个维度开展工作。短短几个月，杭州小区的经销商逐渐恢复了对奥迪品牌的信心，销售业绩也逐渐回升。我不由地松了口气，开始规划杭州小区今后的发展方向。

2020年是一汽-大众的创变之年，奥迪东南区总经理徐洋在舟山年会上提出"越创变、跃东南"的战略方向。杭州小区作为东南区的销售龙头，积极主导了一系列"创变式营销"项目并开始逐一落实。

困难在想象中放大

"不行，包销奥迪A3的风险太大，我们不会考虑的"。所有经销商投资人在我谈到奥迪A3包销项目时，都给出了这样的回应。

受市场竞争状况的影响，奥迪A3在杭州小区的销售量和销售价格一直十分低迷，单车销售亏损导致所有经销商都对这款车型存在非常强烈的抵触情绪。然而，奥迪A3又面临换代，如果老车型不及时售出，则会对新车型上市的定价以及市场营销造成很大影响。

如何让经销商接受奥迪A3的商务策略，使他们恢复对这款车的信心，同时改善经营、增加销量？经过多次走访调研、数据测算，我决定在杭州实行"创变式营销"中的车型销售管理创新项目——奥迪A3包销。而实施的第一步，就是说服经销商投资人和总经理。

"奥迪A3包销后，问题其实并没有想象中那么大。"我向投资人和总经理们解释道，"包销后，价格就可以稳定住。"

作者

"销量上去了,产值就上去了,门店的知名度也就上去了,还能给售后带来更多的基盘客户。"

"销量大了,就可以在新车保险、精品加装采购、延保等商务谈判中,争取到更大的优势。"

……

听过我的一番分析,投资人和总经理对包销风险有了更理性的认识,渐渐接受了包销概念。

"你所分析的这一切,都建立在车能销售出去的基础上。"受2019年小区销售风波的影响,有信心不足的投资人提出了这样的质疑。

"我一直坚信没有卖不好的产品,只有没信心的门店和销售人员。"我回答道,"我们可以通过调整经销商和销售团队的绩效,比如重奖微罚,激发他们销售这款车的积极性。"

就这样,2020年新冠肺炎疫情复工之后,我不断拜访经销商投资人和总经理,花了20多天时间,最终说服杭州销售能力最强的三家经销商参与到奥迪A3项目中来。考虑到正处于新冠肺炎疫情的特殊时期,经销商的信心比黄金还珍贵,我在执行层面上说服大区和经销商进行1:1的营销费用投入,统一营销节奏,线上线下双管齐下。

最终,奥迪A3包销项目取得了可喜的成绩,在完成销售任务的情况下有效改善了经销商状况。这一项目开创了国内奥迪车型销售模式的先河,为其他小区的同事们提供了新营销模式样板,也为后续其他车型出现类似情况提供了参考解决方案。杭州小区2020年"创变式营销"首战告捷。

让用户都能看到我们

2019年11月，奥迪首款新能源旗舰车型e-tron上市。在该车型前期的市场开拓过程中，销售终端碰到了很大困难，主要原因是新能源汽车客户与传统燃油汽车客户相比存在很大差异。

杭州属于限购城市，客户对新能源汽车的接受程度较高，因此，奥迪新能源汽车如何在杭州破局，成了小区亟待解决的问题。大多数客户对奥迪品牌新能源汽车的认知度非常低，而传统燃油汽车的销售模式对新能源汽车客户群体来说又缺乏吸引力。

基于以上原因，我和大区以及部分经销商经过研讨、论证后，决定借鉴主流新能源汽车品牌的直销模式，创新性地在杭州成立全国首家大区直营的奥迪新能源汽车城市展厅，让杭州地区消费者零距离感受到奥迪新能源汽车产品的强大实力，以及领先行业的"奥迪随e享"服务体系。

如何建？在哪儿建？建好后如何运营？一系列问题摆在了我的面前。

经过仔细考察和研究，我们的奥迪新能源汽车城市展厅最终选址于杭州最繁华的万象城购物中心。万象城购物中心属于高端消费商业综合体，客流量比较大，而且有很多"网红"集中在这里拍各种视频，人气非常高。这些特点对于奥迪新能源汽车城市展厅的宣传效应是非常强的。

"但那个位置斜对面就有一家新能源车展厅。"同事有些担心地说。"就是要让用户群体看到我们，让他们多一个选择。我们根本不怕比较。"我坚定地答道。

  2020年6月28日，展厅开业。我们在运营方面下了不少功夫。例如，我们通过经销商找来具有专业产品知识的俊男靓女做产品直播；为客户提供有奥迪风格的饮料，以及能与星巴克相媲美的现磨咖啡；与万象城的一些奢侈品牌做异业联盟，专门为他们的用户提供奥迪品牌的试驾体验活动等。

  目前，奥迪新能源汽车城市展厅不但成为万象城购物中心的一景，而且平均每个月都有20多辆奥迪新能源汽车的销售业绩，为其他城市的奥迪新能源汽车销售起到了很好的示范作用。同时，它也将带动一汽-大众奥迪电气化战略不断深入发展，并成为区域内新的潮流地标。

抓住流量时代的机遇

  奥迪每年都会积极打造不同形式的试乘试驾活动，例如一年一度的奥迪冰雪试驾活动、展现速度与激情的奥迪驾控汇等。我一直在想，我们还能做些什么更有特色的试驾活动呢？

  常规试驾无非是为客户提供专业道路试驾，或者在新车上市时，为大客户、媒体提供试驾。这些试驾活动都要租用专门的场地，以道路试驾为主，活动趣味性以及互动性比较差。因此，在慎重考虑之后，我们积极整合杭州小区多方资源，建立了全国首家"Audi Battle Park"试驾体验中心。

  这个试驾体验中心不仅能为客户提供体验奥迪品牌车型驾控乐趣的机会，还具备社交属性。来这里的无论是车主还是车迷，都可以通过各种路面的专业试驾，体验奥迪车型的真实性能，此外，大家还可以通过共进美食、参加篮球比赛等活动增进彼此的交流和互动。

现今，我们正处于一个流量时代。杭州小区希望通过特色试驾体验中心，为杭州的奥迪品牌销售集客引流。这个试驾体验中心目前尚处于试运营阶段，只接受奥迪车主或者对奥迪品牌车型有购买意向的客户的预约。等到疫情进一步缓解之后，这个试驾体验中心将提高活动举办的频次，同时将加大对外开放的力度，从而真正实现集客引流的作用。

2020年上半年，杭州小区销量进度跻身全国前十，销售规模位列全国第一，有力地支撑了东南大区上半年综合业绩第一的地位，真正成为东南大区的定海神针。截至2020年9月，杭州小区"车型销售管理模式创变""销售渠道创变""客户体验创变"以及"数字化创变"等创新项目均已完成，我们为此感到无比欣慰。

面对不断变化的市场，我们依然任重道远。展望未来，我坚信，只要大家并肩而立，携手共进，定可乘风破浪、达成目标！

一路奔跑的时间线

作者：王言法

在大家的共同努力下，我们和经销商度过了最困难的时期，用户忠诚度也得到了提升。新冠肺炎疫情的阴霾终会消散，我们相信，未来将是阳光灿烂。

很幸运，我能够和几个志同道合的小伙伴在一汽-大众奥迪品牌的销售体系内相遇相知、共同努力、共同成长。

我们的工作范围十分广泛，比如，为经销商提供销售服务策略指导、为员工提供能力提升培训、制订服务策略、保证用户体验，等等。刚来到售后一线工作的时候，我们每个人的经历几乎都可以用"痛苦"来形容，但咬咬牙坚持下来，我们发现自己的收获非常丰盛且可贵，其中不仅有内心的强大，更饱含着对于共同做出一番事业、提升整体服务能力的自豪感和满足感。

记得有一次为了给一线员工提供最有效的培训，我们通过和一线员工聊天，收集到50多个一线工作中的常见问题，然后经过一遍遍地推敲，最终把这些问题标准化，成为解决售后一

作者

线工作问题的培训材料。类似这样的经历数不胜数，但最令我们印象深刻的还是2020年年初共同应对新冠肺炎疫情的场景。

2020年春，新冠肺炎疫情阴霾笼罩，既定工作节奏被打乱，我们必须不断探讨怎样与经销商一起面对疫情。

"如何确保防疫工作落实到位？"

"如何保障各项工作有序开展？"

这是我们反复探讨、推敲的问题。在大家你一言我一语的讨论中，工作策略逐渐清晰起来：保生产、抓机会，练内功、赢未来！

"经销商关心什么？着急什么？我们能为经销商做什么？"这是我们时常在思考的问题。"一定要与经销商共克难关，让经销商活下来！"

"我们首先要为经销商协调复工所用的防疫物资""我们为经销商提供复工防疫工作指导"……想到就去做！我们努力为经销商多方协调口罩、车辆消毒杀菌设备以及售后接车一次性"四件套"等资源。当看到经销商疫情期间经营活动顺利开展时，我们心中的大石头终于落了地。

"用户该怎么办？""我们能为用户做什么？"在疫情期间，用户的需求、痛点发生了变化，我们也要随机应变。"要让用户足不出户。我们提供可预约免费上门取送车服务，减少与用户的接触。"

"我们要成为用户的安全守护者。"秉承这一思路，我们组织经销商告知用户疫情期间的预约上门取车及全方位消毒等服务，真正为用户提供"预约省心、接待放心、维修安心、交付贴心、关怀暖心"的五心服务。

"我们必须响应疫情防控政策，以前的上门拜访和线下服务行不通了怎么办？"

"原有的工作策略不能用了啊。"

"用户的保养套餐要到期了怎么办？"

"单项业务对用户的吸引力不够怎么办？"

……

面对经销商不断提出的疑问，我们一一认真对待：

"通过'用户关爱保留'，帮用户延期，等疫情过去再用。"

"多在我们官网上宣传，筛选保养到期的名单，发短信告知我们现在的优惠。现在是提高进场台次的好机会，加油！"

"业务融合促进，打组合拳，用户觉得不值得，我们就提供值得的。"

在大家的共同努力下，我们和经销商度过了最困难的时期，用户忠诚度也得到了提升。疫情的阴霾终会消散,我们相信,未来将是阳光灿烂。

来到一汽-大众工作的这些年,我们都已经从稚嫩青涩的高校毕业生,成长为充满责任感和不畏挑战的职场中坚。我们都很庆幸自己当初的选择,也期待在未来遇见更好的自己,服务更多的用户。

机会都是奋斗出来的

作者：王野

所有的努力，不是为了让别人觉得你了不起，而是为了让自己看得起自己。人生的奔跑，不在于瞬间的爆发，而在于途中的坚持，你纵有千百个理由放弃，也要找一个理由坚持。

2015年，在通过层层选拔后，我以优异的成绩通过一汽-大众预选班的考试，成为一名"预备"员工，我为此欣喜不已，并立志继续努力。一年后，我正式成为一汽-大众员工，步入了职业生涯。正当为此高兴时，现实给了我狠狠的一击。

从零开始接重任

入职当天，领导把我分配到奥迪二手车团队的销售部，负责回购再营销业务。在此之前，我毫无销售经验，书本上的知识此刻显得苍白无力。后来我了解到，回购再营销业务是奥迪全新的业务板块，无论操作模式还是业务流程，都处于探索阶段，没有任何经验可以借鉴。强烈的挑战欲和新鲜感充斥我的大脑，对于职场新人来说，能被委以重任是多么难得。

然而，惊喜过后，随之而来的是迷茫——我不知道工作该从何处入手，无助感顿时涌上心头。就这样，一个职场"小白"被"逼"成为新业务的负责人之一。

那天同事都已经下班了，我还在办公桌前愁眉紧锁。时任室主任张媛走了过来，问道："你怎么还没走？"

"还在想回购再营销这事，我还没有思路。"我回答道。

可能是看到我迷茫的表情，张主任忍不住笑了一下，指点道："你先对二手车业务多熟悉一下，都了解清楚了，说不定就有思路了。"

一语点醒梦中人。

我查阅了大量国内外关于二手车的资料，对二手车业务的运营模式和未来发展趋势有了系统的了解，同时也对自己的工作方向有了一些思路。从各种资料来看，回购业务是主机厂发展二手车业务时必须要开展并且要成规模、成体系开展的业务。

为了能更好地完成这项任务，除了不断查阅资料外，我曾上门寻求各行业基层技术人员的帮助，因为他们更了解各种二手车的优缺点，我想挖掘这个项目背后隐藏的东西。

最终，我和同事们仔细研究了德国二手车回购业务的相关资料后，结合国内实际情况和奥迪二手车经销商的特点，梳理了针对奥迪二手车体系的回购标准以及回购协议。当我们成功地把这些应用到一家知名租赁公司的回购项目后，内心的成就感和喜悦之情难以言表。这个项目实现了双赢，可以说是一汽-大众二手车回购业务启动的里程碑。

但项目的推进过程并不是一帆风顺的。经销商是最后的车辆承接方，二手车回购业务需要依托于经销商，但经销商当时并不能理解回购业务的意义，因此参与度极低。团队在做了充分的准备后，开始逐一与他们沟通。沟通的重点，自然是二手车回购项目会给他们带来的益处，以及二手车业务未来发展的重要性。那个时候，可能我们一周的工作都是在反反复复地电话沟通，有时，无效的沟通让我充满了挫败感，仿佛总是在原地打转。

"他们不认同我们怎么办？"我问一起负责项目的师傅。

"那你就要想办法知道他们为什么不认同你的说法。"师傅答道。于是，在接下来的沟通中，我和同事们认真记录好每一个经销商的反馈和顾虑。下班后，我们会根据每一条反馈，给出针对性的建议和解决方案。就是在这段时间里，我们的方案在日臻完善。

最终，在我们的不懈努力下，回购项目终于实现了200余辆车的百分之百回购。虽然数量不多，却是一汽-大众二手车回购业务创新领域的开篇一笔。

创造先例

虽然业务经验在逐渐丰富，但市场的瞬息万变总让人措手不及，"逼"得我们一次又一次去挑战新高度。

二手车回购业务已经发展到数千辆级，回购模式也从当初的预竞价模式，拓展到到期竞价和第三方担保模式。针对逐渐兴起的新能源汽车，我们也拥有了完整的回购流程，但是新能源汽车的残值一直是二手车领域一个令人头疼的问题。由于交易数据少、动力电池衰减的不确定性以及续驶里程和充电设施的不尽如人意，新能源汽车的残值往往很低，这也是一汽-大众一直以来思考的问题。

我们接受了解决新能源汽车残值问题的挑战。2020年4月，我们主导推动了Q2L新能源汽车试驾车竞价替换项目。但是，在项目推进过程中，我们受到了很多经销商的质疑。

"你们为什么要替我们处置车？我们自己卖得挺好的。我们自己卖也可以卖个好价格，我们也能找到用户，你们为什么要把我们的车给别家拍走？"有一位东北的经销商曾追问我。

"因为我们有更好的资源。"我向经销商解释道，"比如新能源汽车在一些沿海城市或发达城市用户比较多，但是在东北地区销售方面可能会受一些影响，如果我们不帮忙处置的话，你们可能很难找到客户。我们这么做其实是帮你们扩大了平台，让你们拥有更多的用户群体。"

最终，这个项目实现了400辆Q2L新能源汽车的销售。当然，这个项目的意义远不止于此，它证明了我们的新能源汽车回购项目方案是可行的，也为今后新能源汽车二手车残值的确定提供了参考。这个项目的另外一个重要意义，就是通过大量的真实交易数据，实现了跨区域的流通，使很多用户有了更多选择，车辆的价值得到了提升，同时也提升了主机厂以及经销商对新能源汽车残值的信心。

对于下一步的工作，我也有了明确的规划：下一步我们将在残值预测的基础上，对残值精准性进行更加严格的把控。随着回购经验的积累，将更多的回购数据添加到残值模型的大数据库中，这样就能提高残值预测的精准性。

为了用户，挑战新高度

随着一个个项目的推进，我们在二手车回购业务领域的成绩也不断提升。其中，将二手车最大回购年限扩大到三年，是主机厂进行担保回购模式的又一重大尝试。这与我们所建立的完善的残值管理体系密不可分。

按照公司十年商务战略要求，需要对奥迪品牌的二手车现值进行分析并对残值进行预测，保证车辆残值稳定，从而提升奥迪品牌车辆残值，维护品牌形象。在二手车领域，现值分析和残值预测这样重要的工作往往由权威的研究院或第三方公司完成，而公司却将这部分工作交给了我们团队，这让我这个初出茅庐的毛头小子既感到激动，也感到压力倍增，在进行必要的跨部门沟通时，那些区域经销商甚至都不认识我。

"你是比较擅长沟通的，我知道，看你之前和经销商沟通得挺好的。"指导我进行二手车回购业务的师傅说。

于是，我开始整理自己的沟通要点并与同事们分享经验，包括如何避免指示性话术、怎样先铺垫项目的意义、随后的工作量怎么进行充分预估等。

机会往往是留给有准备的人，虽然工作量大大增加，但事先做好充分的准备让我们的沟通效率得到了很大保证。

经过大量的调研，计划一点一点地推进，项目终于慢慢走上正轨。我们结合奥迪品牌自营二手车中心推进的实际情况，建立了二手车残值提升体系。该体系通过提升奥迪品牌车辆残值，在维护品牌形象的同时，搭建和优化了线上车源拍卖及销售平台，扩大了车源数量，提升了客户吸引力。而线下，我们实现自营体系、业务模式全流程打通，结合升级的产品服务，提升了奥迪品牌的残值影响力。

这些年来，我不断拼搏，也不断提升自我。时代的发展注定我们身处奋斗的浪潮中，不拼搏就可能一事无成。今后，我们将一如既往地用专注的精神、坚定的信念、坚忍的意志和勇于创新的精神，做好我们选择的事业。所有的努力，不是为了让别人觉得你了不起，而是为了让自己看得起自己。人生的奔跑，不在于瞬间的爆发，而在于途中的坚持，你纵有千百个理由放弃，也要找一个理由坚持。

脱颖而出

踏上风雨征途,他们以一当百、夙兴夜寐,
不仅在探索红海蓝湾中实现了捷达品牌的突破向新,
更向客户交出了一份份满意的答卷。

不入"狼堡"焉得成功

作者：赵威

2019年2月26日，德国狼堡大众集团总部，德国大众集团CEO迪斯博士与中国一汽集团董事、党委副书记秦焕明双手紧握，捷达品牌成功发布。我们给用户带来的是全新的德系品牌，我们真的做到了。回首这一路，布满了荆棘坎坷。

"这次活动你们要能办成功，你们就是神仙！"德方对接人语气笃定地说道。

2019年2月24日，距捷达品牌在德国沃尔夫斯堡（我们常称狼堡）的发布会还有不到两天时间。下了飞机，安顿好领导和媒体嘉宾后，我匆匆赶到大众总部大楼，迎面就被"泼"了一大盆冷水。为了这次活动，我几乎不眠不休地忙了两个多月，难道要坏在这"临门一脚"上？

"攻略"狼堡，"磨"出机会

我是2009年进入一汽-大众的，2017年又加入捷达品牌创业团队。

说是团队，其实算上我，当时整个捷达品牌创业团队只有6个人，每人负责一个领域的开拓、运营等所有工作。我负责市场领域的所有工作。

说来辛酸，满腔抱负，希望干出一番大事业的我，在刚刚来到捷达时是茫然无措的：说是"创业"团队，还真是这样，没有人手，没有流程，没有资源……"我要干什么？该怎么干？"我胡思乱想着。这时，"捷达品牌发布三部曲"的提议，让我看到了一丝曙光。第一步，也是至关重要的一步，就是把它搬到德国狼堡大众集团的总部去发布。

但是，事情会顺利办成吗？当然不会。我们刚向德方提出请求，就被直截了当地拒绝了。

"为什么不行？"我问道。

对方说："我们没举办过这么大规模的品牌发布会。"

我试探着问："那我们把规模办小点行吗？"

"那好吧。"对方含糊地应付着我。

接下来，既然规模小，那规格就一定要高，我们要邀请最高级别的领导出席，我们还要邀请国内40位知名媒体人和业内嘉宾。既然要去狼堡，整个活动安排就要丰富精彩。晚宴要安排得足够盛大，地点要离狼堡更近……就这样，经过反复沟通和协商，终于被我"磨"来了一句："行，你们来吧！"听到这句话，我激动地赶快把这个好消息分享给同事们："机会来了，咱们抓紧开工吧！"

锲而不舍向前进

有了方案，也征得了德方的同意，接下来的事就应该顺利了吧？真要这么想可就太天真了。摆在我面前的最大问题就是人手严重不足。作为捷达品牌发布会的负责人,我要带着40多位媒体人和嘉宾、10多位领导安全抵达德国,要确保活动的每一个环节都能按计划进行。但是,当时协助执行这项艰巨任务的只有3人——一位是从大众品牌临时借调的同事,负责协助联系媒体,另两位是代理公司的工作人员。

时间紧,任务重,又找不到更多的人来帮忙,我只好带着同伴一起加班赶工。为了加速铺开进度,我制订了一份详细的分工计划表,并不断地鼓励大家说:"捷达品牌是在我们手中发布的,这是我们最荣幸的一次机会。"

即便大家已经竭尽全力,但仍有很多任务实在找不到人手做,那好,我来做。我也实在做不了的,就协调大众中国来做!比如,有些必须在狼堡才能做成的事儿,就要协调大众中国来推进,要把需要做的事以及最终时间节点告诉他们:商务邀请函要是按期拿不到,办签证就来不及;机票要是不尽快订,我们就都去不了;这个内容不定,到时候就……最后,这么多紧迫的需求都堆到了大众中国公关部的负责人那里,她很快就亲自飞往德国,到狼堡去协调对接人。当然,最后她也顺利帮我要到了几个人的联系方式,有负责接待的,有负责厂区内流程对接的,等等。

忙乱中总还有些小插曲,比如,办公务签证必须有商务邀请函,有的媒体要换人就要重新盖章走流程,接待车辆也要申请……每一处细节的处理都毫无捷径可言,我只能把一切尽可能详尽地提前做好规划,然后召集几方人马集体开会讨论确认。尤其在发布活动举办前的一个月,由于时差问题,会议经常在半夜一两点召开,忙到后半夜是再正常不过的事。同事们看我这么拼,都戏称我是"三头六臂的铁人"。"铁人就铁人吧,比无能强多了。"我苦中作乐地想着,又投入了下一场"战斗"。

狼堡的夜，静谧却充实

"奇葩"现场，发布会前的"临门一脚"

终于，发布活动举办前两天，自觉已经准备充分的我，带队来到狼堡德国大众总部，见到了我的一位对接人，是一个德国籍上海人。

他惊讶地对我说："你们就这样来了？"

我懵了："不然呢，我还要怎样来？"

他更感到不可思议了："你不知道吗？别的品牌来办跟你们同级别的活动，所有经管会成员的助理都要提前一周过来踩点。你呢？也不提前来，还跟着领导一趟航班就来了，而且还就来你一个人。你在干什么？这次活动你们要能办成功了，你们就是神仙！"

听到这席话，我感觉心凉了一半，真的要"坏事"吗？不可能，来都来了，还怕这最后"一哆嗦"吗？只要提高效率，一切还是可以按原计划完成的！我给自己打气道。

狼堡三天，像是经历了三个世纪那样漫长，各种"奇葩"、混乱事件纷纷扑面而来，每个都差点让我窒息。比如行程安排，媒体嘉宾的行程相对固定，但领导们的行程完全没办法固定。更糟的是，我们没有调度，而当地司机也基本听不懂英语。最后怎么搞定的？我抓着所有领导的助理，要来每一位领导每小时的行程，然后给每一位领导都列了一张表，每个时间要做什么全安排得清清楚楚，最后打印出来逐一发给所有的助理和司机。要是有人不按计划怎么办？我笑着"威胁"现场每个人：要是不按流程走，司机找不到人，领导很可能就没法到现场了。

发布会前一天，我向德方提出要看一下发布会要展示的内容，结果遭到了拒绝。"不行，不能给你看。"德方直接拒绝。我一听就急了，开始跟他们摆事实、讲道理："这哪行？你是主场由你负责没错，你们团队这些材料，配合现场搭建的那些设备效果确实特别炫、特别好，但展示的内容呢？谁能确保一点问题都没有？"

在我的强烈要求下，对方还是给我看了下内容。"我的天，幸好我看了！"我擦了把汗。发布捷达品牌摆放的却是其他品牌的车；捷达品牌定位年轻化，展示页上却配了几张"老年人"的图片……于是，我在现场开始跟德方团队调整方案，一页接着一页、一个字母接着一个字母地改，改完了他们还得调试设备……那天晚上，我拽着他们一直熬到凌晨，最后改完了，他们全都累瘫在工作间的椅子上……

活动当天也有突发状况。德国大众总部大楼需要提前报备、凭VIP卡出入，但当天就有嘉宾忘记带VIP卡，有的嘉宾连卡都找不到了，怎么办？现场又没有"人脸识别"。没办法，我厚着脸皮带着嘉宾凑到安保人员面前去"刷脸"：看，这是我们的超级VIP！然后就这样一个一个往里面送。到会场的路线图更是细致入微：怎么转场、怎么刷门禁、上哪个电梯按哪个按钮可以到达、怎么排座位……三天下来，我感觉自己瘦了一大圈。

作者

最终,经过大家的不懈努力,捷达品牌的发布会在大众狼堡总部成功举办,这也向所有曾质疑我们的人证明:我们做到了!

2019年2月26日,德国狼堡大众集团总部,德国大众集团CEO迪斯博士和中国一汽集团董事、党委副书记秦焕明双手紧握,捷达品牌成功发布,一举奠定了捷达品牌纯正德系品牌、大众品牌子品牌的身份和定位。与会媒体纷纷宣告"全新的大众子品牌在狼堡发布"这一重磅消息。第二步,回到国内我们在成都举行发布会,使全国300多家媒体完全"炸开";第三步,上海车展,上万名记者被吸引到捷达品牌展台。

捷达品牌的成功发布标志着迈向市场的第一步,车型即将上市销售。"到最需要我的地方去"的信念支撑着我又来到"前线",带领东北区实现连续五个月全公司销售完成率排名全公司第一、市场份额排名第一。捷达首款产品上市不到一年,累计销量就突破了10万辆大关,在车市寒冬中创造了销售奇迹。

如今,距离捷达品牌狼堡发布会已经过去将近两年,回想起来,许多细节仍历历在目。我们团队每个人都把捷达当成自己的孩子,一步步将他培养成才,这个过程,让我充满了成就感。当然,家人也给了我最大的理解与支持。过去的荆棘与坎坷,如今看来,都是成功路上的风景。

"捷"出青年秀一波

作者：刘乾

勇于挑战，突破自我，实现自我价值，让年轻的生命绽放出无限的光彩，这是每一位"捷"出青年所翘首期盼的。每一次尝试对他们来说，既是突破，也是成长。

作者在VS5试驾活动中讲解车身工艺

一个品牌的诞生总共分几步?

2019年2月26日,捷达品牌在德国狼堡成功发布。同年3月22日,捷达品牌在其生产基地——世界级工厂一汽-大众成都分公司开启了品牌国内上市的新篇章。4月,捷达品牌携旗下三款全新车型——轿车VA3、SUV车型VS5和VS7正式亮相上海国际车展。随着捷达品牌在国内外的一系列发布活动成功举行,正式宣告了其作为大众品牌旗下独立子品牌的诞生。

那么,一名"捷"出青年的"出炉"分几步?

这就要从我与捷达品牌首款SUV车型——VS5的缘分说起,也正是这段与它相识、相知、相约的经历,让我迈出了成为"捷"出青年的第一步。

相识——从未知中寻找突破

随着品牌发布"三部曲"的完成,捷达品牌接下来的重头戏便是旗下首款SUV车型——VS5的发布上市。作为一个全新品牌,要想在竞争日益激烈的汽车市场上站住脚,仅靠品牌宣传是远远不够的,做好产品才是真正能赢得消费者认可的硬实力。

为保证VS5能一炮打响,按照传播节奏,上市前的车型试驾活动就显得尤为重要,意识到这一点,身为试驾活动总负责人的我倍感压力。因为那时的我刚从生产部门转战捷达品牌市场部三个月,我还从未独自负责过如此重要的市场活动,甚至可以称得上是一个"三无人员"——无市场经验、无活动经验、无试驾经验。接到任务的时候,我深知这既是挑战,也是机遇,撸起袖子只管干吧!

做足了"心理建设",我开始针对自己的"三无"特性对症下药。没有经验,就主动去学,比如向奥迪、大众品牌学习试驾活动的策划方案，向代理公司学习试驾活动举办经验，向身边的领导、同事了解他们对于试驾活动的看法，等等。通过不断地自我总结、提炼、反思，我终于从"试驾活动速成班"毕业了，接下来就要检验自己是否是一名合格的"毕业生"了。

试驾的目的是为了体现VS5优秀的产品力，同时为上市活动营造良好的舆论氛围。围绕这两个目标，我和试驾团队开始筹划试驾方案。

一辆汽车的产品力再强，也无法做到十全十美，每个方面都让消费者满意。那么，作为一个新品牌的全新车型，VS5的核心优势是什么？它的哪些方面能打动消费者？它的亮点在哪里？为了能精准地回答以上问题，我把近百页的产品手册带在身边，从品牌定位、价值层面开始研究，遇到不清楚的问题就立刻向VS5产品经理及技术人员请教学习。同时，我还专门上网查阅了大量的相关资料，以便在试驾方案设计过程中，差异化突出VS5的亮点。

经过一番奋战，最终我们确定了VS5的核心优势在于大众同款"三大件"（发动机、底盘、变速器）、大众MQB平台所带来的优秀的操控体验与驾乘表现，以及源自世界级工厂——一汽-大众成都分公司的先进生产技术及大众集团全球统一的品质控制要求。基于这三点，试驾方案也初具雏形：动态的能体现操控性能的场地道路试驾和静态的对车身工艺质量的评测。

相知——在实践中勇敢前行

试驾方案初步完成让我稍稍缓了口气，但更大的考验还在后面。且不说活动执行现场各种可能的突发状况、数十位代理公司及第三方工作人员的管理，以及即将到来的近百位国内汽车行业媒体大咖的接待工作等繁杂事项，单是我们刻意提高了难度的试驾方案能否顺利落地就是一个未知数。

为了保证试驾活动能顺利如期开展，我提前四天来到活动首站——北京郊外试驾场地，对车辆进行整备的同时也同VS5一起开始了向试驾科目的挑战。为此，我们特意请来了专业试驾教练来协助测试，以便更好地根据试驾结果来完善方案。"这几个测试科目的顺序调整一下可能用户体验会更好""这段加速距离缩短，感受会更激烈一点""绕桩科目是为了测试转向精准度，对于非专业人士来讲，距离不能太长也不能太短，强调体验的同时还要保证安全"……教练一边测试一边给予了中肯的建议。

经过两天一夜的实地测试，我们不断调整各项场地试驾项目的参数，最终确定了能体现VS5优秀避障能力的"麋鹿测试"，以及能展现它越级操控体验的蛇形绕桩等一系列科目及参数标准。

接下来就是静态评测环节试验了。成都工厂先进的生产工艺及严格的质量标准可以从哪些方面来展现呢？捷达品牌车型的车身品质该如何凸显？虽然早就做好了预案，但不亲身体验一下怎么都不放心。

"外车身漆膜厚度均匀！"测试员汇报道。

"车身缝隙呢？"我问完了紧跟着强调一句，"每一处都务必要测到位。"

"车身各处缝隙一致！"边说着，测试员边将测试结果展示给我们。

"妥了！"我激动地跟他击了一下掌。

6月的北京，天气异常闷热，郊外的蚊子也异常兴奋。试驾前一晚的阵雨，不仅带走了燥热的空气，还带走了大家的紧张与不安。此刻，我内心的平静来源于亲自试驾VS5后产生的信心。随着工作人员各就各位、嘉宾陆续到场，一场场激情澎湃的试驾活动开始了。由于准备充分，持续两天的试驾活动按预期顺利结束了，捷达VS5出色的表现也得到了现场媒体的一致好评。

相约——与"捷"出青年共成长

战北京，奔延安，走西安，全国九大区域联动，一系列试驾活动在全国如火如荼地开展起来。令人兴奋的是，随着试驾活动的不断深入，汽车市场与消费者对于VS5的关注与期待也达到了顶峰，为其上市营造了良好的舆论氛围。

在这一系列的试驾活动过程中，经受住考验的不仅是VS5，还包括捷达"出品"的不断成长的我。作为活动总负责人，同时也是"即插即用"的万金油，我在活动期间客串过沟通会的主持人，也兼职过静态评测环节的讲解员，为了降低长途道路试驾过程中的无聊感，还在电台里与嘉宾们唱歌互动。对我来说，每一次尝试既是突破，也是成长。勇于挑战，突破自我，实现自我价值，让年轻的生命绽放出无限的光彩，这是每一位"捷"出青年所翘首期盼的。

VS5试驾活动的成功，不仅"种草"于众多德系粉心中，更深植于我的内心，让我对这款性能够用、功能实用，同时具有超高性价比的德系新贵充满期待。试驾活动时我就想，如果自己买车，一定是它，只能是它。梦想成真，2020年年初，我毫不犹豫地入手了一辆VS5。而今，每当回忆起这段往事，我就会感慨万千。

从未知中寻求突破，在实践中义无反顾，我陪你试驾，你伴我走天下，我们的人生中会有很多时刻，面对未来的不确定，面对前方的困境，不是因害怕而畏缩不前，而是用勇气去克服，去实践，这便是我们对成长最美好的定义。

做用户背后的守护者

作者：文仕辉

加入捷达品牌，离开熟悉的技术工作岗位，转向售后服务岗位——我选择了一条注定充满挑战的道路。两年过去了，我很庆幸当初的选择——成为捷达用户背后的守护者，与品牌共同成长。

"年轻人，你不要想东想西了，你还年轻，就应该学会承担！就应该出去历练！"

"你去一个初创品牌，不一定能做得起来，万一过两年做得不好，你再回来，说不定位置都没有了，你得好好想想啊。"

在打算去捷达的时候，这样的话一直萦绕在我耳边。

"该不该去？现在的工作得心应手，去初创品牌会面对什么？会不会失去工作？"

"我还年轻，最不缺的就是拼劲和闯劲，如果不拼一拼，就永远也不会成长，将来一定会后悔！"

犹豫不决的时候，我询问家人的建议，妻子说："你去吧，我支持你。"现在想起来，非常感谢妻子的鼓励，正是她的支持才让我和捷达品牌有了那些难忘的故事。

号角吹响，奔赴战场

刚到捷达品牌工作时，产品上市已提上日程，而我的工作必须赶在上市之前完成。尽管我们做好了一定的心理准备，但眼前的困难远远超出了预期。

"同事们，产品马上上市，咱们的工作得赶紧完成了。召集咱们部门的同事一起制订工作方案吧。咱们部门有几个人？"

"之前有三个人，您是第四个。"

"四个？"

这就是我当时面对的真实情况——时间紧、任务重、人手短缺。更棘手的是，捷达作为初创品牌，一切要从零开始。说实话，我当时内心感到些许绝望，但仍然没有后退半步。"不能露怯，四个人里，我经验最丰富，就要当好大家的主心骨。既然选择来这里，就没有理由退缩！"我在心里给自己打气。

"我们现在该干什么呢？"

"我们要完成'书'的采写，让我们的服务形成体系。"

"说明书？"

"维修手册？"

作者和家人休假

做用户背后的守护者 | 139

"电路图?"

"对!就是这些。但这些工作咱们目前无法独立完成,必须一步步来。我先按之前的经验和捷达品牌的特点,梳理一下目前的业务痛点和解决方案,整理好了咱们再一起探讨。甩开膀子加油干吧!"

组内每天都在推敲、探讨解决办法;不断地与兄弟部门沟通,请教该怎么做;向上级汇报,涉及内容太多,要一层层上报审批……这些工作令我们焦头烂额,无暇休息。但结果还算不错,我们最终与大众品牌技术服务部达成共识:将产品说明书、电路图、维修手册、诊断软件等上市必备的技术资料委托大众品牌代为开发。而我成为项目推进人。

就这样,我奔赴了新的战场。

创新没有不可能

我们的第一次对外合作成果十分丰硕,服务技术资料的开发周期由普遍的24周压缩至20周,相关技术准备工作在上市之前全部完成,更为可贵的是,还节省了60余万元的开发费用。

"文老师,我们经销商新网络的售后系统,是要向德国大众付费的。"

"嗯,这个我了解,我们的好多售后业务依托于大众经销商,因此最近我在思考品牌共享模式,不知道能不能行得通。我向大众的前辈们请教过,也在跟德国大众协商。我们是初创品牌,这笔经费,压力有点大啊。"

品牌共享模式最终得到了德国大众的支持。正是通过创新性的品牌共享模式,我们节省了第一笔开发费用。

有人问我怎么节约开发费用,我通常会半开玩笑地回答:"有机会你可以找一本捷达车型的用户说明书看看。"

听者此刻会觉得我答非所问，我就会告诉他们："说明书的封面是我用PPT画出来的。"

我至今还记得我说要用PPT画说明书封面时，同事们震惊的表情。

"用PPT画说明书封面？这难道不是要用专业软件制作的吗？"

"没办法，我们没有人会用专业软件，只能先试一试了。"

最后我们用两天时间完成了说明书封面图。

这件事在别人看来像是笑话，但却为我们节省了第二笔开发费用。

有人质疑：这两件事能节省60万元？答案当然是不能。但这两件事最为典型。让我们节省60万元的，一个是创新，一个是敢干。

一锤定音！

"9月初捷达VS5就要上市了！"

"好紧张啊，这可是我们捷达品牌的第一款车型啊。"

"检验我们前期工作的时候就要到了！"

"口碑啊口碑，口碑直接影响品牌的生死存亡啊。"

"做好质量！不容有失！"

那段时间，整个团队都很紧张，就怕这么大的事坏在自己这一环节。安抚工作是必须要做的，肯定不能让团队丧失信心。

我找到成都质保、成都技术开发、大众品牌，对他们说："我们一起成立捷达品牌投放保障项目组吧。捷达品牌正处于初创阶段，必须做到尽善尽美，一炮打响。"

"我们要保证24小时内到达现场，48小时内完成现场问题处理，

7天定义生产措施，给用户最佳体验！"

"就这么干！"

每日晨会进行复盘，每周工作层例会重点推进，不定期高层会决策。那段时间，我们刚从这个会议室出来就进了那个会议室，会议材料堆积如山，电话铃声持续不断。

我们保障项目组的很多工作是直接向总经理汇报的，起初我们都很紧张，那感觉就像直接"上达天听"，但这样效率也特别高，所有问题都在第一时间得到了解决，我们保障项目组的作用得到了最大限度的发挥。

整个活动完成过程中，我们保障项目组现场看车130余次，在接受采访时，有记者问："为什么要看100多次？""因为我们要'扫雷'，要一点一点看，保证零问题。"我们把每次排查发现的问题汇总起来，反复推敲，编制成整整12篇维修指导文件，在第一时间发送下去。我们协调推进质量改善40余项，获得了千台车故障率较低的好成绩，达到了大众品牌的平均水平。我们将用户端出现的问题直接反馈至源头，并快速推动产品质量改善，确保了品牌层面未爆发过重大负面舆情。

"我们做到了！"

一锤定音的上市时刻，我们成功了，捷达品牌的口碑打响了！

新冠肺炎疫情中的争分夺秒

到2020年3月，公司仍然保持着"出差全部暂停"的防疫措施。说实话，终于不用做空中飞人，能好好陪陪家人，我们是开心的。但，3月不一样！

因为捷达VS7原定于3月上市。

疫情让现场分析工作陷入困境。这意味着不能现场看车,也意味着对车辆的真实情况和存在的问题一无所知。VS5上市时我们现场看车130余次,发现了一些影响品牌口碑的问题,现在不能开展现场分析工作,VS7的用户口碑就无法保证。但我们坚信"危机就是转机,事在人为"。

那一天,我们与成都质保、成都技术开发共同决定成立线上质量伴随团队,计划利用微信视频及远程工作软件继续高效开展工作。也就是说,双方通过微信视频开展线上会议,讨论如何工作;利用远程工作软件搜集车辆信息,了解车辆状况,为上市做准备。

5月,我们接到通知:国内疫情逐渐得到控制,在做好充分的防护措施的情况下可以出差。

"争分夺秒,立刻重启省内现场看车分析工作,然后逐步向其他低风险地区扩展,把时间抢回来!"那时,我一周暴瘦了10斤,但心里总是感觉沉甸甸的,毕竟售后人就是捷达用户背后坚实的守护者。

最终,VS7上市伴随期内的千台车故障率进一步降低,得到了捷达销售事业部与成都分公司领导的肯定。团队同事们的欢呼声至今还回荡在我耳边,我们又成功了!

我们在刘延昌书记走访调研期间进行了专题汇报,得到了刘书记的大力赞赏:"青年突击队,好样的!"

积极努力地工作终究会有回报。2020年5月,我通过了后备候选人的推荐,正式成为后备培养队伍的一员。部门领导也给我安排了更重要的工作,之前我自己单打独斗,现在我开始带领一个团队共同前进。角色的转变带来了更大的挑战,但我已经准备好了!

2020年注定艰难,但无论路途多么坎坷,我都会保持定力,砥砥砺前行，迎难而上，将困境和挑战转化为机遇。捷达品牌服务技术组的同事们也早已做好准备，利用产品上市以来积累下的经验，结合品牌网络数量与保有量快速上涨的态势，秉持创新精神，努力提高自身能力和经销商能力，提高用户满意度，做好捷达用户背后的守护者，助力销量目标的达成及捷达品牌的顺利发展。

小生也能扛大鼎

作者：王申

能亲手打造一场成功的上市活动，点燃所有捷达爱好者心中的火种，对任何一个市场人来说都是莫大的荣耀。凡是过往，皆为序章。所有曾经吃过的苦，如今都是可以笑着讲述的故事。

捷达VS5成功上市后的合影（前排右二为作者）

"什么？不能按时到吗？好！我现在就过去……"

前几天外出就餐，忽然听到隔壁桌一个小伙子打电话的声音。没说几句就匆忙地一路小跑着离开了。看来是工作出了状况啊，我一边暗自猜测，一边下意识地看了一眼手机，还好，工作群里并没有新消息。此时，我的思绪不禁回到一年前捷达品牌首款车型——VS5上市时的那段难忘时光。VS5的上市不仅像我人生的第二次毕业典礼，历经种种磨砺、层层考核后，让我完成了从一个初出茅庐的职场"小白"到一个合格市场人的蜕变，更如一颗火种让捷达品牌深深扎根在每一个喜爱它的人心中，只需一个契机便可燎原。

架起稳定的"柴堆"

2018年10月，我光荣地加入捷达品牌销售事业部数字营销组，2019年4月，又因部门调整需要来到零售营销组，开始接触品牌大型活动策划执行工作。我接手的第一个大型活动就是捷达VS5车型的上市活动。

众所周知，随着汽车产品的生命周期越来越短，上市期成为决定一款新车能否最终取得卓越市场表现的关键时期，而上市活动对于新车能否在市场上一炮打响更是至关重要——VS5作为捷达品牌的第一款产品，其上市活动的重要性不言而喻。

如何才能在嘈杂的车展现场博得眼球，甚至一鸣惊人呢？如何做出差异，进而吹响捷达品牌的冲锋号呢？活动还没开始，一连串问题已经涌到我面前。显然，对于刚参加工作两年且没有相关经验的新手来说，这种大型活动的策划执行是极具挑战性的，我一时间不知道该从哪里入手，更担心把事情搞砸了。有一次经理看到我，问我怎么愁眉苦脸的，是不是有什么困难。我如实相告，经理笑着对我说："你要明白一个道理，经验，也是禁锢。恰恰是你没有这方面的经验，没有了思维定式，才更有可能策划出一场颠覆性、创新性的产品上市活动。"说完他拍了拍我的肩膀。那一刻我仿佛被注入了能量，凭借着初生牛犊不怕虎的冲劲儿，我迅速重拾信心，全身心投入到活动的筹备工作中。

信心有了，思路也就来了。我先是通过网络、电视、新媒体等渠道学习汽车行业及其他行业的大型活动案例。反复研究后，慢慢梳理出从传统车企到新势力车企，再到个别快速消费行业的16场成功上市活动案例，并拼出一幅巨大的思维导图。随即，我准备为VS5上市活动博采众长。

8月的长春已到了夏天的尾巴，深夜，我熄灭全办公楼最后一盏灯，准备回家。夏夜的凉风让我清醒了几分。甩了甩头，我对自己说，一切付出都会有回报。经过连续一周的积累、学习、分析，捷达VS5上市活动的框架初具雏形。而据此整理成的任务书，计划作为策划工作的指导性文件。我拿着这份文件向经理汇报，他非常满意，又笑着鼓励我："看，焦虑是没用的，化焦虑为动力才行啊！"听完汇报后，经理和其他同事都对任务书高度肯定，更令我骄傲的是，这份任务书成了后续大型活动的模板。

燃烧吧，心中的火焰！

进入活动策划阶段，捷达品牌同步开展了订单"战役"，经销商已经取得了阶段性的成果，如何引爆订单"战役"期间所积蓄的能量以实现捷达品牌的良好开局，成了VS5上市活动亟待解决的问题。在不计其数的提案和研讨后，市场部决定搭载当下热点的综艺节目助推产品上市流量。

为选择最适合的综艺节目和艺人，我利用闲暇时间把当时的热门综艺节目都看了一遍，并判断每一个明星的"人设"与捷达品牌及车型是否匹配。和同事说起看综艺节目到深夜时，他们羡慕我看着综艺就把工作做了，但实际上，如此大量的素材浏览和资料分析并不娱乐也不轻松。我开玩笑道："如果需要你连续两天熬夜看完热点综艺，并且了解每一个明星的'人设'，你可能看到综艺两个字就想吐。"

当时恰逢综艺黑马《乐队的夏天》热播，话题性和观赏性双高，许多艺人也受到了前所未有的关注。其中，整体表现尤为亮眼的"新裤子乐队"进入了我的视线，在他们身上，我看到了与捷达品牌相同的激情与冲劲。"就是他们了！"向上级汇报后，方案得到了领导的肯定。

无插曲不活动。上市发布会前一天，我们突然接到消息，"新裤子乐队"由于前一档活动延误，无法按原计划提前到达成都，最理想的状态是能在发布会前两小时到达。我瞬间感觉到脸上的肌肉在不住地抽搐，其他同事也面色凝重，我们都清楚，对这样的活动"流量担当"的延误意味着什么。任何一场活动都存在不能按计划执行的风险，因此我在制订方案的同时还准备了周全的备选方案，尽管那样可能达不到预期效果。事已至此，除了关注"新裤子乐队"航班动态外，作为项目负责人，我开始与大家一起准备启动"新裤子乐队"无法按时到达的B计划，等到一切准备就绪，已经是凌晨两点半了。

第二天一大早，所有工作人员聚精会神、严阵以待，时刻关注着嘉宾行程和现场活动的变化。

"大佬们出发了吗？""你们到哪儿啦？"我不停地给乐队助理发着微信。

"王老师，我们正在赶往机场。"

"王老师，我们已顺利登机。"

"王老师，我们马上起飞。"

"快快快！他们登机了，快看看航班起飞了没有？"收到反馈后，我赶忙对身边的同事喊道。

"飞了飞了！""航班顺利抵达。""司机顺利接到人了！"……同事不断地汇报进度。

"还有一个半小时，赶紧把最快的路线发给司机！"我喊道，"打开位置共享！"

"地图显示还有一公里！"同事报告。

"来几个人跟我去接一下！"我边喊边带人快速往预留好的停车位跑去。

最终，"新裤子乐队"在活动开始前30分钟到达了现场。在看到乐队成员从车上下来的那一刻，我们终于松了一口气。没有过多寒暄，我赶紧对他们说："跟我来！来不及彩排了，稍微准备下，咱们直接上！"

鼓点敲响，贝斯与键盘切入，吉他声随之响起，聚光灯下的舞台中央，两辆VS5的包围中，"新裤子乐队"主唱彭磊忘我地弹着吉他，吼出属于一个时代的摇滚之声。舞台下，是一群手持"摇滚礼"的年轻人，忘情地蹦跳着，大声地跟唱着……

那一刻，我知道，我们成功了。

发布会圆满结束，但这对捷达VS5的上市发布来说，才刚刚走完七分之一……

我们借助年度热点综艺及明星之势，将捷达VS5上市活动打造成为期一周的上市事件，将捷达品牌展台打造成高热度展台，并获得2020年第六届金轩奖年度产品类十佳案例，同时在颁奖盛典现场获得年度产品创新营销全场大奖。经过7天的连续发布，捷达VS5上市活动的网上直播观看量突破了我们设定的1000万次目标，实际观看人数达到了1500万人。成功上市是VS5迈向爆款车型的第一步，而全程主导VS5上市周活动的我，也在那一刻正式"毕业"了。

  捷达VS5上市活动是汽车行业首个以周为周期的上市活动，持续一周的高强度、高集中度活动，对所有参与人员来说都是心理及生理上的双重考验。我们必须24小时待命，白天在现场组织活动，晚上车展闭馆后安排彩排。每次彩排都要持续到凌晨一点之后。临近活动举办日，我感觉到疲惫的身体在"抗议"，但我对现场的活动流程与调度是最清楚的，这个时候，我知道自己必须在，强撑着也要坚持下来。

  我深知，每一步的成功，都是对努力着的自己最大的犒劳——能亲手打造一场成功的上市活动，点燃所有捷达爱好者心中的火种，对任何一个市场人来说都是莫大的荣耀。

得来不易的爆款

作者：李超

亲手把自己的"梦"送上万众瞩目的舞台有多荣耀？那种感觉我相信经历过的人都有体会。记得，在2019年捷达品牌成都发布会当晚，我走进了项目楼，在直播中看到"捷达"从一辆车发展到一个品牌，见证了捷达品牌正式进入国内市场。也是在那一天，我正式成为捷达的一员，正式开始了我的"筑梦"之旅。

"李超，捷达品牌2019年年度商务政策由你来牵头制订，加油干！"

这是我接到的第一项任务，商务政策不仅涉及经销商70%的销售返利，之于捷达品牌，更是年度营销战略的风向标。

"还差点意思，不简练、不捷达，得重来。"

"又不行啊……"

"唉，又要加班。"

这就是我们的工作困局，却也在这困境中激发着我们捷达人的无限可能。

同事们有时会气馁，我也是，在新品牌的初创期，我们经历着疲惫、焦虑、恐惧，深陷在责任与担当、创新与传统、理想与现实的困局中。迷茫之际，这句VS7的slogan(意为标语、口号)"当打之年，da有可为"给了我们很大启发。

我先在心里说服自己：来捷达就是要接受这些，不断挑战自我。同时给团队打气："一定能干成，捷达品牌现在的艰难，之于我们每个人都是绝无仅有的职场机遇。"于是，我们立即行动，先将固有的框架抛在脑后，轻装简行，走上圆梦之旅，志在挑战行业转型的创新引领者！

大刀阔斧创新篇

不清楚"创新"真正的意义，是因为跳不出原有的框架。在一次次失败中，我们终于意识到自己被固有思维束缚住了。

我们在头脑风暴中渐渐厘清了思路："彻底颠覆吧！捷达不同于大众，捷达品牌的终端渠道现状以及外界的竞争环境都和大众有差异，捷达得有自己的打法。"

决定颠覆性创新后，我们的第一个想法是"得有资源，还得找到正确的方向"。于是，我们先找到经销商，带着他们满市场跑，去摸索。要知道，作为刚起步的经销商，他们没有门路，会有很大压力。而我们的引领，自然带给他们充足的信心，进而稳定了市场秩序。

经销商运营质量考核太烦琐一直是一个痛点，既然要创新，这个痛点就必须根治。经过一番深入调研、探讨，我们找到了几个有针对性的考核点，侧重于提高用户的满意度，让考核机制更加符合捷达的实际情况。考核的创新加快了流转速度，为经销商创造了更加优质的发展环境。

下一步，就是要找到学习的榜样，搭建起政策框架。我们从能接触到的所有渠道寻找外部对标政策。然后我组织大家研讨，编写对标政策优劣势分析报告。这样一来，这份政策在设计形式上就很新颖。

接下来的工作，就是依据前期做的准备开始跟其他部门协同推进。不过，在这一环节我们遭遇了一些波折，因为每个部门都很忙，有些部门的电话根本打不进去，因此面对面的沟通方式很难实现。针对这些难以对接的部门，我们进行了点对点式沟通，了解对方的需求，重点突破，大会之前开小会，在所有问题上达成一致，力求精益求精，能够及时为团队提供资源支持。

就这样，经过颠覆式创新，商务政策出炉了，并且在高层汇报中一次性通过，商务政策发布与解读提前一周完成。有经销商对此评价道："捷达品牌营销团队领先的、创新的营销思路必须点赞"。新商务政策让经销商更加有信心，实现招募响应率"V形反转"，我们制订的商务政策也被列为捷达品牌营销创新渠道赋能的核心板块。

工欲善其事，必先利其器

"我们要给自己设定一个目标——推进捷达VS5订单破万，成为爆款车型！"

还记得我们抛出这个目标时，受到了同行、媒体、内部的多方质疑。但是最终，我们做到了！捷达VS5在订单"战役"期间共收到13444个订单，订单目标完成率达134%，并实现首个完整月终端销量破万，荣获2020年度"卓越项目奖"。我们的VS5一炮打响，确实成了爆款。这是我入行以来最骄傲的业绩。

记得目标制订之初，我们也打怵，但是"狭路相逢，勇者胜"，就将这次预售作为一次战役对待吧。"工欲善其事，必先利其器"，

VS5订单破万，挑战不可能，离不开捷达品牌事业部全体人员的高效协同

我们围绕品牌、产品、渠道、体系进行问题分析，确立了未来策略方向，这场捷达VS5订单战役就这样打响了。

执锐破局，共造营销之势。正所谓战者靠气，战局靠势。我跟团队说："我们要为捷达品牌精心制订话题造势，用广告升势，用体验扩势。"就此明确了预售取势的策略方向，力求造营销之势。我们首创的"达人享出众"、设置首批车主五重预售奖励，以非凡的品牌魅力和礼遇，慢慢打动了消费者的芳心。

当然，能取得市场的广泛认可离不开我们团队的辛勤付出。怎么形容我们的团队呢？高效——好像只有这个词最合适。只有团队高效，战术才能起作用。而我以项目组协调人的身份，努力保证各部门能高效联动，有序筹备项目，达到项目组横向高效融合、纵向快速响应的良好态势。

我们的项目组制订了订单战役的核心策略及整合营销规划，只有完整的规划才能让工作有序可循。我们还制订了订单战役执行指引，下发至经销商，全网统一宣贯、培训，这些无疑给经销商吃了一颗定心丸，让他们以更积极的态度去面对每一位进店客户。

当得知捷达VS5订单"战役"赢得如此漂亮、预售如此成功时，我知道我的"梦想之花"终于开始绽放了。

站在用户的角度思考

"现在的价格只能说是合理，还没到'甜点位'，但现有预算只能覆盖常规的衍生支持，没有额外促销预算资金，一炮打响存在巨大风险。"

"对，避开风险才能打造出真正的爆款！"

"我们得来一波一步到位的会员价。"

我带领团队反复打磨、测算，形成VS5上市促销策略方案。我们的方案乍看起来没有什么特别的地方，却是基于捷达品牌实际情况的创新。

我们计划搞一次让捷达VS5一炮走红的"促销"。

"促销太老土了，没法让VS5一炮走红吧？"

"得来点刺激的！在常规衍生的基础上，价格需要进一步下探3000元！"

"要不要等等看？看看上市的情况再说？"

"我们前期造势还不错，等等看热度会不会过去。"

"节奏！节奏很重要！上市直接释放3000元，一刻也不等！"

"预算怎么办？这样的力度，预算支持不足。"

"我们先从内部优化入手，短期内，内部优化可以支持。"

"长期怎么办？我们要打的是长期战役啊。"

"那就得看我们的努力了，如果销售增量可观，我们就可以申请预算支持了。"

"对！就这么办，得让会员感受到力度。"

最终，我们决定采取这一颠覆认知的方案，但执行起来却困难重重。不能放弃，我告诉自己。那时候，我给自己加油打气的同时，也鼓励团队同事，"没有过不去的坎，是真理就要坚持。"这句话一直挂在我们嘴边。

会员抢先价方案已有先例，我们的方案上报领导后，很快得到批准。VS5上市就推出了低于指导价3000元的会员抢先价，以绝对的价格冲击力创造了上市次月销量破万的奇迹。捷报传来，11088，这个数字我一直记在心里，这是捷达VS5首个完整月的终端销量，这个数字标志着"捷达VS5爆款打造成功"！

整日的忙碌调快了我们的生活节奏，提高了我们服务用户的水平，锻炼了我们处理问题的能力，磨平了我们的棱角，练就了我们为人处事的方法，培养了我们在困局中求突破的能力。

捷达品牌在未来将面临产品、销量、绩效的多重挑战，对此，我有着深刻的理解和清醒的认识，并做好了充足的准备扮演更重要的角色！无论现在还是未来，我都将与团队一起，用"最捷达"的方式挑战不可能，持续创新突破，让我们的梦变成舞台上最耀眼的存在！

脑容量是"撑"大的

作者：李睿晨

"一步一步走吧，你会为自己的改变而欣喜，也会因为自己所散发的光芒而自豪！"在提笔之前，脑海中忽然浮现出大学恩师的毕业赠言。工作这几年，我终于体会到这句赠言真正的含义——跟随自己的内心，向着光的方向前行。

伊始：寒冬中不向困难低头

2018年，我24岁，刚刚从英国利兹大学研究生毕业，满怀期待，终于要从学生转变成一位职场人了。12月，东北正值凛冽寒冬，捷达品牌市场部，成为我职业生涯的开端。

对于初入职场的人来说，第一份工作总是充满神秘感，也充满向往的。可是，理想和现实总

作者在成都工厂活动现场

是存在偏差，变化是在所难免的。

刚入职的时候，捷达还是一个"不足为外人道"的新品牌。作为一名职场"小白"，我被分配到专业对口的工作岗位——媒介传播策略。媒介，对我来说并不陌生，这可是自己学习研究了5年的专业啊。但工作中的媒介和学校里学到的"媒介"相差甚多。我所熟知的是传统媒介，诸如电视台、广播、报社等，而工作中的媒介多与商业有关，需要自己根据业务需求做出规划方案，自己选择媒介平台进行投放。

角度的不同，让我一时转不过弯来。书本上的理论讲得头头是道，开始时还觉得自己干这份工作可能会比较轻松，还信誓旦旦地和妈妈说："你闺女学的就是媒介专业，干这个，小菜一碟。"可是面对实际工作才发现，将学到的理论知识应用到实际工作中是多么困难，不了解的东西实在太多了。

除了需要自己制订方案、选择媒介平台投放以外，如何与用户保持紧密沟通？如何吸引用户的注意力？我时时刻刻需要考虑的是如何了解用户的内心，怎样迅速打破用户认知壁垒、直击用户内心深处。

基于当前的状态，除了请教学习，没有别的办法。我开始疯狂补习媒介的"玩法"与行业状态，向代理公司学习如何将行业案例与媒介组合。深夜里，我一遍又一遍地"画片"，练习媒介思维，深入了解行业动态。

黑夜悄然来临，凛冽的晚风吹得人瑟瑟发抖，办公室的灯光好像已经点亮了超过15个小时……我不知道这样的日子持续了多久，只是依稀记得，那段时间很煎熬。

紧张、焦虑、不安，被打回来，再出发，鼓起劲，再被打回来，再研习……心态起起落落，"为什么不行？""不行就再来！"深夜里，无数次质疑的背后是无数次的激励，只有身处其中才清楚到底有多难。

深夜里，向着光的方向望去，我看到了那个喜欢的自己。

独立迎战

在大家普遍焦虑，不知道怎么做才是对的、怎么花广告费才是最有效的时候，得到领导的一句"嗯，还行"都是极为奢侈的。

记得那时，要开始对捷达品牌主题曲《加速改变》进行数字媒体投放。捷达作为一个全新的品牌，在新的战场上，意味着自己要独立思考。

"这个方案，我觉得可行。"刚得到直属领导的肯定，我兴高采烈地接着向上级领导汇报，结果却得到了不一样的回答："这个方案，恐怕不行吧。"那一瞬间，我甚至有种窒息感，心跳骤停了几秒。

由于每个看计划书的人，都有自己的认识和判断，意见总是不能统一，反反复复，计划书改了一个月。最后，我认为不同的平台人群画像是不同的，他们有着不同的喜爱偏好，针对不同的媒体人群画像，我做出了不同的推广方案，同时准备了两版计划书，一版是通过酷狗音乐投放，另一版是通过网易云音乐，方案不同，预算不同。

时间紧，任务重，网易云音乐还要做话题，对方需要后台搭建。最终，在与郑勇部长进行多次深入探讨和研究后，我们决定选择酷狗音乐进行投放。郑部长一句"嗯，开整吧。"终于，那天晚上回家的路上，我感觉身轻如燕，这是在捷达品牌工作期间，我在品牌媒介投放工作上迈出的第一步。

在大家的期待中，主题曲终于在酷狗音乐上线了，我记得那天的阳光，很耀眼。

挑战之都

　　捷达品牌宣传主题曲投放刚刚落下帷幕，还没来得及喘口气，"成都品牌发布会你做接待吧。"组长对我说。

　　起初，我以为这是比较常规的发布会，可能就是接待核心领导，做好平时的酒店预订、会上接待就可以了，万万没想到，我低估了新品牌发布会的力量。

　　2019年1月，成都发布会开始筹备，总共邀约900人左右，包括400位经销商伙伴、300位成都工厂领导及员工代表，还有大众品牌所有高级经理、二级经理、区域经理等。

　　当我进一步整理需要做的工作时，才发现这是一个远超出想象的庞大"工程"，包括选择发布会的房源、房价，制作近1000人的参会人员邀约卡片、寻求其邮箱/联系方式、发送邮件问询其是否到访及酒店特殊安排、助理是否到场、翻译是否出席，以及座次如何排布，等等，这些都是琐碎而又必不可少的工作，所有细节问题都需要我一个人进行沟通处理。

　　"什么？没有通讯录？"我心中燃起的小火苗被无情地浇灭了。由于捷达品牌刚刚成立，还没有形成自己的通讯联络系统，这是我们的第一个接待会，仅仅整理900多名参会人员的联系方式，前前后后就花费了一周时间。

　　"您好，请问是行政部吗？我是媒介策略部……"那段时间，每天都要打电话去行政部门一一询问，然后同参会人员进行沟通。很多项工作都是齐头并进，没有任何模板，都需要自己摸索前行。我感觉那段时间自己的脑容量严重不足，以至于发布会结束后，总有手机铃声在响的幻听。

捷达品牌发布会举办的日期临近，一眨眼，到了2019年2月，我们面临的另一个较为棘手的难题，就是如何将展车从成都车展现场运出。由于是新品牌，各个部门之间的沟通协作还不太顺畅，这次的新品发布会只有组内三个人负责，同事们个个身兼数职，抽不开身，于是我自告奋勇，成了新品牌与成都工厂的牵线人。

就这样，第一次公差给了成都，一个人，一张机票，一个行李箱。

如何解决新品牌所有部门与成都工厂之间的沟通问题？如何协助同事解决展车发运、出门许可、政府官员邀请、邀约入门卡发放事宜？如何为媒体搭建直播展台电线、位置如何摆放？

这些问题都是急需解决的，那段时间里，之前不足的脑容量已经被硬生生"撑"大了。

为解决随时可能遇到的问题，我随身携带电脑。为保证沟通及时，两周内团队里平均每个人的微信好友都增加了80多个；将每天要联系的同事、待处理的事情，写在便利贴上，贴满了桌面。

"你看这桌面，像不像抻平了的蜂窝？"同事抖了抖肩说。

在成都驻扎的两周时间，让我从战战兢兢的"小白"，转变成了解决问题的小能手。

遇到问题来不及想有多辛苦，只有一个信念，就是"要做好"。

两周只吃过两顿饱饭，每天只睡三小时。"你是属猫的吗？这么精神！"同事调侃道。但我还是乐此不疲，一直保持向前冲的状态，好像那段时间感觉不到疲惫。成都发布会前一周，我再次驻扎成都，电子邮件成山，细心接待每位嘉宾，对每个来电者的特殊需求做出安排，生怕出错。

回头看，这段时光丰富了我的内心、拓展了我的交际圈、让我认识了很多同事及领导，用初生牛犊不怕虎的精神跨过了原以为过不去的坎。

想要向前走，就会面对很多挑战，自己的阵地只能自己去坚守。感谢这段经历与所有批评的声音，它们成为我前进路上的基石。

创新之路

捷达品牌建设工作是艰难的，也是创新的。这让我这个新手在得到充分锻炼的同时，能放开手脚展示自己的每一面。2020年5月，除本职工作外，我还承担了市场部的预算全闭环工作。这项工作没有前人的"秘籍"，全都需要自己摸索、向同事领导学习交流，去每个部门了解他们的预算逻辑，然后自己独立执行，形成一套属于捷达品牌的预算全闭环汇总模板。

面临极具挑战性的工作，很多时候，我会陷入困境。

记得有一次，我找到张科部长商讨工作，说到预算全闭环逻辑时，张部长注意到当时我的状态，除了针对工作内容给予我很中肯的建议外，还开导我说："要快乐工作，快乐生活。"这句话一直影响着我，面对紧张的工作，只有把心态调整好，多为自己注入一些快乐的元素，艰难的工作才可能迎刃而解。最后走下来，就会收获欣慰与自豪。

机会，来之不易，过往，充满感激，充实内心，坚守向前。未来，路漫漫，纵使有些许波折，仍不负少年志气，毅然前行。捷达品牌将凝聚少年志气、创新思维，奋楫前行。而我，则要继续追寻与捷达品牌共同的向上人生路，在以后的工作中继续向着光的方向前进，不负自己，不负捷达，不负每一个热爱捷达的你！

背包里的信仰

作者：夏东东

背包的捷达人如同古代枕戈待旦的兵士。背上包，能让我们更快地进入战斗状态，更能提醒我们一刻也不能懈怠。对于新生的捷达品牌来说，这背包里存有捷达人的一份信仰、一份恪勤朝夕的坚持和一份不断学习的动力。

作者

每天清晨，长春四联大街与长青路交会口都上演着有趣的一幕：一侧，汽车开发区实验学校的学生们背着书包去上学；另一侧，来自捷达品牌销售事业部的我们背着背包去上班。

在捷达，很多人包不离身，家里的书房、出差托运的行李堆、周末郊游时的汽车行李舱，处处都有背包的影子。我们的背包里装着什么秘密武器？如果你随手"抢来"一个背包，打开拉链，就会看到里面静静躺着一台办公用的笔记本电脑。谁也不知道公务手机什么时候会响起，而捷达品牌对工作速度和效率的要求24小时不放松。

因小失大，前车之鉴

那年冬至，和朋友约好晚上一起吃火锅，心想带着背包不方便，而且工作白天都已经处理好了，于是轻装赴约。墨菲定律说，越害怕发生的事情越有可能发生。果然，我用亲身经历印证了这个定律。

晚上九点半，饭桌上的"战斗"还未结束，我的公务手机就响了起来。"东子，有个事你抓紧来处理一下！"原来，第二天早上八点半事业部要向公司高层做汇报，但临时增加了一项汇报内容，因此要求在会前把相关数据核算清楚，并制作成逻辑清晰、布局美观的PPT。"八点之前，一定要完成啊。"电话另一端的组长再次强调。挂了电话，面对着杯盘狼藉的饭桌，我苦笑着对朋友说："对不住了，兄弟，我得先撤了，回头再请你吃串儿。"

东北冬天的深夜格外寒冷，为御寒，我穿了两件羽绒服，雪地里开了20多公里车赶到办公室，一直忙到第二天凌晨才结束工作。看着显示邮件发送成功的提示窗，我瘫坐在椅子上嘿笑了一下：得，就图一时省事儿，却为自己的"弃包行为"埋了单。这样的单多埋几回，久而久之就养成了时刻背包的习惯。当然了，埋单的不止我一个，你看那些早晨背着背包来上班的同事们就知道了。

恪勤朝夕，奋笔疾书

在如今的我看来，背包的捷达人如同古代枕戈待旦的兵士。背上包，能让我们更快地进入战斗状态，更能提醒我们一刻也不能懈怠。对于新生的捷达品牌来说，这背包里存有捷达人的一份信仰、一份恪勤朝夕的坚持和不断学习的动力。

2019年年中，随着销售工作即将铺开，在部门领导的要求下，我们开始编制《捷达品牌应知应会手册》（以下简称《手册》）。而在此之前，我们都是参照《大众品牌应知应会手册》作业的。在动员会上，领导语重心长地对我们说："大众的手册好是好，但细究起来，大众品牌和捷达品牌在市场定位、目标上都是有差别的，我们要做出更适合捷达品牌'调性'的手册。不仅如此，我们还要通过这本手册让初步摸索出来的经验能传承下去，让更多用户感知到我们的纯正德系标准。"

我负责的业务板块是市场研究，自然而然地，《手册》中的"市场研究与预测篇"编制工作分到了我的头上。正常来说，编制一本全新的手册至少需要三个月时间，但新车上市在即，时间已然来不及了。对此，组内制订了"三步速战速决"方案。

第一步，以空杯心态重新学习、研究、理解《大众品牌应知应会手册》，从它优秀的思路、框架等方面汲取营养，打开视野。

说来好笑，我手里这本《大众品牌应知应会手册》是从其他同事手里软磨硬泡借来的，由于翻阅的次数太多，以至于归还时不得不重新打印封面，替换已被翻得破破烂烂的原版封面。同事们还笑着起哄："东子，你是把书皮给吃了吗？"

搭建好框架，第二步——《手册》编制工作，就开展得格外迅速。在组内另外两名同事的默契协作下，我结合捷达品牌实际情况，往框架里一点点填充内容。倒推进度，我们只有三天时间来完成这一步。有时候，我半夜会突然惊醒，然后爬起来，打开背包，拿出电脑，把一闪而过的"灵光"记录下来。就是在这种极度专注、高压的氛围中，我们顺利完成了《手册》正文的编制。

正文编制完成后，工作进入了最后一步——延伸编制补充说明，基于可能产生的延伸性问题提前预备答案。这个过程是痛苦的，因为人总是不善于给自己提问题。于是，我们找到上下游部门，请他们发问。销售计划部问："是不是价格指数好了，车就一定好卖？"销售策略部问："你们的终端成交价采集……"针对他们的提问，我们进行了一轮又一轮讨论，遇到疑难问题时立刻跑去向兄弟部门请教，最后把探讨出来的结论汇总，制作成一页页说明材料。

2019年11月，144页的《手册》正式发布。那时，我的内心是既激动又安稳，激动的是，大家的努力终于开花结果；安稳的是，自己提交的材料是经得起推敲的。

知己知彼，百战不殆

前面说过，我是负责市场研究的，工作性质有时有点像情报员，需要不断地获取市场信息，从而做到"知己知彼，百战不殆"。

在捷达的销量分析领域，一直以来都有一个盲点，即我们虽然可以准确知悉市场各个品牌的销量，却无法精准获悉他们具体销售的是高配、中配还是低配车型，甚至不知道他们是新款卖得多，还是老款卖得多。不能确定主销车型，就像在战场上找不到敌人的主力部队一样，是十分被动的。我们都知道，市场研究分析业务就是销售业务的眼睛和耳朵，找准对手的主力是我们义不容辞的责任。于是，在组长的安排下，我们开始高频次与其他企业的业务人员进行交流，向他们学习销量分析技术方法。那段时间，背着背包，来场说走就走的汽车行业交流会成了工作常态。

万事开头难，一次次的挫折沉重地打击了我们的信心。

小小的会议室里，我们围坐在一起，一片沉寂。怎么能如愿拿到我们想要的信息，还要保证自己的信息不泄露？"大家都来说说自己的想法吧。"组长终于开了口。"或许我们可以迂回一点，别上来就问人家要东西。""还可以发动身边的亲戚朋友，看看有没有能帮忙牵线的。"七嘴八舌的讨论打破了沉寂，也让我们渐渐打开了思路，为未来的"情报工作"树立了信心。

值得庆幸的是，经过半年多的努力，我们终于攻克这一难题，一步步建立起了属于捷达的"情报体系"，能精准定位对手的"主力部队"。

2020年，一汽-大众提出"创变2020"的口号，背着背包的捷达人再次启程。这次，我们根据公司的战略指引，走上了"数字赋能"之路。组长说，市场研究未来要实现市场信息可视化、数据分析智能化、报告编制自动化、生态研究立体化。其中，前两项都是由我来牵头推进，但整体目标如何推进、如何实现仍在摸索中。对此，我们有两个基本共识：转变思维和持续学习。转变思维能让我们更好地接受、理解互联网+时代的新观念、新模式；持续学习能让我们紧跟时代的步伐，并在第一时间将新技术、新方法运用到我们的常规工作中，进而带来效率和交付物价值的双提升。基于这两点，我们有信心走好"数字赋能"之路。

还有更多勤勤恳恳的捷达人的故事，他们日复一日默默地以自己的行动诠释着刻在捷达品牌销售事业部墙壁上的那句话：把简单的事情做彻底，把平凡的事情做经典！

真挚的热爱没有终点

作者：杨超

赫胥黎说："充满着欢乐与斗争精神的人们，永远带着欢乐，欢迎雷霆与阳光。"

2019年秋，刚刚大学毕业的我，从云南边陲小城来到了吉林省会长春，怀揣着对大千世界的憧憬，离开了熟悉的土地，跨越了四千公里，一路北上，来到了一汽-大众。有朋友说我挺能"折腾"，我笑着说："从西南到东北，我这是好男儿志在四方。"长春是我梦想开始的地方。

当个"新学人"

选择和努力哪个更重要？这个问题或许并没有标准答案。要我说，"折腾"自己更重要。

我，一个云南孩子千里迢迢来到东北，一个工科生投身营销领域，无论是地理环境还是工作领域，都好像遥远而陌生。正是在"折腾"中，我找到了自己喜爱的行业和岗位。

营销领域对工科出身的我来说是一个很大的挑战，当然，这也是一个很好的学习机会。刚来一汽-大众的时候，人力资源部门给每个新入职的大学生都配备了一名导师。我的导师向我推荐了一本书——《流量池》，这本书中的内容不仅填补了我在营销基础知识方面的空白，更成了帮我开启新世界大门的钥匙。

"什么是流量经济？"

"如何才能吸引用户？"

刚开始接触市场营销的我，如同久困沙漠的旅人遇见了绿洲，贪婪地饮着那一泓知识的清泉。知识活跃于大脑的愉悦感是会让人上瘾的，一旦尝到甜头，你就会主动去找寻这种感觉。

记得刚入职的时候，住的地方离公司比较远，每天得花1个多小时通勤。一开始，我总是会用这段时间来闭目养神，或者刷各类娱乐App，而现在，我通常会浏览各大营销领域公众号的文章和电子书。

"原来这就是热爱的感觉啊。"这种喜悦的感觉，好像是发现了珍宝一样，甘之如饴。

笨鸟先飞在我身上得到了充分的体现，是不是笨鸟不打紧，关键是愿意飞。

工作经验全无的我，主动请求参与同阶段正在进行的各个项目中。营销本身就是一个很"全面"的工作，在了解其他项目工作的过程中，还能不断向前辈们学习有效的工作方法。

"小杨来了，过来一起看看这个。"这是导师和我说得最多的一句话。在正式入职前我便早早开始了实习，每天下午五点，我会准时出现在导师的办公室。因为经常去向导师请教，机缘巧合，我在入职初期就有机会参与传播效果调研、户外媒体上刊跟进等项目。在设计问卷、产出结果时，经过前辈点拨，融入了一些自己的思考，对传播的触达效果和优劣进行了简单分析，为整个车型预热传播项目的收尾工作贡献了绵薄之力。刚刚从学生转变为职场人,贡献虽小,却也能真切地体会到自我价值的实现之乐。

重压下稳做"坚持者"

2019年,捷达VS5车型上市,合资市场一颗新星冉冉升起。捷达品牌开始在市场上大展拳脚,背后团队不辞辛苦的奋斗状态,说是打了鸡血也不为过。

"你们真的比乙方还乙方,你们是丙方。"代理公司给出了一致意见。

常常是代理公司的工作人员都下班了,我们的"战斗"还在继续。

原因很简单:一般成熟品牌的车型上市,至少要准备三到六个月,而在足以代表品牌的首款车型——捷达VS5上市前,我们仅有不到两个月准备时间,不拼怎么行。

大家每天都在碰各种各样的想法,为确保用户了解真正的品牌理念,有一个良好的开端至关重要。我们每个人都废寝忘食地投身到工作中。

"还不吃饭?"同事叫了叫正在电脑前"奋笔疾书"的我。

"啊,这都晚上八点了?"我看了看手机有些吃惊——当全身心投入到一项工作中时,便形成了传说中的"心流",对时间没有了概念。

随着自身能力的提高,以及业务接触越来越多,来自工作的压力也与日俱增。作为品牌的旗舰车型,捷达VS7的上市也成为我们2020年开年最大的事情,之前从没见过的阵仗着实让我有些吃不消。

那时候,每天不是与代理公司、项目组成员"头脑风暴",就是在死抠每个执行细节,往往一抬眼就又到了晚上七八点。

有朋友问我:"做市场很辛苦吧?"

作者在VS7上市前汇报

我说:"没想辛苦不辛苦,只知道每天脑袋一碰枕头就能睡着。"

其实,偶尔也会感觉有点扛不住,但是看看身边还在拼搏的同事,又会在心里默默告诉自己:没有什么过不去的坎。

印象最深的一次,涉及部门之间的沟通和协调。我们团队制作了一个很大的项目推进表,涉及了整个销售事业部,需要有人去和其他部门逐一沟通。我承担了这项光荣的任务。

"老师好,这边的内容需要更新一下。""好的,马上同步!"无论是中午吃饭时间,还是正常下班时间后,在项目需要支持时,各部门同事都能及时给予回复。作为协调人之一,那段时间,我看到了为项目推进而不辞辛苦的每一位同事的身影!

迎朝露,踏晚霞,这样的工作节奏虽然累,但也催人成长。外部环境与内驱力的双重作用,让我的大脑充分活跃了起来,学习效率奇高。

付出终有回报，不仅传播效果圆满达成，我们对业务的了解也更深了。

时代浪潮下，勇争"创新士"

2020年年初，新冠肺炎疫情突发，汽车市场发生了翻天覆地的变化。线下活动全部受限，我们与用户的沟通只能从线上进行。

在线营销，这个还没被大家摸透的课题，领导层相信年轻人的想法有更大概率能擦出火花，于是将探索新营销模式这项工作交给了我们这群有冲劲的伙伴。

"各位经销商伙伴，本次直播大赛的规则见附件，如有问题欢迎随时咨询！"一次次线上会议指导着全体经销商参与到这场破局之战中，这是场打破疫情期间线下客流骤减困境的战役。

全新的营销模式对我们而言无疑是巨大的挑战，但也正因为没有固定的"打法"，我们才可以开拓更多的可能。由于捷达品牌经销商体系比其他品牌弱，完全照搬其他品牌经验肯定无法达到理想效果。因此，必须找到适合的方式、新的玩法，才能做到品效兼收。

通过学习、总结各大汽车企业的探索案例，我们总结出一套不一样的营销打法。

"我们一起做网红'经纪人'！"我们从经营经销商网络直播入手，为了让整个品牌矩阵内的经销商都看到直播营销能达到的传播效果，我们要充分调动大家的积极性。

我们亲自上场，成功建立头部模范账号，同事成了演员，而我成了"导演兼助理"。

工作之余，研究如何利用短视频营销，已经成为我们的"休闲项目"。

作为捷达第一批尝试新媒体业务的人,其实做之前谁都不知道结果。不过,对于整个团队来说,在墨守成规和推陈出新之间我们还是愿意选择后者,因为只有新方向才可能带来新生机。

我选择了在面对新挑战时持有积极的态度,选择了在艰苦的奋斗过程中咬牙坚持,在有机会挑战新事物时大胆尝试。捷达的办公楼布满了表达品牌态度的口号,其中有一句话,与大家共勉:"盛年不重来,一日难再晨"。时光宝贵,贪心的我不舍得浪费一分一秒。遵循自己的心声,我将在这条路上,一直努力着。

团队成长快,全靠车头带

作者:徐文

这两年来所经历的一切,可以说是我职业生涯中最为宝贵的回忆。要知道,在一家成熟的企业,能经历一个新品牌从孕育到成材的过程,对任何人而言都是难以忘怀的。然而,在这个过程中,当自己面对一份看起来不可能完成的"军令状"时,又该怎么做?

"捷达产品战略这个岗位,级别比你之前的岗位没有提高,待遇也没有提高,只有工作量和工作强度提高了。你孩子那么小,家庭负担重,去受那份累干吗?"

"你就不能考虑一下家里的现实情况?老人孩子都扔给我一个人照顾,你怎么忍心?"

"妈妈,你有空吗?可不可以陪我玩一会儿?就一小会

作者

儿……妈妈,你是不是不爱我了……"

自从进入捷达品牌销售事业部工作以来,同事、丈夫、孩子都表达了对我的不理解。今天享受成绩之余,我也曾无数次悄悄问自己:真的没有遗憾后悔过吗?

理想与现实的冲击,选择错了吗?

我是地地道道的"一汽子弟",在生命过往的30余年中,年少时怀抱的捷达情怀,随着时间的累积愈发深沉。那时候,同学家里要是有一辆捷达或捷达王,我们会抱以何等羡慕的目光。

2019年年初,进入捷达品牌的机会摆在面前,我清晰地听到了自己的心跳。我暗暗对自己说:一定要去捷达!为此,我顶着身边人的不解和反对,积极"备战",铆足了劲儿与诸多"强敌"竞争。过五关斩六将后,我成功走上了捷达品牌销售事业部产品战略经理的岗位,顺利进入了这个创业团队。

说起产品战略这个岗位,大家可能不会太陌生。我的新工作就是变用户需求为产品特征目录,例如产品应该长什么样、配置如何、价位怎么设置、目标消费者是谁,等等。正当我自信地来到新岗位,打算闯出一番事业时,却被现实状况打乱了节奏。

那时,在产品战略岗位上,算上我这个初来乍到的经理,也只有4个人。而且另外3个人几乎没有多少工作经验。面对这样一个小组,怎么办?我咬了咬牙,一边带新人,一边事无巨细地跟进每个项目的每个节点。

管理、培训、策划、对接、执行……一桩桩一件件,让我忙得焦头烂额。家里刚上幼儿园的孩子,只能无奈地完全交给父母照顾。每每想起,心里的愧疚感几乎将我吞噬,有时我甚至怀疑,因一份情怀就决然换岗是否太过草率和感情用事了？

很快，我坚信自己的选择是对的。

面对不利局势，领导当机立断，调整战略以振奋"军心"，查找症结以明确方向，贴心关爱以促安求稳……所谓"火车跑得快，全靠车头带"，什么样的领导，就会带出什么样的团队。随着一条条指令明确下达，我们的士气得到了前所未有的提高。在捷达VS5上市最紧张的筹备期里，团队中的每个人都满腔热血，像上了发条的时钟，不知疲倦。

晚上10点，万籁俱寂，灯火通明的捷达销售大楼成了四联大街一道亮丽的风景。

给你们半年时间解决，这是命令！

当然，光有干劲还不能使捷达品牌一炮打响，还必须用专业和实力说话。

经过认真调研和多方探讨，我们认为，要首先提升产品内饰方面的用户体验才能获得更多用户认同。

"现在已经是2月底了，9月新车上市前，给你们半年时间，务必把这个问题解决掉。记住，这是命令！"会议室里，领导给我们下了"军令状"。

接下这份"军令状"回到办公区后，我不由地陷入了沉思。产品是一个品牌的根基，只有根基牢固，品牌这棵大树才能枝繁叶茂。我深知任务艰巨，且只能成功，不容失败。但众所周知，产品改进是一项周期很长的工作。按照大众标准，正常的整车产品开发周期至少需要54个月，因此想在新车上市前，也就是半年内通过前装去解决问题根本不可能，更何况德方也不一定愿意耗费大量力气去做这件事。那么，如果通过售后加装呢？正常情况下，内饰相关备件的开发周期最短也要14个月，我们面临的困难可想而知，但不试试怎么知道行不通呢？

办法总比困难多。经过认真思考和充分研讨，我们决定采用在经销商端进行售后加装的方式，因为这是最有可能在半年内解决问题的方法。方案一经通过，为了抢时间，我们顶着重重压力，开始一步步推动方案落地，其中最要紧的就是相关备件的开发、生产工作。没人帮着做发包采购招标？我们自己来！不知道哪家供应商更符合标准？那就和经销商采取联合评比机制，择优择快。就这样，通过附件开发流程创新、试验标准创新、采购招标流程创新等一系列创新方式，我们最终赶在上市前彻底解决了产品内饰问题，而效果也令人欢欣鼓舞，用户对新产品反响良好。

更让我们骄傲的是，这一方案随后衍生为捷达品牌独有的售后加装业务模式，为后续产品的快速迭代，甚至带动德方加速产品研发及捷达品牌研发自主化打下了坚实的基础。

最好的奖赏是成长

一转眼，我已经在一汽-大众"服役"10年了，在捷达品牌也"闯荡"了近两年。这两年来所经历的一切，可以说是我职业生涯中最为宝贵的回忆。要知道，在一家成熟的企业，能经历一个新品牌从孕育到成材的过程，对任何人而言都是难以忘怀的。能亲眼见证最喜爱的一款车慢慢成长、蜕变为一个品牌，能在最热爱的领域充分发挥自己的专业价值，那种满足感，那种成就感，那种自豪感，将久久萦绕在我心中。

在为捷达品牌事业夙兴夜寐时，我也得到了相应的回报。这些回报绝不仅仅是物质奖励，更多的是自我能力的提升，以及与"战友"们众志成城做一项事业的喜悦感和成就感。团队成立初期，成员复杂，水平不一，经过一年多的协作打磨，我可以自信地对任何人说：做产品，我们是专业的！如今，我们的小团队在谋划新一代捷达产品的同时，也在积极谋划进军国际市场，争取实现一汽-大众捷达品牌车型出口零的突破。

在背后默默支持着我的家人，更让我心怀感激。曾几何时，无数个夜晚，我因为不能陪伴年幼的儿子吃饭、玩耍、入睡而自责不已。直到有一天，我在看一个满是数据和图表的文件时，儿子跑过来，趴在桌边静静地看了一会儿后，竟然用崇拜的眼神对我说："妈妈，你真厉害！"瞬间，我释然了。

在变局中出新招

作者：杨强

无论在工作中还是在生活中，遇到困难从来都是很正常也很普遍的事情。不过办法总比困难多，因此我们的生活才越来越好。这世界上哪有无坚不摧的人，他们只不过是比别人多一份信念、多一份坚持罢了。

审核一环扣一环，考察一轮接一轮。白天工作，晚上赶路，每天加班加点已成常态。"空中飞人也不过如此！"我不禁心生感慨，继续加快脚步。

2019年年初，捷达品牌发布在即，经销商网络建设也提上日程。其中，经销商展厅的家具和标识关乎捷达品牌展厅的标准形象。此时，相关供应商的招募、审核、考察等环节尤为重要，而我们在每个环节必须严格把关，以确保捷达品牌的经销商网络建设进度万无一失。

自己动手，丰衣足食

按照部门的整体计划，经销商展厅家具及标识供应商招募任务

部门同事合影（前排左五为作者）

落在了我身上。为按期完成任务，我首先带着同事们快速学习了大众品牌和奥迪品牌的推荐供应商选拔及产品订购管理规定，并与大众中国、北京设计院的建筑师一同探讨、确认标识和家具的技术参数及标准，随后又通过官网公开发布了招募推荐供应商的通知。

通过初审的供应商一共有8家，但最终我们只会录用3家，单凭一份竞标方案并不能草率决定录用谁和不录用谁。供应商招募讲究的是公平公正原则，对于供应商的材料质量评审及招标，我们一致认为必须要求参与者全体到场，共同审核并当面拆标，只有这样，才能让所有人信服。但那几天，我一直被招标场地问题所困扰：去哪儿找个足够大的地方能把供应商召集到一起，而且还能花费最少呢？

这个场地不仅要满足招标工作的环境和设施要求，体现捷达品牌的形象，还要满足供应商搭建样板展示的需求。到底是在我们捷达销售事业部自己的院内,还是去其他品牌事业部的空闲场地呢?这两个选择都不太符合要求,我四处打听,同时托同事、朋友帮忙寻找。功夫不负有心人,当联系到大众中国时,得知他们恰好有一个场地符合我们的需求,那是在北京郊区的一个半废弃厂房,当时也没想太多,赶紧请他们帮忙预订下来。

  场地确定了,接下来就要抓紧筹备公开竞标的事了。作为主要负责人,我要提前到厂房安排前序场地搭建以及供应商样品安装工作。1月,北京正值隆冬时节,顶着凛冽的寒风,我踏进了布满灰尘与蜘蛛网的废旧厂房,环顾四周,一片凄凉。时间紧迫,顾不上那么多,我带着人把厂房全部打扫了一遍,然后开始加紧准备搭建竞标场地。

  为保证各家供应商竞标样品的私密性,我们特意打造了8个独立的安装展示区,然后安排他们逐一进场安装样品,安装完一家封闭一家。除了将8家供应商的安装时间点错开并隔开安装区外,还要防止供应商之间因互相交流而泄密。为此,我要一直守在这里当"监工",盯着供应商只管干活,不能"交流"。

  全部工作结束后,已经是晚上9点多了,现场愈发寒冷。厂房里没有暖气,我的双脚早已冻得发麻。使劲儿跺了跺脚,再次细致确认了一下现场情况后,我小心地锁好门,直奔门口的收发室,因为整个厂区只有那里才有一台取暖设备。

  接下来的两天,随着参与竞标的供应商以及大众中国、第三方评审机构人员陆续到齐,竞标和现场质量评审工作也同步展开。经过一轮又一轮的筛选及评比,最终,符合要求的供应商脱颖而出。

  之后,我马不停蹄地奔赴他们的生产工厂,确认整体供货质量、供货周期等问题。从开始制订招标流程方案,到最终相关框架协议签署,前后历时两个月。回想起当初接到任务时的惊愕与紧张,我在感叹工作不易的同时,更多的是感受到了一种满足与喜悦。

让沙发"乾坤大挪移"

然而,一个难题的结束却是另一个难题的开始。

2019年第4季度,我们迎来了经销商的集中开业期,这对供应商的供货速度提出了更高要求。家具和标识早到货一天就意味着经销商可以早开业一天,早开业一天就意味着经销商可以早一天进入销售状态,也意味着客户可以早一天开上捷达品牌汽车。为此,我进行了全面的经销商验收计划及经销商供货计划统筹,并开始实行一天三会制。

一天开三次会要做什么呢?早会,要与经销商和相关督建老师确认经销商施工状态及计划开业验收时间,整理确认经销商验收开业时间顺序表;午会,要与供应商确认家具和标识生产情况、物流发运情况及到店安装情况,按经销商的开业验收时间表进行个别供应商的调货及安装;晚会,要召集计划验收经销商和供应商集体开会,确认家具和标识安装是否完成,是否达到验收标准。一天的时间当三天用,此时的我,只恨没有"分身术"。

"红蓝沙发供货周期要再缩短一点,供货商这边的相关部门要再协调一下,尽量把供货时间再往前提一提,有家经销商着急用货。"我每天都会这样催促供应商。

一个月后,经销商的验收时间到了。

"物料都安装完了吗?"我在电话里询问经销商店里的安装情况。

"就差那个红蓝沙发了,现在还没到货。"经销商回答道。

"我之前联系过供应商,那边已经承诺我可以提前三天给你们送到货,怎么现在还没到呢?"我开始着急了,也有点生气。

"到底怎么回事,红蓝沙发怎么还没到货?"我的情绪有些激动。

"真是不好意思,我们这边的生产环节出了点问题,产品没能赶制出来。"供应商回复道。

我当时一听火气就上来了，耽误了经销商的验收进度，这可是个大麻烦，我厉声说道："你们当时已经承诺我，我们的所有工作也都是按这个时间节点走的，现在供货出问题了，时间又这么紧，我们非常被动……"

但生气解决不了实际问题，我渐渐冷静下来。工期已经延误，怎么能保证这家店尽快开业呢？我一边刷新着各地经销商的开业时间表，一边思索着，忽然想到了一个应急的办法，我连忙给供应商打电话："把下个月底开业那家经销商的沙发调配到这家来，后续你们再赶赶工期，把货补回来。""好的，我们立刻调货。"对方回应道。

就这样，沙发的问题总算解决了，我也长舒了一口气，但再也不敢有丝毫放松，因为后面还有更多的难题等着我去解决。

除了供货问题外，对经销商店面家具和标识安装的验收也是一个难点。首先，验收数量多且集中，在验收阶段，我一口气完成了22家捷达品牌经销商的验收工作，在最紧张的时候，更是在3天时间里现场验收了4家经销商，每天不是在验收现场，就是在去下一个验收点的路上。此外，施工质量偶尔也会出问题。比如，在施工过程中，施工队没有按图纸施工，漏掉了一些细节，或者颜色选错了，等等。为此，每周我都会检查安装进度，查看安装照片，保证问题都能及时解决。

几经风雨，终迎彩虹。我与团队终于在2019年年底超额完成了200家捷达品牌经销商的开业目标，将捷达精神更好地传递给了客户。努力拼搏的过程是充满艰辛的，但一切付出都是值得的！

品牌初创，网络先行。从服务技术到网络规划，面对全新的挑战，我从每一处业务点开始，从每一天的工作开始，不断学习，不断思考，不断提高。从黎明到深夜，从烈日炎炎到冰天雪地，我们团队一直都在努力，只为同一个目标——将捷达品牌做到最强最大！

迎难而上，见招拆招，是每个捷达网络考察人心中的信念。无论在工作中还是在生活中，遇到困难从来都是很正常也很普遍的事情。不过办法总比困难多，因此我们的生活才越来越好。这世界上哪有无坚不摧的人，他们只不过是比别人多一份信念、多一份坚持罢了。

用好手中的"尺子"

作者：韩姗姗

不知道前面的路究竟有多艰辛，只看到身边伙伴们的共同努力。我们，要为这个"汽车世界"制定规则，让这个"汽车世界"按照规则正常运转……我们需要合理、科学地协调和平衡数以万计的汽车，不辜负用户对我们的希望与期待。

从捷达VS5上市的"一炮打响"，到如今品牌市场份额逆势攀升，捷达全车系客户订单已经超过10万份，在国内汽车市场上书写了浓墨重彩的一笔。我是一名普通的销售计划助理经理，与其说我是一名销售计划师，不如说我是一名幕后规则制定者，我用手中的"尺子"协调着捷达车型，将它们合理分配到全国各地。

初入战场，同僚共成长

2019年3月18日，我入职一汽-大众，来到新品牌销售事业部（捷达销售事业部），成为一名销售计划助理经理。我与捷达品牌以及欢乐同事们一起"成长"与"战斗"的故事就此拉开序幕。

对刚刚毕业的我来说，心里最害怕的不是吃苦，不是压力，而是做一条"咸鱼"。结果来到捷达后，我发现根本没机会去做"咸鱼"。

我是"90后"，同事们的年纪大多也相仿，刚刚入职，正赶上捷达品牌发布不久，整个品牌的流程制度还没完全建立，各个系统还没完全搭建，而这一个个"没完全"，给了我们这些新人无限的成长空间。

刚刚来，便冲上前线。到部门不足三个月，我就参与了订单系统测试、经销商培训、整车发运模拟等多个重要项目，更是有幸亲身经历或见证了捷达品牌的第一辆车下线、第一个STD（交付经销商）、第一张终端发票、第一场上市活动……

积极应对挑战

印象最深的一次"团战"，是关于VS5整车发运模拟。对我们做销售计划工作的人来说，进行整车发运模拟是一项艰巨的任务。

为什么说它艰巨呢？"不就是安排一下，发个车，走个流程嘛。"有人会质疑。

整车发运模拟测试说起来容易，实则极其复杂，因为它涉及诸多系统和业务。"一个萝卜一个坑，一辆汽车一个坑"。首先，所有商品车都没有正式上线，那么用什么车辆测试就成了难题。其次，我们还要考虑如何模拟区域、经销商、本部、物流等多个角色的具体操作。更重要的是，捷达总部在长春，而生产在成都，如此看来，两地多个团队又该如何克服地理困难紧密配合呢？

记得那是一个阳光明媚的周六清晨，我们早早来到了办公室。

"各部门请就位，线上联合测试马上就要开始，请抓紧时间就位。"同事模仿播音员的口气，想舒缓一下紧张的气氛。

团队合影（左二为作者）

"时间紧，任务重，赶紧的。"我笑着说道。

"各部门请就位，时间紧，任务重，赶紧的。"同事重复道。

管理服务部、销售财务部、销售控制部、整车物流部、销售计划部五部门开展线上联合测试。我们选择了一辆非商品车。非商品车？这又是什么概念？我们不仅要让这辆车"出得去"，还要让它"回得来"，也就是说，我们得走两遍流程。

"台上十分钟，台下十年功"。从需求收集、数据模拟、各部门多次沟通商讨到实战演练，临近傍晚时，我们终于成功完成了新品牌上市前期铺货模拟发运测试。测试初战告捷，标志着捷达品牌生产、销售、财务、物流的首次全线贯通，这是捷达品牌上市"一炮打响"的系统支持和重要保障。

重压之下,披荆斩棘定规则

2019年,VS5上市后一炮打响,但万万没想到,仅预售期就积压客户订单13444个,而捷达的产能正处于爬坡阶段,不能同时满足所有预售订单。如何建立合理、高效的资源分配模型,迅速应对市场变化,成了我们面对的最大挑战。

如何合理地进行资源分配?这是各大厂商的核心痛点。

我们探索出的答案是,基于订单拉动的数字化资源管理模式。可是"规则"又该如何制定呢?

"每家经销商都想多要车,可资源就这么多。"同事说道。

"想多要车的经销商就和想当将军的士兵一样,干劲儿十足,我们得激起他们的干劲儿。"我若有所思地回答。

说得轻松,做起来困难。综合经销商客户订单收取、厂家生产和库存等因素,我们发现,"多收多得"的激励制度更能促进经销商的订单收取。

起初,经销商的资源获取只依赖于订单收取时间,可我们发现,有些经销商的店开得晚,如果只按订单收取时间来安排,他们就总赶不上资源分配……

"这可不行,真替他们着急。"我们深知这个问题必须要考虑清楚。

于是,我们走上了数字化资源管理的探索之路。资源管理也经历了由"量变"到"质变"的过程,除经销商的订单收取外,还引入了订单转化等多项指标。以纠偏后的资源满足率为核心,引导经销商形成"多交多得,多收多得"的良性循环。

规则并不是一蹴而就的,资源分配也是如此,既要满足销售需求,又要做到公平公正。

资源体系不断完善的背后，是计划订单团队日日夜夜的努力。重新进行需求调研、原则制定和数字测算，要再次进行系统上线和测试、开展区域及经销商培训等一系列工作。

那厚厚的测算方案和密密麻麻的小白板都已成为我们共同成长的"见证者"。

如今，我已经成长为支撑部门业务的骨干，在计划订单领域冲锋陷阵，资源分配、订单管理、物流规划、经销商监控、区域支持……我完成了从校园人到捷达人的蜕变。

在每一个勤奋上进、敢想敢拼的伙伴们的支撑下，捷达品牌一定能"青出于蓝而胜于蓝"，乘风破浪，铸就辉煌！

服务不止100°C

作者：李辉晖

"怎么能做得更好一些？""怎么让客户享受到更优质的服务？"在售后服务的岗位上，曾享受过成功时的喜悦，也曾遭遇过困境中的无助，在不断历练中，我们逐渐领悟了"服务"的意义。

从2012年开始，我的工作范畴就没有离开过售后服务，后来进入一汽-大众捷达品牌售后部门工作。跟随捷达品牌一路走来，我始终保持着空杯心态，一路学习，一路成长，以坚实的脚步践行对品牌的承诺——立足服务，锐意进取。

必须从零开始

2019年4月进入捷达品牌售后服务部时，我在行业内已有近十年的工作经验。但面对全新的品牌和体系，我不断问自己"该从何处入手？""该怎么做？"

静下心来，我给了自己答案——从零开始。

有人问我，刚到捷达品牌售后服务部时是什么心态？我总是明确地回答:"空杯心态。"

为了快速融入团队、参与工作,我必须时刻保持空杯心态,比如,向领导和身边的同事请教,了解捷达品牌、了解售后服务部。只有先了解公司体系和流程,才能有序推进工作。

记得在品牌建设初期,我参与了《捷达品牌三包退换车责任划分管理规定》等主要流程文件的编写制订工作。

现在看来,这些初期编写的流程文件意义重大,成为捷达品牌售后服务的纲领性文件,我们当初讨论的"怎么接听客户的问题反馈?""多长时间给予回复?""各部门间的投诉该如何流转?"等,都使售后服务工作整体上有章可循。

一炮打响与跌入谷底

捷达品牌第一款车型VS5上市后一炮打响,我们的忧虑也随之而来,"订单量爆棚,售后服务工作该怎么做?"从新车PDI(新车准备检查)的那一刻起,终端售后服务工作正式开始,而作为一名区域服务经理,我的战场也正式从总部前移到了区域,开始在前沿阵地冲锋陷阵。我给自己打气:加油!向前冲!

后来,每次想起那段工作经历,我都庆幸自己提前做好了心理准备。

我在华南区负责售后服务工作。然而,待捷达品牌第一期客户满意度调研公布,华南区售后服务总体满意度成绩跌入谷底,在全国六个区域中位列倒数第一!这个结果给了我当头一棒,"为什么会这样?""我该怎么办?"虽然早已做好心理准备,但依然感受到前所未有的压力。

冷静下来,我告诉自己:"触底反弹!继续从零开始!"我细

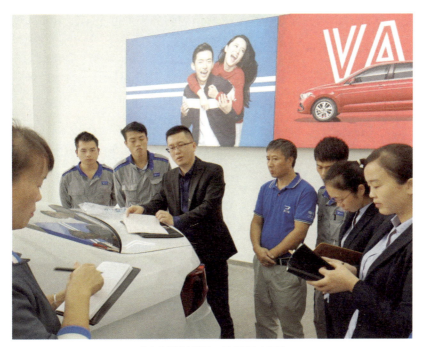

作者为经销商讲解PDI流程及注意事项

致梳理了一遍近期的工作内容,并不停地向自己发问:"哪里做错了?"实在找不到头绪,我就找同事询问他们是怎么做的。

总结之后才发现,是以往工作开展得不够深入,部分问题没看到本质,导致满意度工作无法抓住重点。看来,是时候对区域进行一轮深入、快速的摸底了。

说干就干!我立即开始了快速摸底走访,频率最高时一天走访三家经销商,深入到连经销商的保安亭都没放过。累归累,但我告诉自己,必须坚持下去。

我问经销商:"一线人员对工作是什么想法?开展工作的时候,一线工作人员有什么感受?为什么我们的满意度就是上不去呢?"

经销商反馈说:"区域内独立店经销商售后人员综合素质有待

提升。同时，部分独立店投资人对售后服务满意度也不够重视，满意度怎么可能高呢！"

触底反弹！

摸底调研时，湖南捷之信汽车销售有限公司（以下简称捷之信）给我留下的印象十分深刻。还记得刚去捷之信的时候，第一感觉就是"惨不忍睹"，像个杂货铺！车间由老车间简单改造而成，区域设置不合理，现场零件堆放混乱，员工自己的车在车间随意停放，前台服务顾问开发动机舱盖都要开半天……

为避免客户大量流失、品牌口碑受到影响，一定要改变捷之信。我相信捷之信的改善会有极好的示范作用，一定能使华南区走上逆袭之路。

我找到捷之信的对接领导说："我给你算笔账吧，我得让你知道你损失了多少。"通过入情入理的分析，我改变了他的理念。在得到他的支持后，我又深入现场，告诉每一位工作人员："我会手把手地教大家服务顾问的服务流程和礼仪，给大家加油打气。"

即使在离开湖南捷之信后，我也一直与捷之信保持着联系。我时常问他们："我还能帮你们做些什么？"如今的捷之信触底反弹、焕然一新，满意度从最低时的4.39分迅速提升至4.95分，从区域的问题经销商蜕变为区域标杆经销商。

捷之信的触底反弹给了我巨大的信心，但正在要继续提升华南区满意度时，我又发现了一个难题——区域有37家已验收经销商，该如何同时开展改善工作呢？

要避免出现顾此失彼的问题，就只有采取"老带新"的土办法了。让已提升的店去带动未提升的店，尤其重视同集团内的"老带新"。对经销商来说，能带新是一种荣誉，他们的积极性也前所未有地高涨起来。在看到区域内部形成了良性竞争时，我发自内心地高兴。

通过"老带新"模式，华南区整体满意度从2020年1月的4.61分提升至7月的4.82分，更令我自豪的是，2020年华南区1至7月每个月都实现了环比正增长，是全国唯一一个实现持续增长的区域。

疫情之下，服务不止

新冠肺炎疫情给行业按下暂停键的时候，我的工作也被迫暂停。在短暂的空档期里，"什么时候能回到工作中？""这段时间的工作停滞会损失多少？""以前经常加班，现在正好可以好好休息！"这些想法交织在我的脑海中。但是，区域内的经销商实在让我放心不下。

"无法实地走访，那就换一种方式帮助经销商解决问题。"感谢科技的发达，我通过远程视频软件与经销商进行交流，询问经销商的人员状态和服务状态。他们常说："李老师就好像在现场一样，我们还怕啥。"

可是，没办法与客户面对面沟通怎么办？这个问题让我深感苦恼。要知道，售后服务部就是为客户提供服务的，现在见不到客户，收不到客户的反馈，先不提刚提升上来的客户满意度会不会再掉回去，单单不能及时为客户排忧解难就让我坐立不安。

为解决这个问题，我在通过网络互动的同时还找到经销商，提议让官方抖音号发挥作用！比如制作一些用车常识小视频，通过微管家传播给客户，这样就能帮助客户解决一些用车问题。然后，鼓励保有量较大的经销商在抖音上开展线上客户课堂，一起开展一些多样化的课堂内容以及有趣的讲解……我们的努力得到了客户的认可，真正做到了"疫情之下，服务不止"。

与捷达品牌走过的这一年，我战胜了一个又一个困难，收获了成长与欣喜。我喜欢自己的工作，乐于第一时间关注客户的需求，及时为客户解决问题，而客户对捷达品牌的认可，对一名售后服务人来说都是最大的财富。为保证捷达的服务品质，我们会一同继续努力，勇往直前。

【后记】

在中国的汽车企业中，无论是自主品牌车企还是合资车企，没有哪家企业能像一汽-大众这样有勇气让员工向外界讲述自己的故事、表达自己的思想，这种勇气非常难得！如果我们从另一个角度来看，这其实也体现出一汽-大众作为行业领军者的那种自信，以及对员工努力拼搏和辛勤付出的认可。

"一片磁针石"这本书主要讲述了一汽-大众三大品牌营销队伍的故事。营销就如战场，汽车行业的营销战场竞争更为激烈，市场变幻，消费变化，营销要以"变与不变"来应万变。"变"的是策略、举措和战法，"不变"的是"以用户为中心"的理念和为用户真诚服务的初心。一汽-大众经过30年的发展，已经建立了适合自身的非常成熟的营销体系，也正是这个体系中每一位成员孜孜不倦、追求极致的打拼，才有了一汽-大众在营销领域所取得的硕果。

当读完这本书中有关汽车营销领域的一个个故事，也许你会发现，营销这门课并非想象中的那么"高深"，要想获得成长，必须要在战场中历练。通过采访，我们也能感受到营销人的那种坚忍无畏的精神和自我革新的能力。正如本书的书名《一片磁针石》，是源自文天祥《扬子江》中的诗句"臣心一片磁针石，不指南方不肯休"，希望以此能诠释出一汽-大众营销人坚定不移、拼搏不息的精神。

本套丛书由北京卓众出版有限公司策划并参与了采访和编写、统稿工作。应该说这也是策划团队的一次大胆尝试，在国内讲述企业员工故事的众多书籍中应当有一套讲述中国汽车企业员工故事的丛书，让汽车企业，尤其是合资汽车企业在广大读者眼中不再陌生。在我们从筹划选题到汇集稿件、采访编写，再到校核等过程中，每位写作者都给予了全力支持，感谢本套丛书每位参与者的辛勤付出！

  谨以此书，致敬奋斗在中国汽车工业一线的汽车人！

一汽-大众系列故事

无形的船桨

人力领域的故事

主　编　张建成

副主编　胡　波　孙　磊　沙印松　张　克

机械工业出版社
CHINA MACHINE PRESS

《一汽-大众系列故事》共有三册，分别聚焦一汽-大众汽车有限公司的生产与物流管理领域、营销领域和人力领域。本书是一汽-大众人力（含培训及外事协调）领域员工的故事，以员工的亲身经历为基础，讲述了很多鲜为人知的企业内部故事。这些故事，有的发人深省，有的催人奋进，揭示了一汽-大众的成功要素和个人的成功经验，也展现了一汽-大众这家中德合资企业独一无二的企业合作精神和发展奋斗理念。

本书适合汽车行业人力（含培训及外事协调）领域、汽车行业其他领域从业人员、各行各业职场人员以及对一汽-大众感兴趣的读者阅读。

图书在版编目（CIP）数据

一汽-大众系列故事. 3, 人力领域的故事: 无形的船桨 / 张建成主编. — 北京: 机械工业出版社, 2021.8
ISBN 978-7-111-68482-4

Ⅰ.①一⋯ Ⅱ.①张⋯ Ⅲ.①汽车企业 – 工业企业管理 – 人力资源管理 – 经验 – 长春 Ⅳ.① F426.471

中国版本图书馆 CIP 数据核字（2021）第 113318 号

机械工业出版社（北京市百万庄大街 22 号　邮政编码 100037）
策划编辑：母云红　　　　　　责任编辑：母云红　孟　阳
责任校对：丁峰　　　　　　　责任印制：常天培
北京宝隆世纪印刷有限公司印刷
2021 年 8 月第 1 版第 1 次印刷
155mm×230mm・12.75 印张・1 插页・159 千字
标准书号：ISBN 978-7-111-68482-4
定价：189 元（全三册）

电话服务　　　　　　　　　　网络服务
客服电话：010-88361066　　　机　工　官　网：www.cmpbook.com
　　　　　010-88379833　　　机　工　官　博：weibo.com/cmp1952
　　　　　010-68326294　　　金　书　网：www.golden-book.com
封底无防伪标均为盗版　　　　机工教育服务网：www.cmpedu.com

石可破也,而不可夺坚;丹可磨也,而不可夺赤。

——《吕氏春秋·诚廉》

【序】

同一个团队，同一个梦想

刘立卫

时光飞逝，弹指一挥间，一汽-大众已走过了30个年头。这30年，是一汽-大众从无到有、从小到大的30年，从一座工厂边建设边生产，发展到目前拥有东北长春、西南成都、华南佛山、华东青岛以及华北天津五大基地，并且构建完善了涵盖采购、研发、生产、营销等在内的八大体系。

30年来，一幕幕动人心魄的发展画面、一部部呕心沥血的建设诗篇、一张张凝聚汗水的坚毅脸庞……共同交织成一汽-大众成长过程中不可或缺的画面。

应该说，一汽-大众所取得的成功得益于中国经济发展和国家产业政策，得益于地方政府的亲切关怀和大力帮助，得益于双方股东的患难与共和精诚合作，得益于全体员工与合作伙伴的辛勤付出和坚定信念。期间，创业的艰辛、攻坚的苦累、发展的曲折背后感人的故事一件件、一幕幕，令人难忘，令人回味。

白居易诗云"古称国之宝,谷米与贤才"。的确，大到国家、社会，小到企业、团体，包括汽车产业在内的各行各业，过往、当下及未来的竞争，归根结底是"人才"的竞争。

如果将一汽-大众比作一艘在大海中航行的大船，那么人力部门就是船桨，推动一汽-大众这艘大船乘风破浪，激流勇进。

为了保证大船获得持久动力，并保持正确的航向，一汽-大众人力部门也在不断进步，不断革新。从1991年到2021年的30年时间里，一汽-大众的人力体系进行过两次重大变革，特别是从2018年开始的第二次变革，应该说重塑升级了一汽-大众的管理体系和人力体系，涵盖了薪酬改革、职级改革、岗位体系和编制改革，以及迫在眉睫的数字化改革。

人力领域的管理队伍普遍都有着丰富的岗位经验，他们很多都来自生产制造部门、市场营销部门，以及成都、佛山等分公司，在各自原来的岗位上表现出色。他们不仅有木秀于林的个人素质，还具备敬业、专业的职业素养，这也是他们能够挑起变革大梁的关键。

在近两年的人力体系变革中，这支队伍展现出了特别能战斗的精神。在新冠肺炎疫情爆发期间，其他部门因为生产停滞，实际处于休假或半休假状态，而人力部门却依然全速运转。他们不仅要保证正常的员工薪酬核定和发放，而且要追踪和记录员工的流动行程和健康状况，同时还要抓紧一切时间，加快推进各项体系制度的改革工作。

"无形的船桨"始终为这艘大船保持着航行的动力，坚持着航行的方向。

人力体系的勤勉努力，也体现出了一汽-大众对人才的高度重视，以及对于每一名员工的殷切关怀，这种关怀也体现在对员工成长的培养方面。在很多企业，培训部门往往从属于人力资源管理部门，但在一汽-大众，培训部门（一汽-大众学院）是独立于人力资源管理部门的，这使得培训部门拥有更大的自主权和更灵活的运行机制，能够在人才培训方面发挥出更大的效能。

一汽-大众学院为适应一汽-大众的快速发展和改革需求，创新性地导入了更多培训模式和先进的培训方法，比如"伙伴伴随计划"，可以帮助从外部调入的高级经理迅速了解和融入新的工作单元，这种模式甚至得到德国大众总部的认可，并被很多企业模仿学习。

一汽-大众不仅是中德两国汽车界的一次完美合作，更是中德文化的碰撞和交融。中德双方在跨文化融合中所形成的"同一个团队，同一个梦想"的共识，如今已在一汽-大众五大整车基地开花结果。

外事协调科在一汽-大众成立的第一年就正式成立，迄今已经运转近30年，是外籍员工与企业间沟通的纽带。外事协调科在为一汽-大众外籍员工提供细致而又周到的服务的同时，也严格按照合资公司的规章制度来履行职责，他们已经成了外籍专家及员工们眼中的好管家和知心朋友。

铭记历史，方可不负未来。本书讲述的30多个真实而平凡的小故事，凝聚了一汽-大众中德员工们勇往直前的创业精神。正是由于一汽-大众人力体系工作人员的不懈努力和出色表现，一汽-大众才连续12年获得Top Employers Institute发布的"中国杰出雇主"认证，连续8年获得"全国大学生最佳雇主"汽车行业排名第一。

30年来，一汽-大众凭借强大的人力体系，培养出一大批杰出的人才，为企业稳健、高速发展奠定了坚实基础，更承担起为中国汽车工业培养优秀人才的重任，被业内誉为中国汽车工业的"黄埔军校"。

（刘立卫：北京卓众出版有限公司总经理）

【前言】

筹划本套丛书之时，一汽-大众也即将迎来成立30周年，作为我国第一家按经济规模起步建设的现代化乘用车企业，一汽-大众30年的发展史也是中国乘用车工业的进步史。

20世纪90年代初，我国汽车产销量还不足100万辆，乘着改革开放的春风，一汽-大众以15万辆合资项目起步，首开行业先河，开启了中德合作的历史重要篇章，同时也按下了我国汽车产业发展的"加速键"。

30年来，一汽-大众不断发展壮大，从一个品牌、一款产品，发展为三大品牌、三十余款产品；从年产不足万辆，到目前最高日产破万辆，而且成为我国乘用车领域实现年产销量突破200万辆用时最短的企业，目前已拥有超过2200万用户。

作为中国汽车行业的领军者，同时也作为中德合作的杰出典范，一汽-大众能够不断取得成功，正是由于其拥有与众不同的自发奋斗基因和卓尔不凡的自造体系能力。这不仅为中国其他合资车企的发展提供了有价值的经验借鉴，也实实在在地带动了国内汽车工业装备制造水平不断得到发展和提升，更是极大地带动了中国汽车产业的健康、快速发展。

本套丛书讲述的是来自一汽-大众生产与物流管理领域、营销领域及人力领域等一线岗位员工亲身经历的奋斗故事，为什么我们要将这些来自企业内部很多不为人知的故事展现出来呢？因为一汽-大众的成功不仅是由于其自身有着优秀而又全面的体系能力，

而且也源于其拥有一支非常出色的员工队伍，从他们身上能真实体现出一汽-大众的企业文化和品牌精神，体现出那种奋斗拼搏、开拓创新的精神，不怕困难、敢于挑战的精神，以及勤于思考、学习进取的精神。

筹划本套丛书的初衷，是希望通过每位写作者讲述的自己的故事，从看似平凡的工作和不同的心情中体会出不平凡，从一汽-大众这台高速运转的巨大"机器"中的每颗"螺丝钉"的努力和付出中，体会出"螺丝钉"如何在实现个人价值的同时为企业创造价值。

作为国内最早成立的合资车企之一，一汽-大众的成长与时代的发展同步，其所获得的成就，也是向中国汽车时代的进步交出的最好答卷。希望这套丛书能揭开一汽-大众员工圈层的神秘面纱，通过一个个真实的故事，让更多读者认识和了解中国最优秀合资车企的员工文化、发展艰辛和内生动力。

丛书编写团队

目录

【序】

V 　同一个团队，同一个梦想

　　　刘立卫

IX 　【前言】

朝着目标永远向上

003 　像家人一样温暖
　　　作者：黄川

010 　共赢也是一种信任
　　　作者：李飞飞

015 　给考勤换个数字化大脑
　　　作者：邹晓辰

021　面试官不再冷冰冰
　　　作者：杨广宁

025　无规矩难成方圆
　　　作者：周建

030　做好人力调配这道"奥数题"
　　　作者：于汛

036　谁说文科生不能做"产品"？
　　　作者：王雯

041　会采药的"小蜜蜂"
　　　作者：方春明

048　能说会做的教书匠
　　　作者：温寒

055　当义工的"圣诞老人"
　　　作者：马宗武

060　让中外友谊生根发芽
　　　作者：李桐

063　担当不分大小
　　　作者：韩晓磊

067　寻找人才有妙招
　　　作者：刘泽、朱立红

073　向上的通道更宽广
　　　作者：纪翔、辛阳、孙东凯

努力奔跑在最前方

083　只问耕耘，不问收获
　　　作者：范龙雪

089　最懂人力资源的服务大厅设计
　　　作者：薛杨

095　打好校园招聘这场"运动战"
　　　作者：陈嘉

101　用好手中的"核心武器"
　　　作者：隋楠

105　一座难求的"超级好课程"
　　　作者：贾旭

110　把课堂搬到实战中去

作者：韩景运

114　送人玫瑰，手有余香

作者：徐立志

120　把一秒钟掰成两半用

作者：邢生强、尹奎伟

125　"D302"奋进号上的小姐姐

作者：黄雨晴、吴映雪

130　向上的团队一定肩并肩

作者：杨德柱、马杰、马冀瑶

135　怎样当好经理人员的"娘家人"

作者：年永利、彭强

140　把时间用在"刀刃"上

作者：林茵、孟冠男

144　给制度画个同心圆

作者：唐奇、刘准

无惧疫情,逆行而上

153 甘做一枚"缝衣针"
　　　作者:赵艳辉

157 说走就走的逆行支援
　　　作者:黄嘉明

160 万能又暖心的外事"官方群"
　　　作者:张华风

165 没有外交官身份的"外交官"
　　　作者:郭超

171 享受历练的乐趣
　　　作者:黎金荣

174 有一分热就发一分光
　　　作者:王蕊、秦海鹏、刘宇飞

181 "小白"也有大智慧
　　　作者:刘乾、李雪琪

187 【后记】

朝着目标永远向上

我们来自五湖四海、四面八方,我们热爱学习,不断进步,迎难而上!
我们施展聪明才智,付出辛勤汗水,永远向上!

像家人一样温暖

作者：黄川

尽管过去了许多年，我依然清晰地记得沃尔夫斯堡这座城市。很多人知道沃尔夫斯堡是因为大众汽车，而沃尔夫斯堡感动我的，还有天空中的鸽群、森林里的微风，以及徘徊在草地上恋恋不去的浅浅溪流……

作者与德国沃尔夫斯堡市长合影

2012年，我来到一汽-大众外事科，主要负责为公司引进外籍专家。大学毕业后，我曾经在德国留学，走遍了沃尔夫斯堡、汉诺威、斯图加特、盖默斯海姆等古老的欧洲城市。当我第一次站在沃尔夫斯堡，站在大众汽车的全球总部前时，从未想到，有一天自己会通过德国海外招聘入职一汽-大众，会和这家中国汽车行业著名的公司荣辱与共。

相比财务、行政以及人力资源等垂直部门，外事科涉及面广，工作繁杂，同时人手又比较少。为了顺利完成任务，我们同事间必须互相帮忙，随时充当彼此的后援。

欢迎来到新世界，F先生

现在在地图软件里搜索关键词"一汽-大众天津"，很轻易就能找到目的地，不过在项目初期，那里却是一个盲点。

如果你问怎么去，我只能告诉你："这里是北淮淀乡南淮淀村，看见三根旗杆往里走，我在土路尽头朝你挥手。"天津项目的第一个外籍候选人F先生，就在这个时候万里迢迢从南非过来面试。

收到F先生"我出发了，明天见"的邮件后，我开始每两小时一次跟踪航班信息。然而在航班降落香港之后，候选人丢了！我手足无措，通宵联系南非大众、票务公司之后，得知当天机场罢工，转机航班取消。再次联系上F先生已经是第二天凌晨。操着一口南非口音英语的F先生一路"吐槽"，我只能微笑地安慰他："人没事儿就好。Keep calm and carry on（保持冷静，继续前行）！"然而我们都不知道更大的考验还在后面。

航班落地，京津地区迎来严重的沙尘暴，机场、高速公路全部关闭，原定转飞天津的计划被迫更改。当头发花白的资深高管F

先生，从阳光灿烂的南非耗费30多小时一路跋涉，在一片赛博朋克感十足的黄沙中走出机舱时，我的心凉凉的。

因为航班取消和高速封路，我只能带着F先生乘坐高铁，同时为两小时后要和他进行的人事会谈捏了一把汗。"欢迎您来天津，坐高铁真是独家体验！至今您是第一人！可以跟同事吹牛了。""刚才是向您展示在中国最艰苦的一面，未来三年您在天津不会有更困难的事了。""沙尘暴已经很久没有了，数据显示次数是逐年下降的……"

F先生虽然一脸疲惫，但并没有失去笑容，经过一路"吐槽"，F先生的负面情绪已经释放，之后的人事会谈和安居行程都很顺利。后来，F先生不仅延长了任期，还在任职期间得到了晋升。

想和球星做邻居吗？

E先生来自巴西，给人的第一印象是热情直率、平易近人。然而经验告诉我，这样的外籍人士习惯了优渥的生活环境，往往会带着某种"优越感"，或许会提出一些超出人事政策的"奇葩"要求。

不出所料，在去看房的路上，E先生看似漫不经心地拿出手机，给我看他和家人的照片："看，这是我在巴西的家。三层别墅，有游泳池、大花园，这是孩子们的树屋。能给我找这样的房子吗？"

"别着急，我们有更好的！"

面对这样的情形，直接讲国情不同、文化差异、情怀这样的常规套话并无说服力，因此我给他准备了量身定制的"奇招"。

我和房屋中介的伙伴确认了房源，然后轻松地和E先生聊起了德国人、巴西人的国民话题——足球。"天津有家甲级俱乐部，有好几位巴西来的球员呢，您知道吗？""啊！路易斯·法比亚诺！

我在谷歌上查天津的时候看到了。我儿子特别喜欢他！""那太好了！前面就是他在天津的住处，旁边是准备给您看的房子。"

E先生毫无准备，一时没反应过来。同行的妻子和儿子听了却立即欢呼起来，掏出手机，架起自拍杆，开始各种"狂拍"。球星住的小区和E先生在巴西的家相比，显然不是一个级别。然而在参观过程中他再没提任何超标的要求。什么是"国情不同"，什么是"入乡随俗"，相信巴西球星已经替我解释得妥妥的。

"怎么样，您想和球星做邻居吗？""没问题！走起！"

从天津回到巴西两个月后，E先生带着家人喜气洋洋地如期到任。

给沃尔夫斯堡市长当翻译

身为一汽-大众外事科一员，德语需要好到什么程度？这么形容吧：在吉林省内，只要看到网络、报纸和电视上出现了省市领导接见德国友人的新闻，坐在同声传译座位上的多半是我们团队的小伙伴。

长春与德国沃尔夫斯堡是友好城市，在很长一段时间里，长春一直是国内德国人最多的城市。不久之前，沃尔夫斯堡市长率队来访，有关部门要求一汽-大众派出德语翻译支持接待工作，这个任务后来落到我身上。接到任务，我非常紧张，虽然我有着丰富的外事经验和一流的德语水准，却从没想过在如此重要的场合担任同声传译。领导和同事们鼓励我：你不是代表自己，你是代表一汽-大众，代表外事科，在给中德友谊做贡献。为了中德友谊，出发！

虽然我满怀激情，并且头顶一汽-大众的光环，这份挑战依然压力巨大。同声传译不仅考验外语水平，更考验应变能力。此外，由于这场活动持续十几个小时，还非常考验体力。尽管事先已经做好充分准备，熟记种种文字参考和会议文献等，但作为十几项议程的唯一翻译，在接近12小时无间歇的巨量口译后，到了晚上6点最重要的正式会见开始前，我的体力已经接近透支，反应也变迟钝了。

内心的不安、不自信，都被身边的沃尔夫斯堡市长注意到了。在等待活动开始的间歇，沃尔夫斯堡市长莫尔斯先生和我闲聊起来："你是在一汽-大众工作吗？为什么德语这么好？""呃……是的，我是一汽-大众的员工，日常工作在外事科。""哈哈，和我猜的一样。"莫尔斯先生说，"知道为什么吗？因为长春最好的人才都在一汽-大众。如果没有你，今天我们的行程不会这么顺利，谢谢你！"

市长的夸奖犹如一针兴奋剂，让我满血复活。原来在别人看来，我们一汽-大众这么棒！当天的翻译任务顺利完成。临别前，外方代表团全体成员感谢我一天的陪同，莫尔斯先生拉着我站在访问团中间位置合影："你一定会有机会来沃尔夫斯堡的，到时候请一定和我联系。"

回家的路上，像参加完一场大考，身体疲惫，心情却很放松。美丽的沃尔夫斯堡油然浮现在我的脑海中，以后我不再是过客，而是一汽-大众人。

Sonja，别哭

"Happy Wife, Happy Life（妻子开心，生活开心）"这是同德国专家交往中经常听到的一句话。对于携家带口来到一汽-大众的外籍专家，家人是他们的另一个重心。因为家人不能适应外派生活,部分优秀专家会被迫提前回国。因此,照顾好外籍专家的家属,让专家更好地发挥作用,是我们外事科责无旁贷的工作。

第一次见到Sonja是在学院中外方部长组织的庆功宴上。她的先生Franz部长刚刚和中方部长一同获得了当年公司中外优秀合作伙伴奖。席间,中方部长提议为Franz部长举杯,并说道:"Franz不仅专业,他的敬业精神我们团队也有目共睹。他经常是全部门最早来、最晚走的一个……",此时我看见大多数人都笑了,而Sonja哭了。

在别人眼里,这可能是喜极而泣,也可能是外国人更丰富的情感表达,而我似乎读出了别的内容。她跟随先生初来中国,语言不通,在陌生的文化、陌生的人群里,还要照顾两个幼小的孩子,这些挑战全由她独自面对……想到这里,我抱紧了她的肩膀。

"工作狂"Franz先生在第二年以更加出色的表现被评为公司年度卓越合作伙伴,之后是一汽集团突出贡献外方员工奖、长春市友谊奖、吉林省优秀外国专家奖……掐指一算,一汽-大众的外国专家能拿到的奖项,他一个人拿了个遍,成为公司迄今为止唯一的外籍"大满贯"得主。

而我和Sonja成了好朋友。交流话题从网购退货到烤面包和麻婆豆腐的做法,从旅行攻略到拍照技巧,Sonja学会了汉语,还成了拍摄南湖主题摄影师。在每次部门团建活动的部长致辞环节,Sonja还是经常哭,但我发现她的"哭点"渐渐变得不一样了。

在结束5年任期即将回国的送行宴上,Franz说:"我要感谢我的中方搭档,感谢在座所有人,从我和家人来到长春,他们就给予了我无私接纳和家人般的温暖……"这时的Sonja已经哭到妆都花了。

起飞之前,Sonja用中文发来微信:"今天很高兴见到你。因此,告别令我非常难过。很高兴我们的道路已经交织在一起。有了朋友意味着,即使不是每天都见面,他们也会一直在那里。非常感谢你所做的一切!希望我们很快能再见面!"而我只回了几个字:Sonja别哭。

我与和Sonja一家的友谊并没有就此结束,而是未完待续。

在一汽-大众,常年有几百名"随军家属"驻扎国内。他们也是合资公司的一员,是一汽-大众合资文化的重要部分。他们用默默的付出和包容支持着一汽-大众的中外团队一路披荆斩棘,攻城拔寨。我们也在有力的政策支持外,用温暖细致的人文关怀,让他们在异国感受到家的温暖,这也是外事科一路走来努力践行的目标和使命。

共赢也是一种信任

作者：李飞飞

在服务中心投入使用那天，我给很多帮助过我的人发了微信："非常感谢你，服务中心已经投入使用，你可以享受VIP待遇了。"

提起一汽-大众，很多人会想到长春，其实天津也是一个重要的生产基地。而且相比长春，天津地理位置更好，交通也更方便。作为一个"年轻"的基地，有很多工作都需要从零开始，比如绩效升级调整和新机构建设，很多时候需要精打细算，这样的日子习惯了，在同事眼中，我也慢慢变成了一个"省钱专家"。

省钱妙招："化缘"

我这个"省钱专家"最经典的一战，大概就是SSC（共享服务中心）大厅建设，这个服务中心没有额外申请经费，基本都是靠四处"化缘"而来，在大家眼中，那段时间我变成了"唐僧"。

先说共享服务中心的建设背景。2018年，天津基地开始"三支柱"建设，其中SSC部分要求尽快完成，提高效率。要想提高效率，建设一个一站式服务大厅就非常必要。在此之前，长春总部已经建成一个集约高效的服务大厅，一条长长的工作台蜿蜒舒展，服务人员一字排开，员工需要办什么业务一站可达，再也不需要四处串访办公室。

考虑到近年公司一直在升级转型，对成本控制要求很严，预算申请也特别紧；同时，我觉得天津分公司刚刚建设完成，还有一些项目需要收尾，刚好可以借着收尾的契机，将服务中心建设起来。

建设服务中心，第一个问题是找场地，这个难不住我，我早就看中了档案室，档案室占地面积超大，正好能划出一半当作服务中心。

然后就是设计问题。本来公司内部有设计部门，但看过设计方案后，我总觉得太传统，缺乏创新。我决定另辟蹊径，先是尝试着自己设计，但很快发现设计是一个很专业的领域，仅仅靠热情是不够的。

回到长春总部，我偶然看到他们的服务中心设计得特别好，特别有艺术感，而且非常实用。为此我辗转找到了设计人薛扬。我以为薛扬是一个设计师，其实人家也是绩效薪酬科的同事。

"长春总部的服务中心大厅设计得真棒，能不能帮我们也设计一个？""没问题！就是最近比较忙，只能抽时间。"薛扬痛快地答应了，我很开心。过了一段时间，薛扬给我们出了一个设计方案：舒展优雅的工作台，看一眼就赏心悦目；反向弧面的设计，让员工处于工作台的中心；特别设计的多元空间，极大增强了服务中心的实用性……

总之，这个设计我非常满意！设计定型之后，我开始四处"化缘"，填充设备。

我知道天津分公司整车制造部刘冬部长有一块多媒体屏，而

作者在天津焊装车间做MBTI职业性格分享

他平时很少用。有一次，借着汇报工作的机会，我瞄了瞄那块多媒体屏说道："刘部长，你这个多媒体屏很不错哈。"

刘冬部长立刻明白了我的意思。"你想用？""我们SSC好像缺一点东西。""能用你就拿走，到时候走个手续就行。"从刘冬部长办公室出来，我的心情非常愉快，一块多媒体屏，省下了！

还需要一台大厅显示器，可以实时播出大厅可以办理什么业务，以及办理业务的流程。这次我瞄准了单位食堂窗口的显示器。但是单位食堂就这么一台显示器，肯定不会给我，于是我直接找到工厂服务科经理周天博问道："你们食堂的显示器真好，在哪里买的？"

和刘冬部长一样，周经理立刻明白了我的用意，看来我四处化缘已经名声在外，"我们还有一点经费，给你挤一台吧。"

从周经理那里出来，我立刻又奔向下一站。总之，在没有申请新预算的情况下，在各个部门的大力支持下，天津基地全新的服务中心终于建成了。在投入使用那天，我给很多帮助过我的人发了微信："非常感谢你，服务中心已经投入使用，你可以享受VIP待遇了。"

三方共赢

近几年，一汽-大众在业内的人才优势很明显，即便是生产车间的工人，也几乎都是大专学历，但因为车间工人需求量很大，且要求大专学历，所以人力资源部门面临很大的招聘压力。我们每年要从源头去寻找毕业生资源，在学生还没毕业时就提前"卡位"。

在校企合作方面，我们和学校、学生建立了三方共赢的合作关系。通常，学生大一的时候学习理论知识，大二可以到一汽-大众实习半年，大三继续实习，最后经过双向选择，很多优秀的毕业生进入了一汽-大众。通过这种合作模式，我们得到了优秀的后备员工，学校实现了社会价值，实习生能拿到实习津贴，而且提前获得实践经验，可谓三方共赢。

但是情况逐渐地发生了一些变化，随着自动化技术的普及以及用工模式的调整，一汽-大众对实习生的需求逐渐降低，这就导致学生实习之后转正的比例在下降。这是我们都不愿意看到的，也不愿意就这么放弃和学校的合作。后来，我们想到了一个两全其美的办法，就是给一汽-大众的零部件供应商推荐这些实习生，同样可以实现新的三方共赢：一来从一汽-大众走出的实习生素质很高，可以帮助供应商提升竞争力；二来降低了供应商的招聘成本，他们可以节省招聘费用；最后就是帮助学校提高就业率。

本着合作共赢的思路，我开始联系供应商，在天津工厂附近的园区，有十几家供应商的工厂，因为长期合作，大家保持着不错的关系。第一家供应商是大众一汽平台公司,我向公司的人事负责人李艳华说明情况后,她非常高兴地说:"我正为招聘发愁呢,这可是雪中送炭啊。什么时候你们去招聘,我跟着!"

2019年下半年,我们去晋中职业技术学院招聘,李艳华亲自带队参加,招聘会非常顺利,学校高度重视,学生们非常认真,最后招聘效果非常好,我也替学校和可爱的学生们高兴。

给考勤换个数字化大脑

作者：邹晓辰

为了尽量囊括"特殊情况"，为了解决绝大多数员工日常的打卡需求，项目组针对每类排班逐一进行模拟实验，同时对工作任务突发情况较多、工作时间不稳定的人群进行大批量情景带入，我们自己模拟上班、下班、加班和请假等日常工作场景，使线上考勤规则逐渐趋于完美。

我接手的第一份工作是考勤。很多人会以为，这是一份单调枯燥、技术含量不高的工作，其实它非常考验一个人的耐心和责任心。我将这份工作理解为，在成为一个武林高手之前，先练习挑水。

每个月的"愚公移山"

为什么说考勤一点都不轻松呢？因为一汽-大众正式职工有4万多人，实习生有1万多人，劳务工有1万多人，任何简单的事情乘以几万之后，就会变得复杂无比。

尤其是月初，几万张考勤卡像小山一样堆积到办公室，还有数

假日的放松

量多得数不清的各种各样的事假条、病假条等,每次看到一座"小山"堆在办公室,我就会陷入短暂的"石化"过程,但缓过神来,还得重新面对现实。

在那几天,往往是我们科全体出动,大家围拢在"小山"周围,完全就是愚公移山般的感觉,一般需要经过三四天的战斗。这三四天,连吃饭喝水的时间都要精打细算,为了少上厕所,只能少喝水,当这座"小山"终于被夷为平地时,我们一个个已经累到浑身瘫软,坐在那儿一动不动,眼前全是表格。

我们经常会讨论,啥时候公司能开发个线上考勤系统,现在这种线下考勤方式太麻烦了!

"大海捞针"式查考勤

我们的纸质打卡方式大约维持了10年，随着数字化时代的来临，考勤的数字化转型也提上日程。考虑到员工感受，结合公司管理需求，经过前期大量的调研对标，我们终于坚定信心，决定废弃"漫天飞纸"，开创考勤系统的数字化时代！

其实数字化转型对广大员工而言有明显好处：第一，线上打卡更方便，记录更精确，也避免了人为录入的错误；第二，查询更方便；第三，请假方便多了。

以前员工请病假，需要提供医院、领导以及各个部门提供的纸质证明，需要一趟一趟地跑，需要一个个盖章，有时请半天假，需要一小时才能走完流程。数字化之后，请病假，哪怕在医院的病床上，只需拍两张照片就可以办理，大大节省了时间。

对于公司，数字化转型可以大幅提升考勤情况的透明度，可以对员工的出勤状况一目了然。

对我们来说，数字化转型的好处就是不仅降低了我们的劳动强度，还解决了查询的难题。在纸质打卡时代，我最怕的就是查询。记得某一日，我们整理完几万份考勤单，刚刚伸了一下懒腰，想要休息几分钟，这时，传来一个很轻的声音："您好，我想查一个考勤。"

"查谁？"我有点紧张地问道。

"我需要查一下，陈某某在某年某月某日的请假记录。"

声音依旧很轻很淡定，但我听了之后，只觉得天旋地转、满天星斗。我们确实提供考勤查询服务，但是员工有几万人，每个月就有几万张考勤表，每年有几十万张，即便有档案、有目录，从近百万张中查到一张，也是大海捞针。当我猫着腰，满头是灰地从档案室钻出来时，已经下班半小时了。

现在不一样了，任何人想查考勤，输入一个名字就能解决了。

并不容易的"数字化转型"

数字化转型，得到了员工和人力资源部门的全力支持。但是，即使这样一个大家都欢迎的变化，也遇到了非常多的障碍。看似简单的线下"挪"线上工作，实际操作起来真是个大工程，涉及每个工作流程、每个界面跳转、每个取值规则，因为考勤系统面向的是4万多人的庞大群体，想通过一个逻辑圈定所有特殊情况，几乎是不可能的。由于问题太过复杂，我们的系统讨论会往往要从早晨开到深夜，一轮轮的头脑风暴，一次次的绞尽脑汁。

首先是排班规则，之前每月汇总各大生产线的生产安排，发给车间后考勤员手动处理录入，虽然繁琐，但已经实现了流程化操作；现在转移到线上，需要开发一系列线上下发、匹配和写入的自动化流程。

本来以为这很容易，但事实给了我当头一棒。与车间沟通了解后发现，为了适应市场，充分考虑各种生产情况，一汽-大众的生产班次灵活多变，仅收集上来的工作时间就有上百种，排列组合有几百种，看着密密麻麻的代码表，确实感觉无从下手。

但无从下手也得下手。我们采用了最笨的办法，为了确保每个班次规则的确定性，需要一个一个地敲定每组班次的上班、下班、午休时间，用于建立班次代码。仅仅做这个看似简单的工作，我们就用了整整一个月的时间，最后终于梳理出100余种日排班、400余种组合规律，不但实现了线下搬到线上，而且缩减了步骤，提升了效率。

再说一下打卡取值范围的限定规则，这又是一座横亘在前路上的"巍巍大山"。就取值范围而言，经常会出现以下情况："不就是打个卡吗，为什么会出现上下班打卡记录颠倒的情况？""系统是不是出啥问题了，为什么我的打卡记录没导进去呢？""我昨天上的夜三班，都打卡了，为什么提示我考勤异常呢？"

最初，作为一个"门外汉"，我的想法很简单——最接近上班时间的打卡就是上班卡，最接近下班时间的打卡就是下班卡。这个简单粗暴的想法，闹了一个大笑话，在头脑风暴会议上，当我说出这个想法时，遭到了同事们的一致"否定"。

在与大家的学习交流中，我逐渐了解到取值范围的复杂性，因为公司员工众多，特殊、突发情况不计其数，而且班次错综复杂，一个取值规则远比我想象的复杂得多，要考虑到的情况更是包罗万象。比如，某部门上班时间为早晨9点至下午6点，下午6点之后算加班，如果一个同事加班到次日凌晨6点打卡，那么系统肯定会记录他昨天下班缺卡，而今天上班时间是早晨6点。类似的情况比比皆是。

为了尽量囊括"特殊情况"，为了解决绝大多数员工日常的打卡需求，项目组针对每类排班逐一进行模拟实验，同时对工作任务突发情况较多、工作时间不稳定的人群进行大批量情景带入，我们自己模拟上班、下班、加班、请假等日常工作场景，使线上考勤规则逐渐趋于完美。

我们的转型成功了

2019年6月1日，全员电子考勤正式实施推广，虽然前期开展了多次培训、答疑和沟通会议，但在实际运行中，面对4万多人的庞大群体，还是出现了各种各样的问题。

实施电子考勤的第一个月，我们的主要任务就是回答各种问题，上线首月回复邮件1549封。平均每天接待30多个现场询问、50多个电话询问，每个工作日需要回复邮件六七十封。为了尽量让员工及时得到回复，我最早回复邮件的时间是早晨5点，最晚回复的时间是凌晨3点。总之，一个月的时间，我觉得自己成了超级专家，一个比科大讯飞更灵敏的提问回答器，我听到任何问题后都能立刻做出反应，而且一字不错。

考勤数字化是一次创新，我们告别了十多年的打卡工作，一切转移到线上，员工更轻松。有时，员工来电咨询时还会提到"我准备完这些休假申请材料后，是不是得带着到厂长和人事部门那儿签字啊？"当得到的答复是"所有休假都在网上审批，走电子流程"时，员工的反应都是"太好了！那我用手机直接操作就行了"。

在新冠肺炎疫情期间，我们临时恢复了纸质考勤方式，经常有车间的考勤员询问："什么时候开始线上打卡呀，天天记录一堆信息太麻烦啦，办公室都要堆不下啦！赶快恢复电子考勤吧！"

哈哈，我们的考勤数字化转型成功啦！

面试官不再冷冰冰

作者：杨广宁

本着为公司留住人才的原则，我又与成都、天津的同事沟通，又请示领导，最终在成都给天津小伙子找到了岗位，小伙子高高兴兴飞到成都当起了"上门女婿"。同事们知道这事儿也都挺高兴，我们都陷入了对学生时代纯真爱情的回忆。

海外招聘会现场

在汽车制造业，一汽-大众的吸引力毋庸置疑。随着时代的风云变幻，一汽-大众对人才的需求也发生了变化，从以往的机械、车辆、材料等工科为主，开始向以计算机、软件和电子方向为主转变。但这引发了新的问题，数字化人才的目标可能是腾讯、阿里巴巴、字节跳动以及华为等互联网、IT或通信公司，汽车行业内又有特斯拉、蔚来和小鹏等新势力来抢夺人才，我们在招聘市场的优势地位被削弱，这就对招聘工作提出了更高的要求，我们必须努力给求职者提供更好的服务，以提高一汽-大众的人才吸引力。

校园招聘更加人性化

记得有一次在天津面试时，一个小伙子各方面都挺优秀，层层筛选到了最后一轮，能力没有问题，我们主要考虑的是契合度。聊到最后，我问他："你看咱们现在有五地六厂，工作生活方面你更倾向去哪儿？"小伙子没怎么犹豫地答道："还是留天津吧，亲朋好友都在这儿，建设家乡多光荣啊。"另一个小姑娘听到这个问题很兴奋："哇，还能选择去哪个城市呀！我当然想回成都撒！爸妈都在成都，盼着我回去呢。"

这些年我们在校园招聘方面的工作越来越细致，在条件允许的情况下，会尽量安排毕业生到他们想去的城市工作，而且和多年之前发完offer（录用通知）就静静等待的情况不同，现在我们和毕业生们通过QQ群、微信群等方式随时保持联系，帮助他们了解未来的工作内容，增强归属感。但这也增加了我们的工作量，毕业生们各种各样的问题可能随时会冒出来，我们也要随时回答。看着这些弟弟妹妹，回想起自己当年懵懵懂懂的样子，再忙也心甘情愿。

成就一段异地姻缘

一次招聘结束，让我很快喜欢上了天津这座城市。Offer发了没多久，我等待着反馈。这时前面提到的那位天津的毕业生在微信上问我："在吗？杨老师，有个事儿想跟您商量一下，我想调到成都工作，可以吗？或者她能调到天津吗？"

还没来得及回复天津小伙子的微信，他的电话就打过来了。原来，这位天津小伙子和成都姑娘是情侣，之前他们没沟通过工作地点的问题，也没确定两人能同时拿到offer，现在一起拿到了一汽-大众的offer却要分隔两地，情况确实有点尴尬。

思考片刻，我还是拒绝了这个似乎合情的请求。当时，我认为人员调动不是我一句话就能搞定的事，需要多地多部门协调，而且这种事一旦开了口子，后续要调岗的多起来可不好收场。小伙子也知道自己的要求不太合理，叹了口气挂了电话。随后我和同事聊起这事，他们纷纷回忆起当年毕业就分手的"苦情戏"，在办公室做起了"叹气接力"。

我原本以为这事就过去了，可没过多久，柔柔弱弱的成都姑娘也打来电话，主题还是那个：希望能跟男朋友在一起。当然，得到的还是让她失望的答复。不知道是不是从我犹豫和理解的语气里听出了希望，这两人隔三岔五就给我发信息，说说最近的情况，表示非常希望能一起在一汽-大众工作。

坦率地说，其实这两个毕业生都非常优秀，即使不在一汽-大众工作，也同样能找到好工作，他们这么锲而不舍，也确实能看出对感情和工作都很在意。本着为公司留住人才的原则，我又与成都、天津的同事沟通，又请示领导，最终在成都给天津小伙子找到了岗位，小伙子高高兴兴飞到成都当起了"上门女婿"。同事们知道这事儿也都挺高兴，我们都陷入了对学生时代纯真爱情的回忆。

后来有一次和成都同事沟通工作，接电话的竟然是那个成都姑娘，听出了我的声音后，她特别兴奋，感谢我当初帮忙协调，现在也在人力资源岗位任职的她，知道我其实做了挺多沟通协调工作才促成了调动，还说好等我下次出差去成都请我吃火锅。

"互联网大厂"的显赫名声、造车新势力的丰厚薪水以及京沪穗的地域优势都在吸引着年轻人。不过比起这些，一汽-大众有着独特的吸引力：我们精益求精地造车，为了让千万家庭享受有汽车相伴的幸福生活；我们努力工作，创造价值，同时也在享受着生活的甜美与喜悦。

此刻，手机又开始叮咚作响，打开微信，逐个添加新好友，继续回复毕业生们对未来的疑惑，这就是我，一汽-大众人力资源部门的普通一员。

无规矩难成方圆

作者：周建

"本人积极响应公司号召，自愿接受挑战并参加本专项工作，必将努力克服日常工作中的困难，全力保障本专项工作如期保质完成……我相信，我和团队能做到招之即来，来之能战，战之能胜。项目成果中，必将看到我们的贡献。"

刘德华主演的电影《拆弹专家》我看了很多遍，之所以喜欢这部电影，一方面是因为主人公的敬业精神很令人敬佩，另一方面是因为我自己其实也是一个"拆弹专家"，只不过刘德华拆的是真炸弹，而我"拆"的是工作中遇到的障碍和难题。我在人力资源部主要负责劳动关系方面的工作，要将涉及几万名员工的劳动关系维护好，是非常有挑战性的。

承诺机制促成协同

如果你问我，工作中最大的困难是什么，我会告诉你，是协调各个部门的关系。企业的很多规章制度，往往涉及很多部门，不纯

作者

粹是人力资源一个领域。在处理问题的时候,经常需要多个部门帮助,才能保证制度及时贯彻执行。

那么如何与其他部门进行良好的合作呢?这个担子压在了我们身上。之前,有一项需要多部门合作的专项工作,我们简称A计划。A计划非常复杂,涉及的流程也很繁琐,但是公司要求A计划要在短期内完成,这其实面临很大的困难。

我大致梳理了一下,A计划涉及劳动关系、劳动纪律、绩效和薪酬等多个领域,还涉及干部监督、纪检监察、工会、法务、编制和安全等部门,我们需要得到他们的联合支持,才能完成A计划。

由于负责劳动关系工作,这些部门的很多人我都比较熟悉,于是就由我挨个给他们打电话,或者登门拜访,争取他们的支持。在沟通中,我发现大家对这件事的态度不一,有明显"温差",我非常担心这种"温差"会拖延项目的进程。为了使沟通更顺畅、更有效,我想了一个办法——申请一个专项联席会议室。

由于时间非常紧张，必须充分利用好每一分钟。只有大家同时出现在一个会议室，才能高效地开会，任何人的任何想法，都可以立刻进行开放式讨论，有问题可以当场解决。为了将不同部门的同事"拧成一股绳"，我还利用了心理学的承诺机制，写下了这样一段话：

"本人积极响应公司号召，自愿接受挑战并参加本专项工作，必将努力克服日常工作中的困难，全力保障本专项工作如期保质完成……我相信，我和团队能做到招之即来，来之能战，战之能胜。项目成果中，必将看到我们的贡献。"

我将这段话打印出来，放在会议室。每次开会之前，项目组所有成员都在这段话的下面签上自己的名字，这就相当于给了自己一个承诺。通过这样一个签字仪式，潜移默化地加深了专项组成员的责任感，让他们将这件事当成自己分内的事。专项会议每天都开，项目组成员每天都要签到，每天一次的重复提醒，使这段话在每个人心里扎下了根。

通过这种方法，我们把有不同诉求、不同想法的人统一起来，大家虽然在不同部门，但目标是一样的。后来，A计划推进起来就变得很容易了。

说服M先生？

在一汽-大众，中方和外方工作人员的管理是两个体系，这是考虑到东西方不同文化背景的缘故。随着管理模式变革的不断推进，我们迫切需要制定一个面向所有人的行为准则，既包括中方人员，也包括外方人员。

这个任务落到了我的肩上，同时参与的还有另外两人，一个是公司纪委的同事,另一个是外方的M先生。接到任务之后,我有点头疼,之前完全没有经验,也没有先例可循。作为第一个"吃螃蟹"的人,我只能先将德国大众的企业行为准则拿来仔细研究,然后根据中国的文化背景,照葫芦画瓢地出了一个文本。

文本的内容很正常:"我们要遵纪守法,要维护相关的形象和声誉,要彼此尊重、彼此平等,要主动合作,要维护和谐的上下级关系,要避免利益冲突,要反腐败,要坚持诚信原则……"然后,我很客气拿给M先生看,并说:"请多指教。"

我原本以为这个底稿已经很全面,M先生应该提不出什么新东西,哪知道他很快给了我一个反馈意见,我看了立刻眉头紧锁。他的反馈涉及国籍、肤色、性格和种族等,而这些都是我们不曾考虑过的,因为我们内部根本不存在这些问题。

起初,我以为是M先生故意找茬,但跟他接触多了后发现,M先生是一个认真严谨的人,也很负责任。我明白了,这是中外文化差异的问题。我坦诚地告诉M先生:"毕竟一汽-大众在中国,需要考虑中国的文化以及员工接受程度。"经过反复"交换意见",我们对此达成了共识:但凡是外方诉求的内容,在我们的文化里又不是特别敏感的,我们基本同意;如果是我们非常敏感的内容,就删除。

在谈判中,还发生了一段小插曲。文本中有一段:"如果下属犯错误,上级领导需要承担一定责任。"对于这段描述,M先生坚决反对:"这怎么行呢?他的错误,怎么可能由我来承担呢?"我耐心地跟他解释:"如果员工犯的错是他的私事,比如他的生活作风问题,肯定追究不到上级头上。但是,如果他犯的错误是工作方面的,那么他的上级是有义务教育或者提醒他的,如果上级没有做这个'规定动作',那么上级就要承担责任。"

M先生还是觉得难以理解,后来我换了个说法解释,M先生明白了我的意思，于是我们很快就这个问题达成了共识。这次合作改变了M先生以前留给我的刻板、生硬的印象，我发现他也很可爱，责任心特别强，讲清楚道理也是可以说服他的。

小到个人，大到国家，都要有规矩、守规矩，"没有规矩，不成方圆"。一汽-大众作为一家员工多达几万人的现代化大规模汽车企业，更要制定严格合理的规章制度，同时要在执行中不断优化和完善。通过我们一次次的解决问题、一次次的排除障碍，公司的管理体系会越来越成熟、越来越公平，员工的认可度也会越来越高，他们对一汽-大众的爱自然会更加炽热。

做好人力调配这道"奥数题"

作者：于汛

　　如今，佛山工厂从本地招聘的员工比例已由最初的20%增加到近60%，而东北籍员工的比例，则从原来的超过50%降低到25%。伴随着佛山工厂制造水平的不断提高，人员结构也已经完成本地化转型，为一汽-大众在华南地区的长期发展奠定了坚实基础。

　　网上有种说法，除了东北，全世界都是东北人，这其实是说东北人能闯，天涯海角哪里都能闯出一番事业。一个人的闯荡考验的是自己的勇气，而一群人的闯荡则考验组织者的智慧。在保障公司生产需求的前提下，从人员调配到结构优化，重重困难犹如一道道"烧脑"的奥数题一样，等待着一汽-大众佛山工厂去闯关。

解决东北籍员工返长难题

　　"于经理，我想回长春工作，能安排吗？"刚开始有人问时，我还有些困惑。当初一汽-大众在佛山建厂，很多人把来南方沿海地区工作视作一种奖励。

与广东省轻工业技师学院中德学院合作办学签约现场

追问之下才知道,这位员工的孩子体弱多病,他心中惦念,却无法常回家看看。从人情上讲,他值得同情,但从公司管理的角度讲,我必须确保人事制度的公平公正,不能单独为哪个人开特殊通道。作为一名外派经理,随着对佛山工厂的熟悉和自身感触的深入,我才认识到"回长春"的意愿背后,有着极为复杂的人力资源困境。

首先,保障公司生产需求肯定要排在第一位,但在执行层面,有大量的细节需要把握。当年佛山建厂时,公司对华南人才市场不熟悉,加上对工艺质量的要求,从长春外派员工无疑是最优选项。不过时间久了,新鲜感无法掩盖人们对家乡、家庭的眷恋。为了激发员工的积极性,充分提高劳动生产率,在佛山工厂三班次转两班次的过程中,我决定做些改变。

通过沟通,在公司各方的大力支持下,我们制订了东北籍员工置换返长的方案,一方面满足东北籍员工回家工作的诉求,另一方面消化佛山多余一个班次的人员。不过在两年平稳期过后,2018年,佛山人力资源工作方面的压力骤然升级。

到哪里去找1200个人？

佛山工厂二期二班次的启动时间，由原来的9、10月提前到5月，这意味着需要在仅剩的3个月时间里筹措1200人。

5月是实习生资源的空档期，又赶上教育部加强了顶岗实习管理，原计划进厂的长春汽车工业高等专科学校的实习生想来却不能来，按常规方式忙活了几天后一盘点，能在5月来实习的只有100人左右。

失落的情绪弥漫在四周，我必须一遍又一遍地给大家打气："能提前启动是各个部门加班加点抢出来的，我们不能拖全公司的后腿，海明威曾说，人可以被毁灭，却不可以被打败。越是困难的时候越要挺住，必须继续寻找资源，创新方法，一步一个脚印地把路子蹚出来。"

就在我们否决了一个又一个高风险用工方案后，我们科黎金荣的一份提议让我眼前一亮。他从几年前的一份就业简章中发现，有一类高级技工院校不受教育部新规限定，并且招生与高职大专院校大体相同，侧重于学生实操技能的培养。由于历史原因，这类在华南地区数量较多的院校，并不符合一汽-大众常规招聘要求，看着黎金荣兴奋的表情，我也只能先泼一盆冷水，让他先梳理信息，向集团申请和报批后再行动。

我们从离公司最近的一所学校——广东机电职业技术学院开始接触，经过近两周的沟通，我们对学校的情况基本了解后，赶快整理好资料向公司汇报。公司批准后，佛山工厂正式开始与高职技院校合作，人员筹措工作找到了新方向。

为尽快完成任务，黎金荣背着包就出发了，作为部门经理，我既为团队能挑起大梁而骄傲，又有些担心。我每天都会和在外地出差的同事通一个电话，沟通校企合作的开发情况，也给大家鼓鼓劲儿，缓解一下他们焦虑的心情，同时尽可能帮他解决问题。两个月后，通过学校转介绍、走访和宣讲等多种形式，黎金荣的足迹遍布广东、湖南和江西三省近20个城市，成功与25所高职院校建立了合作关系。

在这个过程中，为提高效率，我们动员了更多力量，在多个院校同时进行招聘。我们科的梁华锦、关锋和黄佳彬等同事先后加入，但还是忙不过来。后来我们想了个办法，到车间找到负责人，请他们派工长直接把关。所谓"人心齐，泰山移"，几百人的面试，我们一天就基本能完成，大大提高了效率。

事实证明，这次创新是一场双赢。一方面，工长很渴望能到院校去了解学生的培养情况，对新生代员工有更好的了解；另一方面，学生对工长这类现场专家群体比较感兴趣，希望得到相应的职业指导。从渠道创新到选拔方式创新，再到实习时间上的一些创新，佛山工厂顺利筹措到1200人，有力支持了公司新项目的落地，众多人力资源创新经验也得到了公司的认可。

本地化发展人才队伍

尽管我们解决了佛山二期二班次的人员筹措难题，但作为经理，我必须站在佛山工人调配的全局复盘。客观上，在这件事之前，我们对华南人力资源市场不熟悉，雇主品牌的影响力也不够。依靠长春员工虽然保障了技术能力，但并非长久之计。

只有立足本地，蹚出佛山工厂自己的路，才能使人力资源工作不再"惊险重重"。我们和高职院校合作模式的成功，更大的战略意义在于：一汽-大众通过这种模式，在华南建立起技术人才渠道，树立了良好的雇主品牌形象，并以此为基础，丰富了佛山工厂的工人调配方式。

借助此次合作和后续管理经验，我们拟定了校企合作白皮书，为公司提供了一套系统化方法。我们通过调节不同院校的报到时间，实现了实习生每月报到，并根据公司临时性项目需求进行柔性化配置。

同时，在公司内部，我们对一线操作人员也开展了柔性化培训。通过与车间合作，开发了线旁实车教学、在线标卡学习等方式，培养员工多技能素质，在一期和二期之间可灵活切换。我们创造的"每月切换一个班次"的最快纪录，至今还无人能打破。曾有一位德方总监对佛山工厂大为赞赏，他说，二期以最快的速度爬坡，在产量下降的情况下能迅速与一期对接，完成班次切换，这在德国大众总部都是没有过的。

在满足佛山工厂需求的前提下，我们还先后支援过成都、天津和长春工厂。其中，2020年年初支援长春509人，这是一汽-大众历史上支援时间最长、支援人数最多、支援距离最远的一次。近期我们还在各方共同努力下，将有返乡意向的500多名成熟员工输入到红旗工厂，成就了一件多方共赢的历史性事件。

如今，佛山工厂从本地招聘的员工比例已由最初的20%增加到近60%，而东北籍员工的比例，则从原来的超过50%降低到25%。伴随着佛山工厂制造水平的不断提高，人员结构也已经完成本地化转型，为一汽-大众在华南地区的长期发展奠定了坚实基础。

做人力资源工作，与人打交道，总免不了为"情"所动，但要想做好这份工作，就不能"沉溺"于感情中，而要从大局出发进行理性判断。建立起本地化校园招聘渠道后，要建立健全后备人才培养，进行柔性化人员配置，将岗位压力释放出来，这样才能真正满足长春员工的返乡愿望。

人力资源的工作没有终点，作为外派经理，我来到华南已有5年，在公司的支持和团队的努力下，看着佛山工厂的工人管理体系不断完善和发展以及一汽-大众在本地落地生根，我心中满怀感激。前路虽艰，但我们携手无惧。

谁说文科生不能做"产品"?

作者:王雯

  就这样,系统的一期工程历时一年后终于上线。必须承认的是,系统还有很大的优化空间,但相比传统的纸质管理已经方便太多。系统试运行一个阶段后,我也发现了明显的改善,原本一周四五次会议、一天20封邮件,系统上线后,工作量起码减少了20%。这种工作效率的改善,真让人感到欣喜。

  嘟,嘟,嘟……手机里又传来电话被挂断的声音,我已经数不清这是第几次与工程师沟通了,项目从执行到现在过去了大半年时间,看着邮箱里数不清的项目需求邮件、沟通群里一次次发出来的产品测试链接,还有每次和研发人员至少一个半小时的电话记录,我承认,我曾经萌生过放弃的念头……

假期都去哪儿了?

  "太好了!终于要做线上系统了!我真的受够了纸质记录和一周至少四五次的会议,有了线上系统,效率可高太多了。"当得知项目策划书敲定后，我兴奋不已。挂掉电话后，我开始回忆这四年来的种种工作场景。

从上海外国语大学毕业后，我当过1年外语老师，2014年1月正式加入一汽-大众外事协调部门，负责外方休假业务。起初我认为这不是一件难事，毕竟外语科班出身加上有留学经历，让我自带"沟通无障碍、深谙国外文化、熟悉国外友人脾性"的属性。

然而，生活总是处处充满"惊喜"，正式接手工作的时候才发现，300多位外方工作人员的休假资料都是线下纸质记录的，而且所有外方工作人员假期的情况都不太明确，加上计假逻辑比较复杂，每个人的入职时间都不一样，因此，业务先后交接了很多次……

作者

好不容易搞清了计假逻辑，如何顺利在工作中应用这一逻辑的难题又接踵而至。接下来，便是无休止地与外方解释、研究休假问题。一天20封邮件、一周四五次会议已经成了工作常态，而讨论的内容永远围绕着一个话题——"假期去哪儿了？"

有一个外方工作人员，总来找我们投诉自己的假期不对，我们先后为他核对了很多次，但因为中间信息的断层和缺失，我们怎么都说不明白那一段时间发生了什么。无奈，最后只能协商解决，但也因此开了四五次会。

不得不承认，时间久了，听到"请假""假期"之类的词都会下意识地紧张起来。虽然和外方沟通中产生过困难，但由于曾留学德国，我还是十分理解他们的。外国人对假期这种福利一向看得比较重，而且他们是公司聘请的技术专家，他们的职责是为我们提供技术支持，并非天天被这些琐事困扰。

因此，为外方同事摆脱假期困扰，帮助他们提高工作效率，成为我们的首要任务，这也是我们建设假期管理线上系统的初衷。

产品经理人人当

直到现在，我都对当初接手这个项目时的兴奋之情记忆犹新。那时的我，觉得自己正在做一个"改变世界"的事，一想到未来外方同事脸上的笑容，想到所有操作都实现了线上化，想到自己即将摆脱那一沓又一沓的纸质资料……正在敲键盘写任务说明书的手便更起劲儿了。

没错，我就是这个项目的产品经理。虽说是文科出身，但面对这个角色我真的没有害怕过。因为都说产品经理必须具备用户思维，我是这个系统的直接使用者，没有人比我更清楚计假逻辑，也没有人比我更了解外方同事的需求。

需求明确、逻辑明确，说干就干！我立即整理了一套任务说明书，满满当当的需求和具体的产品功能，全都是这几年积累下来的经验。随后，我又和团队先后对每一个功能点进行梳理。任务说明书终于定版。

本以为万事俱备只欠东风，然而现实又毫不客气地给我上了一课。我这才知道产品经理不能只有用户思维，还要有技术思维，不然当你以为距离系统落地只有一步之遥时，开发"小哥哥"的一句"实现不了……"很可能会让你的心态瞬间崩塌。

尽管我们的需求都在合理范围内，但开发过程依旧无比艰难。这其中涉及逻辑的复杂性、前后端的需求、页面层级的展现、交互流程，等等。当系统好不容易从设计、开发阶段进入测试阶段时，又一波问题向我们涌来——操作不顺畅、页面逻辑混乱……先后测试了七八次，也曾一度陷入僵局，这是整个项目中最大的一道坎。每次和研发同事沟通都要用至少一个半小时，重新梳理逻辑，重新讲述交互流程，重新提需求……

为此，我还在网上到处搜罗各种与产品经理、研发人员相关的文章，例如《产品经理不可不知的7种技术思维》《什么是产品经理的思维方式》……这样的文章看了不下几十篇，就为下次和研发人员沟通时能顺畅些，把我的需求转化成技术人员能听懂的语言。

就这样，系统的一期工程历时一年后终于上线。必须承认的是，系统还有很大的优化空间，但相比传统的纸质管理已经方便太多了。系统试运行一个阶段后，我也发现了明显的改善，原本一周四五次会议、一天20封邮件，系统上线后，工作量起码减少了20%。这种工作效率的改善，真让人感到欣喜。

坚持才能成功

无论是产品的从0到1，还是与技术开发人员沟通过程中的困难，抑或自己从一个文科生转变成产品经理，每一个过程都在时刻提醒着我：坚持自己认为专业和正确的事。

记得在一遍遍的开发、测试过程中，技术人员的惯性思维导致他们想要突出系统的权威性，这一做法会直接影响我作为系统管理员的权限，为此我们有过数十次的交锋。最终，我用现实的工作场景、计假逻辑和外方同事的生活习惯等说服了技术人员。

因为我相信要坚持自己认为正确且专业的事,所以对每一处细节"锱铢必较",并用时间去验证。2017—2018年是假期管理系统从无到有、从0到1的过程,我作为一名深度参与人员,在完成整个项目的过程中,痛苦但享受着。痛苦的是某些过程,享受的是再次突破了束缚自己的思维模式。

现在,每一次使用系统时,我都非常关注自己和外方工作人员的使用感受,会认真记录每一个缺陷、每一处不合理的地方,这注定是一个持续优化、迭代的过程,我也享受参与其中的感觉,愿和系统一起成长!

相信在我每次回忆起这段过程时,都会发现那些曾经备受折磨甚至崩溃的瞬间也不过如此。我始终是那个坚持做专业、正确的事且拼尽全力的自己。

会采药的"小蜜蜂"

作者：方春明

> 质疑就是进步的开始，不要让固有观念束缚自己。至于以后，和大家分享怎么采药、熬药和卖药，或者怎么融入自己的想法，其实并不重要。最重要的是，要告诉他们，现在的方法有问题，然后他们才会听你说。

作为一名在一汽-大众战斗多年的培训老兵，在漫长的培训生涯中我从未松懈，随时准备迎接新的挑战。尤其是现在，全行业处在革新关口，老司机总是遇到新问题，就像你正醉心赏月时，突然一只青蛙跳到你的脚面上；你正悠闲漫步时，突然一头大象挡住去路……当然，无论青蛙还是大象，遇到问题就必须想办法解决。

帮他们当好厂长

我们有一个领导力培训课程，主要面对新提拔或者拟提拔的经理、部长或者厂长，这些干部是一汽-大众的主力，他们在原岗位上做出了优秀的成绩，即将被安排到更重要的岗位。当然，在上岗之前他们要接受一些培训。在培训会上，很多人半开玩笑地问我："方老师，我以前也没当过厂长，你教教我怎么当厂长吧！"

话音刚落，就引发一场哄堂大笑，这是踢给我的第一个球，这个球我必须接住。诚然，在短短一个培训周期内，我肯定没办法把一个学员培训成一个好厂长，但这并不意味着不能帮他们走上成为好厂长的路。

怎么帮？在一汽-大众最典型的方式就是"伙伴伴随计划"。在实践中，提拔一个干部很容易，但让一个新提拔或新调来的干部融入集体，并不容易，尤其是针对不同背景的干部，我们需要采取不同措施才能水到渠成。

比如，将刘某从一汽集团其他企业调到一汽-大众，或者在一汽-大众内部将李某从二级经理提拔到高级经理。这两位虽然都是新任领导，但面临的问题并不相同，需要的"伙伴"也不同。刘某有着丰富的管理经验，熟悉和了解汽车生产的所有流程，但缺乏对一汽-大众价值体系、企业文化的了解。李某情况却不一样，他一直在一汽-大众工作，对一汽-大众的企业文化、各个部门之间的关系以及各种流程了如指掌，然而欠缺领导团队的经验。

面对两个基础条件完全不同的新领导，如何帮他们顺利进入状态，这无疑是一个难题。不过我们很早就推出了"伙伴伴随计划"，这个计划可以帮助两位领导尽快融入团队。

接下来我们会这样做：

针对刘某，我们会给他搭档一个有深厚一汽-大众文化背景，对各个部门系统了如指掌的"伙伴"，绝对是地地道道的本地"师爷"，熟悉一汽-大众的企业文化和人事关系，可以迅速帮助新厂长融入一汽-大众生活圈。针对提拔为高级经理的李某，我们会给他配备一个有丰富团队管理经验的顾问，迅速帮他掌握管理团队的流程。

其实类似的例子非常多,我们甚至还将"伙伴伴随计划"扩展到上下级之间。前不久,从集团公司调来一位公司党办主任,在征求对方意见后,我们安排他的上级、公司党委书记做他的伙伴,这绝对是一个大胆创新。

我们的"伙伴伴随计划"理念,不仅在国内领先,还非常符合合资企业特色。因此,就像一开始学员们给我出的题"如何教他们当厂长",这其实都不是问题。

一场硬仗:年销量提升40%

之前,我还遇到过一个难题,可以说是一场硬仗。

奥迪品牌某大区的新任领导,负责国内部分省份的奥迪营销工作。当时,公司总部经过市场研究分析,提出次年增长40%的销售目标,他上任后需要落实这个目标,这对于新任领导以及大区内的经销商来说都是一个非常大的挑战,而我的职责就是帮助这位新任领导做好新工作,达成目标。我问他:"如果40%的递增完不成,那么20%有没有把握?"他说:"我也没有十足把握,但根据调研,市场机会还是有的。"

我们沟通后,我第一感觉是这是一场硬仗,但我必须站出来。经过反复思考和多次商讨,我想到一个办法:去当地一家业绩领先的经销商处开现场会。在想法落实之前,组织方问是否需要进行一场调研,我不想麻烦他们,回复说:"大家就协调一下时间,准备一个好心情来参会就可以了。"

到了现场,投资方、管理方以及4S店负责营销、管理、金融和二手车等业务的总监、经理已经在等待中。寒暄之后,我让

作者（中）在支持分公司职能战略开发项目时做调研

各个总监先讲，总监们都是站在经销商总体经营的角度讲各自的业务情况，最后总经理讲过去一年经销商层面的经营目标和实现策略。

大家虽然讲了不少，但没有整体性思考和一致性的逻辑，而且最重要的是，很多拟定的营销策略实际上没有真正执行，问题已经显而易见。总经理也发现了当前的问题和努力的方向，区域和投资人代表也看到了需要培训提升的重点。

最后我总结道："感谢大家。其实增长40%不重要，20%也不重要，最重要的是，希望大家意识到目前的问题，我们要做的就是如何更好地解决问题。"其实，当大家意识到当前确实存在问题时，事情就已经解决一半了。

此后，经过整体培训方法的导入，以及诚恳深切的沟通，经销商恢复了信心，纷纷同意签约销售目标，不过并没有全部按40%签，而是根据各自的实际情况签。令我欣慰的是，到年终统计时，大家几乎都超额完成了任务。

采药的小蜜蜂

根据一汽-大众的传统，奥迪的很多营销人员并非专业出身，而是从生产一线或者其他部门转岗而来。这使奥迪的营销队伍有着独特优势，即更了解自己的产品。当然，在营销策略方面，他们也需要更有效的培训，这正是一汽-大众学院的使命和价值。

不过，因为这些人都很优秀，并且在实践中已经形成了一套自己的方法和理论，其实并不容易听进别人的意见。那么怎样使培训触及人的思想深处呢？作为培训专家，我只能绞尽脑汁。

有一次，奥迪东西两个大区的营销队伍集中培训，大约有30多人，培训的主题非常简单：个人能力如何提升。当时听课的都是主管或者经理，看到我后大家都很热情地说："方老师给我们上课吧。"

我笑着说："上课不急，我们先开个经验交流会吧，大家各自讲讲，你们在工作中是如何如鱼得水、如何克服困难和如何笑傲江湖的。"这个话题显然轻松有趣，大家也不客气。在分享经验的时候，很多人都不约而同地谈到一点，就是充分学习先进的经验，不断学习、掌握先进的销售方法，然后分享给同事，使个人和团队共同成长。

对这些经验的分享，没有人提出反对意见，我当然也不会："你们讲完之后，我总结一点经验……你们谈得都很好，大家都经历了一个采蜜、酿蜜和卖蜜的过程，很辛苦，就喊你们是一群小蜜蜂吧。"

听到我用小蜜蜂来形容他们，大家的表情都有些茫然，然后开始交头接耳……这正是我要的效果，然后我继续说："但是这里面有一个问题。你们采蜜，就当作采的是药吧！采药，熬药，然后还要卖药给别人吃……"这时候，大厅里非常安静，我继续说："如果你们这服药配得不对，怎么办？起了副作用怎么办？那些店是听还是不听呢？"

这时，大厅里鸦雀无声，大家都陷入了沉思。

在激发起大家的兴趣后，我分享了一些从"小蜜蜂"成长为商务教练的经验和方法，大家学习的积极性都很高，而我培训的目的也达到了。

质疑就是进步的开始，不要让固有观念束缚自己。至于以后，和大家分享怎么采药、熬药和卖药，或者怎么融入自己的想法，其实并不重要。最重要的是，要告诉他们，现在的方法有问题，然后他们才会听你说。

如果一上来我就讲自己的方法有多好，很多人虽然也会附和，但内心不一定会接受。如果他们原有的思想不改变，如果他们意识不到自己的问题，我们说再多也只能是事倍功半。

在很多人的印象中，合资企业一般是外方强势，中方弱势；外方主导，中方从属。但是，在一汽-大众并非如此。作为一汽-大众培训专家，陪伴着一汽-大众成长，除了日常培训，我其实也在观察一个现象，就是只有中方在学习中不断成长，在合作中日益发挥关键作用,合资公司的本地化经营才能厚积薄发、引领行业。

一汽-大众这么多年来形成的培训方法、培训理念和培训体系受到了包括德国大众专家在内的广大行业人士的高度认可。不久之前,我偶然遇到德方高层K先生,他非常真诚地对我说,这么多年,大众在全球的众多合作公司中,一汽-大众的中方合作伙伴是最强的。听到这个评价,我真心为中方的伙伴们感到自豪!

能说会做的教书匠

作者：温寒

站到讲台上，不是会讲理论、能说漂亮话就行，而是要懂那些别人不懂的，有实实在在的本事，去解决实际问题。既然在培训岗位上，就一定要把培训工作干明白、干彻底，让每一位学员都学有所得、做有所成。

我是1992年来到一汽-大众的，当时在生产总装车间工作，1997年有一个到培训部工作的机会，刚开始我还不敢报名，妻子一直鼓励我试一试，于是便报了名。试讲是最重要的，决定了培训部到底能不能留用你，但得知试讲的题目后我就懵了，题目是讲电喷发动机，我连电喷发动机长什么样都不知道，那时候互联网还没有普及，只能四处找人请教，找一些从德国回来的大学生，自己还想办法买了些书研究。

试讲那天我记得很清楚，当时培训部门一共只有20人，来了十三四个，我讲了近两小时，一句漂亮话也没提，我心里琢磨着没戏，可结束后一抬头，大家伙都在鼓掌。当时的部门领导说了一句话让我至今记忆深刻："老师就是比别人读书更早的学生，得闯在前面。"

作者在技能竞赛开赛仪式上

拿着鲜花去拜师

干上培训后我发现,国内很多专业书籍的内容比较落后,跟不上公司产品技术的发展,要想解决公司培训的实际问题,就只能从国外资料中了解技术原理,然后再扩展出来,形成一汽-大众的培训教材。为了工作,我只能从头开始学德语。

白天给别人讲课,晚上自己还要去听课,办公室里贴的都是德语单词,别人都觉得我着了魔。后来虽然通过了德语考试,但还是张不开嘴讲,于是每天晚上全家吃完饭,我就去大声读德语书。有一天女儿特别不高兴,跟她妈妈说,你看爸爸都在那儿学习,就咱俩在这儿看电视,不行,我也要看书学习。

记得有一次做奥迪A6培训,因为生产上有些问题没办法解决,车型不能准时下线,我们部门组织了一个团队到德国去学习,又找来德国专家帮我们一起做培训。这时问题来了,我们没有独立的教室,就在一个实习车间里上课,房顶是钢架结构,差不多有8米高,面积又挺大,大门是折叠式的,封闭不严,到了冬天屋里冷飕飕的,德国专家受不了,嚷嚷着要回国。这可不得了,奥迪A6的技术跨度太大,生产人员能力达不到,必须做大量培训,还有三分之二的课程都要由德国专家讲,他要是真走了,后面的工作就没法干了。

大家不断地与他沟通,由于合同所限,他不能马上回国,但心里肯定不大愉快,工作积极性也就上不来。后来他真冻感冒了,在家打吊瓶,没去上班。平时朋友生病了咱们也要拎点水果去看看,人家大老远从德国来,我们理应关心关心。我想,对外国人不能用"土"办法,就买花吧,洋气。东北的寒冬腊月里,鲜花还挺贵的,一束花就得100多块钱。

我捧着花去他住的南湖宾馆,按常理说他应该感谢我去看他,结果一开门他就板着一张脸,连个表情都没有。我挺纳闷,但还是要坐下来聊一聊,因为我俩是搭档。我问他课要怎么排。等到最后,聊热闹了他才说,在中国很高兴能认识我这个朋友,但在德国,男人之间如果不是有特殊爱好,一般不送花。

虽然闹了个大笑话,但可能是他觉得我这人没啥心眼儿,我俩后来关系相当不错,他也愿意教我,过了大概六七个月他要回德国的时候,我自己已经能讲课了。

但这种课不是讲讲理论就完了,必须要去生产一线,联系实际、解决问题。有一次我做制动系统的培训,学员里有个质保工程师来找我,说当时有批车的制动蹄片磨损特别快,找不到原因,问我能不能帮他看看。正好我刚刚制作了一个教具,就把制动过程向他演示了一遍。我问他制动机构里负责回拉的密封圈是不是国产了?结果还真是。他回去就赶紧联系厂家做实验,改进了生产工艺,把整个部件国产化后的质量都提高了。

"捡"到的教学车

说到新能源汽车，其实一汽-大众很早就开始探索了，早到什么程度呢？现在国家对新能源汽车制造厂的人员准入制度，实际上是一汽-大众学院的培训标准。但也正因为新能源汽车做得早，我们遇到的困难也比别人大。

为了新能源汽车培训，2010年我专门找到高老师开始准备，一年后开始正式培训。但到了2012年五六月，当时的技术开发总监王东晨给我们经理打电话，气氛一下子就紧张起来。原来，由于国家政策的变化，当时正在土建的佛山工厂，如果没有新产品就必须停工。但公司的新能源汽车处在试制阶段，无法量产，得赶快拿到产品准入认证，这里很重要的一项是人员培训。

审核组的组长是政府相关部门的一把手，带队来公司审查，结果他第一句话就问，你们一汽-大众学院在新能源汽车领域都做什么？我跟他讲了讲一汽-大众学院的工作和培训情况，他非常感兴趣，向我要我们的培训材料，我说不能全部给，因为这里面可能有涉密内容，他说是否能给一部分，于是我给他准备了一部分比较常规的材料。最早的准入政策很笼统，他走后没多久，准入政策的新版就发布了，我一看，有关人员培训方面的内容完全就是参考一汽-大众的方式制定的，相当于把我们的培训模式写进了国家的准入标准里。

后来，佛山工厂的准入很顺利，但还要去工厂做人员培训，因为新能源汽车的生产方式和传统燃油汽车的不一样。我就拿了两个厚本夹子、一份签到单、一套教材和考试题去了佛山。培训要求是比较严格的，每个科目都要求学员必须通过考试，高压电不是闹着玩的，有相当高的危险性。工人在新能源汽车车间，必须能独立在新能源汽车上操作，会做各种检测。最后填好的签到单差不多有十几厘米厚，我先后共培训了四五百人，保障了佛山工厂的开工生产。

新能源汽车技术的创新变化非常快，有关新能源汽车领域的培训我们是从零开始，从资质培训，到动力电池、电机的培训，一直到现在的专项技术培训，一直都面临新问题。

比如2020年的奥迪e-tron培训，其技术内容和以前完全不同，从动力电池、电机、充电器，到电机驱动系统、驾驶辅助，一整套新东西，受新冠肺炎疫情影响，外国培训专家来不了，我们干脆自己开发。

当时给我们培训用的材料来自比利时，一看到材料我们就懵了。比利时比较特殊，一个国家有4种语言，给我们的材料起初看着是法语的，翻译中忽然发现不对，又按荷兰语翻译，也不对。就此事大家开会商讨，我说，它是奥迪研发的，第一手材料应该是德语，到比利时之后可能直接拿单词翻译了，没有意译。大伙儿觉得有道理，然后就试着用翻译软件翻成德语，结果真成功了。

培训材料有了，我们培训要用的样车却没着落，就那么几辆"宝贝"，都被生产部门拿去做对比试驾了。那时候真是着急啊，找各种资源，有个做技术研发的学员跟我们说，他们那有辆车不能动了，不能继续做实验，要报废。我赶紧说，车放在那别动，我现在就去看看。

结果到现场看完，感觉车还挺不错，就跟同事商量，走流程划拨到我们培训部。然后我组织了几个老师，有搞工艺的，有搞技术的，还有我和高老师，我们开始分析这辆车的故障到底是什么，后来确定了一个故障点，更换了充电机，可更换后故障是消除了，但车还是动不了。

我说看看这车是什么配置，如果是高配车型，后面就有两个电机，如果是电机的问题，国内可找不到配件。后来拆开一看，还好是一个电机，于是就接着拆。我们判断是接线盒坏了，因为到这一步，控制器就检测不出故障了，可能是里面的电路传感器出了问题，但不能确定。我说，不管是啥，要换咱也只能换整个接线盒。

然后我们就到生产部门去找，正好他们有个接线盒坏了，我就把这个接线盒领回来修好，再装到车上，果不其然，车能动了。我们竟然把这辆要报废的车给修好了，简直是奇迹。

随时满足培训需求

一汽-大众一直以来坚持在培训方面不断投入。现在国内不少企业没有自己的培训部门，这样长期下去企业的技术能力就会下降。

2020年国庆假期后的第一周，生产部门来找我，说返修区的工时到了6小时，国庆假期之前还是4小时，而他们年底的目标是2小时。我说，别急，先到车间看看是怎么匹配工时的。结果一看，发现车辆的前照灯和保险杠占了一大半工时。

当时一汽-大众学院没有针对这方面的培训，只能现想办法解决。我了解到，技术测量科有出国学习过这方面技术的人员，就赶快协调请他们过来，针对返修的前照灯和保险杠制订一个培训方案。最后，经过大家的努力，完成了一个30分钟的培训小课件，指导返修区工人如何快速有效地调整操作。培训之后，很快，生产的返修工时就降到了正常水平。

一汽-大众学院的工作就是这样，公司的任何部门随时都会出现不同的问题，我们就要提供培训支持，帮助他们解决问题。

当培训老师这件事，和做父母一样，不仅要说，还得做，老师怎样，学员都看在眼里。我在一汽-大众学院建立了一套培训体系，也是这么多年从工作中、学习中总结的经验。从一汽-大众学院的角度来看，始终要考虑的是如何满足公司下一轮的发展需求。站到讲台上，不是会讲理论、能说漂亮话就行，而是要懂那些别人不懂的，有实实在在的本事，去解决实际问题。培训部的同事们有一个共识，既然在培训岗位上，就一定要把培训工作干明白、干彻底，让每一位学员都学有所得、做有所成。

当义工的"圣诞老人"

作者：马宗武

"Good job！ Well done！ Gutge macht！"（干得好！干得好！干得好！）慌乱犹豫时乌兹曼的声音总是在身后响起。除了课程本身，他的细致、严谨和温暖都影响了我。最可贵的是，这位德国老大爷不远万里来到中国完全是义务帮忙，敬业到这种程度真是令人钦佩。培训结束时，这位"圣诞老人"还把工具箱留给了我。来而不往非礼也，我也送了两瓶他吃火锅时最爱的芝麻酱当礼物。

很多人和我一样，来到一汽-大众的第一站就是离206号门不远的培训楼，老前辈告诉我，这栋楼以及相关培训设备据说花了千万级人民币以及大约800万德国马克。刚上班时在工厂实习，每次经过冲压车间和焊装车间，都被眼前现代化工业的力量所震撼。

实习结束，我的工作也没离开生产一线——在工业工程科负责生产现场管理体系的推进，除了要在办公室进行大量的"德译中"之外，还要经常到生产车间和一线同事研讨现场管理手册的逻辑和内涵。2006年，一次去培训科的工作机会让我回到了熟悉的培训楼，这也算是一种"命运的安排"吧。

"圣诞老人"当义工

"这个小车了不得啊！人家介绍完我就挪不动步了，商量半天，厚着脸皮要回来一个。"大概是2015年，王经理从德国考察回来，在会上拿着一辆金属拼装小车滔滔不绝地讲起来。这辆由金属零件拼装起来的小车可以模拟整个生产流程：从配件获取开始，到生产线规划、人工投入、工具使用、生产时长和良品率等，都能在拼装小车的过程中体现出来。通过这种"游戏"，精益生产和成本控制的整体意识一定会"刻"在脑子里。他讲得带劲儿，我们听得也动心，最后大家都觉得，要是能做一套这种培训课件就好了。

"要不我来试试吧。"看着这么神奇的一辆小车，我没多想就把这活儿揽了下来。"好好研究啊，别抱怨加班啊！我送你的可是一辆德国原装小汽车！"王经理说着就把小车递到我手上。

万事开头难，对于擅长造真车的我们来说，把"玩具车"造出来倒成了一个难题。我想方设法联系了几家工厂，反馈都不乐观，有的嫌60件的需求量少；有的嫌我们要求高，因为模拟的是精益生产，所以小车的精度要求也很高。后来终于找到一家愿意生产的企业，画图纸、做样品，反反复复几个回合终于把60辆小车生产出来，可新的问题又来了。

教具有了，教材咋办？我们之前对这套课件的掌握其实都是好几手信息了。大方向都懂，但涉及教材编写和教学细节还是有很多问题。能不能请德国专家来指导指导呢？没过多久，公司反馈说，由于是临时提出的项目，暂时没有这部分预算，而且还得看德国培训老师的时间安排。要是卡在这儿，之前的努力不都白费了吗？不过几天之后就有好消息传来。

"之前沟通过的外方领导联系了一位即将退休的德国专家，他愿

作者（右四）参加团队活动

意免费教咱们，咱们负责差旅费用就行了！"电话那头，同事激动得告诉我这个好消息。没过多久，我们就迎来了一位圣诞老人般的德国老师——乌兹曼。

初次见面，这位德国"圣诞老人"拿着一个大包，不过包里面装的不是小孩子的礼物，而是许多工具。原来他怕我们相关工具设备不足，又准备了一套。乌兹曼准备上课的过程事无巨细，桌上每件物品的摆放都一丝不苟。他上课时非常耐心，手把手地教我们每个零件怎么拼装、工具如何使用。课后还一点一点复盘我们哪些地方出了问题。对工作严谨到有点冷酷，但在教学过程中却特别温暖。

"Good job！ Well done！ Gutge macht！"（干得好！干得好！干得好！）慌乱犹豫时乌兹曼的声音总是在身后响起。除了课程本身，他的细致、严谨和温暖都影响了我。最可贵的是，这位德国老大爷不远万里来到中国完全是义务帮忙，敬业到这种程度真是令人钦佩。培训结束时，这位"圣诞老人"还把工具箱留给了我。来而不往非礼也，我也送了两瓶他吃火锅时最爱的芝麻酱当礼物。

培训从教说话逻辑开始

经过一番准备后，课程终于上线，学员们的反应非常积极，让我觉得此前的付出非常值得。这些学员很多都是后备工长的身份，在繁忙的工作之外，抽出宝贵时间来学习，有的下了夜班直接过来，有的早早处理完工作上的事再来学习。

新冠肺炎疫情期间，厂区内班车和食堂都有特殊安排，很多学员要从二厂区走到培训中心，身强力壮的小伙子快走也得半个多小时。食堂封闭，回车间取盒饭肯定来不及，因此午餐只能用面包、泡面和火腿肠解决。教学过程中很多环节需要大家交流表达，戴着口罩又不方便喝水，因此那阵子无论我们还是学员每天都口干舌燥，但我们都坚持了下来。

我负责的课程偏重管理沟通，因此有很多表达的环节，学员们最开始普遍紧张害羞。我印象比较深的是小陈，他工作能力比较强，私下沟通时表达能力也不错，但一到相对正式的场合需要表达观点时就很失常，说话结巴，逻辑混乱，特别紧张时不自觉地把眼睛瞪得很大。我们反复鼓励，让他从控制瞪眼睛开始，慢慢地，他在演讲时开始控制瞪眼睛。一周课程结束后，瞪眼睛控制住了，他对自己的掌控能力也有信心了，讲话逻辑也顺了。

还有一种情况，很多人平时跟熟悉的同事领导沟通，可能会省略掉都能理解的一些信息，但这样显得思路和说话的逻辑性比较差。

我们通过强化训练，把逻辑问题梳理清楚，使表达混乱和歧义少了很多。其实这部分课程对职级晋升而言不是必修课，但学员们的热情都很高，因为这部分课程对生活很有帮助。有个学员后来反馈，回家练习的时候孩子也跟着问这问那，帮自己捋顺了表达和逻辑之后，跟孩子沟通也更清晰，孩子说话的逻辑性也更强了。还有个学员开玩笑说，上完课回家跟老婆吵架水平都提高了，虽然可能挨揍，但至少嘴上不吃亏。"工作+生活+培训"，来上课的学员们热情高涨，我也很高兴看到他们的工作和生活都有了积极的改变。

令人欣慰的是，一汽-大众的培训改变了很多人的命运。例如，有的培训学员条件一般，专业基础较差，如果没有培训，就会缺乏向上的通道。通过培训，他们找到了更清晰的目标、获得了学习发展的机会，这就是培训的最大价值和意义。

让中外友谊生根发芽

作者：李桐

作者街边小憩

在外事科的这几年，我们深深感受到，尽管中外员工有着不同的文化背景和不同的情感表达方式，但善意和沟通使我们产生了共鸣，我们都在努力向对方靠近，都在努力拉近距离。

虽然进入外事科的时间不长，而且工作繁杂，但我并不担心，因为我背后有一个非常强大且温暖的团队。外事科只有十多个人，按照职能，划分成服务组、管理组和薪酬绩效组。我们和谐相处，工作一起干，服务组忙的时候，我们都是服务组成员；管理组忙的时候，我们都是管理组成员；每当给外籍员工结算考勤时，我们又都是薪酬绩效组成员。

为此，我甚至产生了一丝担忧：如果有一天我离开这个组织，是否还能适应其他团队？

只为一点点信号

2020年9月，我刚结婚，正好可以享受单位15个工作日的婚假。我和老公商量去全国旅行，出门之前，我装到旅行箱里的第一个工具就是笔记本电脑。我非常清楚，即便在度假中，也不能忘记职责，即便有亲爱的同事们可以分担，但仍有一部分工作只有我自己才能处理。

结果还真有意想不到的情况发生。在从成都到九寨沟的途中，我们乘坐的是一辆旅游大巴，进入山区后，网络信号变得极差，我暗自祈祷，千万不要出现突发事件，就在这时，一封邮件悄然而至。这封邮件属于"紧急"等级，必须由我回复邮件，可惜山里信号实在太差，若有若无，全凭运气。

我不得不一次次来回转换姿势，捕捉可怜的网络信号，后来实在没信号了，我只能一手举着电脑，一手举着手机，在有了微弱的信号的那一瞬间，邮件终于发出去了！老公当时还给我拍了一张照片：你看起来就像一只傻狍子。虽然当时的行为看起来很搞笑，但我及时回复了邮件，没有耽误工作。我知道，幸运之神一定会眷顾我这个忘我工作的"傻狍子"。

外国专家也学会了绕圈子

外事科的工作很辛苦，几乎每天都会有突发情况，偶尔也会有惊喜。与外国专家打交道的过程中，我们感受到不同文化的碰撞和尴尬。

记得有一次，外国专家为了感谢我们的工作，很隆重地给我们送来一个花篮，我们惊喜万分，以为里面是精致的点心或者巧克力，打开一看，却是一盒正宗的"武汉鸭脖"。

还有一次，我请一位外国专家喝茶，很自然地打开一袋立顿红茶，外国专家神情明显有些失落，但我不明白为什么。"中国人不是都喝一片一片的茶吗？我以为你会请我喝那种茶……"外国专家终于忍不住问我。"哈哈，我以为你们德国人都喜欢喝泡袋茶呢，给你换杯正宗的中国茶吧。"我笑着给外国专家重新沏了杯绿茶。

在外事科的这几年，我们深深感受到，尽管中外员工有着不同的文化背景和不同的情感表达方式，但善意和沟通使我们产生了共鸣，我们都在努力向对方靠近，都在努力拉近距离。

在一次跨文化沟通会上，一位教授很困惑："外方的直接和中方的委婉，是否会造成沟通障碍？"中方代表直言不讳地说："您误会了，现在的一汽-大众，中方越来越直接，外方越来越委婉，外方说一句话总是绕好几个圈子。"现场听众顿时哄堂大笑。

在一次次的沟通、协作中，中外双方的距离越来越近，和煦有节的中国风，正点点滴滴地浸润着外籍员工。

担当不分大小

作者:韩晓磊

　　我们团队特别团结,每次遇到急难险重的任务都不会推诿,大多数情况都是争着抢着上。新冠肺炎疫情期间,外籍来华人员成为重点关注的对象,来华之后需要隔离14天。这给他们带来了很多困难,尤其是第一次来到中国的外国专家,他们大多不懂中文,更面临着困惑、无助,甚至是惶恐和抗拒。

用心做好每件事

　　说到给外国专家起名字,其实是很有意思的事。我们外事科十几个同事,每个同事大约负责十几位外国专家,在给他们起名字方面则分成两大流派。

　　一派是直接音译,最简单,最直接,以李桐和韩鹿雪为代表,她们起的名字一般都是约瑟夫、沃尔夫冈和米歇尔等,一看名字就知道是外国人。另一派则是意译,而我是这一派的代表。我希望多花点心思给外国专家取一个与众不同的名字,中国的文化博大精深,外国专家通过他们的中文名也可以更好地了解中国文化,我给分管

作者收到外方同事的"特别礼物"

的每一位外国专家都取了特别有意义的中文名字，引经据典，精雕细琢。

其中有一个德国外国专家德文名是Hans Schmidt（化名），按照最省事的办法，直接来个汉斯就打发了，但我觉得汉斯太常规了，于是开始翻新华字典，别说，要想起一个既有点内涵，又和外文名字发音近似的中文名，还真不容易。查了半天字典，我终于想出了一个叫"韩仕悠"的名字。起完名字我向Hans Schmidt解释道："您姓韩，和我是本家；'仕悠'，仕途悠闲，有境界，有情怀。"Hans Schmidt知道"韩仕悠"这个名字代表的意思之后，高兴得手舞足蹈，然后他将他夫人拉来，想让我帮他夫人也起一个中文名字。他夫人德文名字叫Michala，这个名字取起来难度着实有点大。我反反复复琢磨了好几个备选方案，最后给他夫人取名为"韩觅乐"："您夫人和您一样都姓韩，她的名字和您的名字非常搭配，您是仕悠，她是觅乐，在悠闲的时候，可以四处探寻更多的乐趣。"有了中文名字，看着韩仕悠和韩觅乐一对韩氏夫妻满意而去，我心里也小有满足。不过我起中文名字的"名声"越传越广，后来越来越多的外国专家都想找我给他们取中文名字，这可难坏我了。

其实，起中文名字也是一门语言的艺术。我工作使用比较多的是英语，但也会遇到很多国家的外籍员工说不同口音的英语，这就像我们听中文方言一样，很多地方的英语和纯正的英语差别较大。经过多年的经验积累，我对多个国家的"英语"都能自如应对。

外事科的工作头绪繁多，记得有一次做一场中外跨文化交流访谈会议，访谈即将开始，主持人由于临时原因没能准时到场，我急得团团转，没多想就向领导自告奋勇，客串了一回主持人。

根据会议安排，要请一位外方高管致辞，他很想用中文，以表达对大家的诚意。这位外方高管来自德国，身材高大，虽然来到中国已有多年，但致辞所用的中文对他来说还是太难了。他一紧张，让本来就有点紧张的我更紧张了。听到他结结巴巴的致辞，我心想，这可不好，第一次主持不能就这样收场。看着一直颤颤巍巍的外方高管，我连忙低声安慰他说："不要紧，深呼吸，慢慢来，您可以的！"终于，经过几次短暂的调整，他的致辞顺利完成，台下响起了热烈的掌声，我在台上看到大家亲切的笑容，紧张感顿时消失得一干二净，从容地完成了后面的议程。

勇敢的机场"特派员"

我们团队特别团结，每次遇到急难险重的任务都不会推诿，大多数情况都是争着抢着上。新冠肺炎疫情期间，外籍来华人员成为重点关注的对象，来华之后需要隔离14天。这给他们带来了很多困难，尤其是第一次来到中国的外国专家，他们大多不懂中文，更面临着困惑、无助，甚至是惶恐和抗拒。

为了在特殊时期帮助外国专家顺利转移，外事科准备派遣一名"特派员"驻扎机场，为转运的外国专家及其家属提供及时帮助。这项工作其实很危险，因为当时国内疫情已经稳定，而国外正处于高发期，任何一个入境者都是潜在的传染源，特派员无疑处于危险第一线……不过这并未难倒我们外事科的小伙伴们，可爱的韩鹿雪第一个报名，其他同事也纷纷请战，最后这项光荣又艰巨的任务落到了韩鹿雪身上。

  出发之前，我们都鼓励韩鹿雪，而她在关键时刻展现出优秀的心理素质。一切都已经有了固定流程，驻扎机场其实更多的是给予外方同事温暖和安慰。他们已然将韩鹿雪当作"娘家人"，至少不用担心语言和行程安排问题，他们的情绪和心态都稳定了很多，当然，也难免会有意外发生。

  当时国内还未出台入境就地隔离政策，一位技术专家S先生从德国飞来北京，需要从北京转机到长春。得到消息，韩鹿雪一直追踪这位S先生，从航班落地到开舱下机，韩鹿雪一路"远程遥控指挥"，保持半小时联系一次的频率。"您下飞机后，要坐小客车，千万不要坐那个大客车！""走中转通道，千万不要去'到达'！""您要去的是长春，CHANGCHUN！"

  即便如此，S先生还是走丢了。或许是首都机场太大，或许是看到满场都是"生化部队"，更加焦虑紧张，S先生不小心上错了车，他本来应该乘坐长春航班的转运车，结果却登上了去隔离酒店的大巴。

  "坏了，S先生丢了！"当韩鹿雪意识到这一点时，立刻联系机场，直接和大客车司机通电话，才将S先生"捞"了出来。如果再晚10分钟，S先生就将无法赶上飞长春的航班。后来S先生从长春机场出来，看到穿着厚厚防护服的韩鹿雪，激动得就像看到了自己的家人。

寻找人才有妙招

作者：刘泽、朱立红

　　在公司上下的共同努力下，1000多名"借"来的工人，也迸发出了极强的战斗力，得到车间负责人的连连称赞。由于一汽-大众的生产工艺要求较高，很多工人都说自己通过这段经历磨炼了技能。

　　经测算，内部员工推荐人员成功入职，每年可为公司节省数十万元经费，而且内部推荐的候选人，对公司文化更了解，适应期更短，协作能力更强，专业技能往往也更经得住考验。

刘泽："借"来上千名工人

　　我们科室负责全公司的人员规划和工人配置。一家运转良好的公司好比一座精确运转的钟表，钟表依靠的是齿轮间精密的啮合，环环相扣；公司依靠的是员工与员工间的紧密配合。2017年年末，青岛和天津两个分工厂都提出提前量产（SOP）目标，这是工厂建设的目标，也是我们面临的新挑战。

　　因为长春顶岗培养的员工已经提前调配，所以接下来半年，有更多用工缺口需要填补。计算之后的数字吓了我们一跳，比原计划

刘泽（左三）和同事们

净增2745人，总缺口达5283人。如果人员无法按期就位，就会直接导致生产线停工。

缺人不像缺钱缺物，人员招聘有空窗期，想在短期内筹措这么多人员，难度非常大。我们一边想尽办法筹措人员，一边向公司汇报情况。广撒网之后，我们很快获得信息：某整车制造H集团出现短期人员富余，这批技术熟练的工人，正好符合我们的需要。

H集团人力资源部部长亲自带队，和一汽-大众高层达成了合作意向，但落到执行层面，困难极大。行业没有先例，毫无经验可借鉴。地域之间的跨度、不同集团之间的利益匹配、不同体系之间的调和，这些难题都摆在我们面前。

推进过程中我们还发现，出于内部灵活用工的需要，H集团几个月前刚挂牌成立了一家用于人员调配的新公司，这家公司不符合一汽-大众要求供应商需运营三年以上的硬标准；这么多员工的薪酬待遇如何确定也是谈判的焦点。虽然插曲不少，但大家目标一致，经过双方充分沟通协商，最终达成了合作。

从2018年4月8日开始，远道而来的1259名员工，分十几批到达长春。每隔两三天就来一批人，从接站、安排住处、调度班车、入场培训，到送至车间对接岗位，整个流程步步紧凑，循环往复十几遍。对待远道而来的1000多名工人，我不能有丝毫懈怠。考虑到人数众多，为方便管理，刚开始我们提供了实习生宿舍，但这些工作多年的老师傅大都有家庭，实习生宿舍无法保障私密性，晚上和家人视频连线不方便。

公司审议之后，觉得要竭尽全力照顾好外地来的工人们，于是重新安排了快捷酒店，这在类似合作中是前所未有的。班车沿线的五六家快捷酒店有一半以上被我们包住了半年。

由于住宿点分散，上千人上下班还是有困难。大家人生地不熟，有些年纪大的工人不会使用手机导航软件，车间又是三班倒，很多人出了酒店找不到班车。关键时刻，我们都行动起来，有主动去做引导的，也有提供各种支持的。最厉害的是当时的班车"大管家"高继民，公司的所有班车，从时间到路线都"存"在他的脑子里，他连夜制作了好几份班车乘坐指南发给大家，厂外覆盖了所有住宿地点，厂内覆盖了所有车间，使问题迎刃而解。

在公司上下的共同努力下，1000多名"借"来的工人，也迸发出了极强的战斗力，得到车间负责人的连连称赞。由于一汽-大众的生产工艺要求较高，很多工人都说自己通过这段经历磨炼了技能。第一个半年到期后，由于后期招聘逐渐补上了缺口，我们只要补充几百人就能完成生产任务，但有很多工人主动要求留下。

与一汽-大众的这次共享用工创新举措，使H集团及相关负责人在行业的评选中数次获奖，我和团队也因此获得一汽-大众的表彰。当初一场敢为天下先的冒险，让每个人都成了赢家。

朱立红：我为公司当猎头

柔弱女子，却做了男人堆里的焊装规划工程师；理科背景，却转岗做了人力资源工作；部门新人，却担起社会招聘大任，直面众多"老江湖"，这就是我，一名不走寻常路的非典型职场人。

吉林大学研究生毕业后，我进入一汽-大众。由于当时公司招聘政策调整，理工科背景的我只能选择焊装规划工程师的岗位。不管是朋友还是家人，都觉得女孩子做这行太辛苦，但曾在河北衡水冀州中学磨砺过的我，不管面对什么困难，都有战胜它的勇气。

几年不同岗位的历练让我发现自己拥有一种突出的能力。比如我制订了提前一个月实现投产的目标，最后提前两个月就能圆满完成。而保证时间和效果的关键，是每天的例会跟踪，以及与包括生产线在内的各部门紧密沟通，快速协调解决难题，个人对整个项目团队的感染、带动也很重要。在规划部工作期间，我获得过"微党课"比赛一等奖，加上大学期间也获得过演讲比赛奖项，让我对自己的沟通表达能力很自信，和人打交道的过程让我十分快乐。

抱着试试看的想法，我向人力资源部投送了简历，面试那天我特意换了职业装，进去之后才发现，这个部门没有想象中严肃，大家穿得很休闲，气氛也比较轻松。和主管领导聊了半小时后，他决定让我留下来工作。带着兴奋以及忐忑，我回到原来的部门向同事们道别，大家的第一反应都是为我高兴，觉得人力资源管理工作确实适合我。入职人力资源部那天，规划部的同事们还特意组织起来，一直把我送到新部门门口。

经过短短3个月的适应学习，领导就把社会招聘这项大任交给我负责，这是个极其考验思考全面性的工作。社会招聘面对的是久经沙场的"老江湖"，评判标准本就多元化，加上猎头们的精心包装，稍有不慎就会出现误判。如果招进不合适的人，哪怕再辞退，也会给公司造成经济损失，甚至耽误项目进展。

进一步梳理后我发现，公司社会招聘费用很大一部分都被猎头公司拿去，过度依赖猎头其实存在一定的隐患。在一次培训中，我听老师讲互联网公司社会招聘几乎50%都采用的是内部推荐，这让我深受触动。其实我也是内部推荐的受益者，当初转岗到人力资源部，也是因为在人力资源部工作的同学的引荐，才获得面试机会。我能成功转型，既是个人特质与岗位的匹配，也是机遇所促。

我的幸运，能不能转化成更多人的幸运？俗话说，物以类聚，人以群分，公司数万名员工，能串联起的专业人脉资源不可估量，如果将猎头的费用用在内部员工身上，那么员工受益，公司节省成本，人才招聘渠道拓宽……可谓一举多得。于是，我兴奋地向领导提出了自己的想法。经过努力，我们利用各种渠道向集团推荐这个项目。终于，2020年，项目成功落地，通过设立内部推荐奖励科目的方式，成功推出"我为公司当猎头"活动，鼓励员工推荐优秀人才加入一汽-大众。

经测算，内部员工推荐人员成功入职，每年可为公司节省数十万元经费，而且内部推荐的候选人，对公司文化更了解，适应期更短，协作能力更强，专业技

作者（朱立红）

能往往也更经得住考验。同时，内部推荐活动的成功开展，也增强了员工对公司的认同感，为公司文化注入了活力。

回想这些年在一汽-大众的经历，正是同事、合作伙伴的支持成就了我，无论得或失，我都心怀感激，并且愿意为这个温暖的集体付出努力。希望在未来，我还能不断从同事们身上学习知识、汲取能量，让自己变得更强大，同时在集体中获得长久的信任，和大家永远互相支持。

向上的通道更宽广

作者：纪翔、辛阳、孙东凯

让更多的员工清晰地看到自己未来的上升空间，这对他们来说是一个长期的激励，让努力拼搏的人在更适合自己的专业通道中成长，一直是我们的奋斗目标。

纪翔：打通工人向上的通道

2010年进入一汽-大众后，我做了多年维修工程师，作为一名技术管理者，我发现车间工作的好坏，关键在于工人的状态和积极性。恰好2017年年末公司进行了一些调整，人力资源部门需要一个有现场经验、了解工长群体的人承担工长选拔与管理优化工作，我的经验和能力刚好与这项工作匹配，于是就转岗了。

不熟悉汽车工业的人可能不了解"工长"在生产中的重要作用。一汽-大众有3万名工人，在车间工作时会分成不同的团队，每个团队100人左右，这些团队的领导者就是工长。从公司运营角度看，工长是生产环节的核心执行者，是质量和产量的保障基础。从个人发展的角度看，当上工长，是大部分工人的职业理想，因为迈过这一步，就

作者（纪翔）

正式从工人身份变成干部身份，是一个鲤鱼跃龙门的过程。

对于拥有五地六厂的一汽-大众，培养、选拔和管理工长是个大工程。虽然我有8年车间工作经历，但全局观还不够，一时把握不准这项工作的脉络。于是，我进行了全面的调研，按照员工简历和车间情况，筛选需要调研的人员，然后组织经理人员访谈。经过同38名车间主任敞开心扉的交流，我获得了很多启发，很快将突破口定在优化工长的AC测评模式上。

作为一种客观评价的标准，AC测评能有效保证选人用人的科学性，也能有效杜绝人才选拔中的不公正之处，保证员工晋升中的公平性。随着制造工艺的不断变化，对工长的要求也在变化，AC测评也需要与时俱进。2018年12月，AC测评优化后的第一次选拔测评开始了，人力资源部所有经理都进入一线支援。4天的时间里，大家专注于这项工作，高标准完成了50人的测评，而此前一年只能测评60人。

从发展角度，工长选拔是企业一项长期工作，不能只靠一时之功，从候选人的选拔开始，需要一整套的流程规范。我们用一周时间从头开始梳理，共清查出109项历史问题并逐个解决，建立了一套完善的管理机制。

此后，我们又针对一些既有难题进行了改进。比如，青岛有一位干了很多年代理工长的老师傅，现场工作十分出色，勤勤恳恳像头老黄牛，但就是口头表达能力有所欠缺。我们就针对他的弱项给予培训辅导，最终帮他通过了测评。就这样，我们通过培训，让那些真正有能力在现场干实事的人获得了更多晋升的机会。

同时，在公司的支持下，我们打破了工人最高只能做到工长的"天花板"，让工长可以继续晋升到工程师、车间主任等岗位。比如，二厂的一位工人出身的工长，按照以往惯例，已经到了职业生涯的巅峰，但我们打通上升通道后，由于表现优异，他在两年时间里从工长晋升为工程师，又从工程师晋升为主管、后备经理。如今，他正为未来参加经理测评成为车间主任而努力。新机制建立后，又一次激发了工长乃至工人群体的工作积极性。

两年多的工长管理经历，让我愈发认识到，对公司而言这项工作意义重大。一汽-大众有500余名工长，做好工长管理和选拔工作，就意味着调动了工人们的积极性，为公司的正常运转提供了根本保障。

辛阳：蓝领工人也能出人才

"小辛，你也是生产一线出来的，专业背景是你的优势，你要多从普通员工的角度出发，他们最关心啥，他们有啥诉求，咱们一定要把这套体系捋顺了。"如何让员工向上的通道更宽广？这是摆在我们

作者（辛阳）旅行中在河边小憩

面前的一项非常具有挑战性的工作。很多企业针对白领员工的上升通道设计得都比较完整，但对于蓝领技能人才却有缺失。其实如何激励和培养蓝领员工，对企业来说，尤其是制造型企业尤为重要。蓝领员工的"向上通道"怎么设计、能力模型如何搭建？目前行业内没有满足我们需求的经验可供借鉴。着手开展这项工作时还是有点慌，且不说"从0到1"的难度、时间的紧迫和影响人员规模的庞大，仅仅调研环节的工作量就让人头大。怎么办？万事开头难，我们硬着头皮从浩如烟海的调研工作开始做起。

在做涂装车间技工能力模型初期，虽然我们前期做了大量资料收集和整理工作，也跟熟悉的同事聊过，但有些细节问题还是觉得模模糊糊。因此，我们打算完整地走一遍工艺流程，也跟一线的同事多交流交流。不过，在我穿着防护服刚进入车间时，已经能感受到车间工人的微妙态度：他来干什么？

如何破冰？他们开始可能有点拘束，不过一旦聊到工作流程、技术细节，并提出很多环节有调整空间时，就能感受到他们的变化。他们会觉得你不是那种只会在办公室拍脑袋决策的人，你对技术有一定了解，你关注他们平时的困扰，话题自然就打开了。尤其是聊到对未来发展有哪些诉求时，他们热情更高了，提出了不少建议。有了他们的支持，调研工作才能推进得有条不紊。

调研时我们发现，车间有很多技术过硬的"老"师傅非常擅长解决疑难问题。车间出现技术难题时，大家总是第一时间想到他们。他们对自己的技术能力也很自信，但有些人的性格又太不适合走向管理岗位。时间长了，他们的心态肯定有变化，车间领导也着急。技术上升通道打开后情况就不一样了，技师岗位评级是6级，高级技师是7级，首席技师是8级，6级对应的是工长，8级和工程师的薪酬水平相当。这些"老"师傅可能过不了多久就可以跟家人报喜了：我虽然不是工程师，但享受的待遇和得到的尊重与工程师相差无几。

员工上升通道的建设，不止关系到一个工人的生存发展，更关系到企业的活力，能通过自己的努力，与团队一同把这个体系搭建起来，我感到特别自豪。

孙东凯：在一汽-大众的质变之路

我从不自诩为工作狂，但事实上，已经结婚的我，生活依旧被工作塞得满满当当，失去很多陪伴家人的时间。我深知自己是个敢于且乐于折腾的人，因此在进入一汽-大众生产管理部的第7年，我想继续尝试拓宽自己的发展空间。

经过种种努力，2017年，我进入了人力资源部。在正式到新岗位工作的第一天，我内心十分忐忑。毕竟，作为一个主修车辆工程的

作者（孙东凯）在古老的建筑旁

理科生，对人力资源那一套方法论还十分陌生。虽然心里直打鼓，但我脚下的步伐依旧坚定，大胆折腾呗，又不是第一天认识自己！

我正式加入的是人力资源部的核心科室——人才开发科。这里的同事们都很年轻，来自各个部门，对基层业务都有一定了解。这其实是我们的优势，我们都怀着更开放的心态，也有更多新想法，既往的工作经验让我们在未来为其他部门服务、制定相应的人事政策时，能更多考虑基层员工的诉求。就这样，我们聚在了一起，共同负责核心人才开发工作。2019年年底，我开始负责整个职级体系的设计和搭建。当时公司对专业人才的发展是从主管—专家—高级专家这几个岗位来设置的，对员工来说，存在"台阶少、跨度大"的问题，很多员工想实现层级跨越可能要等很长时间。因此，建立让员工持续发展的职级体系非常必要。然而，无论对公司还是对我们，职级体系都是全新的概念和形式，这让我们在工作中遇到了不少难题。

为了更好地推进职级体系建立，我们决定采取外派学习的方式与其他知名企业交流经验，并且引入咨询公司成立项目组。从2019年年底至今，我们研讨会开了不下百次，大版本方案更新了8次，每一次"碰撞"都可能是一个新的突破。过程坎坷，摩擦不断，好在最终我们在平地上筑起了高楼，实现了职级体系从0到1的突破。

我至今还记得意见不统一时，与咨询公司伙伴讨论得热火朝天的景象。关于专业序列层级的划分和定义，咨询公司给出的方案并不能完全适应公司的环境和需求，这就需要多次研讨、论证和头脑风暴，通过不断的碰撞甚至推翻原有想法，来共创每一版方案、打磨每一个细节。我觉得这很正常，大家都是奔着一个理想的结果去做，勇于说出自己的想法、在碰撞中求同存异是非常有必要的。

在一年的时间里，大家始终处在一个不断学习和进步的过程中，我们共同搭建了一套可供长期应用的体系，职级从4个增至9个，让更多的员工清晰地看到自己未来的上升空间，这对他们来说是一个长期的激励，让努力拼搏的人在更适合自己的专业通道中成长，一直是我们的奋斗目标。

努力奔跑在最前方

这个世界上,从来没有好走的路;
如果你觉得好走,那一定是前面已经有很多人走过。
我们永远走在最前面,我们特别能战斗,栉风沐雨,筚路蓝缕,勇往直前……

只问耕耘，不问收获

作者：范龙雪

"就像科幻片里的情景，两个身穿防护服的救援人员，去被污染的办公室下载数据，他们穿过空无一人的厂区，紧张地步行，办公室已经被污染，他们每到一个地方，第一件事就是消毒，然后极其小心地打开电脑登录系统，开始下载数据，四周没有一点声音，只有日光灯镇流器发出的蜂鸣声。"

记得很多年前，去老师家中做客，老师淡泊名利，与世无争，家中挂着一副字：只问耕耘，不问收获。当时自己年少，不懂其中深意，与同行的同学说，老师有点消极了吧，只管撒下种子，对是否收获已经满不在乎了？

直到很多年后，我进入一汽-大众人力资源部，也开始为人师长，也开始耕耘收获，才渐渐悟到这句话的含义。需要耕耘付出的时候，尽管努力奋斗，付出即可，至于收获多少，不必太过在意，因为那是水到渠成的事情。

我来到绩效薪酬科只有不到两年时间，但同事们的奋斗精神给我留下了深刻的印象，就像"只问耕耘，不问收获"这几个字

全科人员大合影（后排右二为作者）

所表达的意思，全都在行动上，像黄牛一样默默耕地，或者像骏马一样努力奔跑。

跟上年轻人的步伐

在绩效薪酬科，我们几乎从未按时下过班，晚上10点办公室的灯还亮着，凌晨两点还有人在加班，假期办公室总有人。2019年，人力资源部在全公司的部门中加班最多、下班最晚。而在人力资源部中，绩效薪酬科的平均加班时间排第一。经粗略统计，我们科室年人均加班时长超过1000小时。有人开玩笑说我们是"两个人干了三个人的活，两年干了三年的活"。

其实，大家如此加班，并不是被迫的，大都是自愿的，甚至领导让员工休息，他们自己却不愿意，年轻同事如此，资历较深的同事也如此。这其中最重要的原因，就是全公司正处于绩效薪酬体系调整的关键时期，我们必须在最短的时间内研讨、制订和实施体系调整的思路、方案。

科室的元老齐凯杰，已年过半百。一般人到了这个年龄，大多是无欲无求，但齐大姐依然奋斗在自己的工作岗位上，热情不减，对待工作就像对待自己的孩子一样。这两年，科室的工作量陡然增多，工作难度也明显加大，以前主要是统计薪酬、结算工资，现在要转向方案性工作，要做PPT。而PPT需要有逻辑、有内容、有可视效果，这对齐大姐来说，是全新的领域。齐大姐特别好学，每天一边学习一边工作，晚上到12点才下班都是家常便饭，在每个月发放工资之前的几天，甚至会加班到凌晨两三点。

更让年轻人敬佩的是，齐大姐特别乐观、精神头十足，科里有人跟她开玩笑说："您都这么努力了，我们年轻人怎么办呀？"她笑着说："我是被你们影响的呀。"有一次和齐大姐谈话，本来想说工作虽然是第一位的，但还是身体要紧，谁知齐大姐反而给我上了一堂课："我觉得咱们科室氛围特别好，大家都这么努力，我不想拖大家的后腿，而且我也不想被淘汰，不想被大家落得太远，不会的我可以去学。"看着齐大姐坚定的目光，我还能说什么呢？

推迟手术的"大局观"

我们科室还有一位老同事叫范春文，今年56岁，他身体本来就不太好，尤其是肠胃，并不适合高强度加班，但范大哥仍然主动和大家一起承担高强度工作。每月15号是一汽-大众发薪日，在发薪日之前，是我们科室最忙的时间，因为我们必须在15号之前，将全公司几万名员工的工资薪酬计算出来，这是一个非常庞大的工程，而我们科室就几个人，为保证15号按时给全公司员工发薪，从10号开始，整个科室就要进入"疯狂"加班的状态。

2019年下半年的一天，范大哥的肠胃病犯了，医生建议他尽早做手术，手术时间定在当月12号，这正好是发薪日前最紧张的一天。知道这个消息，我安慰范大哥安心治病，千万不要来加班，但心里却暗暗叫苦，因为其他同事可能要再多分担一些工作了。

12号当天早晨6点，我匆匆赶到公司，准备来一场超级大战，就在路过大办公室的时候，忽然看到一个熟悉的身影——竟然是范大哥！我当时愣住了，简直不敢相信自己的眼睛！只见范大哥正低着头坐在电脑前，认真地敲打着键盘。

"您不是今天做手术吗？怎么来公司了？"我诧异地问道。

"我把手术推迟了。"范大哥淡然地说。

"为什么？""这几天科室最忙，我如果做手术，会耽误大家发薪。""您……"一瞬间我有千言万语，但一句话也没说出口，看着他的背景，我的眼眶瞬间湿润了。面对这样的老大哥，我还能说什么呢？怕他看见我的异样，我赶紧转过头，拍了拍他的肩膀，嘱咐道："那您注意身体，等完事了赶紧去做手术。"然后快速回到办公室。

"特战队员"冲在一线

2020年的新冠肺炎疫情让很多企业失去了动力，但一汽-大众在停产期间，依然按时向员工发放了工资。"尽量不要影响员工们的生活"，公司领导考虑到员工在疫情期间办公的困难，决定工资按时发放。这也就意味着，当所有人都居家办公的时候，人力资源部必须到岗办公，尤其是绩效薪酬科更要战斗在一线。

按照惯例，春节期间发薪日通常会顺延一周。但考虑到疫情期间的特殊情况，考虑到员工们的困难，经过协商后领导决定仍然在15号发薪。但困难随即而来，由于当时全公司正处于停产状态，禁止员工进入办公室，每天只有穿着防护服的消毒人员可以进入。而我们必须要去办公室，因为薪酬计算依托于IT系统，很多数据只有到公司才能下载，这显然是一项不可能完成的任务。

当时全国的疫情处于最严重的阶段，如果不是迫不得已，人们根本不会出门。怎么办？我不停地问自己。我当时心里很忐忑，很难开口让大家去公司办公，更害怕在群里发出消息后收到的是沉默。但时间不等人，我抱着试一试的想法，在线上召开了工作会，将实情告诉了大家，仅仅过了两秒，大家就纷纷回复："范科，我去吧，我家离公司最近，走路20分钟。""范科，还是我去吧，我就自己一个人在家，正好闲得无聊，找点儿事干。""经理，我去，这个我有经验。""我也想去……"我完全没想到大家会全然不顾风险，如此争先恐后。

最终，经过权衡我决定安排孟祥飞和范春文大哥代表绩效薪酬科去公司下载数据。后来根据回忆，他俩向我们描述了去公司下载数据的"惊险过程"：

"就像科幻片里的情景，两个身穿防护服的救援人员，去被污染的办公室下载数据，他们穿过空无一人的厂区，紧张地步行，一边走路，一边紧张地东张西望，生怕遭遇不明生物的袭击。因为办公室已经被污染，他们每到一个地方，第一件事就是消毒，然后极其小心地打开电脑登录系统，开始下载数据，四周没有一点声音，只有日光灯镇流器发出的蜂鸣声。"

毫不夸张地说，在那种情况下，他们的心理状态可能比救援人员还紧张。当时为了避免交叉感染，两人只能分别独自行动，一个上午去，一个下午去。那种孤独感可想而知，我们开玩笑地称他俩为"特战队员"。经过两位"特战队员"三天的行动，数据全部顺利下载，我们最终赶在15号之前完成了数据核算工作。

  15号当天发完工资后，我长舒了一口气，多日的焦急、紧张情绪瞬间释放，打开公司内部贴吧，里面一片欢腾。之前每当发薪日公司内部贴吧里都是各种各样的抱怨，但现在几乎全都是对我们科室的点赞和表扬，还真让我有点不适应。

最懂人力资源的服务大厅设计

作者：薛杨

　　"这个方案的功能性特别清晰，进门左手边就是一条长长的办公台，可以集中多人办公；这个书架既是装饰，也是软隔离，可以将办公区和洽谈区隔开，空当可以填充图书或者工艺品，并不影响洽谈区；洽谈区有几组软沙发，可以做洽谈或者休息之用；大厅的右边是几个'卡包'，可以临时办公，也可以喝杯咖啡；还有一个适合头脑风暴的创客空间……"

　　工作的闲暇，我常常想起刚参加工作的时候。能进入一汽-大众，我非常自豪且兴奋，很多同学和朋友也纷纷向我表达祝贺。很多人羡慕我拥有了一份好工作，但我认为，所谓好工作最重要的不是薪水高、福利好，而是能实现自己的价值，让自己比同龄人获得更多的成长。

围着窗户吃饺子

　　我所在的绩效薪酬科是非常重要的科室。新冠肺炎疫情复工以

作者过生日时和同事们的合影

后,我们开始设计新的薪酬体系,时间紧,任务重,好在大家都很年轻,工作积极性高,即便是连续加班,也能欢声笑语。

记得有一次,在连续加班一个月后,一个重要的汇报方案即将完成,如果顺利,可以在下班前提交,这就意味着我们可以正常下班了!意识到这一点时,大家都很兴奋,能早点完成任务,比什么都开心。为了赶进度,大家统一意见,"决一死战,不吃午饭",等到晚上快下班时,胜利的曙光乍现,于是我们订了饺子,准备晚上小小庆祝一下……

但很遗憾,汇报进程并没有预想得那么顺利,每次修订的时候总能发现瑕疵。就这样,庆祝的时间不断后移,一直到凌晨1点,汇报才最终完成。在我们的方案提交成功的一瞬间,办公室响起热烈的掌声,没有抱怨,喜悦洋溢在每个人的脸上。

我们的饺子早已凉成了一坨,一个个挤压在快餐盒中,但大家依然非常开心,站着围成一圈,看着窗外的漫天大雾,没有酒,没有菜,甚至连醋都没有。我们吃一口饺子，看一眼窗外，兴高采烈，得意洋洋。这时的我，默默站在窗前，回忆着自己刚进入一汽-大众的那一幕，我知道自己深爱着这家企业，并引以为荣。

我是服务大厅的设计师

现在如果你去人力资源部，在二楼会看到一个服务中心大厅。这个大厅有着开阔的格局，有着十足的艺术感，有着实用的功能，往往成为来客对人力资源部的第一印象。每次路过这个大厅时，我心里都会有一点点骄傲，因为它的设计师就是我。

很多人会奇怪，我怎么会和设计有关系呢？这里面是有原因的。

不久之前，根据人力资源部的规划，需要设置一个新服务中心大厅，作为人力资源部对外的服务窗口，可以集中处理一些员工需求较多的业务，让大家不必再去四处找办公室。

起初，负责设计的部门提了几个设计方案，大家共同的感受就是特别像银行，虽然满足了功能，但过于刻板，过于严肃，并不符合我们部门的形象。李松梅部长对于设计方案也不满意，于是号召我们部里的员工出力，让大家都提出意见，或者提出设计方案。

这个时候，我站了出来。我为什么要站出来呢？因为我懂设计，我毕业于天津大学建筑系，以前从事的就是类似的工作，后来调到人力资源部，但专业功底还在。我接下"军令状"后，松梅部长对设计方案提出了要求，再加上很多同事的建议，形成的大致需求是这样的：

这个大厅首先要满足功能性，要能办公，能休息，能洽谈，能开会，能接待。

这个大厅应该有艺术设计感，要有视觉上的美感，让人们感到

作者设计的人力资源共享服务大厅洽谈区

心情愉快。

这个大厅还应该展现亲和力，应该以人为本，这是人力资源部需要展现的元素。

接到任务后，我迅速投入到创作中。坦率地说，以我的设计功底，如果只满足上述条件之一，保证可以完美地完成；如果要同时满足两个条件，我也能完成，但时间会长一些；现在要同时满足一大堆条件，而且要求短时间完成，挑战确实很大。

为了完成任务，我不得不开启疯狂思考模式，只要有闲暇，我就会思考服务大厅的样子，即便是在吃饭和走路，服务大厅已经占领了我的思想。有一次走路时，因为思想开小差，我不小心撞到电线杆上。看着横在人行道中央"蛮横"的电线杆，再摸摸脑门上的大包，我更坚定了以人为本的设计理念。

在构思期间，我求助了同学，他们很多都在设计行业，给我提供了很多新潮理念。我还求助了加拿大的朋友，加拿大的设计行业水平一直位于全球顶端，尤其是以人为本的理念深入人心。我获得了自己期望的元素。

一直到计划汇报的当天凌晨两点，设计方案才终于成熟，保存方案的瞬间，我如释重负，一屁股坐在地上，呆坐了好久才站起来。第二天早晨，在汇报会议上，我向松梅部长等领导和同事们汇报了设计方案：

"这个方案的功能性特别清晰。进门左手边就是一条长长的办公台，可以集中多人办公；这个书架既是装饰，也是软隔离，可以将办公区和洽谈区隔开，空当可以填充图书或者工艺品，并不影响洽谈区；洽谈区有几组软沙发，可以做洽谈或者休息之用；大厅的右边是几个'卡包'，可以临时办公，也可以喝杯咖啡；还有一个适合头脑风暴的创客空间……

"这个方案有着强烈的艺术性。它没有使用刻板严肃的线条，也没有使用严肃的色彩，长长的办公台像海浪一样有着优美的线条，书架和书籍都经过精心设计，甚至看似随意的沙发摆放角度都是有意为之……

"这个方案的设计以人为本。所有动线都经过精细考虑，办理业务的员工可以走最少的路；同时，反弧形的设计，让办理业务的员工能产生被怀抱的感觉，他就像是中心，一切为他服务……"

设计方案获得了领导和同事们的高度认可，我还没讲完，就被掌声打断，那一刻，我觉得自己特别有价值。

后来，还发生了一个小插曲，天津业务伙伴科的李飞飞经理，看到我的设计方案特别喜欢，请我给天津分公司也设计一套方案。

后来他们将方案拿到德国，德国大众的高层非常认可："大众在全球有很多业务，只有一汽-大众的人事服务大厅的设计体现了以人为本的设计理念，在很多细节设计上令人满意。"

听到这个消息，我深深地以自己是一名一汽-大众的员工而骄傲，谁说我们只会算绩效！我们能胜任的工作还有很多……

打好校园招聘这场"运动战"

作者：陈嘉

"人生不应该永远在横向奔波的路上，所谓沉得下深海，才得见满天繁星！"

不管你承认与否，丁真般清澈的眼睛，你我都不是第一次见。那种我们都拥有过的本真和尚未雕饰的质朴，像一场走出了就再也回不去的梦。第一次见到这样清澈的眼睛是2006年，我本科毕业后在新疆支教的时候。孩子们干净的眼神透着他们内心的纯洁和善良，存在我的心里，是后来相当长一段时间里我的精神力量。

回到学校读研，再到2009年硕士毕业后进入一汽-大众——全国最优秀的车企之一，我像是获得了无穷的能量，心里涌起一万个幸好——职业的选择是一个人的价值判断。我相信优秀的企业、高端的平台，是诗与远方的统一，也一定会给予我出走半生的勇气。

从混乱到有序，搞定一目了然的数据库

我进入一汽-大众的第一个岗位在冲压车间。我本以为自己会成

长为一名优秀的工程师。但在车间见习时，接到了一个来自人力资源部的电话，要借调我去协助做招聘工作。没想到，就是这个电话让我与招聘工作结下了不解之缘。

借调的半年时光一晃而过，我又回到了生产岗位。但2011年，人力资源部又重新将我召回，我正式进入人员规划与招聘科。虽然我们直接负责招聘工作的只有三人，但工作内容涵盖了总览招聘计划拟定、招聘渠道建设、招聘执行管理乃至人员入职管理等方面，尤其是校园招聘季，每天忙得不亦乐乎。

更令人头疼的是，公司招聘的专业和高校的学科设置不能严格对应，这在招聘中给我们带来了很多麻烦。

比如，公司需要招聘电子电器开发工程师，然而各大高校并没有设置对口的电子电器专业，相关专业知识散落在电子科学与技术、信息与通信工程、计算机科学与技术以及软件工程等学科的课程中。这是公司需求的"宽口径"与高校专业设置细化之间的矛盾。当然，还有的正好相反，公司需求更细化，但学校设置的专业却是"宽口径"的，比如公司需要冲压工艺工程师，但高校专业设置中，冲压仅仅是"材料科学与工程"一级学科下的一个小小的细分方向而已。

在刚接手校园招聘工作时，我就意识到这个问题。如何能解决它，让我们的工作更顺畅呢？我利用空闲时间，试着分析公司需求和高校学科设置之间的关系，决心做一个高校学科设置与公司用人需求匹配的数据库！

虽然决心很大，但这个工作枯燥且庞杂。为了完成这项工作，并在下一年度校园招聘中付诸实践，我在一个星期时间内查阅了大量的教育部学科设置文件，购买了一大堆关于高考志愿填报的书籍，经常熬到半夜。陪着我的除了灯光，就是一直想"吃"我的蚊子，别人加班都长肉，只有我加班越来越瘦，不可言说的千辛万苦，此

在中国大学生最佳雇主颁奖典礼上作者代表公司领奖

处略去一万字……终于，数据库大功告成！在这个数据库里，我详细列明了公司招聘岗位对应的高校学科，为方便业务部门使用，还给每个专业起了一个同事们耳熟能详的简称，作为"翻译媒介"。这样，每年做招聘需求调查时，业务部门就能快速提报自己的用人需求，应聘大学生们也能快速了解公司当年有哪些招聘岗位，大大减轻了同事们的工作负担。

想到自己为公司尽了一分力，我感到自己的价值得到了展现，比中了百万大奖都开心。

从北到南，斗转星移中的校园招聘季

在人员规划与招聘科，最繁忙的时间就是校园招聘季。就像秋天需要集中收获果实一样，每当校园招聘季，我们也会迎来疯狂的出差季。

记得在2012年的秋季校园招聘季中，公司整体招聘任务非常繁重。我负责的线路招聘目标是近500名优秀大学生，涉及工学、理学和管理学等专业，这就需要我走访包括哈尔滨工业大学、吉林大学、北京理工大学、武汉理工大学、西安交通大学和华南理工大学等十余所大学，几乎要走遍全国。我拖着一个超级大的行李箱，里面装满了一年四季的衣服，从长春刚出发时已然入秋，而广州街头的路人仍是一副夏日打扮。

那段时间，觉得自己像一只无脚鸟一样一路脚不粘地地狂奔，前一天晚上提前备好课，第二天白天到学校宣讲，晚上回来筛选简历，第三天面试，面试当天晚上已经到达另一座城市。好几次晚上拖着疲惫的身体回到酒店，经常从梦中突然醒来，恍恍惚惚地不知自己在什么地方，然后赶紧打开手机地图，查看自己所处的城市。

记得有一次在北京出差，航班严重晚点，到达时已经是深夜时分，机场排队等待出租车的超过200人，滴滴排号已经是两小时之后，而我必须早点回到酒店，准备第二天的宣讲。经过保安大哥的指点，我拖着行李箱步行两公里，终于在机场外的一条小路上打到了一辆出租车。

人毕竟不是铁打的，我也不会永远那么强大。在此行最后一站的华南理工大学，我因为低血糖，忽然晕倒在招聘面试现场，把我们的女同事吓得花容失色，所幸问题不大。紧急处理后，我继续投入到"战斗"中。

招聘工作虽说繁忙，但也很有趣。有一次，我们结束一天的工作刚刚回到酒店，突然有个人从角落里冲了出来，女同事吓得一声尖叫："你要干什么！""老师，我想当面提交一份简历。"原来是一位简历没通过的学生不甘心，于是想出这个办法想再试一试。我赶紧收下他的简历，也感谢他对公司的关注，好言相劝后，将他送出酒店。

回头看看，我在一个月的时间里走过了十几座城市，真是一次难忘的出差之旅。

转战南北，有惊无险

每天飞来飞去，转战南北，经常会遇到各种突发状况和各种偶然事件，令我防不胜防。

2013年4月，我去成都组织春季校园招聘，任务繁重，经常熬通宵。记得是到成都的第四天早晨7点多，我刚刚洗漱完毕准备去宣讲，突然觉得一阵眩晕，我心里一惊，以为又是低血糖发作，赶紧抓了一块备好的糖果。然而这次眩晕和以往的感觉不太一样，瞬间，我感觉天旋地转，就像坐海盗船一样。

在一阵接一阵的惊叫中，我跑到窗户边向外看，大街上的人们都在惊慌失措地奔跑，不好，是地震！

我的第一反应就是赶紧跑，立刻装好手机、笔记本电脑，蹬上鞋子、披上衣服，到了楼梯间，我竟然未经思考就选择了坐电梯。后来回想，这真是一个错误的决定。当我冲出酒店大楼时，街道上已经是人群滚滚，惊恐、胆怯、慌乱，一瞬间我甚至有点绝望。

终于，我告别了余震中的成都，登上了去往上海的飞机，准备下一场招聘活动。而此时，上海正经历"H7N9禽流感"危机。同事们说："你这可真是从一个'险'到另一个'险'，拼了老命。"而我，只能一笑置之。

从传统制造到数字化研发，不惧困难与挑战

随着公司的战略转型，以及造车新势力的崛起，一汽-大众加速向数字化业务布局的招聘环境向我们提出了更大的挑战。以前，公

司主要招聘机械工程、材料科学与工程这些传统专业的毕业生，但自2018年数字化研发中心筹建开始，提出了大量的IT专业人才需求。在传统汽车制造行业，一汽-大众就是顶尖企业，拥有绝对的品牌号召力和雇主吸引力，但在互联网蓬勃发展的背景下，与互联网头部企业相比，一汽-大众反而处于相对的劣势地位。

面对困难和挑战，我们并未就此退缩，而是采用了更灵活的校园招聘方式：推广官方微信公众号，每周推出H5和长图文，抓住"90后""95后"人群，让他们更了解一汽-大众；在沟通环节上，我们深入到学院，组织交流会，与目标专业老师、学生直接沟通；在社会招聘方面，我带领同事们绘制了人才画像、人才地图，按图索骥、主动出击。

在团队成员们的共同努力下，我们帮助公司从零开始搭建了数字化研发人才团队，支持了公司的数字化转型，招聘成果也得到了业务部门的广泛认可。每当我觉得疲惫时，回头看看自己十余年来走过的招聘路，那些经历过的小故事和小插曲都会再次给我带来信心和勇气。

面对"内卷"时代，我想每个人都应该有一个抵御"被内卷化"的最后的家。这个家会让你在面对选择、困惑、诱惑时，不犹豫、不迷茫、不动摇，会让你更相信、更笃定、更充盈。从追求社会价值的意义上讲，这个家，就是一汽-大众。追随她，看天地变换，感人情冷暖，穿过纷扰，看清自己的初心。

2020年突然出现了很多磨难，殷忧启圣，有些人找到了回归的路，有些人依然在路上。对我而言，招聘一直在路上，而心一直与一汽-大众在一起。

用好手中的"核心武器"

作者：隋楠

"公司是一艘大船，我们每一个划船的人都要知道方向，注意旗帜，划船的时候不能各自为政，必须紧密协同，这样才能形成向前的合力，才能让大船在风雨中持续前行。"

人的一生，关键就是那几步，如果能在关键时刻，有关键的人物启发你、引导你，你就可能顺利找到正确的方向，走上人生的坦途。

曾经有一个机会摆在我面前

2017年9月18日，一汽集团吹响了转型升级的号角，"干部能上能下，薪酬能高能低，人员能进能出，机构能增能减"，关键举措之一就是干部"全体起立，竞聘上岗"。

面对变化产生的机遇，有人欢喜有人忧，我陷入了深深的忧思。

因为我当时所在的核心人才开发科一共7人，其中3名骨干都报名参加了竞聘，并且很可能成功；还有1人因为个人原因离开了岗位实际上只剩下3人，部门战斗力锐减。如果我也走，短时间内，核心

作者与人才评鉴大师Dr. Byham合影

人才开发科就将极度缺人。那时,我到核心人才开发科时间不久,因为种种原因,工作开展得并不顺利,撞了几次南墙。为了找到更好的工作方法,我想和李松梅部长直接沟通一下工作想法。

当时我正好完成了一个领导力提升方案的系统化思考,给松梅部长发了电子邮件,松梅部长就让我去她办公室。对于方案本身,松梅部长给予了肯定,然后鼓励了我,宽慰了我,最重要的是,她给我讲解了人力资源管理工作的重要性:"公司是一艘大船,我们每一个划船的人都要知道方向,注意旗帜,划船的时候不能各自为政,必须紧密协同,这样才能形成向前的合力,才能让大船在风雨中持续前行。"

那一刻,我终于彻底理解了人力资源管理的重要性,并重新认识了自己的工作,那次谈话是我人生旅程的一个关键节点,让我迅速做出了留下的决定。我深深意识到自己所肩负的责任和使命，我同时怀有一颗感恩的心，决定遵从内心的声音，留在这个平台，努力干一番事业，即使失去了一次工作5年就成为经理的机会，我也无怨无悔。

做出决定的瞬间我就释然了，我知道，核心人才开发科更需要我，在关键时刻，我不能离开，这是责任。

人才选拔的"核心武器"

如果你问我，一汽-大众人才选拔的核心优势是什么？"AC测评！"我会毫不犹豫地回答。

很多人对AC测评并不了解，这需要从企业选拔人才的难题说起。对于像一汽-大众这种规模的企业，后备干部的选拔培养是基础，甄别人才是重中之重。在一汽-大众，主要通过AC测评选拔和甄选优秀人才，任何一名需要提拔为经理的员工，都必须通过AC测评才能进入提拔程序。

有人会问："AC测评是什么？有多厉害？"一汽-大众的AC测评有着悠久历史，早在1998年就开始试验性引入，2003年，经过经管会同意，正式开始执行，至今已经运用了17年。这17年，AC测评不断发展，不断进化，现在已经高度成熟。

我们核心人才开发科，就是AC测评的负责单位。每年我们需要做大约10期测评，每期测评需要1周时间，我们要派出2名主持人，再加上1名助理，此外还需要邀请6名高级经理担任评委，以测试8名候选人。

整个评测流程中，不仅是被测评人紧张，我们同样紧张。测评场所选在封闭的酒店，所有人的手机都要上交，禁止与外界联系。

两天之内，我们要完成多个模拟场景测试，通过小组讨论、专题汇报、主持场景和结构化面谈等不同场景，来检验考核被评测人的基础素质，以及团队管理和战略思维等能力。每个测试场景都是"毁"人不倦的"编剧"们共同开发的，再加上每天要熬到后半夜的车轮战术，绝对会给未来的经理们留下刻骨铭心的职场记忆。

评委们都是从高级经理库中随机抽选的，每个评委都会深入挖掘候选人的亮点，根据能力标准去提问，考察候选人的思考能力，考察他们是否符合我们的标准。评测过程中，我们会用各种各样的方法启发、帮助候选人。测评结束时，还有一个评委大会，所有评委坐在一起，对每一名候选人的表现进行复盘。

在测评过程中，也经常发生争议。记得有一次，一位被测评人做了一个"给工厂选址"的方案，这个方案对当地消费市场、交通条件、政府政策以及竞争对手做了认真分析。

然而评委们对这个方案的意见并不一致，导致这个候选人的得分与通过线高度接近。怎么办？根据AC测评的规则，我们采用了最科学也最公平的办法。我们将测评过程中所有的练习、所有的记录和文字，全部拿出来复盘，重新讨论。重点结合选人用人的导向，逐一按用人需求去分析候选人的表现是否符合标准，是否能够服众，再综合进行权衡考虑。很显然，这个过程非常繁复，也非常耗时，但大家全力以赴，没有一丝松懈。

候选人忐忑不安地在外面等着评分结果，评委们则认真地从不同角度对候选人进行分析和评价。本来计划晚上7点结束测评，结果一直到晚上10点才统一分数。

类似的例子还有很多，AC测评的公正客观和科学性早已深入人心，成为一汽-大众人才选拔的"核心武器"，保证了一汽-大众人才队伍的良性发展。

一座难求的"超级好课程"

作者：贾旭

"贾老师，班上的名额满了，再加一个吧！""老师，您的课太棒了，我还想参加！""老师，我本来下周请假了，不过我还是想回来上课……"这个时候，我总是很大方地答应学员们的请求，然后心中暗喜。

出色的员工素质，是一家优秀企业的根本，而对培训师来说，这是一项不小的挑战。因为这些学员本身非常优秀、知识面广、理解能力和判断力很强，对于培训师自然会提出更高要求。此外，现在很多新员工都是"90后"与"80后"，他们更独立、更善于思考、有个性，他们更喜欢沟通交流，喜欢当面发表意见，说话很直接。"老师，你这个概念用得不对，过时了……"我不止一次被他们当面"问责"。

曾经有一位外聘培训师，因为名头不够大，课程不够靓，前期宣传工作也没做到位，结果上座率不到50%，特别尴尬。还有一种情况比上座率低更尴尬，那就是前期宣传很到位，早上开始上课时上座率超过95%，几乎座无虚席，但后面却因为课程无新意等原因，导

作者（前排右一）在后备经理培训课期间与学员们合影

致现场反应很平淡，学员不断流失，到下午开课时上座率不到30%。

让学员珍惜培训资源

  提高培训出勤率，想想很容易，做起来很难。之前一汽-大众学院都是提供充足的培训名额，这样在很多学员看来，时间自由，名额充足，就不会特别珍惜培训机会，想什么时候去就什么时候去。

  为了提高出勤率，我想了一个办法，就是依照经济学原理，改变培训课的供求关系。学过经济学的人都知道，市场价格由供求关系决定，供大于求，价格下降；供不应求，价格上升。

  因此，我改变了培训名额的投放模式，略微控制培训名额总量，分期、分批释放名额，这使单位时间内可选的名额数量明显下降，提高了资源的稀缺程度。过去，3月时学员可以查询到几十个培训名额，他们就一点也不着急。在我改成分批投放名额后，3月时可以查询的培训名额只有不到10个，学员们就会提早下手。资源紧缺，使学员的参训积极性暴涨，其至出现了争抢势头。当然，我不会真的去压缩培训名额，只要学员有需求，我还是会充分满足的他们。

"贾老师，班上的名额满了，再加一个吧！""老师，您的课太棒了，我还想参加！""老师，我本来下周请假了，不过我还是想回来上课……"这个时候，我总是很大方地答应学员们的请求，然后心中暗喜。

外来的和尚念不好经

仅仅将学员吸引来是不够的，还必须给他们传授优秀的课程，这样才能真正留住学员，不仅留住他们的人，还要留住他们的心。

做到这一点并不容易。此前，为了让课程丰富多彩，我们曾经从社会上外聘很多老师，这些老师的课程很精彩，能进入一汽-大众讲课，本身已经证明了老师们的优秀。我们期望他们的加入能够让学员们更加热爱学习，事实上，结果并不那么理想。他们最大的短板是，课程或许很好，却并不契合一汽-大众的实际，毕竟具备一汽-大众这样规模和影响力的企业，在长春市乃至吉林省屈指可数。对一汽-大众缺乏了解的人讲课虽然很用心，但情景无法带入，总有隔靴搔痒的感觉，一堂课结束，学员们的反应大多如此：

"X老师举的例子太古老了，我读大一时就看到过。"

"课堂设置的情景更适合100人以下的企业吧，我们怎么可能天天看到老板？再说我也不知道老板是谁。"

"这堂课可能更适合民营企业，老师根本就不了解一汽-大众的情况。"

还有人抱怨，老师的课程很热闹，氛围轻松活跃，大家积极性很高,当时觉得很开心,可回来一想,什么也没学到,就像听了一场相声。

外来的和尚没有把经念好,我们略微有一点遗憾,不过外聘导师可以换,我们怎么办呢?我们必须留在这里。

"独门武器"显身手

既然外聘老师这条路行不通,那就只能让我们自己变得更强大、更优秀。

我们培训师的优势是更熟悉和了解一汽-大众,了解和熟悉新人融入团队遇到的所有障碍,而我们需要的是补充和掌握最新的课程和更丰富的知识,这对我们而言虽然很难,但并非不可实现。经过疯狂补课之后,我们的授课能力提升非常明显,学员们评价很高。

除了弥补短板,我们还打造了"独门武器",就是"职场魔方"。我们充分研究了新员工融入团队的18种困难,针对这18种困难,设定了18种场景,制作了18期培训短视频。这些短视频乍看平淡无奇,实际是为一汽-大众新人量身定做的,囊括了新人融入团队的所有重要细节。

举一个例子,其中一个短视频是这样的:领导给员工布置会议、安排工作,员工甲认真听领导吩咐,用小本将领导的话一句一句记下来。员工乙则一次次询问会议细节,包括会议时间、地点、流程和出席人数等,而且反复进行确认。后来的结果也很明显,员工甲在组织会议中不断出现突发问题,一次次请示领导;员工乙已经有了充分的预案,轻松完成领导布置的任务。通过这个短视频,新员工可以迅速掌握工作技巧,使自己更快融入团队。

这些课程本来是对学员很有帮助的,但并非每个学员都会重视,依然会有个别学员上课时心不在焉或玩手机。有一次,学员A直接打断我说:"老师,你说的这些我都会,能不能教我们一些有用的?"

"你会,那你说说。"

"给领导汇报太简单了,应该准备充分,突出重点,逻辑清晰……"

"很好,请这位同学上台演示一下,给同学们做个示范,我们有现成的场景和沙盘。"

结果,学员A演示的过程磕磕绊绊,一塌糊涂。有人以为看一眼就能会,却不知道距离真正掌握还差十万八千里。

"老师,谢谢你,我以为我掌握了,其实我就是一个空瓶子。"下课的时候,当场质疑我的学员A向我道歉。后来,学员A认真听讲,成为那批学员中成绩最优秀的一个,现在已经进入后备干部行列。

还有一次是"高效沟通"的培训课程,正赶上生产旺季,由于此前宣传工作没有到位,上座率只有40%。精心准备很久,但学员很少,我特别沮丧,同学们也垂头丧气。后来回想,自己这样做不对,人家知名相声演员,即便台下只有一个观众,照样给观众充满热情地说完相声,再想想自己,还是不够敬业,很惭愧。

当然也有特别惊喜的时候。有一堂"系统思考管理高尔夫"的课程实用性特别强,此前又做足了功课,仅有的25个名额早早定满,上课之前,我迎来了一轮微信和短信轰炸:"贾老师,我特别想听这堂课,站着也行。""老师,还有位置吗?我已经请好假了……"等到开课时,能坐25人的教室已经挤得满满当当,没座位的学员自发去隔壁教室取了椅子,当我走进教室时,迎接我的是一片掌声和欢呼声。上完这堂课,我觉得自己特别有价值。

把课堂搬到实战中去

作者：韩景运

为了完成这项前所未有的任务，我们走访了各大培训机构、高校以及商学院，并对帆船领导力、沙漠领导力、乐高领导力以及沙盘领导力等模拟形式进行了考察，最后选择了军事领导力。针对军事领导力的培训模式，我们选择了孟良崮战役，培训地点是山东临沂，这是一个非常典型的考验战略执行力的真实案例。

2018年，公司人力资源体系转型升级全面展开，这对培训工作提出了新的要求，特别是经理人培训要满足体系变革的需要。在很短的时间内，关于提升经理人的各种培训项目全面展开，我们搭建了系统的领导力培训体系，包括组织举办学院论坛，邀请李稻葵、金一南和郑若麟等经济学家、行业精英进行分享；实地交流学习腾讯、阿里巴巴、华为和西门子等国内外著名企业；成立特训营，请来了欧洲培训大师马利克坐镇；积极组织高层研讨会，给管理层带来外部的先进理念；对于高级经理的个性化需求，还单独进行了外部学习和提升。

这些举措的实施说起来很简单，其实做起来并不容易，期间也发生了很多令人印象深刻的故事。

在孟良崮上一堂实战课

2018年年初，公司提出新的发展战略，如何强化高级经理的战略执行力，成为摆在我们面前的头等大事。原本高级经理的培训难度就比较大，与培训基层员工不同，高级经理都是从普通员工、后备经理和二级经理等职位一步步历练过来的，经历过各种学习培训，个人能力非常优秀。如果培训的内容不能在知识的广度或深度方面超越他们的已有认知，如果课程不能吸引他们，如果培训形式传统守旧，如果培训的控场能力不足，培训就没有任何价值。

作者立功受奖

为了完成这项前所未有的任务，我们走访了各大培训机构、高校以及商学院，并对帆船领导力、沙漠领导力、乐高领导力以及沙盘领导力等模拟形式进行了考察，最后选择了军事领导力。针对军事领导力的培训模式，我们选择了孟良崮战役，培训地点是山东临沂，这是一个非常典型的考验战略执行力的真实案例。

孟良崮战役的作战双方大家都很熟悉，一方是国民党74师，师长张灵甫；另一方是中国人民解放军华东野战军，指挥官是粟裕。当时的74师是国民党军队的王牌军，清一色美式装备，战斗力较强；张灵甫是抗日名将，打仗胜多败少，能力超群，性格骄傲自矜。

战役初期，双方都是稳扎稳打，保持僵持状态。后来张灵甫冒进到孟良崮一带，粟裕看到机会，决定围剿张灵甫，迅速组织优势兵力，包围了74师。与此同时，国民党军队则调集了超过10个师的兵力，对华东野战军进行了反包围。

至此，双方作战意图都非常清晰，到了这个阶段，考验的就是双方的执行力。在包围74师的过程中，我解放军部队展现出了顽强的斗志和极强的执行力，所有作战计划基本实现，最后成功全歼74师。但国民党军队对战略的执行很不到位，最终既没有给74师解围，也没有对华东野战军形成有效包围，结果导致惨败。

这个案例与我们的战略执行力主题非常契合，而且参与性和趣味性都很强。大家站在当年的战场上，上了真实的一课。我们还邀请了当年华野部队的讲解员给学员们讲述当时的形势。讲解员声情并茂地讲到部队当时如何克服困难、顽强战斗，最终凭借强大的执行力取得了胜利。

在讲解过程中，我发现培训学员们听得特别认真，真实的案例最有说服力和影响力。后来这场特别的培训获得了大家的一致好评，不仅对执行力方法有了更深的印象，还极大提升了对战略执行力重要性的认知——如果没有很强的执行力，再好的战略也等于零。

打通赋能的任督二脉

2019年，公司对培训提出"精准赋能"的要求，即在培训中不能大水漫灌，要目标明确，针对公司的发展任务，提出具体的培训思路。

于是，一汽-大众学院和人力资源部联合规划培训方案，人力资源部负责"能力模型"，培训部负责培训方案。其中，经理人培训部分由人力资源部的彭强和我负责。彭强精明强干，工作能力非常出色，但当时人力资源部正在制订全公司的绩效考核调整方案，彭强那边的工作压力非常大，时间有限，我便尝试自己先建立能力模型。

这对我来说是一个全新的课题，如何才能破题呢？摆在我面前的难题是，我们的课题是精准赋能，要培训的都是高级经理人，见多识广，能力超群，我们如何给他们赋能呢？赋什么能呢？我白天想，晚上想，吃饭想，走路想，有几次开车等红灯时想得愣了神，绿灯亮了竟忘了通行，被后面的车鸣笛催促；还有一次走路的时候想，结果和一位老大爷撞了个满怀。

有一天，我的大脑里突然电光石火般地闪出一串逻辑链：

"我们为什么要培训他们呢？是为了提升他们的能力。"

"提升他们的能力的目的是什么呢？是为了让他们更好地完成各自的工作任务。"

也就是说，完成任务就是支撑公司发展，就能达成绩效，如此一来，完成任务和提升能力就密切相关了。高级经理需要提升什么能力，只要知道他们要完成什么任务就清楚了，这样就锚定了能力来源，相应的就能匹配能力模型。解决了这个核心问题就像打通了"任督二脉"，剩下的按逻辑顺序推进即可。随后，我根据公司的战略导向，结合高级经理的绩效导向和问题导向，很快建立了能力模型。

后来，这套思维方法受到了部门和公司的表扬和认可，而且被其他级别管理人员的培训所借鉴，成为我们一汽-大众学院的破局利器，我为此非常欣慰，我在培训的道路上又前进了一大步。

送人玫瑰，手有余香

作者：徐立志

　　M先生头顶GG副总裁头衔，拥有"全球前沿尖端科技和思维""AI人工智能课题""GG创新之道"各种高大上的名头，我们宽敞的可以坐四百多人的大讲堂坐满了听众，还开辟了十几个在线分会场，这次超级课堂非常成功。

作者给公司领导做介绍

与大多数企业不同，一汽-大众学院独立于人力资源部。这意味着在一汽-大众培训的职责更加特殊，对培训师的要求更高。

作为一名一汽-大众培训师，我面对的培训对象是数万名不同层次的员工和领导，培训的内容五花八门，工作挑战性可想而知。一路走来，从最初的焦头烂额，到现在的小有成就，期间的苦辣酸甜，都藏在难忘的故事中。

"上帝"，请来参加培训

在一汽-大众学院，我遇到的第一个问题是，学员参加培训的积极性一般。这或许是因为工作稳定，学员缺乏学习的动力；另一个原因是学员太年轻，很多"85后"甚至"90后"开始走上领导岗位，和此前的"80后"们有所不同，他们普遍更具独立性，有个性、有主见，蓬勃张扬，充满活力，他们不喜欢传统的培训方式，因为传统的培训方式仿佛让他们回到了高三课堂，因此他们的培训出勤率甚至不到50%。

很多时候，我们通知培训的对话是这样的：

"领导力培训下周一上课，你什么时候参加？""我这个周末都在加班，周一估计够呛。"

"我们明天的课程非常精彩，不要迟到。""抱歉，我去不了，正在外地出差。"

"下周的培训课请准时参加。""你们的培训课都是三年前的，我早看过了。"

面对这样的回答，以及不到50%的出勤率，我真的一度怀疑自己是否能胜任这项工作，内心是深深的不安和挫败感。痛定思痛，我意识到是时候变革了，一汽-大众学院也要与时俱进，只有变革才有出路。无论是培训通知，还是培训课程，都必须做出改变。

首先是通知模式。经过连续几天的"烧脑"和头脑风暴，我们终于做出一个决定：即日起，不再向学员发出任何通知，直接改成发邀请函。这个邀请函非常正式，烫金封面，写有学员的名字，装在考究的信封里，特别有仪式感。邀请函发出后，同事们焦急地等待着"顾客"的反应……突然，一汽-大众学院的电话像被惊醒了一样，学员们的来电纷纷袭来："请问，这期培训课具体什么时候开始？我下周可以参加。""这期主要课程是什么？请了哪位导师来？""本来我请假了，现在又有时间了，方便安排吗？""我们部门想增加一个名额，还来得及吗？"当然可以！你们就是上帝，竭诚满足各位的要求。

到了培训课开始前10分钟，员工们已经兴致勃勃地陆续走进了培训大厅。

最大的惊喜是什么？就是惊喜之外还有惊喜。我给每位学员都准备了一罐可乐，而且他们绝对不会拿错，因为每一罐可乐都是唯一的，上面刻着一位学员的名字。此外，每个可乐罐上还印了一个大大的汉字，几个罐子连在一起，就是一句充满正能量的话："积极创新""努力学习""永不言败"，等等。这样的举措果然产生了意想不到的效果："老师，这个可乐还有吗？我舍不得喝，再给我一罐吧！""老师，这个可乐是怎么定制的呢？"

面对这些问题，我诚恳地回答："请马上回到座位，课后答复你们。"至此，变革取得了非常好的开局，出勤率一下从50%提高到80%。那一整天，我们都沉浸在喜悦中。

特别定制的课程

还好,我没被胜利冲昏头脑,仅仅将学员邀请来是不够的,这只是成功了一半,我必须努力将他们留下,否则费尽心思的邀请函和定制的可乐,就都会打水漂。能留下他们,除了"豪气"的形式,就是"深刻"的内涵,这必然要从课程下手。在课堂上,我的突破点定位于外语,原因并不复杂,因为很多学员这样倾诉过:"徐老师,我们车间有德国同事,我需要学一点德语。""徐老师,我们部门的专家来自南非,能否教一点南非英语?""徐老师,我是英语系毕业的,想学一点德语。"

学员们喜欢的就是我乐于奉献的。然而这并不容易,刚开始,我找的是两家具有全球知名度的教育机构,但最终我们没有谈成。

原因有两个,一个是价格,两家行业巨头都开出了远远超过我预算的价格;另一个原因是这两家机构的课程和一汽-大众的需求有偏差,更具体一点,就是缺乏专业性,缺乏汽车行业的背景,这是我最担心的。

我不得不自己寻找培训机构,三个月后,终于找到一家合适的机构,报价远远低于那两家知名机构,而且培训老师有着深厚的汽车行业背景,曾经在知名汽车集团做过翻译,后来从事教育培训行业。一切进展都很顺利,后来我们将课程放到线上,成为一汽-大众外语培训的专用课程。

请来GG公司副总裁做演讲

仅仅有常规课程是不够的,随着数字化的发展,一汽-大众也在培养自己的数字化人才,除了常规的数字化培训,我们还会邀请一些重量级、大师级的讲师来演讲。

常规培训好比常规武器，大师级培训则具有核弹一样的影响力。他们的身份、地位以及学识，可以轻松攻破学员的惰性堡垒，并产生醍醐灌顶的效果。我们曾尝试着从特斯拉、微软和IBM请来一些洋专家，但反响大致是："全都是英语，根本就听不懂。""翻译得太差了，还不如我自己。""感觉和洋专家隔着一个太平洋。"

经过和同事以及领导的商议，我们做了一个大师级讲师的画像：具有深厚的学术背景，具备跨国互联网企业身份，同时了解华人文化，至少懂中文，能解决基本沟通问题。

第一个跃入我脑海的便是李开复博士，他的一切条件都完美无缺，但因为身体或者行程原因，他未能成行。好消息是，李开复博士推荐了一个人，GG公司副总裁，华人背景，这里称呼他为M先生。M先生是全球知名的人工智能专家，出生在中国，后来去美国留学，能讲一口流利的汉语和英语，沟通完全不成问题，专业又是尖端领域，就是他了！但是远隔太平洋，沟通并不容易，在时间、费用和酬劳等问题上我们产生了很多分歧。

出于保护隐私考虑，以下的沟通过程仅供参考。

M先生的代理非常客气地同我交涉："演讲费用如果太少，和M先生的身份不够匹配；需要订购往返北美和北京的商务舱机票；需要北京最好的五星级酒店，并给M先生提供足额保险；需要……"

这些条件，其实我一个也达不到，因为本身预算有限，这个时候，想要对方在利益方面做出让步非常艰难，谈感情也没有太大意义。后来，我告诉代理："这次其实并非商业演讲，而是一个能帮助M先生扩大国内行业知名度的交流机会。"

M先生的代理很久没有给我回复，我一直在忐忑不安地等待，后来，M先生同意了！

头顶GG副总裁头衔，拥有"全球前沿尖端的科技和思维""AI人工智能课题""GG创新之道"各种高大上的名头，我们宽敞的可以坐四百多人的大讲堂坐满了听众，还开辟了十几个在线分会场，这次超级课堂非常成功。

做培训其实非常快乐，送人玫瑰，手有余香。后来，被学员们的热情感染，我觉得自己也需要培训一下，就报了一个工商管理硕士（MBA）班。但万万没想到的是，我刚报了MBA班不久，工作就发生了一些变动……公司将我临时借调到巡视部门，同时，我的培训工作还要继续进行。

这样，我日常就有了三件事：白天要开展巡视工作，晚上要做培训，而周末要去学习MBA课程。这样的生活整整持续了三个月，但我觉得非常充实，在不断学习中收获了成长的快乐。

把一秒钟掰成两半用

作者：邢生强、尹奎伟

重建难也要重建，这是每个人的工作使命，因此，这两年人力资源部的工作节奏非常紧张，加班也很多，这更多的是一种责任感，让人力资源成为推动一汽-大众这艘大船前进的内在动力。

作者（邢生强）

邢生强：小黑屋里的头脑风暴

作为一名绩效薪酬科的成员，我非常明白自己身上的使命，李松梅部长曾经提出："一汽-大众就是一艘大船，人力资源部就是无形的船桨，要想大船前进，船桨必须加倍努力得划。"当前我们最紧迫的工作，就是全新绩效薪酬体系升级调整，考虑到一汽-大众有四万多名员工、大大小小数不清的关联企业，以及内部林林总总的部门，想要建设一个平衡各种权益的全新薪酬体系,就像搬走一座旧大楼,再重新建设一座新大楼一样。"

重建难也要重建,这是每个人的工作使命,因此,这两年人力资源部的工作节奏非常紧张,加班也很多,这更多的是一种责任感,让人力资源成为推动一汽-大众这艘大船前进的内在动力。2019年,绩效薪酬科人均加班时间超过1000小时;2018年,我个人加班时间超过1800小时,可能除了睡觉和吃饭,几乎都是在工作。

很多人会觉得我很辛苦,但其实我并不觉得。相反,在工作中,每解决一个难题,我就觉得非常快乐。但这样一来在生活中就无法顾及太多,好在父母和妻子都很理解,父亲总安慰我说:"踏实在公司工作,家里什么都不用你管。"我知道,我能早一点完成方案,就意味着改革可以早一点启动。

随身携带笔记本电脑,已经是人力资源部的传统。记得有一次加班到晚上10点半,刚刚到家,另一个部门的负责人打来电话:"小邢,你睡了吗?我需要一个数据,方便吗?""当然方便,稍等,我一会儿给你。"但是恰好那天没带笔记本电脑回家,只能立刻返回公司,查询数据后发给对方。回来的路上我就下定决心,以后无论在哪里,一定要带着笔记本电脑。

结婚不久后,妻子怀孕了,我却没时间陪着她去做产检,又赶上冬天,外面很冷,地上都是积雪,妻子挺着大肚子,慢悠悠走在寒风里。看着妻子独行的背影,我也很心酸,无奈请来母亲照看。孩子出生的时候,也仅仅休了三天陪产假就匆匆回到公司。离开家的时候,妻子没有一句抱怨,反而宽慰我说:"你好好工作就行,我会照顾好孩子。"

调整方案提交审议之后,我们并没有松懈,因为调整方案几乎涉及所有部门、所有领导和员工,涉及各个层面的种种问题,需要回答各个部门不同人员的种种疑问。有时候正在吃饭，一个电话打来询问，我就要向对方做出解释。有时候结束了一天的工作，刚刚躺到床上，一个微信发来，我就要立刻回复。还有一次，我正在理发，理了一半，一个职能部门的电话打来，我只得套着理发的围布到路边接电话，路人看着我边笑边指指点点。

虽然我们的方案已经考虑了种种可能，但经过意见汇总，还需要重新调整，尽管不是推倒重来，但各种压力纷至沓来，而且方案调整的时间只有短短两周。非常时刻，我们只能采用非常办法，薪酬团队四五个人，将自己关进小黑屋，然后各种头脑风暴，各种争论探讨，最终经过两周多的时间，我们拿出了全新版本的方案，方案设计工作也终于告一段落。当天晚上，我约了一起"战斗"过的同事，"怎么样，大家一起喝一杯吧！"

尹奎伟：工作常备品是一堆膏药

我有一个小毛病，总爱耸脖子，因为脖子确实有点不舒服，说句玩笑话，这可能是人力资源部同事们的"职业病"。2020年，全公司的绩效薪酬升级调整进入攻坚阶段，每天需要做各种方案汇报，回答各个层面的问询与质疑。7月的一天，由于需要提交一个紧急汇报，吃过晚饭我便开始工作，因为其中的细节需要反复推敲，必须集中精力，所以我要长时间保持一个姿势。等到汇报材料顺利完成时，我的脖子似乎完全僵住了，但并不很疼。开始我以为是肌肉僵硬，只好用两个手托着脑袋，赶紧上床睡觉，以为休息一会儿就好。

我显然低估了问题的严重性，脖子并没有打算放过我，凌晨两点，我疼醒了，脖子虽然能动，却火辣辣地疼，怎么按摩，怎么揉捏，似乎都难以缓解，像被火烧一样。我知道，必须要去医院看一看，

作者和同事们在夜色中离开办公室

赶紧半夜给领导发了请假微信。

等到第二天早上起床的时候,我却完全忘记半夜请过假,收拾完汇报材料立刻赶往公司,准备参加上午的汇报会。在等待汇报的时候,脖子又开始疼,这才想起自己这个时候应该是在医院看脖子。由于上午的汇报会必须在场,我赶紧问同事有没有膏药,结果不到10分钟,桌子上就摆满了各种各样的膏药和止疼药,大家会心一笑,看来不是就我一个人脖子疼。吃了止疼药、贴上膏药,我进入会场开始汇报,等汇报结束的时候,已经忘了脖子疼。

作为推动薪酬绩效体系升级调整的核心动力,我们要竭尽全力,不敢有一点松懈,生怕失去前进的动能。虽然辛苦疲惫,但眼看着项目顺利推进,就觉得自己特别有价值,这反过来又激励我们继续努力工作。

然而,在忙碌的工作之外,我们很少有时间能陪伴家人。因为工作繁忙，2019年春节我就没能回山东老家看望父母，后来又由于新冠肺炎疫情，差不多有一年多的时间都没有和父母见面，二老很想念我。等到2020年五六月全国疫情缓解后，他们从山东千里迢迢跑来长春看我。

父母到达长春那天，原计划是我去火车站接他们，但当天有个紧急汇报让我无法抽身，只能让爱人临时请假去接站，所幸父母和爱人都理解我。等到我终于忙完，回家看到一路辛苦的父母，心里很不是滋味，心想接下来几天一定要好好陪陪父母。但恰好那几天是转型变革方案的攻坚阶段，每天我就像陀螺一样忙碌，别说陪二老了，每天见他们一面都难，晚上加班很晚回家，他们已经休息了，只能早晨临上班前匆匆说几句话。

直到父母返程前的一个周末，我计划一定要抽出时间带父母去看看净月潭，那是父母念叨很久的地方。但就在周六晚上，计划又变了，由于下周一要召开任职资格标准启动会，我必须提前做好相应的准备材料，而这项工作非常琐碎，需要大量的时间……我非常愧疚地跟父母说周日不能陪他们去看净月潭了，父亲马上安慰我说："年轻人就应该奋斗，好好工作就是对我们最大孝敬。"瞬间，我的鼻子一酸，眼泪在眼眶里直打转。

"D302" 奋进号上的小姐姐

作者：黄雨晴、吴映雪

每个人都有属于自己的路，既然选择了远方，就不惧风雨兼程。

黄雨晴："油腻"女青年

2014年从吉林大学毕业后，我进入了一汽-大众人力资源部，专业对口，又是大公司，在别人眼中，我过上了稳定轻松的生活，但现实完全是另一番风景。

2018年，我度过了终生难忘的一段时光。在公司激励机制升级调整的要求下，需要成立一个敏捷高效的项目团队，支持薪酬、绩效升级调整等多项任务。团队由从各组抽调来的5个人组成，临时在编号为D302的会议室里办公。那是个面积很小的会议室，项目团队在那里工作了半年多，灯都没怎么熄过。

我接手的岗位工资项目，是公司激励机制升级调整的业务基础，而我之前的工作内容倾向操作与计算，很少涉及拟订方案。这就需要我去学习，而且学习的进度必须快，因为还有其他同事等着对接。紧张的节奏让我早出晚归，但神奇的是，把压力变为动力后，我的

作者（黄雨晴）的悠哉生活

头脑似乎更加敏锐，工作时不断校验一版又一版的数据，又一遍一遍梳理方案逻辑框架，电脑反而跟不上我的思路，经常卡在那里冲着我"发呆"。

有一次偶然碰到高中同学，对着我看了好久才敢认，笑着对我说："你咋成这样了？这么憔悴，也不洗头。"其实那段时间，别说洗头，连起床认真梳头都觉得浪费时间，扎个马尾或者干脆披散着长发就出门了。上学时我还稍微有点洁癖，但现实的压力不知不觉间已经让青春少女的"偶像包袱"从我身上消失，忙到没时间洗头，忙到没时间谈恋爱。

项目推进期间，D302里先后有两名"室友"结了婚，但举办婚礼的日期一推再推。从佛山来支援项目的吴映雪，硬生生被项目"催胖"。她是个非常开朗的女孩，平时不管工作多累都乐观积极。由于南北饮食习惯的差异，刚来长春时她还嫌弃东北菜油腻，结果很快便"沦陷"在我们的加班美食之中。每天中午打饭时，她都从食堂拿回些玉米、红薯之类的主食存着，晚上和加班餐一起吃，结果等项目结束要回佛山时，她比刚来时整整胖了20斤。

不过我们的收获也是满满的，D302的工作得到了大家的认可。

2018年10月,当时一项新的调整细则出台,能给大家涨100多块钱,我们给全体晋升的员工发了封电子邮件。制作电子邮件时我们花了点心思:内容充满了温情,同时做了个程序让每个人收到电子邮件时都能看到自己的名字,比如"亲爱的黄雨晴"。

这封电子邮件发出去时已经是夜里10点,但让我们意外的是,这种通常大家收到从不回复的公司电子邮件,竟然半小时不到就收到了四五十封回复,后面还有人不断发来回复。他们有的感谢公司的温暖;有的感慨调整带来的新气象;有的惦记我们的辛苦,还顺便秀了秀文采。看着那些第一次打交道的名字和真挚的话语,一切疲惫都烟消云散了。

到了12月,新方案顺利实施,我们的任务也终于完成。极限工作的半年,让小美女变成了油头妹,但也让我们收获了成长,抗压能力和工作能力都得到了提升,以前觉得需要很长时间才能做完的方案,现在驾轻就熟。

回首工作中的点点滴滴,那份成就感没有什么能替代。每个人都有属于自己的路,既然选择了远方,就不惧怕风雨兼程。

吴映雪:胖20斤算不算工伤

2018年6月,经理给我打来电话:"映雪,公司人力资源部启动了'激励约束机制升级调整',工作量非常大,咱们这边需要派人去长春支援半年,时间长、任务重。如果派你去,能不能完成任务?"

青春正好,意气风发。当时我二话没说,欣然接受了这项责任重大的任务!撂下电话,简单收拾好行装,出发!

有斗志,才有干劲儿;有干劲儿,才有公司的发展,这是个良性循环!我的任务,就是为激发这份斗志服务。180天,这是"激励

热爱生活的美食家吴映雪

约束机制升级调整"从启动到落地的时间，6个月的忙碌，让我这个南方人甚至忘了欣赏长春的雪景……

项目组进驻到一间临时借用的会议室，编号D302，一张桌子、一台投影仪、5个人，大家最大的特点就是特别能吃苦。升级调整的前期调研，8000多人的基本情况、岗位信息、现有薪酬标准、岗位技术含量等都要摸得一清二楚。调研结束后，要根据每个岗位的技术含量、工作成效等确定硬性考核指标。只有40天，这些工作都得精确完成，我们拿出的方案必须经得起推敲。

要想让别人信服，首先得说服自己。那段时间，人力资源部的办公室，天天都是"华山论剑"。每天晚上，我们"夜战"的标准开头："哎，这个立意不准确啊，如果这么算，恐怕会有人提出不同意见！我觉得还得调整！"从和风细雨，到各抒己见，讨论伴着夜色逐渐热闹起来。

做方案、出考核标准、讨论、推倒重来，我们在往复循环中一个字一个字地推敲、一项数据一项数据地对比，办公室的灯光和午夜时分加餐的方便面成了我们最熟悉也最痛恨的伙伴。

有一次讨论到大家都抓狂的时候，正好赶上李松梅部长来到项目组，她跟大家说："触动利益往往比触及灵魂还难。但我们需要'越是艰险越向前'的韧劲儿。"只有拿出最公平合理的"激励约束机制"，才能把斗志激发出来！我们，是"啃硬骨头"的人……

一轮又一轮的自我否定、自我完善终于结束了。2018年7月12日，"激励约束机制升级调整方案"顺利通过公司第二届职工代表大会第六次会议决议，从现场的掌声里，我听出了员工代表的兴奋和赞同，感受到了大家对分配机制升级调整的热切期望。

太开心了，我决定奖励一下自己！拉上小伙伴儿们，吃一顿长春的"小烧（烤）"！别说，那个味道真是不错！怪不得长春的同事老是说："在东北，没有什么事儿是一顿烧烤解决不了的，如果有，那就两顿！"

其实刚来时，我对东北油腻的饮食还有些畏惧，总觉得要用清水涮涮才能下口，但项目节点的要求严格，压力很大，加上东北美食那种让人抵挡不住的诱惑，不知不觉，我的"佛山胃"好像变成了"东北胃"，本来还算瘦的我，半年时间胖了20斤。不管怎样，只要把工作干好，"催肥"又算得了什么。

7月13日，我们又深入参与到项目的落地执行工作中，办公室晚上的灯光和案头的方便面又回来了。大方向定了，一切似乎容易很多，看来，只要活儿干得好，心情就好，乐在其中，就不会觉得累！伴随着R3系统的需求提报、赋能材料制作、启动会议等，整个公司在升级调整后首次晋升顺利完成，零失误。

来到长春一晃已经有180多天，公司"激励约束机制升级调整"取得了阶段性胜利，雪花飘起的时候，我也该返程了。一起鏖战了6个月的"战友们"伴着雪花欢送我。他们说，这场雪就是为你下的，生怕你这个南方人带着胖了20斤的"工伤"，没看到长春的雪，留下遗憾。

怎么会有遗憾呢？烈日炎炎来，大雪纷飞走，小女子收获满满！

向上的团队一定肩并肩

作者：杨德柱、马杰、马冀瑶

"挥汗播种的人，一定能收获满满。"绩效管理工作成果得到了公司和同事们的认可，我们内心备感欣慰。更重要的是，这一切，是一个向上的团队并肩作战所实现的。

杨德柱：一场同城异地恋

我原本是涂装车间的工程师，那时，我的妻子还是女朋友，她在规划部工作。我俩虽然在一个企业，但见面机会并不多，因为她总是出差。好在出差回来我们就可以团聚，可以一起吃饭，看电影，聊天。我总是抱怨她出差，希望她转到一个不出差的岗位，这样我们就可以天天见面了。

到了2018年，我俩的工作都发生了变化，首先是她几乎不再需要出差了，而我在年底进入了人力资源部，本以为我俩以后可以每天团聚了，但事实却并非我想象的那样。

2018年公司正处于升级调整的关键时期，我们绩效薪酬部门非常重要，而我负责绩效测算，是关键岗位，到岗之后的每一天都是做不完的各种方案、忙不完的各种工作,几乎每天都是晚上9点以后才拖着疲惫的身子回家。虽然加班多,但必须承认,这份工作让我特别充实,学到很多东西,而且特别有成就感。每次完成一个方案,都觉得像打了一场胜仗。

但我和女朋友的爱情却面临考验。那时,我们已经准备结婚,很多人都羡慕我们。然而,自从我进了人力资源部,我俩见面的机会变得更少了。她每天等到我晚上9点下班,这个时候,无论是去吃饭还是去散步,都已经不太合适。一次,她心情不好,提前约我去桂林

作者(杨德柱)

路吃饭,问我能否按时下班,我看了看手头的工作,觉得晚上7点结束应该问题不大。哪想到方案不断调整,又额外增加了一些新的内容,提交方案时已经是晚上9点30分了,我连忙给女友发微信,才发现已经被拉黑,我当然知道这是女友在表达抱怨,赶紧好话哄一哄,女友才破涕为笑。

我俩虽然在同一个企业,但每周大多只能见一次面,就如同异地恋一样。所幸,女友虽然偶尔发发牢骚,但非常通情达理,非常支持我的工作。2019年10月,我们终于领证结婚。领证那天,我狠心请了一天假,上午10点领完证,中午吃完饭后想想人生大事已经完成,下午不能白白浪费,于是又匆匆回到公司,继续快乐又辛苦的旅程。

马杰：这一路并不孤单

作者（马杰）在假期

秋末寒初，长春街头熙熙攘攘，一如十年前那般繁华。十年时光，难以雕刻一座城市的容貌，却能轻易在我心中留下酸甜苦辣咸，让我有幸品味人生的五味瓶。时光荏苒，2019年年底，在销售公司供职9年后，我非常幸运地调到了人力资源部绩效薪酬科。

到人力资源部履职之初，恰逢部门组织2021年绩效指标和2020年度评价工作，我当时对公司核心业务并不熟悉，一时无从下手，急成了热锅上的蚂蚁。"我必须主动参与、主动担当、主动提升HR专业能力！"为了跟上部门同事的工作节奏，我开启了快速充电模式，希望能尽快提升岗位能力。

我是不是部门最努力、最勤奋的那个人呢？后来我才发现，大家为了在工作上精益求精，晚上10点后办公室经常灯火通明。

项目工作是最好的磨炼，在组织与执行2020年一汽-大众绩效目标发布大会时，为了保证各环节顺利进行，由杨德柱、马冀瑶和我三人组成了执行小组，一方面对大会的场景化流程进行反复预演，甚至对入场音乐的遴选、对参会人员配用的翻译耳机等都进行了细节方面的确认；另一方面，针对疫情做了防控应急预案，最终大会取得了不错的效果。

令我难以忘怀的是，2020年8月做绩效评价时，时间特别紧张，而要完成评价需要准备的内容特别多，我与另一位同事主动担当、补位。当完成阶段性工作任务时，我们心有灵犀地击掌庆贺。遇到困难的时候，我们会互相安慰、鼓励。那种无以言表的感觉，不参与其中很难有深刻感受。

"挥汗播种的人，一定能收获满满。"蓦然回首，十年如斯，青涩的自己携着激情与情怀奋斗，在职场上求知进取，这一路我并不孤单！

马冀瑶：菜鸟也能展翅高飞

我本科、硕士专业分别是国际贸易和经济学，毕业后走上一汽-大众人力资源部绩效专员岗。"我聪明好学，勤奋努力，绩效岗位肯定能胜任。"我信誓旦旦地走上了新工作岗位，恰逢公司在推进绩效管理升级调整工作，事情很多，有困难，也有挑战。由于对绩效考

作者（马冀瑶，右二）荣获超级新星

核专业知识体系认知匮乏，我对工作没有任何头绪，这着实让我这只职场菜鸟备受打击。

怎么办？不能"坐以待毙"。为了减少导师传帮带的压力，我开始化被动为主动，积极学习相关知识技能。幸运的是，领导安排我对公司拟网购的绩效管理类课程库进行筛选，有机会观看诸多课程内容，这让我对绩效管理逐步建立起整体认知。

彼时，菜鸟终于可以展翅试飞了。同事开始逐步将一些基础性工作交给我，这让我内心有一些小小的满足，感觉到了自己的价值。我努力完成每一项工作任务，正是点点滴滴日常工作的积累，让我的信心不断增强，对工作逐渐适应起来。

我开始逐步尝试承担多项工作。半年之后，我开始独立承担整个公司的员工绩效评价工作。再后来，工作效率提升了，我也开始尝试各种新的、有挑战性的工作。领导和同事一直在支持着、鼓励着、引导着我，伴我成长，助我进步。历经两年，绩效管理工作成果得到了公司和同事们的认可，我们内心备感喜悦。更为重要的是，这一切，让我感觉不是一个人在战斗，而是一个向上的团队在并肩作战。

怎样当好经理人员的"娘家人"

作者：年永利、彭强

作为很多同事的"娘家人"，我的工作关系到众多人的利益，需要高度的责任感，也需要很强的原则性。

年永利：经理人员的"娘家人"

我2008年进入一汽-大众人力资源部，2017年从一汽集团历练回来后，走上管理岗位的我便遇上一汽-大众的历史变革，在李松梅部长的带领下，不断迭代一汽-大众的人力资源管理体系。

我们明白，如果人力资源工作不慌不忙，数万名员工就会慌乱；如果人力资源工作不扛事，就会坏了公司发展的大事。责任感成了最好的醒脑剂，接下来一个月里，我们吃住在办公室里，靠着每天两三小时的睡眠熬了过来。而这只是开始，接下来的三年，才是真正的"爬大山"。

从刚开始有薪酬绩效的概念，到接连做完绩效升级调整、薪酬升级调整，市场化机制在一汽-大众逐渐深化。这是一个触动利益更触动灵魂的系统性工作，很难一步到位，只能小步快跑。人力资源

作者（年永利，左三）在汽车人力资源峰会上发言

部门拿出方案之后，要经职工代表大会讨论，要和员工做沟通，要和高级经理们层层研讨，还要接受大家拿着放大镜字斟句酌地挑毛病。

刚开始，出于工作需要，核心人才、薪酬绩效和能力发展算是"改革先锋科室"的业务，我都要协助管理。随着一汽-大众人力资源管理体系的逐步完善，如今我主要负责经理人员管理科，我们对接的400多名经理人员，是公司核心关键绩效指标（KPI）的承担者，也是公司的中坚力量。选人用人的流程环节都不能草率，考察、公示、谈话和外访等一个都不能少。

这份工作既考验人力资源管理的制度建设，又考验人力资源服务的情感温度。在原则性问题上，必须铁面无私，按照选人用人的流程，调整一个干部至少要上两次党委会，一次酝酿，一次决策。为满足公司用人需求，我们只能把原来一月一次的党委会，增加至每周一次。而在服务上，我们给自己定下一个规矩：每年必须要与经理人员一对一地复盘，深入一线并建立起充分互信，真正成为他们的"娘家人"。

具体到个人上，每一次岗位调整，我们都要与相关领导沟通，再和经理人员本人沟通。最近一年来，经理岗位的调整量达到50%以上。一年365天，我们只有4个人的团队和200多名经理及相关领导进行了一对一的沟通，真的是拼尽了全力。

有一次大年三十，集团领导需要一份系统数据，由于需要测算和加工分析，过了中午后，我让大家先回家，到了家里再处理收尾工作。没想到交上去后领导对细节不太满意，我们匆忙进行修改，一直忙到晚上七八点钟，街上已经响起鞭炮声，除夕大餐已经端上桌，我们却还在工作状态。

有位家住得比较远的单身同事，嫌上下班一小时车程浪费时间，干脆带了个折叠床，工作完就睡在办公室。负责外派经理工作的彭强，本身工作的沟通量就很大，由于他工作时间更长一些，很多事都要让他牵头；遇上其他同事有事，他也会主动承担；每天回到家，孩子已经睡了，早上走的时候孩子还没醒，常常一周和孩子说不了几句话。

做人力资源管理工作，关系到众多人的利益，需要高度的责任感，也需要很强的原则性。在很多人看来，我们也许是整天冷着一张脸，说每句话都要字斟句酌。其实，我们的工作并非完全刻板严肃，我们的团队成员也懂得苦中作乐。长春的冬天是很冷的，有时候赶上下大雪，深夜加完班的我们，还会招呼大家一起堆个雪人，笑哈哈地合张影。

迎着暴风雪，我们燃烧自我，成就未来。

彭强：从初出茅庐的新人变成经验丰富的老将

2018年年初，我刚转岗到一汽-大众人力资源部，就接到"外派

作者（彭强）

人员管理"的任务。这些年来，伴随公司业务的不断发展，成都、佛山、青岛和天津等分公司陆续建立，外派经理逐渐占据全部经理人员的近1/3，工作中也会遇到各种各样的情况。

有一位外派到青岛的经理，随着公司一纸调令远赴他乡，工作中勤勤恳恳，但由于父母年事已高，身体也不太好，每个周末都自费飞回长春，下个周一又准时出现在青岛分公司。这件事情我是从其他人口中得知的，当亲眼看到那一摞飞机票时，真有种忍不住想流泪的感动。于是，我冲动地向领导汇报，想把他调回长春。

这件事被我推进议程后，领导也察觉到我内心的微妙变化，有一次把我叫了去问道："你做外派经理管理的工作，要不要重新定位一下职责？"

我起初有点不理解领导的问话，一番深谈后，才理解领导的良苦用心。从公司角度考虑，每一纸外派任命背后都有战略考量，随意打乱安排，不仅会使当地业务开展出现困难，还会打破人事原则。哪怕是从外派经理个人角度考虑，在一个地方工作时间过短，频繁调动，也会导致事业发展受限。如果我感情用事，反倒是对外派经理的不负责任。

我这才意识到，自己要学的东西还有很多。以前在生产部门工作，生产目标拆解之后，按部就班推进即可，但在人力资源管理部门工作，和同事、领导之间的沟通扁平化，工作方法灵活的同时又要掌握好原则。

带着新思路，我在帮助外派经理解决日常需求的同时，也开始观察起他们的变化。2018年年底，我去佛山分公司做经理人员服务访谈，当时那批外派经理刚在新岗位上工作半年多，仍处在梳理业务线阶段。大家谈论最多的话题是如何立足本岗，把工作先研究清楚。第二年我再去时，同样一批经理，工作状态已经变得轻松自信，可以在日常管理的基础上，有针对性地做布局调整。

眼见的事实，与公司的论证极为相符。一名经理在一个岗位上，需要工作一两年才会形成初步的想法，工作三四年时对科室的产出量贡献最大。我们将外派经理的回任时间定为三年，是从公司和个人利益角度进行全盘考虑的结果，三年外派，将个人暂时的困难转化成个人事业的契机，将家庭暂时的困难变成家庭未来的幸福基础。

着眼于长期发展、多方共赢的管理和服务，加上兼顾原则性和人情味的执行方式，外派经理们的思想稳定性不断提高，工作积极性也越来越高，而且这种积极性正从经理人员传递到团队中。比如，原来外派到天津涂装车间的王经理，把车间管理得井井有条，团队精神状态十分饱满，仅他一个人就培养出两名新经理；还有一位外派到青岛的刘经理，将员工的改进放在展板上展示出来，激励全员改进，让生产线充满了创新活力。

在这个过程中，我也从人力资源的新人，变成了能胜任多项任务、思虑更周全的"老兵"。从最初只想着做服务，到如今带着全局思维做事，不仅心中对外派经理们有感情，还要在管理制度上有方法。把不同特质的经理人员识别出来，放到公司最需要、最合适的岗位上，外派经理创造业绩的同时获得个人事业的发展。我用真心换真心，才能做合格的外派经理"娘家人"。

把时间用在"刀刃"上

作者：林茵、孟冠男

在我们的队伍中，有才华横溢的窈窕淑女，有留学海外的斜杠青年。我们朝气蓬勃，热情似火，热爱工作。我们都是为了一个信念而努力，为了一个目标而坚持。我们今天洒下青春汗水，来日必将收获丰硕果实。

林茵：学会"时间管理"

我2016年毕业后进入一汽-大众工作，2018年加入人力资源部。2020年新冠肺炎疫情复工后，我们科室开始承担"2020转型变革"工作，任务变得多了起来，总觉得时间不够用，经常突然出现需要及时处理的问题，真是计划没有变化快。

有一个周五，工作进行得比较顺利，心想晚上可以和男友去红旗街改善伙食了。然而，等我整理完材料准备下楼时，电话铃响了起来，有一个紧急的工作要处理。男友发信息说他已经到我们楼下。我告诉他等一下，就再次打开电脑，开始调整材料。逻辑框架要重新修改，新的内容要补充进去，因为涉及全员，文稿要再仔细打磨。

没想到这一打磨就用了将近两小时。等到材料完成,大脑恢复正常,才忽然想起还在楼下等我的男友,一看手机,满屏的小问号"咋样啦?""还去吗?""人呢?"

我赶紧拨出电话,却无法接通,心想糟糕,最近紧急事件频发,一直没约会成功,他天天等我,怕是把他惹生气了。一边想措辞,一边赶下楼,看到车子停在路边。我走过去,趴车窗一看,嘿,人家正在驾驶室里呼呼大睡呢,原来是等我的时候把手机用没电了。一看时间,已经是晚上11点,红旗街是去不成了,回家煮方便面吧。

作者(林茵)

不过,经过几次失约之后,我也逐渐学会了"时间管理",并且总结了几条"心得体会":

一,轻易不要答应和别人约会,因为总是"放别人鸽子"会被拉黑。

二,充分利用外卖,一下班就开始点外卖,到家正好吃上晚饭,节约时间用来睡觉。

三,将锻炼身体融入工作中,比如上下班,或者到其他部门,甚至去打印资料,一路小跑,没准儿还能减肥。

四,生活用品提前记好,去超市按图索骥。大商场就不要去了,万一没抵住逛街的诱惑，费时又费钱。

五，向男友提出建议，可以在车上放本书，等我的时间不要浪费，可以学习提升自己嘛。

总之，在加班的日子，我总结的"心得体会"越来越丰富，虽然辛苦，但很快乐；还有一点让我坚信不疑的是，今天洒下青春汗水，来日必将收获丰硕果实。

孟冠男：机会只给有准备的人

作者（孟冠男）

在加入一汽-大众前，我一直在美国读书，获得一汽-大众的面试邀请时，我有些开心，但也没太在意，因为当时还有其他面试邀请。后来经过一番激烈的思想斗争，我还是决定回到国内，参加了一汽-大众的招聘会。

让我意外的是，和面试官聊得特别投缘，或许是我的轻松心态给面试官留下了良好印象，或许是海外留学经历让面试官印象深刻，我成功入职一汽-大众。到一汽-大众的第一天，主管和经理过来接我，两人都热情真诚地看着我，第一句话是"欢迎你加入一汽-大众"，第二句话是"我们已经期待你很久了"。

那一刻，让我很感动，让我有一种久别之后再归来的熟悉感。后来我很快就领会到主管和经理期待的另一层含义——我们科室承担的"2020转型变革项目"正在立项的关键阶段，特别缺人手。我加入之后，几乎没有过渡，便迅速进入了工作状态。

领导直接给我安排了工作，开始时整理资料，然后迅速让我接手项目。其实，我并不想这么快就加班，但是我发现，我的领导和同事都在加班。当然也确实因为工作任务很重，白天安排了很多工作，晚上还要准备资料，必须承认，这让我有点措手不及。本以为从国外回来工作状态至少会有一个过渡，至少得有个学徒期吧，没想到上班第一周就直接进入状态了。

有一天晚上回家，父亲听完我诉苦，并没有责备我，而是语重心长地对我说："学习可以让你成长，通过工作你可以学习更多知识；领导给你安排高难度工作，是对你的信任，是对你能力的认可；机会永远只给有准备的人。"

父亲说完，我陷入了沉思，短短几个月，我其实已经喜欢上了这家企业，觉得自己的工作特别有价值，人生特别有意义。自己正是朝气蓬勃的时候，我的岗位工作的重要性和含金量远远超过我的预期，既然部门和团队如此信任，我还有什么可抱怨的呢？继续努力就对了！

给制度画个同心圆

作者：唐奇、刘准

> 青岛是一座美丽的城市，甚至可以说是北方最美的城市，能在青岛工作和出差，我感到自己很幸运，即便面对繁重的工作和种种困惑，我对这座城市的爱也不曾削减……

唐奇：想办法"找人""出借设备"

2018年，我刚刚到青岛分公司工作，还没来得及感受大海的壮阔，还没从初来的兴奋中平静下来，第一次开会就被人拍了桌子。

当时，青岛工厂刚刚进入批量生产阶段，开始进行生产爬坡，排班紧张，可是生产线上工人紧缺，眼看着任务不能如期完成，生产负责人情急之下向我们人力资源部拍了桌子。要知道，虽然人力资源部负责招聘，但并没有决定编制的权力，在编制之内，我们已经将人员招满，如果没有编制，招人就是违反规定。

然而，负责人当时并没有听我解释，甩下一句："你是负责人事的，这事就得找你，这个问题必须解决！"

虽然我一肚子委屈，但不能耽误生产。在回来的路上，我暗暗

作者（唐奇，右二）参加青岛分公司30万辆整车下线仪式

发誓，必须解决人员不足这个问题。

但是谈何容易！最大的拦路虎就是无法增加编制，因为编制权并不在人力资源部，跨部门沟通又远水解不了近渴。这几乎是一个无解的问题，在一汽-大众，一切的管理运行必须在公司管理规定的框架内。我只能一次一次掀起头脑风暴，一次一次询问同事和朋友，一次一次查阅公司的规章管理制度……

在经过无数次深度思考后，我终于找到了突破口！原来公司有一定的生产后备人员预留比例，这个后备预留主要是考虑一线工人可能出现的人员流失等情况，这时后备人员就可以迅速顶上。出于成本考虑，平时这个比例从未用足。但现在，这却成为救命稻草，让我可以在不违反公司规定的前提下，迅速补充生产员工。

制度拦路虎解决了，更现实的问题又摆在我面前：目前公司人员缺口较大，只补充几个人或者几十个人根本无济于事；当时并非学校学生实习的窗口期，想从学校找人也不现实；生产需求紧迫，必须短时间内解决问题，如果半年之后人员才到位，那就没有太大意义了。

在想尽种种办法依然看不到光明的时候，我想到了战略合作伙伴——包括山东科技职业技术学院和山东交通职业学院在内的多家合作院校，同我们有长期合作关系，每年暑假或者寒假，都会向我们提供充足的实习生，但当时已经错过了窗口期。

即使只有一丝曙光，我也要尽力争取，于是我硬着头皮，给几所学校的领导打了电话。

所幸，长期的合作让我们和学校建立了深厚友谊，几所学校很快就发动起来帮我们找人，在仅仅一个半月的时间里，在我们最需要的时候，帮助招聘了200名实习生。

这项任务完成后，之前拍桌子的负责人给我发了一条微信："好兄弟，感谢！"

关键时刻，合作院校会给予我们真诚帮助，为了维持双方良好的关系，更好地增进与一些技术学院的合作，我们也经常会向他们提供一些闲置零部件用于教学、实践，这样有助于培养出更符合岗位需求的学生。

但想把一些闲置设备"搬"到学校就不容易了。一汽-大众对资产管理有着非常严格的规定，因此我们申请由财务部、控制部和规划部等相关部门联合成立了一个小组，在不产生国有资产流失的情况下，大家一起讨论如何将设备捐赠给学校。

"捐赠可以吗？""不可以，不符合捐赠要求，无法操作。""那么转让呢？""转让肯定不可以。""出借呢？"这次没有被一口回绝，不过规划部门指出，公司设备曾经借给外委公司生产零部件，但后来设备被外委公司占用，至今没有归还。

"这么说，出借是可以的，就是担心不还？"我眼前一亮。既然借用是可行的，我们现在需要的就是规避其中的风险了。然后大家开始讨论："如果出借不还，我们应该采取什么措施？""如果出借过程中损坏，我们如何处置？""如果机器在使用中伤害他人，责任如何界定？"

等我们将所有漏洞都补好，几个部门终于给我们放行了。我觉得这是件特别有意义的事，因为这些设备、零部件在工厂已经不能发挥应有的价值，对学校却可以起到特别大的作用，而且有利于学生提前实践、掌握必要知识，有利于人才培养。

刘准：一个班长的烦恼

在人力资源部，我算是一个新人，当年从一名车间现场工程师转变为一名HRBP（人力资源业务伙伴）时，很多朋友劝我："你是工科出身，干了这么多年技术，对人力资源管理又不熟悉，去了还得从头再学。"但我想了想，觉得自己对人力资源管理有着探索的兴趣，还是愿意去尝试一下。

到新岗位不久，我就遇到一个难题。当时刚刚接手班长管理业务，车间有一名班长D班长，通过选拔顺利成为技工学徒，这意味着身份转变和待遇提升，本来是件令人开心的事。然而随后出现了一个小意外，按照技工学徒选拔方案，考上技工学徒后，D班长需要调整岗位，不过要调D班长去的这个班组已经有了一个班长，不可能存在两个班长，D班长如果调到这个班做技工学徒，自己的班长职位就要解聘，按照公司规定，就会重新变成"小白"。

但是D班长觉得委屈，因为他现在的班长身份来得并不容易，从车间最初的"小白"开始，由于表现优秀，被列入后备班长候选人名单，

作者（刘准）获得青岛分公司"改进明星"称号

经过努力成为一名后备班长，等到所在班组出现班长空缺时，他才成为一名正式班长。"我觉得这不公平。"D班长委屈地向我诉说。

我从来不会觉得员工上门反馈问题是给自己找麻烦，我觉得这反而是一种自我审视规则合理性的良好途径。因为出身车间，我特别能体会一线员工对自身职业发展的渴望，但同时又要坚守一名HRBP的规矩意识。通过仔细论证后我发现，D班长的诉求是合理的，因为他之前之所以能担任班长，是因为经过层层考核，他已经具备班长的管理能力，不应该再将以前的流程走一遍，再去证明他的能力。意识到这个问题后，我感觉程序或许有一点疏漏，但程序调整并非短时间内可以完成的事，怎么办呢？

通过反复论证，我终于想出一个合理的解决方案，通过人事例会经理集体决策，最终达成一致意见：这名员工还是按照程序文件，不保留后备班长身份，鉴于之前已通过班长平台培训和能力评估环节，在车间再次推荐他为后备班长候选人的前提下，可以省略平台培训和能力评估环节，按照流程进行班长聘任。这样处理，既保证了合规性，又满足了车间及员工的合理诉求。

这件事虽小，但对我触动很大。之前我在车间是规则的执行者，来到人力资源部变成了规则的制定者。好规则能促进组织的高效发展，而不合理的规则会变成组织发展的羁绊。作为HRBP，未来我更应时刻审视自己，做对的事，成为业务部门之间真正的桥梁。

创变之年，风云变幻；变革之路，道阻且长。我身后是一段热泪盈眶的悲喜岁月，身前则是一个辽阔未知的精彩世界，正是因了这未知的精彩，我才踌躇满志，努力让自己成为一名最懂业务的HRBP。

无惧疫情，逆行而上

突如其来的新冠肺炎疫情，
像阴霾一样占据了世界，天地一片昏暗。
但是在我们内心深处，每天都在升起明亮的太阳；
我们也坚定站在第一线，守卫着我们的职责，直到驱散阴霾，大地重现生机。

甘做一枚"缝衣针"

作者：赵艳辉

在岁月跋涉中，每个人都有自己的故事。看淡心境才会开朗，看开心情才会明媚。累时歇一歇，随清风曼舞；急时缓一缓，给自己一个微笑。我们所做的事业并无大小，大事可小做，小事可大做。

2020年2月下旬，春节已过，新冠肺炎疫情正在蔓延，可公司已经开始进入紧张的复工阶段，我也刚从生产管理部转到人力资源部，成为人事战线上的一名"新兵"。上面千条线，人事一根针。企业中直接和人打交道的就是人事工作，简单平凡，却最不容忽视。这份工作既服务于企业决策，又与广大职工的利益息息相关。

新官上任的第一次任务

上任不久，我碰到一个棘手的问题，受疫情影响，原先在公司实习的一批吉林某职业技术学院的学生，无法正常返岗。而这时公司新产品爬坡急需人手，这些学生也很焦急，因为他们在节前已经工作过一段时间，只要实习期满，就有相当大的机会可以转正留在

作者

公司。

对公司来说，这批实习生上手很快，大家对他们的评价很高，也希望他们能尽快返岗工作。同时，在当时的形势下，如果另行招聘也不太现实。公司希望我能与实习院校取得联系，看看能不能安排学生们返厂。刚接到任务时，我以为没什么难度，因为那时吉林省还没有出现疫情病例，心想，既然是对学生有利的事，学校肯定会支持。

然而事情的发展出乎了我们的预料。

"我们也很愿意和一汽-大众这样的企业合作，但是眼下的疫情，让学生返岗，我们学校肯定是不放心的。"新任党委书记出于各种考虑，婉拒了我们提出的请求，这让我很是失望。放下电话，我开始换位思考，觉得被拒绝也很正常。是啊，谁愿意在疫情环境下将那么多的学生放到社会实习，就算学校放心，孩子们的家长能放心吗？

可我的任务是将这批优秀的孩子请回公司，这是对公司生产任务负责，也是对孩子们的前途负责。我随即将公司整套的疫情防控方案，以及交通、住宿等生活细节上可能出现的问题梳理了一遍，具体到学生怎么集合、万一有不舒服我们怎么处理，甚至还满怀诚意地提出可以和学校签署承诺书，保证每个学生的安全。

带着方案我们再一次与合作学校协商，对方对我们周到细致的工作也很感动，可还是不松口，不同意学生返回公司，而公司层面因为新产品爬坡，也嘱咐我务必将这批学生顺利召回，满足复工需求。

可这时我和对方因复工问题依然各执一词，谈判陷入僵局，自己也面临着刚接手的工作就进行不下去的困境。此时，恰好媒体连续播发了政府关于一方面要抓好疫情防控，一方面要做好复工复产的指示，这给了我们工作很大的支持和鼓励，更关键的是《人民日报》刊载了长春一所学校的学生在公司积极参与复工复产的消息，这让我如获至宝。

我再次赶赴那所学校，找到党委书记说："贵校的学生很优秀，我们很感谢贵校一直以来和公司的实习合作，这不仅帮了我们公司忙，也给学校增加了就业机会。眼下正是复工复产的关键时刻，如果贵校学生没法前来，对我们双方都会造成严重的损失。"

学校对我的话很重视，立即开了个工作会，决定允许实习生返工。我长长舒了口气，感到很开心，辛苦多日的工作总算获得了圆满的结果。

如何解决"优化"难题

真心待人，悉心做事，是我们从事这份工作的责任，更是对这份职业的尊重。2020年4月，公司开启了各部门的转型变革，机构精简，效率提升。其中，财务体系升级调整涉及公司财务与控制体系的机构及人员配置改革。我们按事先制订的方案和细则有条不紊地对涉及人员进行优化配置，需要增员的，我们主动将合适的人员配置好；需要减员的，我们就综合考虑，妥善安置。

这期间，我和每个被调整岗位的人员聊天，尽可能获得更多信息，以便帮助他们找到合适的岗位。这样的工作不难，难就难在要认真了解每个调岗人员的情况，尽量保证每个被调岗人员的权益。得益于各级部门的配合，这次财务体系升级调整项目中的人员安排工作进行得很顺利，得到公司上下一致认可，而我通过工作也交了很多朋友。

有人说，做人事工作就得铁面无私，冷酷无情。可我不这么认为，我觉得每个人都是公司的财富，当个人遇到困难时，公司也应伸出援手给予帮助。一汽-大众是一个有着几万名员工的大型企业，我们从事人力资源管理工作的员工并不多，每个人都在负责人数众多的员工人事工作。正因为我们的工作涉及公司每位员工的权益，我更深感责任重大，不仅要善于观察和发现问题，懂得将优秀的人才引入合适的岗位，懂得将不同部门的需求串联起来全局思考，更要学会站在他人的角度去思考，以严谨细致的工作态度和高效专业的工作方式赢得对方的理解和尊重。

在岁月跋涉中，每个人都有自己的故事。看淡心境才会开朗，看开心情才会明媚。累时歇一歇，随清风曼舞；急时缓一缓，给自己一个微笑。我们所做的事业并无大小，大事可小做，小事可大做。我更愿意一点一滴从小事做起，甘做一枚为企业和员工服务的"缝衣针"。

说走就走的逆行支援

作者：黄嘉明

疫情让我们更加珍视自己的生命，携手度过每一个难关。从这一天开始，我们仿佛看到了胜利的曙光。

新冠肺炎疫情重塑了全球经济和我们的日常生活……它如涟漪般扩散，对未来的不确定性笼罩着我们，在如此大环境下，所有人被迫站到同一条起跑线上。曾经匆忙的步伐慢了下来，人们变成了海洋上的一座座孤岛，而如何连接这些孤岛，成为我此时面临的最大挑战。

迎接600人的复工挑战

从公司回家的路我走了很多年，却从未像今天这般五味杂陈。这是新冠肺炎疫情暴发后的第10天，路上几乎没有什么人，私家车也少得可怜，偶尔能遇到一两个人，都戴着口罩和护目镜。

走在路上，脑海中又浮现出会议上的情景。一汽集团各分公司的人事负责人坐在会议室的各个角落，疫情下，大家自觉保持着

作者和脱口秀冠军聊数字化人才

安全距离，讨论着大学生公寓的防控工作。我们的大学生公寓有着5000人的容量，入住人员来自一汽集团各子公司。其中一汽-大众的同事有640余人，如何保证这部分人员按时有序地从家乡返回、完成隔离、安全返岗是接下来要面对的最大难题。

果然，疫情之下，所有事情都变得更加复杂。在我看来，600余人的复工、隔离、返岗工作，面临着两个问题：一是由于各地政策和交通条件不同，大家返回的时间各不相同，如何分配和调度有限的隔离房间资源是一个难题；二是在这个特殊时期，如何保证同事们的心态稳定问题。

好在如此艰巨的任务，不只是我一个人面对。当我在工作群里发布这个任务时，得到了同事们的积极响应，大家都想为这次返工疫情防控出一分力。最终，我挑选出20位志愿者，大家分工协作，研究方案，查漏补缺，与每一名员工建立联系，制订出详细到个人的返回时间和隔离方案，联系公司附近的优质酒店作为补充隔离场所，在流程上做到严丝合缝。还通过提前考虑隔离期间的文化、生活、工作安排，保证这640余人的精神生活丰富有趣。终于，一切准备妥当，我们正式迎接挑战。

逆向支援零部件工厂

本以为一睁眼就是工作的日子可以暂停几天，结果第二项任务又朝我走来：接到通知，温州一个零部件供应商受疫情影响，员工返工困难，导致零部件供应不足，这将连带影响我们近10万辆汽车的产能。

收到反馈后，我们在24小时内召开了3次紧急会议，最终决定：逆向支援！对车企而言，零部件是关键，如果没有零部件，一切都是空谈！

得出结论后，我们也领到了任务——90小时内，佛山工厂人员集合到位，前去支援温州某零部件工厂。接下来，我们便开启了"on call 90h"的工作之旅。与大学生公寓任务不同，对人力资源部门来说，这项任务的难点在于我们要为支援温州的佛山同事提供绝对的安全保障，但我们对温州当地的疫情防控政策并不熟悉。

因此在这90小时里，我们将精力和重点放在与供应商评审人员防疫方案上，毕竟支援同事的人身安全也是重中之重。即便只有一个月的支援时间，我们也要让整个过程严丝合缝。

就这样，一次次的碰撞下，我们终于敲定了方案。我们用合同条款去要求供应商，合同的核心便是保证员工安全，监督供应商把疫情防控做到极致。毕竟只有保证绝对的人身安全，才能放心地让员工前去支援。

疫情让我们更加珍视自己的生命，携手度过每一个难关。从这一天开始，我们仿佛看到了胜利的曙光。就像年初还被阴霾笼罩的长春，如今已经有了小商贩的叫卖声。在去公司的那条路上，我如愿闻到了熟悉的新出锅的豆浆的清香……

万能又暖心的外事"官方群"

作者：张华风

"亲爱的外事协调科的同事们，今晚，我非常高兴和迪亚德先生与你们共进晚餐。我和迪亚德先生要向你们说一声谢谢，感谢你们在对抗新冠肺炎疫情过程中为外籍员工和他们的家属所付出的艰辛和努力。"初秋的夜晚，美丽的南湖之滨，一汽-大众第一副总经理施安德博士热情洋溢地致着祝酒词。随后，他和技术副总经理迪亚德先生共同举起酒杯，将外籍员工和他们的家属发自内心的谢意传达给外事协调科这个团队。

这是一汽-大众成立30年来第一次由两位外方老总同时特别宴请外事协调科，原因只有一个：在抗疫复工的工作中，外事协调科的同事们付出了诸多努力，为公司的全体外籍员工提供了最为周到、及时且细致的服务和协调工作，这是对外事协调科在抗疫复工期间近3个月工作的充分认可和肯定。

作者

14小时的紧急任务

2020年1月,抗击新冠肺炎疫情的战役打响,外事协调科迅速做出反应,需要立刻和所有外方员工取得联系,计划在大年初二连夜建立一个包含350余名外方员工的微信群——EC(外事协调科)官方信息发布群,及时发布国内最新的疫情防控信息、自我保护常识,准确了解外方员工的返程信息,确保不因疫情打乱春节假期后的生产节奏。

当时正值春节,回国休假的外籍人员遍布世界各地。要在这么短的时间内和350多名不同时区、不同国家的外方员工取得联系、了解每个人的具体情况并加入到微信群里,难度极大。外事协调科总共十几个人,大家在最短的时间内分好工后就开动起来。在2020年1月26日午夜前我们必须完成这项任务。只有14小时,看着钟表的指针跳动，我们感受到的是急迫和紧张。

在大家的共同努力下，进群人数不断增加，当天下午6点，进群人数已经超过200人；晚上8点，进群人数接近280人；当天晚上10点，还差最后12人；当天晚上11点多，所有外方人员全部联系完毕并进群。不到14小时，我们成功了！

一个个不眠不休的夜晚

每天，随着红日初升，群里的外籍人员开始关注各种信息，提出各种问题。而此时，外事协调科的一些同事已经一夜未眠。虽然他们不能欣赏太平洋的蓝天碧水，不能静卧在大洋洲的温暖沙滩上，亦不能纵情在阿尔卑斯山的滑雪场中，但他们必须同时经历着亚洲时间、大洋洲时间和欧洲时间。每当朝阳升起，对他们来说都意味着新的工作刚刚开始。

各种关于疫情防控的信息纷至沓来，我们要做的就是保证350多位遍布世界各地的外方同事能获取第一手的权威信息，随时回答他们关于中国疫情防控的问题，EC群就是中心点，紧紧联系着四面八方。

可能是晚上10点，群里有人问，我要返回佛山工厂了，当地的情况怎么样？

可能是凌晨1点，群里有人问，我要回长春了，温度如何？该怎么做个人防护？

可能是凌晨3点，群里有人问，中国的最新疫情统计数据发布没有？什么时候更新？

对每一个问题，大家不仅要第一时间回复，还必须保证精准。一旦发布的消息不准确，出现"信息撤回"的情况，就可能会对外方员工的心态产生不良影响。为做到准确无误，外事协调科的同事们分工协作，有人负责新闻信息收集，有人负责数据更新传送……所有信息都要确保真实、准确无误后再发布到群里。

这样的紧张工作一直在持续中，连续的工作让大家无法正常休息，为了能让外事协调科团队能有一个短暂的缓冲，公司第一副总经理施安德博士亲自在微信群中向所有外籍员工喊话："外事协调科团队已经做出了出色的贡献，请在未来的时间里控制提问，让他们睡上几个小时。"

继续迎接新的挑战

寒冬渐远，春回大地。

随着全国抗疫取得阶段性胜利，大部分地区的生活逐渐走上正轨。尽管人们依然戴着口罩，但轻松喜悦的神色早已展露在眼角眉梢。然而，外事协调科仍然不能有一丝松懈。2020年3月26日，中国突然宣布：鉴于新冠肺炎疫情在全球范围快速蔓延，中方决定自2020年3月28日0时起，暂时停止外国人持目前有效来华签证和居留许可入境。

这意味着什么？意味着无论是外籍员工还是他们的家属，如果尚未从境外返回中国，就只能滞留在外！何时返回？无人能知。家人必须就此分居，夫妻不能团圆，父母子女不能相聚，境外的员工回不到中国工作，新员工必须推迟上任……与此同时，在中国的外籍人员也不能回到自己的国家，因为去时容易回时难。外方员工开始出现焦虑情绪，一系列问题摆在了外事协调科面前，又一轮考验开始了。

外事协调科没有慌张，徐寿祥经理开始排兵布阵。首先，我们必须以国家利益为重，严格执行国家规定。其次，我们希望与吉林省政府充分沟通，根据国家对急需人才的政策，在允许范围内为外籍员工逐步发放邀请函，使他们重新获得有效签证。另一方面，思想工作非常重要，我们要做好心理疏导工作，继续坚持跟滞留在外的人员保持密切沟通，并不断将最新的官方信息和公司的抗疫政策翻译后通过微信群和电子邮件发给他们。经过大家的不懈努力，外方员工及他们的家属逐步返回中国。随着他们一起返回中国的，是他们带给外事协调科的鲜花、掌声和真挚的感谢！

国内的抗疫工作已经取得阶段性胜利，而国外的疫情正在肆虐。冰山依然阻挡在外事协调科的面前，前进的道路依然布满荆棘。然而，透过冰山是中德合作的笑脸；踏过荆棘，是公司挺进顶峰的豪情！

没有外交官身份的"外交官"

作者：郭超

　　或许，每个人的真正价值就在我们扮演的角色中。再小的角色，只要用心，也能给人带去温暖和希望。

　　"最后一批外籍员工和家属已经登机，感谢大家这段时间的辛苦和努力！"看到科室工作群里发出这条信息后，我长长舒了口气，心里的大石头彻底落了地。三个月的时间，我每天都期待这一胜利时刻的到来。看着群里外籍员工发来的图片和感谢的话，我也由衷地感到骄傲和自豪。

过了一个"战斗年"

　　2020年大年初二的一大早，外事协调科的工作群开始密集地发出信息，大家开了个紧急碰头会，内容就是为了更及时地掌握外籍员工现状以及返程计划，科里搭建了一个外事协调科群平台（EC群），希望在当天午夜前联系上身在海外的300多名外籍员工，并让他们入群。

作者（后排右一）与外事协调科同事合影

夜里11点左右，工作群发来胜利的消息，所有外籍员工全部通知到位，并顺利进入新建的EC群。但此时，我们的工作才刚刚开始！

EC群建立后，成为我们对外发布信息的窗口，每一条信息都牵动着350多位外籍员工的情绪。为保证信息准确无误，我们每天分工进行不同数据信息的采编工作，然后交科里审核发布。

家里人开玩笑说，我过的是个"战斗年"，春节里的每一天不是开各种线上会，就是埋头做各种方案，一天都没休息过。值得欣慰的是，我们这个EC群成为外籍员工最信赖的关于新冠肺炎疫情防控的信息渠道，他们甚至还借助我们群里的消息，帮我们在国外进行疫情防控方面的辟谣和宣传。

出于对中国强有力的疫情防控措施的信心，正月十五刚过，部分外籍员工陆续返回中国。事先我们已经做了充分的预案，将一份写有详细告知内容的表格通过EC群发给大家，里面不仅有提醒他们返程时该注意的事项及自我防护措施，还有提示大家下飞机后接受隔离的注意事项。

当时，还有部分外籍员工出于各种考虑并没有回到中国的计划，可能他们对中国疫情防控还抱有一些怀疑态度，想等等看。不管怎么说，我们周到细致的工作还是让大部分外籍员工在3月中旬顺利回到了中国，大家紧绷的神经终于得以放松，感觉只要按照之前的预案做，再熬一段时间，就能顺利完成任务。

让人意想不到的是，由于疫情在国外突然大规模暴发，我国政府做出自2020年3月28日0时起暂时停止外国人持目前有效来华签证和居留许可入境的决定。那些还滞留在国外的外籍员工懵了，我们也懵了，这意味着还没回来的外籍员工返回国内工作岗位的时间可能遥遥无期，而他们和我方经手的项目，也要无限期延迟或暂停，这导致的损失将无法估量。

在这种情况下，集团领导和政府部门紧急磋商，重点讨论如何安全稳妥地将这些外籍员工接回中国，同时也将此事汇报给了有关部门。最后，在国家商务部等部门的高度重视和关心下，决定在保证绝对安全的情况下，根据国家对急需人才的政策，在允许范围内由吉林省商务厅为外籍员工签发一份PU邀请函，为尚滞留在国外的他们开辟一条工作绿色通道，而我们又将迎来一轮新的工作挑战。

带去希望的工作

"郭超，给这些人发放工作邀请函的任务交给你了，要确保他们每个人都能顺利回到国内的工作岗位！"领导找到我说。我原本就是负责各个工作层面邀请函的确认和发放工作的，因此发放PU邀请函的工作很自然地落在我的肩上。

老实说，我那时整日压力山大，这项任务远比之前打电话要复杂。尽管我曾代表集团参与过工作邀请函一事的策划和拟定工作，但实际碰到的问题远比预估的要多得多。

最大的麻烦是，由于国外的疫情在3月也逐渐开始蔓延，许多来华航班已经停航，即便是拿到我们工作邀请函的外籍员工，没有航班也根本没法返回中国。

有外籍员工给我发消息，请我想想办法帮他们尽快回到中国。我只能苦笑，他们身处不同的国家，很多国家来华航班已经无限期停航。万幸的是，德国大众集团在得知该情况后，主动提出以包机的形式分批将集团所需的外籍员工送到中国，排除了困扰我们的难题。

没想到，曾经还打算等等看的一些外籍员工，眼看国外的疫情越来越严重，而中国的疫情已经趋于稳定，不仅迅速提出自己返回中国的请求，还纷纷提出希望能将家人一起带到中国。

看到这些请求后，我的内心涌起一份自豪，我国在疫情防控上所做的努力有目共睹，让外国人也不得不心服口服。面对他们的请求，我心里也很理解，毕竟这些外籍员工千里迢迢来到中国工作，一待就是一年半载，与家人长时间分居，实在很不容易。

可这样的情况又很特殊，我只能硬着头皮将这些情况一次又一次上报，光报告就写了100多份，还得是一人一申请，每人都是厚厚一叠材料。在大家一起努力下，考虑到这些外籍员工的工作热情，经过几轮申请和协商，有关部门终于批准了部分外籍员工家属随机一起来中国的申请。

截至2020年10月，我共计申请了8批邀请函，办理了300余份邀请函，相关部门的门槛都快被我踏破了。就在我以为事情得到妥善解决时，却忽然发现，事情没我想得那么简单。很多外籍员工的家属实际上并不和他们在同一个国家，而是分散在世界各地，如南非、巴西、印度和波兰等国家，我必须和他们所在的国家使馆进行协商和沟通，才能让他们顺利入境。

没有外交官身份的"外交官"

克服了时间上的不便，我和德国、法国、西班牙、波兰、南非和加拿大等国家的使馆进行了多次沟通，各类电子邮件、证明和信件数不胜数。

几十个日日夜夜，我几乎每天从一睁眼开始，不是打电话就是写各类报告，生理和心理的压力在当时都达到了极限，心里想的只有尽快帮助还在国外的外籍员工和家属能早点来到中国。

和那些中国驻外使领馆大使、工作人员交涉时，难免遇到一些质疑和争论。即便我展示了那些提出申请来中国的外籍员工和家属的请求信，他们还是从中国疫情防控的角度，不希望这些外国人前往中国。

我们将公司及部门制订的外籍人员来华疫情防控方案提交给他们，也提出了我们需要他们返华的迫切需求，并向他们证明，我们即将有德国至中国的包机，保证做好疫情防控工作。同时，在我反复沟通下，这些大使终于说出"OK！"那一刻，我真的感觉十分高兴，感觉自己不止是个外事协调科的普通员工，更是一名代表公司的"外交官"。

截至2020年9月，我们差不多通过9批包机共接回150余人，其中90%都是经我手拿到工作邀请函的。目前他们都已顺利回到各自的工作岗位上或项目中，就连他们滞留在其他国家的家属也都来到了中国团聚。

事后，许多回来的外籍员工以各种形式来我们外事协调科表示感谢。有位外籍员工就认真告诉我说，当他得知自己国家的疫情迅速蔓延，又没有来华航班后，心里很绝望，是我的工作给他和家人带来了希望。还有位回到中国的外籍员工，可能看到了我和同事们因来不及吃饭而买的一包包方便面，以为我们都喜欢吃方便面，郑重其事地买了许多方便面装在一个精致的果篮里，送给我们表示感谢。

我们虽然有些哭笑不得，但心里却很温暖。我们知道，他是在感谢外事协调科在疫情中为所有外籍员工和家属的付出和努力。或许，每个人的真正价值就在我们扮演的角色中。再小的角色，只要用心，也能给人带去温暖和希望。

享受历练的乐趣

作者：黎金荣

4月的长春乍暖还寒，10月的佛山桂花飘香，从佛山到长春3000公里的飞行距离，6个月时间里我8次往返，机场高速两旁景致的不断变化见证着我匆匆的行程，这是我成长最快的半年，收获最大的180天。

"金荣，现在公司在做职级项目，你能来帮忙吗？大概需要半年，而且会很辛苦。"年永利部长的声音从电话里传来，我没有过多思索就答应了，我知道这是公司对我的信任。

得知我要出差半年时，妻子反应很强烈，之前我虽然也有出差的时候，但从未离开过半年时间，她觉得，半年时间家里一下没了主心骨，生活平衡要被打破；尤其在新冠肺炎疫情期间，她更是担心我的安全。不过在我

作者

耐心解释这项任务对公司的重要性之后，妻子的态度有了缓和，我指着日历跟她说，差不多一个月左右就能回来一趟，就当成持续的短期出差吧。最后妻子终于同意，母亲也过来帮忙照顾孩子，家人的支持成了我到北国春城工作的动力。

从南到北

说服妻子的过程，其实也是我思考的过程。从个人角度来说，助力一汽-大众这种大型企业开展如此规模的复杂升级调整，显然是很多职场人一辈子都难得一遇的机会。我在佛山分公司只负责其中一个板块，思考问题还是很有局限性的，而在这个项目中，要站在整个公司的角度去思考，视野必然随之拓宽。

此外，工作中需要大量横向沟通，28个部门都会涉及，也能为后续工作打下很好的基础。作为升级调整的亲历者和推动者，参与到这个项目中收获一定非常大。更何况升级调整项目涉及公司3万余人，产业链上更多的人都可能因我们的努力而获益，这种成就感想想都让人激动。

想到这里，带着对家人的牵挂，我毅然从佛山来到长春。

2020的特殊记忆

来到长春总部后的每一天，我都在研讨、准备材料和做汇报的循环中往复，工作的复杂程度有点超乎想象，一次和工长的"闭门会议"让我记忆犹新。

由于项目还在闭门研讨阶段，会议之前我们并没有把会议具体内容透露给工长，他们以为只是普通的人事宣讲。会议刚开始，听到要为每个岗位打分评级时，一部分工长表现出了抗拒。在框架内，他们的权力似乎变大了，但需要面对的压力也增大了。如果得不到工长们的认可，新制度就很难推行下去。随着我们对改革远景的阐述和对实施细节的介绍，慢慢地，工长们接受了变化。打分评级都有标准，一方面压缩了权力寻租的空间，一方面让工长不必担心得罪人。在新体系下，给好员工高激励、给懈怠的员工以警示，也符合他们的管理预期。有了这种认同，后续的调研就顺利多了。

项目不断推进，我们身上的衣服从厚厚的大衣变成了短袖T恤。领导的鼓励、同事的支持和初春时节北方凛冽干燥的空气，让我始终保持着高效，度过最初的瓶颈期后，便开始负责项目中的一个模块，实现自我价值的成就感不断激励着我前行。

每当晚上和妻子视频聊起当天的工作时，她都开玩笑说，这是只有"工作狂"才会享受的乐趣。而我这个"工作狂"最终还是要回到佛山，而这段支援经历，必将成为我职业生涯中一笔最可珍视的财富。

有一分热就发一分光

作者：王蕊、秦海鹏、刘宇飞

推送完我也下了班，到家一看，公司员工们的留言已经填满后台，这是我收到过的最好的新年祝福。曾经被大家认为只用来下发通知的HR服务号，如今正汇聚起"家"的温暖。然而我明白，这本就是一汽-大众的底色，一个能让年轻人获得成长、值得为之奋斗的大家庭。

王蕊：一封家书

我是一个离了地图哪儿都去不了的路痴女孩，不像同龄人那样热衷网络游戏、短视频和二次元，我更欢读书学习，最多也就看看综艺，用同学的话说是"上学上得呆呆的小孩"。但偏偏就是这样的我，接到了公司HR服务号的运营任务，一项重要但不是很紧急的事、一项需要长期投入的任务。

第一篇推送的文章（以下简称推文），是关于在公司内部开展人员招聘的通知，我需要用H5的形式将它简明易懂地传播给全体员工。但我从来没接触过这些，没有设计基础，不会用制作工具。

看看同事们忙到顾不上吃饭的状态，我下决心攻克这个难关。从网上搜索教程、找模板，再一步步优化素材，十几页的推文整整做了一天时间。

在我推送出去后，心里特别忐忑，毕竟是发到全体员工面前，容不得疏漏。没曾想刚发出去10分钟，点击量就突破了2000。随后同一主题的三篇推文，合计阅读量近10万人次，好评如潮，这下我心里的石头总算落了地。

更让我开心的是，公司帮我们报了一个叫"产品经理"的网课。三个月的时间里，帮我系统学习了产品运营知识，使我从运营"小白"慢慢蜕变。

为确保员工及时看到新政策，遇到紧急事件时，对推送时间的要求很严格。新冠肺炎疫情期间，很多处于居家隔离状态的员工无法到达工位，公司推出了员工居家办公规范、居家考勤等政策，但下达拟定文件的任务时已经是晚上。23:40左右，绩效薪酬科同事打来电话，叮嘱我先别睡，等到凌晨1点左右他们把PPT发来，我的工作才正式开始。

看起来只是推送一篇文章，但由于将PPT变成长图后，格式会有错位，我需要和科室同事一起重新调整为符合服务号的版式。不能等到第二天，否则会导致员工到上班时间后无所适从，越晚看到就越焦虑。版式调到将近凌晨两点，推文终于发了出去。本来我以为这只是很小的事，结果第二天绩效薪酬科经理特意在微信群里表扬了我，心里还是有些成就感的。

入职一汽-大众后，我从一名"小白"成长为一名不畏惧、擅学习、够勇敢的职场人。我开始留意热点信息，看到好看的图片就随手把它收藏起来，留着以后做服务号推文的背景或封面。阅历和知识的丰富，让我日益健谈，也开始和大家分享有趣的见闻。

除夕的前一天,HR服务号照例给全公司员工送上新年祝福。并不擅长表达的我,写起给全公司的"一封家书"时却格外有感觉:

"亲爱的家人:

久不通函,至以为念

和家人团圆的日子马上到了

此刻的您……"

推送完我也下了班,到家一看,公司员工们的留言已经填满后台,这是我收到过的最好的新年祝福。曾经被大家认为只用来下发通知的HR服务号,如今正汇聚起"家"的温暖。然而我明白,这本就是一汽-大众的底色,一个能让年轻人获得成长、值得为之奋斗的大家庭。

秦海鹏:小事也有大责任

我2012年进入一汽-大众,在做了7年焊装规划工作后,2019年转岗进入人力资源部。刚来时,人力资源管理繁杂的工作让我有些不适应,而作为一名东北人,骨子里的直爽帮了大忙。两三分钟一个电话,太含蓄根本处理不完,简单直接地把话说开,事情反倒容易办成。半年后,我的工作状态越来越好,但没想到又赶上了新冠肺炎疫情,一切又都乱了。

作为第一批启动复产的企业,我们外地员工回长春的路"崎岖不平"。为确认情况,我从早到晚地打电话,逐个了解员工信息。光是需要提交给外地相关部门的复产证明信,我们就打印了几千份。但大家到长春后,由于员工宿舍已被征用,只能住在隔离酒店远程办公,可又没有办公电脑!

公司的办公电脑需要登录内部系统,设有重重验证,如果大家不能拿到办公电脑，复工复产就是空谈。情急之下，任务交给了我们部门。办公电脑作为贵重且涉密的个人办公用品，不仅需求数量多，还横跨多个部门，情况非常复杂，取送任务十分艰巨。为确保万无一失，领导指示先做流程。

看似是件小事，实际要面对被隔离员工、员工所在部门、安保部、公寓四个环节，每个环节都要知道自己该做什么、如何和上下游对接。首要原则是安全，既要保证传递人员的安全，也要保证办公电脑的安全。前者，通过传递过程采用非接触方式传递，中间环节对办公电脑进行两次消毒；后者，在公寓将办公电脑发放给员工后，员工向临时党支部反馈，形成闭环。

在领导统一部署下，2020年4月3日下午，临时党支部书记统计完信息，21点确认流程，24点确定各部门取办公电脑人员；4日8时实施阶段，各部门负责人严阵以待，守着电话，秒接听，快答复，简洁沟通，高效合作。在严格的流程保障下，最终办公电脑准确地分配到每一位员工手中。

后来又一项任务落到我们科室：安排人同政府工作人员一起去沃伦酒店值班。作为联络人，要在一线了解员工隔离期间的动向，处理紧急事务。由于我们科室很多人都在统计大学生防疫信息，我向领导主动请缨。当时并没有意识到这件事有多么严重，第一天晚上8点要走时，同在值班的一名政府工作人员问我去哪儿住？我说回家住，跟老婆孩子。

他非常惊讶地说，这样的情况还回家住？原来疫情暴发之后他就不再回家住了，自己住在一套空房子里。那时我才意识到，这件"小"事不仅仅是我一个人的事，还会影响到家人。但我也没有别的去处，只好硬着头皮回家，给自己喷了一身酒精，进门前把外衣装进袋子里，开门后就快速去洗澡。

领导打电话了解了第一天的值班情况后，让我第二天按原计划休息，换其他同事去。我心想，总共就三天，每天换一个人要让三个同事和他们的家庭冒风险。于是我跟领导说，我已经值过班了，后面两天还是让我来吧。

要说没有一点后怕那是假的，但我认为，不管大事小事，每个人都有自己的责任，只有担起自己那份责任，才能不给别人添麻烦。作为年轻人，不要总想着干什么大事，有一分热就发一分光，这就是最好的成长。

刘宇飞：拼，就会有收获

"大学生公寓住了多少人？""643人，来自省外的有494人。"听到刘子建说出这些数字，我不禁倒吸一口凉气。由于新冠肺炎疫情管控措施升级，一汽-大众大学生公寓的管理责任变得十分重大。包括刘子建在内，众多同事都投入到这项工作中，我作为汇总者，对接20多个接口，过了11天"战争状态"的生活。

但说实话，我并没觉得难以承受，因为这几年一直处于紧张的工作状态。比如前几年开始的"三支柱转型"，转型后我们需要面对第一负责人，主动发现问题并解决问题，这就需要我们协调整个人力资源部，像产品经理一样为部门提供方案。

这样的改变无疑对大家的综合知识提出了考验。HR只有懂得包括人力资源在内的各个部门的专业知识，才能准确捕捉痛点，并扮演"桥梁"角色，高效快速地协调资源，解决部门难题，提升公司运营水平。虽然同事们学习热情很高，但自学很难入门，靠传统培训效率又比较低，并且个体进步难以促成团队能力的进步，这让我萌生了自己搞内训的想法。

作者（刘宇飞）

其实这并不是工作要求，也不会给我们的绩效带来什么影响，但出于顺应公司发展、提升自我能力的想法，大家都愿意参与进来。为了厘清内训的知识点，我们梳理了未来机构的流程图，包括员工培训、激励政策和绩效管理等方面，全部梳理后才发现，竟然有140个之多。

可我们还面临几个难关，首先是个人专业知识掌握的程度不同，我们无法用大课形式统一进度；其次是由于日常工作任务繁重，大家能利用的只有一些碎片化时间，以及周末甚至加完班后的休息时间。想了多种方案后，在"六度空间"理论的启发下，我们最终决定用教学裂变的方式来组织内训。

将流程图跟相关专业的同事对接、确认之后，大家开始与讲师沟通，各个专业科室的导师每个人承担一个领域的工作，一对一教完之后，学员再变成导师，继续向其他人传授。这个方法一下解决了好几个问题，学习时间和个性化需求得到保障，学员到导师的身份变化也使大家能不断强化学习效果。1变2，2变4，4变8……大家自发、自愿地做一件工作，几乎人人都参与其中，为部门转型提供了有力支撑。

通过内训这件事可以看出，无论多么繁重的工作，同事们都满怀积极向上的热情，为个人的成长和公司的发展而拼尽全力。在一汽-大众工作，每天都是忙忙碌碌，不断挑战极限，这说明每个人都在不断进步。

"小白"也有大智慧

作者：刘乾、李雪琪

"只问耕耘，不问收获；无论结果，全力以赴"，这16个字成为动力源。虽然希望渺茫，但我们一定努力争取，不能留下遗憾。

刘乾：A计划失败，还有B计划！

"不要回来！"我在登上火车之前，收到父亲的一条微信，这让我瞬间想到《三体》蓝色空间号返回地球之前收到的警报，心情突然紧张起来，直到收到第二条微信："如果回来，坐火车一定戴上口罩！"我才稍微放松。途中，父亲又提醒了6次。

2020年，临近农历新年，我终于能结束一年繁忙的工作准备回家过年。腊月二十八，我在审核了年后实习生返津计划没有问题后，关上电脑，踏上归家之路。当我走出邯郸火车站时，看到4名医务人员穿着防护服，拿着测温仪，正逐个检测到站旅客的体温。形势骤然紧张，让我产生了一丝不祥之感。

1月23日，武汉新冠肺炎疫情防控指挥部关闭离汉通道。我瞬间想到，年后我要负责协调几百名实习生返津，疫情防控等级的提

作者（刘乾）在晋中职院宣讲

高很可能对协调工作产生影响。担忧很快变成现实，不久，我便收到第一条微信："刘乾，天津实习生什么时候返津？风险大吗？"天津工厂李经理的微信，让我迅速从春节休假状态切换到紧张的工作状态。

根据天津分公司生产需要，我的任务是协调实习生到工厂报到。这批实习生总共879名，来自全国5个省市，他们能否按期返津，直接关系到天津分公司能否按时复工。879名实习生来自16所合作院校，每个省的教育厅都出台了不同的开学和实习政策，在此基础上，各个合作院校又制定了更严厉的管控措施。

"我们怎么办？"在工作会议上，大家一筹莫展。

"只问耕耘，不问收获；无论结果，全力以赴"，这16个字成为动力源。虽然希望渺茫，但我们一定努力争取，不能留下遗憾。团队很快制订了任务计划书，第一步，了解各省市关于学生实习的政策，摸清各合作院校对实习的态度。

我拨出第一个电话,仅仅响了两声就接通了:"侯院长,我们公司计划2月下旬复工,咱们的实习生能按期返回天津吗?""小刘,目前学生能否外出实习需要等省教育厅的进一步通知。有消息的话我会及时告诉你。"

"王主任,我们天津工厂2月复工,工学院的实习生可以到岗吗?""对不起,目前开学日期都没确定,实习生问题也无法确定。"

"李处长,公司即将复工,学校的实习生可以按时来天津吧?""小刘,学院研究决定,取消2020年上半年所有实习项目,禁止在校学生外出实习。"

打完第5个电话后,希望的火苗逐渐熄灭,5所合作院校都明确禁止实习生外出实习。尤其令人担忧的是,879名实习生中有超过600名来自这5所合作院校,有超过400名实习生来自其中一所院校。

但我并没有气馁,一切都在预料之中,A计划失败,我们还有B计划。

1月26日,B计划正式实施,我们开始直接了解实习生本人的状态,包括目前居住地在哪儿、是否具备返津条件、是否有返津意愿,等等,一份调查问卷通过各合作院校的指导老师面向每一名实习生发了出去。

我们通过种种方式联系实习生填写,经过一天的等待,我收到了630份回复,虽然还差200余份,但已经超过了我的预期。然后我需要将630份问卷统计到一张报表上,630行数据,涉及几千条信息。修改完成后,已是深夜,我迅速汇报给领导,我与领导的对话十分简短,直奔主题:"有多少人可以回来?""乐观估计,大约有700名实习生。""保守估计呢?""374人。"

随着疫情的蔓延,各地防控政策收紧,1月28日,确定返津实习生人数变成了106，我们的B计划也遭遇重大挫折。但我们本来就是背水一战，我们仍然信心十足，很快又想到新办法："我们应当知道学校、学生甚至家长在担忧什么，我们应该努力帮他们排解忧虑，因此，需要制订一套完善的实习生返津防疫工作方案，让愿意返津的实习生得到充分保障，这将激发更多实习生的返津意愿。"

我们的新计划迅速启动，方案得到天津分公司各单位的积极响应和全力配合，四大生产车间、安全保障科、工厂服务科纷纷安排专人加入项目组。一切以服务第一批返津实习生为中心，必须让所有人看到我们对实习生的诚意，这样才能使处于观望状态的大量实习生放心回来。

从实习生离开家乡开始，我们就提供了无微不至的关照。从返回天津的最佳路线规划和建议、返回天津使用交通工具的建议、到出站的接待安排、抵达公寓后的防疫措施等，事无巨细。就这样，第一批到达的实习生非常满意。

我们的努力没有白费，随着疫情的缓解，在很短的时间内，有14所合作院校决定开放实习，公司面向各合作院校组织实习生返津的要求得到了积极响应。4月12日，随着最后一批391名实习生顺利抵达天津，我终于松了口气，在笔记本上记录下最后一句话："4月12日，9~22℃，东北风3级。"

李雪琪：从无知"小白"到薪酬专家

2017年夏，入职一汽-大众的第一天，我的心情略有紧张，不知道迎接自己的将是一份怎样的工作，办完手续，心中的问号变成了逗号，我将成为一名"薪酬专员"。更让我意外的还在后面，在与部门领导见面时我才知道，我是负责天津分公司业务的第一名薪酬专员，

作者（李雪琪）在海边

而任务是在总部的一年内，独立处理所有在天津工作的正式员工和实习学生的薪酬、保险、年金和考勤，然后回到天津分公司开始独当一面。

我十分忐忑。我虽然是人力资源专业出身，但书本上的理论知识和实际业务几乎是两码事。公司里部门众多、人员复杂，不管是薪酬福利还是考勤制度，逻辑都十分复杂。对一个"小白"而言，可谓"压力山大"。

在长春总部的头一个月里，我印象最深的是两个"不敢随便"：不敢随便回答别人的问题，不敢随便问别人问题。好在，我学习能力还比较强，愿意采用最笨最慢，但也最有效的方法去学习。从最简单的开始，了解对应的程序文件、使用系统、工作难点，等等。

我的小本子写满了各种算式，画满了只有自己才能看懂的树形图，以及AS、EN、FJ这样奇奇怪怪的字母组合。在前辈们的鼓励下，从对接文员开始，我在几个月内，一点点成长为一名真正的"薪酬专员"。

2018年7月，经过几番努力，我终于能独立处理天津属地所有薪酬福利和时间管理业务，随后返回天津分公司正式开始独自负责薪酬和时间管理工作。

不久之后，我就遇到了新工时制度的推广问题，这是我遇到的第一个难题。

当时，为了让员工获得更具弹性的加班时间，也便于车间更灵活地安排工作，公司计划申请综合工时制。作为天津分公司时间管理业务的负责人，我承担了与员工的沟通解释工作。刚开始，员工并不理解，他们以为新工时制主要是为克扣自己的加班费，因此解释工作必须由我亲自完成。

为了让员工充分领会综合工时制的利弊，我将两种工时制的优劣，浓缩成了短短几句话，使保洁阿姨都能轻松理解。

简单对比后，大多数员工迅速接受了综合工时制，2019年年初，公司召开职工代表大会，审议综合工时制，并全票通过了决议，使员工获得了最充分的劳动权益，我为此感到十分欣慰。

【后记】

在中国的汽车企业中，无论是自主品牌车企还是合资车企，没有哪家企业能像一汽-大众这样有勇气让员工向外界讲述自己的故事、表达自己的思想，这种勇气非常难得！如果我们从另一个角度来看，这其实也体现出一汽-大众作为行业领军者的那种自信，以及对员工努力拼搏和辛勤付出的认可。

"无形的船桨"这本书主要讲述了一汽-大众人力资源部、一汽-大众学院及外事协调科等人力部门员工的故事。对于一汽-大众这样一家已经走过30年历程的中德合资汽车企业，其人力体系发展至今也有着其独有的特点，通过这本书中四十多位作者的亲身故事，我们其实能感受到这支团队超凡的工作节奏和战斗力。在我们的采访过程中，每位作者的时间都非常紧张，很多人都是经过数次电话后才完成了采访。

企业发展，人力先行。在人力体系的变革过程中，这支团队抢时间、拼进度，分秒必争，"有一份热就发一分光"；这支团队心无旁骛，甘愿付出，"只问耕耘，不问收获"；这支团队有着家人般的热情和胸怀，有热度、有担当，"送人玫瑰，手有余香"。也正是因为有了人力体系这支"无形的船桨"，一汽-大众这艘大船才能在浪潮中不断奋楫前行。

本套丛书由北京卓众出版有限公司策划并参与了采访和编写、统稿工作。应该说这也是策划团队的一次大胆尝试，在国内讲述企业员工故事的众多书籍中应当有一套讲述中国汽车企业员工故事的丛书，让汽车企业，尤其是合资汽车企业在广大读者眼中不再陌生。在我们从筹划选题到汇集稿件、采访编写，再到校核等过程中，每位写作者都给予了全力支持，感谢本套丛书每位参与者的辛勤付出！

  谨以此书，致敬奋斗在中国汽车工业一线的汽车人！